陽明先生書信集

〔明〕王陽明◎撰　王巨明◎編校

中国文史出版社

圖書在版編目（CIP）數據

陽明先生書信集 / ［明］王陽明撰； 王巨明編校 .
—北京 ： 中國文史出版社， 2024.7
ISBN 978-7-5205-4706-2

Ⅰ. ①陽… Ⅱ. ①王… ②王… Ⅲ. ①王守仁（1472-1528）
—书信集 Ⅳ. ① B248.21

中國國家版本館 CIP 數據核字（2024）第 106028 號

責任編輯：戴小璇　詹紅旗

出版發行：中國文史出版社
社　　址：北京市海澱區西八里莊 69 號院　郵編：100142
電　　話：010-81136606　81136602　81136603（發行部）
傳　　真：010-81136655
印　　裝：北京溫林源印刷有限公司
經　　銷：全國新華書店
開　　本：710 毫米 ×1000 毫米　1/16
印　　張：25
字　　數：490 千字
版　　次：2024 年 8 月北京第 1 版
印　　次：2024 年 8 月第 1 次印刷
定　　價：96.00 元

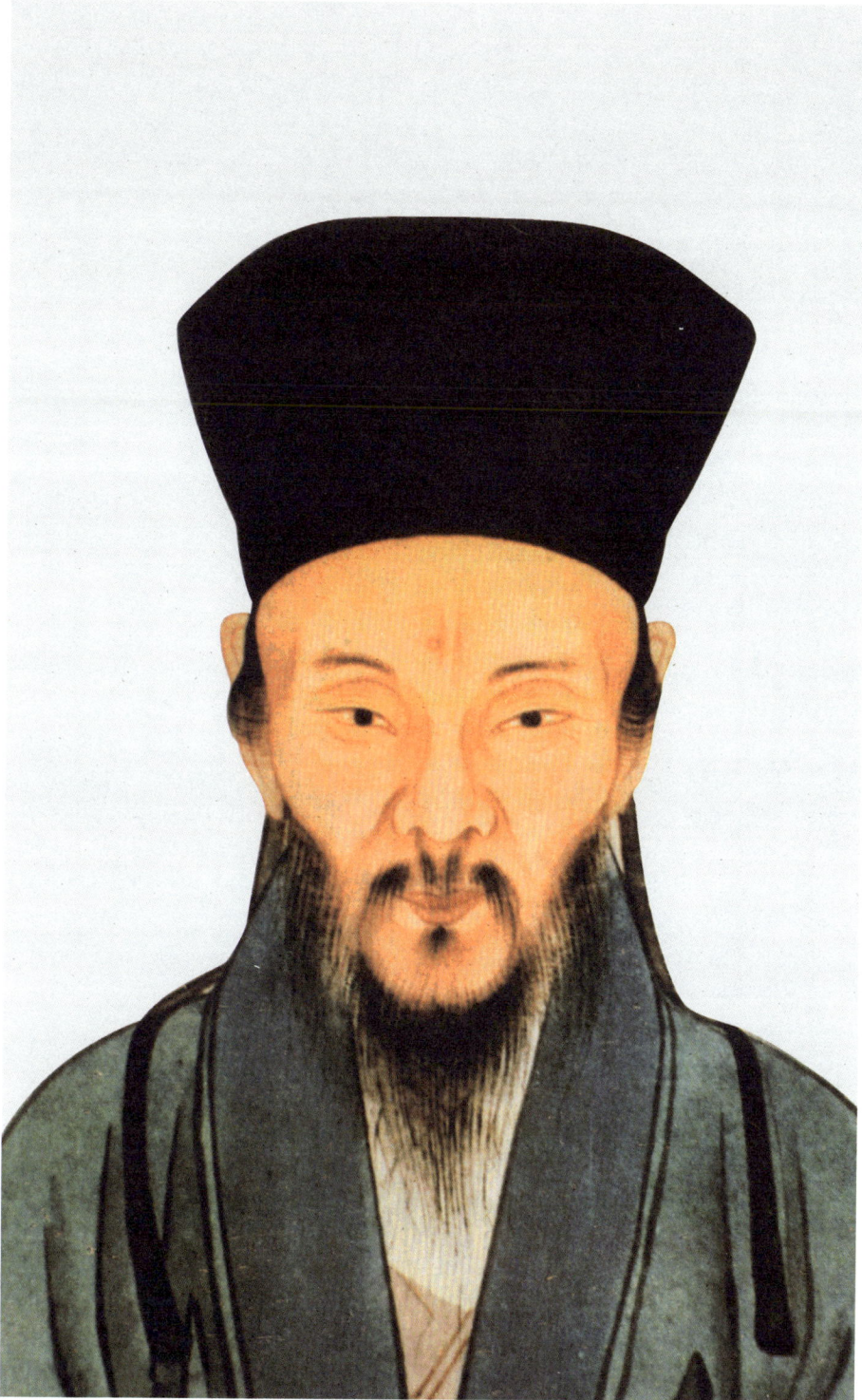

陽明先生畫像

中國國家博物館藏

編校說明

（一）陽明先生姓王氏，名守仁，字伯安，明浙江紹興府餘姚縣人。早年曾築室紹興城東陽明洞，因自號陽明山人陽明居士，學者咸稱陽明先生。弘治十二年己未，舉進士出身，觀政工部。正德元年丙寅，以兵部主事上封事，下詔獄，謫貴州龍場驛驛丞，居夷三年。歷除江西廬陵縣知縣，南京刑部主事，吏部主事、員外郎、郎中，南京太僕寺少卿，南京鴻臚寺卿。正德十二年丁丑，以都察院左僉都御史巡撫南安贛州汀州漳州等處，平定諸寇，陞都察院右副都御史。正德十四年己卯，奉勅勘處福建叛軍，逢寧王朱宸濠逆反，起兵征討，月餘即平，陞南京兵部尚書，參贊機務，封新建伯。嘉靖六年丁亥，以兼都察院左都御史征廣西，又暫兼理巡撫兩廣。嘉靖七年戊子，平定思恩田州之亂，大破斷藤峽八寨；十一月，卒於江西南安府大庾縣，終年五十七歲。隆慶元年丁卯，詔贈新建侯，謚文成；萬曆十二年甲申，從祀孔廟。明史有傳。

（二）本書為陽明先生書信總集，著録陽明先生平生各個時期撰寫的各類信札、便箋和書面答問等，統稱「陽明書信」。

（三）陽明書信是這位明代著名思想家、哲學家、軍事家、教育家全部著述中最重要的組成部分，歷來刊行的各本陽明先生選集和全集，都著録有大量陽明書信。現存最早的陽明書信為奉石谷吳先生書，時在弘治十三年庚申，陽明先生二十九歲。

（四）丘養浩敘刊韓柱 徐珊校跋居夷集（嘉靖三年甲申刻本，中國國家圖書館藏本）是陽明先生在世時編訂刊行的一本詩文合集，也是現存最早的陽明先生詩文集，凡三卷，收録陽明先生被逮下獄貶謫貴州時期所作的詩文，其中著録答友人 答毛憲副書 答安宣慰三書 寄劉侍御等六通，它們是最早刊行於世的陽明書信。

（五）嘉靖三年甲申十月，南大吉續刻傳習録，在薛侃首刻三卷本基礎上，增補了陽明先生論學書等五卷，著録答徐成之 又答徐成之 答羅整庵書 答人論學書 答周道通書 答陸靜原書 答歐陽崇一書 答聶文蔚書等八通，它們也是陽明先生在世時刊行的陽明書信。

〔六〕嘉靖六年丁亥，鄒守益録陽明先生文字請刻，陽明先生自標年月，命錢德洪類次，凡四册，是為陽明先生文録廣德刻本，惜乎失傳已久，未詳書中所録篇目，但當有一定數量的陽明書信。

〔七〕陽明先生歿後，錢德洪 歐陽德 薛侃 王畿等弟子即廣泛搜羅陽明先生各類著述文字，展開陽明先生詩文全集編輯。岑莊 岑初 徐學校刻陽明先生文録（嘉靖九年庚寅刻本，日本九州大學藏本，卷三註有「餘姚板」，以下簡稱「餘姚板文録」）是陽明先生歿後較早刊行的詩文選集，凡四卷，收録陽明先生各個時期創作的詩文，其中卷一著録答徐成之 寄宗賢原忠 答汪石潭書 與蔡希顔 與王純甫書 答蔡希顔書 答王天宇書 又答王天宇書 答王純甫書 又與純甫書 與陸元靜書 與仕德尚謙書 與元靜書 答陸元靜書等十四通，卷二著録答尚謙書 答劉内重 答南元善書 答季明德書 答鄒謙之書 又答鄒謙之書 答魏師說 與朱守忠書 與席元山書 與陸元靜書 答舒國用 答徐成之書 與薛子修書等十三通，卷三著録答陸原靜書 與尚謙尚遷子修等二通，卷四著録答倫彦式書 答湛甘泉書 答方叔賢書 與楊仕鳴 與夏敦夫 寄諸弟 與唐虞佐書 復唐虞佐書 與顧惟賢 與陸元靜 答人論學書 答陸原靜書等十二通，共計四十一通陽明書信。

〔八〕黄綰序黄綰 歐陽德 錢德洪 黄正之等編輯陽明先生存稿（又名陽明先生文録，嘉靖十二年癸巳刻本，中國國家圖書館藏本，以下簡稱「存稿」）是現存最早的陽明先生詩文全集，凡二十八卷，文録五卷、外集九卷、別録十四卷，其中文録卷一、文録卷二、文録卷三和外集卷五為書類，著録陽明書信一百四十六通，這四卷書信也是現存最早的陽明書信全集。

〔九〕王杏跋趙昌齡 陳文學 葉梧校刊新刊陽明先生文録續編（嘉靖十四年乙未刻本，上海圖書館藏本，以下簡稱「新刊續編」）也是較早刊行的陽明先生詩文選集之一，凡三卷，著録有陽明書信四十通，其中卷一答懋貞少參 答文鳴提學 寄雲卿 答汪仁峰 寄貴陽諸生 寄葉子蒼等六通，卷二答王應韶 答汪抑之 又答汪抑之 答陳文鳴 答徐子積等六通，不見於此前和其後明清時期編輯刊刻的各本陽明先生詩文集。

〔一〇〕黄綰 鄒守益序錢德洪 王畿等編輯聞人詮刻梓陽明先生文録（嘉靖十五年丙申刻本，中國國家圖書館藏本，以下簡稱「陽明文録」）是存稿之後廣受重視的陽明先生詩文全集之一，凡二十四卷，文録五卷、外集九卷、別録十卷，其中文録卷一、文録卷二、文録卷三和外集卷五為書類，著録陽明書信一百四十二通，其中與黄誠甫五通、寄聞人邦英邦正、與薛尚謙二通、與鄒謙之二通、與戚秀夫、與黄宗賢二通等十三通，不見於餘姚板文録和存稿。

（一一）鄒守益序刊錢德洪敘說陽明先生文録（嘉靖十五年丙申刻本，中國國家圖書館藏本，以下簡稱「鄒序本文録」）是與陽明文録同時期刊刻的另一個重要刻本，凡二十四卷，文録五卷、外集九卷、別録十卷，其中文録卷一、文録卷二、文録卷三和外集卷五為書類，著録陽明書信一百四十二通，所録篇目和順序與陽明文録完全相同，但個別文字略有異同。

（一二）王世隆重刊陳文學葉梧重校陽明先生文録（嘉靖十八年己亥刻本，中國人民大學藏本，以下簡稱「貴州刻文録」）也是嘉靖前期刊刻的陽明先生著作選集之一，凡三卷，著録有陽明書信三十六通，其中卷一與王晉叔三書，不見於此前和其後明清時期編輯刊刻的各本陽明先生詩文集。

（一三）談愷序董聰編刊錢德洪訂正陽明先生全録（嘉靖三十六年丁巳刻本，浙江圖書館藏本，以下簡稱「全録」）可以視為存稿的修訂本，凡二十八卷，正録五卷，外録九卷，別録十四卷，其中正録卷一、正録卷二、正録卷三和外録卷五為書類，著録陽明書信一百五十九通，此外正録卷五還著録有與王晉溪司馬書十五通，不見於此前編輯刊刻的各本陽明先生詩文集。

（一四）胡宗憲序刊錢德洪王畿編次唐堯臣校正陽明先生文録（嘉靖三十七年戊午刻本，日本國立公文書館藏本，以下簡稱「胡刻本文録」），可以視為陽明文録的修訂本，凡二十四卷，文録五卷，外集九卷，別録十卷，其中文録卷一、文録卷二、文録卷三和外集卷五為書類，著録陽明書信一百三十四通。

（一五）周相引胡松羅洪先序錢德洪編次羅洪先考訂陽明先生年譜（嘉靖四十三年甲子刻本，中國國家圖書館藏本，以下簡稱「陽明年譜」）是最早刊行也最权威的陽明先生年譜，凡三卷，書中引述了大量陽明書信，其中少許篇什失載於各本陽明先生詩文集。

（一六）胡宗憲 錢德洪序 錢德洪編述 王畿增輯 徐必進校刻陽明先生文録續編（嘉靖四十五年丙寅刻本，首都師范大學藏本，以下簡稱「文録續編」）是陽明文録的續刻本，凡八卷，卷一至卷五為文與詩，卷六至卷八為家乘，其中卷一著録與滁陽諸生書并答問 家書墨跡四首（與克彰太叔 與徐仲仁 上海日翁書 嶺南寄正憲書）贛州書示四姪正思等 又與克彰太叔三通 寄正憲男二卷七通等十六通，卷二著録與郭善甫書 寄楊仕德 與顧惟賢九通 與當道書 與汪節夫書 寄張世文 與王晉溪司馬書十五通 與陸清伯書 與許台仲書 又與許台仲書 與林見素 與楊邃庵 與蕭子雍 與德洪等三十六通，共計五十二通陽明書信，除與顧惟賢九通之第六書和與王晉溪司馬書十五通外，其餘三十六通均不見録於此前編輯刊刻的陽明先生詩文集。

（一七）徐階序 錢德洪 鄒守益等編輯 郭朝賓 謝廷傑等刊刻王文成公全書（隆慶六年壬申刻本，日本國立公文書館藏本，以下簡稱「郭刻本全書」）是明 清時期收録最為齊備的陽明詩文全集，凡三十八卷，語録三卷、文録五卷、別録十卷、外集七卷、續編六卷、附録七卷，將此前先後刊行的傳習録 胡刻本文録 文録續編等匯集校訂刻梓，其中卷二語録二主體為論學書札，卷四文録一、卷五文録二、卷六文録三、卷二十一外集三、卷二十七續編二為書類，卷二十六續編一也著録有部分書信，共計著録陽明書信一百九十五通。

（一八）徐階序 錢德洪 王畿等編輯 謝廷傑匯集王文成公全書（隆慶六年壬申刻本，中國國家圖書館藏本，以下簡稱「謝刻本全書」）是歷來引用最為廣泛的陽明詩文全集，凡三十八卷，語録三卷、文録五卷、別録十卷、外集七卷、續編六卷、附録七卷，其中卷二語録二主體為信札，卷四文録一、卷五文録二、卷六文録三、卷二十一外集三、卷二十七續編二為書類，卷二十六續編一也著録有部分書信，共計著録陽明書信一百九十五通，所録篇目和順序與郭刻本全書完全相同，但個別文字有異同。

（一九）編校者自海内外出版物和網絡媒體中搜集甄釐出陽明書信手跡墨跡紙本四十四件，書跡拓本十一件，書跡印刷紙本七件，總計六十二件，從中録出陽明書信八十六通。其中同一書信兩種不同手跡者二通：寓都下再上父親大人書 答羅整庵書；見於各本陽明先生詩文集者十二通：答王純甫書 示諸姪 與黃誠甫書（局部）答羅整庵書 與唐虞佐書 與陸清伯書（局部）答王亹庵中丞（局部）復歐陽崇一書 致張羅峰閣老書 寄正

憲男二書 寄何燕泉書，未見於各本陽明先生詩文集者七十三通：致舫齋先生 致李方伯鄉丈 致侍御王老先生 與李惟善 又與李惟善 與貴陽諸生 致某人書 寓都下上父親大人書 寓都下再上父親大人書 與曰仁書 與原忠書 致皋蕙 與路賓陽三書 與林典卿 致梁太守二書 與守文守儉弟書 與伯顯賢弟書 與徐曰仁書 致毛老先生 寓贛州上父親大人書 寓贛州再上父親大人書 與諸弟書 與陳以先書 致礪齋老先生書 與二周侍御書 與周文儀書 與朱守忠三書 與周世亨書 致謝士潔五書 寄顧惟賢書 寄諸弟書 與胡時振書 寄王邦相 致應階巖大人 致子宿司諫 與薛尚謙二書 答宋孔瞻書 與王邦相三書 與鄭邦瑞三書 寄伯敬三弟 寄希淵 寄施聘之二書 與季明德書 致施聘之 寄正憲男三書 與純甫書 與王汝中 致夏德潤朱克明書 復鄒謙之書 致某人六札 答周道通問學書（局部）。

本書陽明書信手跡書跡均呈現為一通一圖，圖文互見，方便閱讀。

（二〇）本書編為五卷：正編四卷，副編一卷。

（二一）本書正編卷收入前列各明刻本陽明先生詩文集著録的陽明書信二百三十通，并從存世陽明書信手跡書跡録出前述各明刻本陽明先生詩文集未載的陽明書信七十二通，總計三百零二通。

（二二）本書各卷，沿用存稿 陽明文録書類編輯體例，以時間先後為序。正編各卷，依照陽明先生平軌跡分卷排列。卷一起迄時間為弘治十三年庚申至正德三年戊辰，存稿 陽明文録 郭刻本全書 謝刻本全書無本卷，係編校者特別增設；卷二起迄時間為正德四年己巳至正德十五年庚辰，對應存稿 陽明文録卷一；卷三起迄時間為正德十六年辛巳至嘉靖四年乙酉，對應存稿 陽明文録卷二；卷四起迄時間為嘉靖五年丙戌至嘉靖七年戊子，對應存稿 陽明文録卷三。存稿 陽明文録之外集卷五和文録續編卷一卷二及其餘各本陽明詩文集著録陽明書信，自陽明書信手跡書跡録出未見於各本陽明詩文集者，均依照寫作年代分別編入各卷。同一卷内各通，依照年份先後排列；同一年内各通，依照署明日期陽明書信手跡書跡、著録刊刻時間先後和未署日期陽明書信手跡書跡為序排列。

（二三）本書正編卷文字以陽明書信手跡書跡與陽明書信初刻各本文字為底本，用陽明書信手跡書跡和存稿 陽明文録 郭刻本全書 謝刻本全書及前述各明刻本陽明先生詩文集等重新校訂，或訂改，或增補，或移入；

校訂中優先遵從陽明書信手跡書跡，注意保留異文信息，殘損闕脱或模糊難認處以「□」標示；其他著述志書典籍中的陽明書信異文信息，均以校註的形式顯示，確保正編各卷陽明書信文字的純淨。

〔二四〕本書副編卷輯録前列各明刻本陽明先生詩文集和存世陽明書信手跡書跡以外著録的陽明書信，總計四十通；副編卷各篇均照底本直録，只註出處，不作校訂。

〔二五〕本書採用繁體豎排，并依據國家標準標點符號用法標點。正編各卷，除保留陽明書信手跡書跡中的各體異體字（含通假字、古今字、簡寫字），其餘各本陽明先生詩文集出現的各體異體字（含通假字、古今字、簡寫字），除有歧義的外，均從底本，底本各異的，依據陽明先生手跡書跡的書寫習慣予以統一。全書各件題名尊從初刻各本和手跡書跡，保留同一收信者前後不同的稱呼名號；編校者對部分題名有訂改，力求全書所有題名互不重疊，便於識別與檢索。

〔二六〕本書徵引的文獻圖文資料，陽明書信手跡書跡的選用，採本溯源，精察細究，求真求實，真僞存疑的不予採用，一稿多本的同時刊用；陽明先生詩文集的選用，限於明清兩代刻本（含原版影印本），特別注重初刻初刊，珍本善本。

〔二七〕本書編校過程中參考了吳光 錢明 董平 姚延福編校新編本王陽明全集（凡六册，五十四卷，浙江古籍出版社，二〇一一年，以下簡稱「新編全集」）、束景南撰王陽明佚文輯考編年（增訂版）（凡二册，上海古籍出版社，二〇一五年，以下簡稱「佚文輯考編年」）等著述成果，引用了計文淵編王陽明法書集（西泠印社，一九九六年，以下稱「法書集」）、故宮博物院 紹興博物館 王陽明研究院編王陽明書法作品全集（故宮出版社，二〇一七年，以下簡稱「書法全集」）、王春法主編趙坤編著王守仁文稿尺牘（墨跡本）（安徽美術出版社，二〇二〇年，以下簡稱「文稿尺牘」）等著録的部分陽明書信手跡書跡圖片，在此謹向原編著者和陽明先生手跡書跡（刻石、拓本）原件收藏單位及個人致以誠摯的感謝。

王巨明 二〇二四年二月於浙江 餘姚

陽明先生書信集目録

正編卷一 弘治十三年庚申至正德三年戊辰　十六通

正編卷二 正德四年己巳至正德十五年庚辰　一百三十四通

目録

目録

正編卷三 正德十六年辛巳至嘉靖四年乙酉 七十一通

目録

正編卷四　嘉靖五年丙戌至嘉靖七年戊子　八十一通

副編卷　四十通

附録：陽明先生書信手跡書跡一覽

陽明先生書信集　正編卷一

弘治十三年庚申　在京師，授刑部雲南清吏司主事。陽明先生二十九歲。

奉石谷吳先生書〔一〕

生自壬子歲拜違函丈，即羈縻太學。中間餘八九年，動息之所懷仰，寤寐之所思及，其不在函丈之下者，有如白日。然而曾無片簡尺牘，致起居之敬，而伸仰慕之私者，其敢以屢黜屢辱，有負知己之故，遂爾慙沮哉！實以受知過深，蒙德過厚，口欲言而心無窮。是以每每伸紙執筆，輒復不得其辭而且中止者，十而二三矣。坐是，情愈不達，而禮益加踈。姑且逡巡，日陷於苟簡澆薄，將遂至恝然之地而不自覺。推咎所因，則亦誠可閔也。蜀士之北來者，頗能具道尊候，以為動履益康，著述益富，身閒而道愈尊，年高而德彌卲。聞之無任忻慰慶躍。嗟乎！古之名儒碩德如先生者，曾亦多見也。夫今之人，動輒嘆息咨嗟，以為曾不得如古之名儒碩德者，處之廟堂，以輔吾君。至如先生，乃復使之優游林下，烏在其能思古之人也！居先生門下，為先生謀，則不宜致嘆於此。立吾君之朝，為斯世謀，則斯言也，實天下之公論。雖以俟後賢，無惑也。生近者授職刑部雲南司，才踈事宻，惟日擾擾於案牘間而已。於同僚侯守正之行，思其閑暇時猶不能略致起居之問，今且日益繁冗，是將終不得通一問也。是以姑置其所願陳者，以需後便，且爾先伸數載間闊之懷，以請罪於門下。伏惟大賢君子，不以久而遂絕，不以微而見遺，仍賜收録，俾得復為門下士。豈勝慶幸感激哉！香帕將遠誠萬一，伏惟尊照。不備。

弘治十五年壬戌　在京師，八月疏請告。陽明先生三十一歲。

致舫齋先生〔二〕

□□園□□□□□之期□□□□。進謁仙府，無任快悒。所欲吐露，悉以寄於令姪光實，諒能為我轉

〔一〕本件録自新刊續編卷二書類。〔二〕本件手跡原件藏截玉軒，編校者據上海書畫出版社編宋元明清法帖墨跡（上海書畫出版社，二〇〇八年）著録陽明先生手跡（圖一）録入。

圖一　致舫齋先生手跡（墨跡紙本）

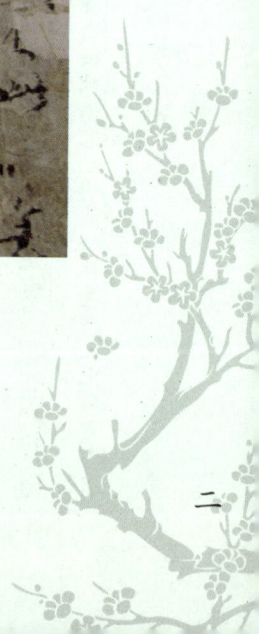

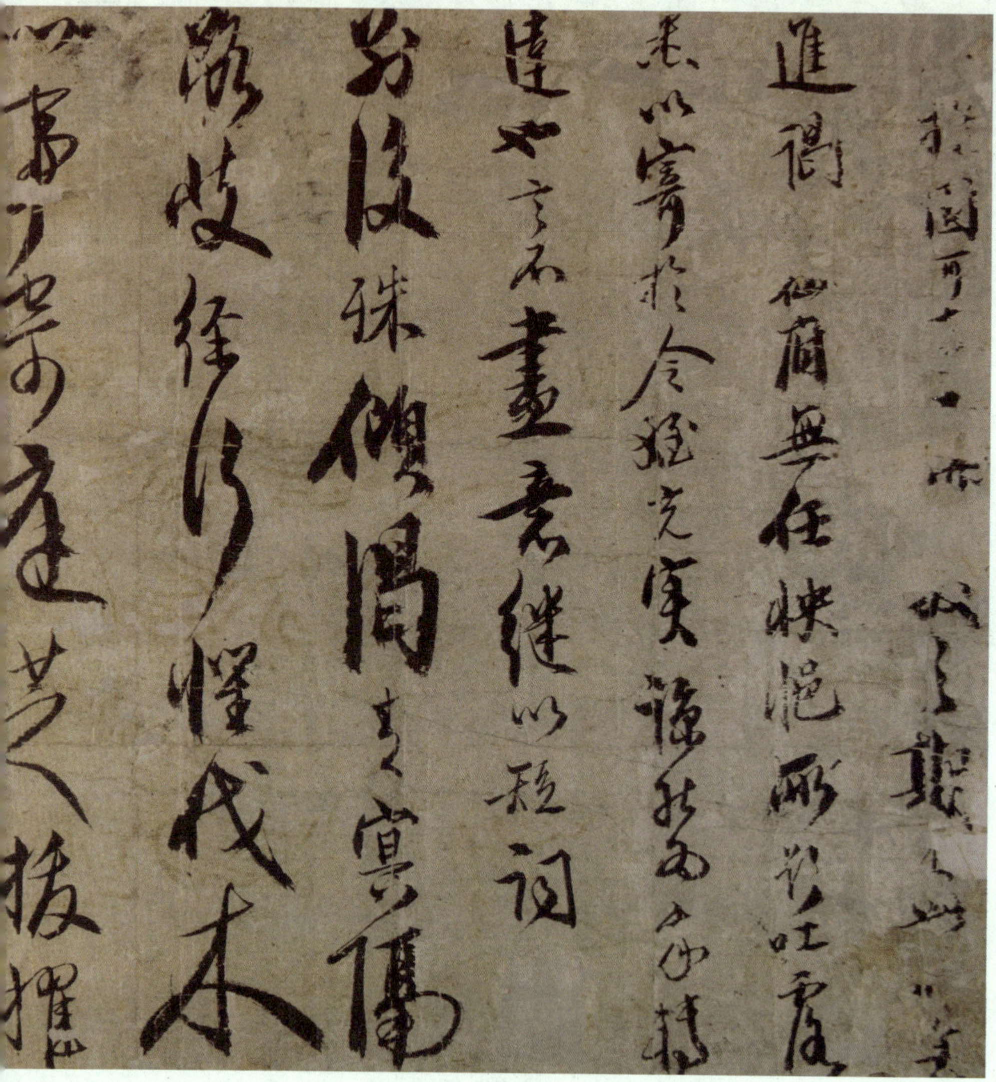

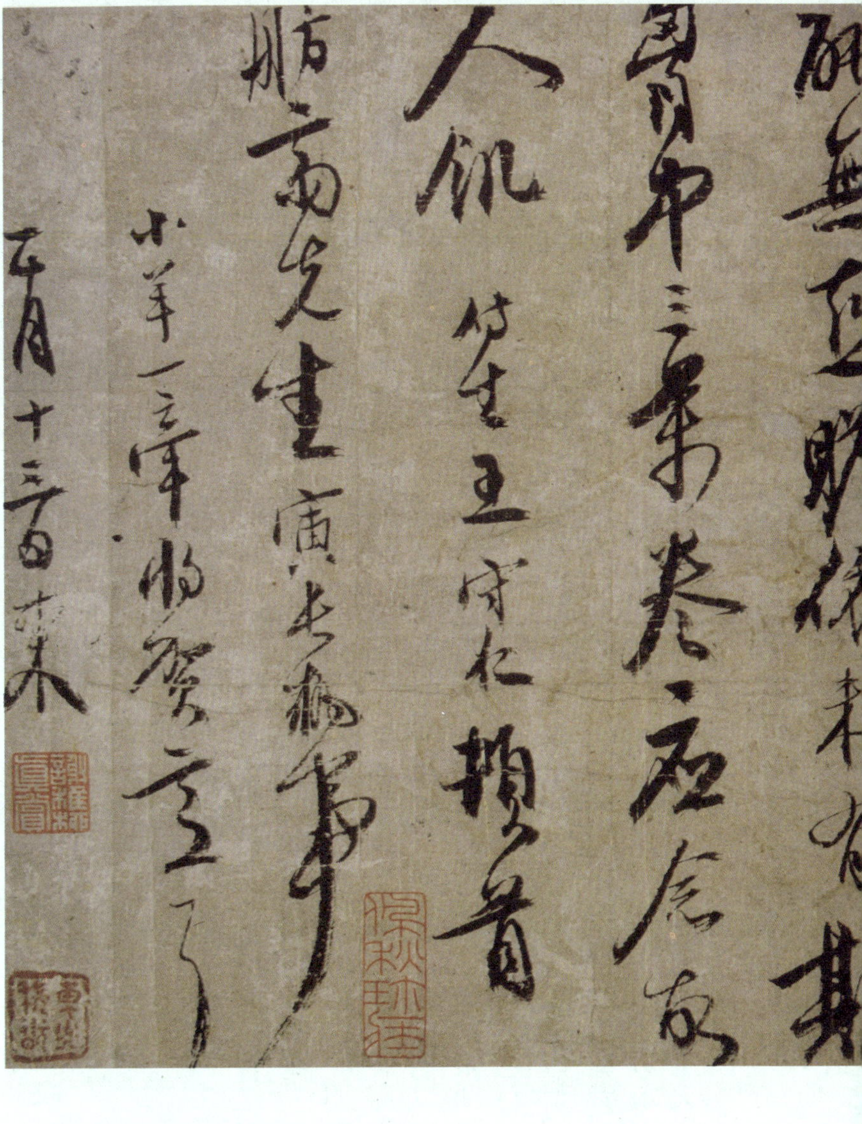

逵也。言不盡意，繼以短詞：

別後殊傾渴，青冥隔路歧。徑行懼伐木，心事寄庭芝。扳擢能無喜，瞻依未有期。胷中三萬卷，應念故人飢。 侍生王守仁頓首。

舫齋先生寅長執事。

小羊一牽將賀意耳。正月十三日來。

弘治十六年癸亥 在越，移疾錢塘西湖。陽明先生三十二歲。

答佟太守求雨〔一〕

昨楊李二丞來，備傳尊教，且詢致雨之術，不勝慚悚。今早諶節推辱臨，復申前請，尤為懇至，令人益增惶懼。天道幽遠，豈凡庸所能測識！然執事憂勤為民之意，真切如是，僕亦何可以無一言之復！孔子云：「丘之禱久矣。」蓋君子之禱，不在於對越祈祝之際，而在於日用操存之先。執事之治吾越，幾年於此矣，凡所以為民祛患除弊、興利而致福者，何莫而非先事之禱，而何俟於今日！然而暑旱尚存，而雨澤未應者，豈別有所以致此者歟？古者歲旱，則為之主者減膳徹樂，省獄薄賦，脩祀典，問疾苦，引咎賑乏，為民遍請於山川社稷。故有吁天〔二〕求雨之祭，有省咎自責之文，有歸誠請改之禱。蓋史記所載「湯以六事自責」，禮謂「大雩，帝用盛樂」，春秋書「秋九月，大雩」，皆此類也。僕之所聞，於古如是，未聞有所謂「書符咒水而可以得雨」者也。唯後世方術之士，或時有之，然彼皆有高潔不污之操，特立堅忍之心，雖其所為不必合於中道，而亦有以異於尋常，是以或能致此。然皆出於〔三〕小說，而不見於經傳，君子猶以為附會之談。又況如今之方士之流，曾不少殊於市井嚚頑，而欲望之以揮斥雷電、呼吸風雨之事，豈不難哉！僕謂執事且宜出齋於廳事，罷不急之務，開省過之門，洗簡冤滯，禁抑奢繁，淬誠滌慮，痛自悔責，以為八邑之民，請於山川社稷。而彼方士之祈請者，聽民間從便，得自為之，但弗之禁，而不專倚以為重輕。夫以執事平日之

〔一〕本件録自存稿外集卷五書，又見於陽明文録等。〔二〕陽明文録作「叩天」。〔三〕謝刻本全書無此字。

所操存，苟誠無愧於神明，而又臨事省惕，躬帥僚屬，致懇乞誠。雖天道亢旱，亦自有數，使人事良脩，旬日之內，自宜有應。僕雖不肖，無以自別於凡民，使可以誠有〔一〕致雨之術，亦安忍坐視民患而恬不知顧，乃勞執事之僕，僕豈無人之心者耶！一二日內，僕亦將禱於南鎮，以助執事之誠。執事其但為民悉心以請，毋惑於邪說，毋急於近名。天道雖遠，至誠而不動者，未之有也。

弘治十七年甲子 在越，秋主考山東鄉試，九月改兵部武選清吏司主事。陽明先生三十三歲。

答陳文鳴〔二〕

別後企仰日甚。文鳴趨向端實，而年茂力強，又當此風化之任，異時造詣，何所不到！甚為吾道喜且幸也。近於名父處見所寄學規，深嘆用意精密，計此時行之已遍。但中間似亦有稍繁，必欲事事責成，則恐學者誦習之餘，力有弗逮。若但施行，無所稽考，又恐凡百一向廢墜，學者不復知所尊信。何若存其切要者數條，其餘且悉刪去，直以瑣屑自任為過，改頒學者，亦無不可。僕意如此，想高明自有定見，便中幸加斟酌，示知之。僕碌碌度日，身心之功愈覺荒耗，所謂「未學而仕，徒自賊耳」，進退無據，為之奈何！懋真成之亟相見，必大有所講明。凡有新得，不惜示教。因鄭汝華去，草率申問。

與徐仲仁〔三〕

北行倉卒，不及細話。別後日聽捷音，繼得鄉録。知秋戰未利，吾子年方英妙，此亦未足深憾。惟宜脩德積學，以求大成。尋常一第，固非僕之所望也。家君舍衆論而擇子，所以待子〔四〕者，實有在於衆論之外。子宜勉之！勿謂隱微可欺而有放心，勿謂聰明可恃而有怠志。養心莫善於義理，為學莫要於精專。毋為習俗所移，

〔一〕郭刻本全書　謝刻本全書「使可以誠有」作「以誠使可有」。〔二〕本件録自新刊續編卷二書類。〔三〕本件録自文録續編卷一家書墨跡四首，又見於郭刻本全書等。文録續編卷一家書墨跡四首題下有編者註：「四書墨跡，先師胤子正億得之書櫃中，裝製卷册，手澤宛然，每篇乞洪跋其後。」本件為家書墨跡四首第二書，題下有編者註「仲仁即曰仁，師之妹婿也」。〔四〕謝刻本全書作「擇子」。

毋為物誘所引，求古聖賢而師法之。切勿〔一〕以斯言為迂濶也。昔在張時敏先生時，令叔在學，聰明蓋一時，然而竟無所成者，蕩心害之也。去高明而就污下，念慮之間，顧豈不易哉！斯誠徃事之鑒，雖吾子質美而淳，萬無是事，然亦不可以不慎也。意欲吾子來此讀書，恐未能遂離侍下，且未敢言此，俟後便再議。所不避其切切為吾子言者，幸加熟念其親愛之情，自有所不能已也。〔二〕

弘治十八年乙丑 在京師。陽明先生三十四歲。

與克彰太叔〔三〕

別久缺，奉狀得詩，見邇來進脩之益，雖中間詞意未盡純瑩，而大致加於時人一等矣。願且玩心高明，涵泳〔四〕義理，務在反身而誠，毋急於立論飾辭，將有外馳之病。所云「善念纔生，惡念又在」者，亦足以見實嘗用力。但於此處，須加猛省，胡為而若此也？無乃習氣所纏耶？自俗儒之說行，學者惟事口耳講習，不復知有反身克己之道。今欲反身克己，而猶狃於口耳講習之事，固宜其有所牽縛而弗能進矣。夫惡念者，習氣也；善念者，本性也。本性為習氣所汩者，由於志之不立也。故凡學者，為習所移，氣所勝，則惟務痛懲其志，久則志亦漸立；志立，而習氣漸消。學本於立志。志立，而學問之功已過半矣。此守仁邇來所新得者，願毋輕擲！若初徃年亦常有意左屈，當時不暇與之論，至今缺然。若初誠美質，得遂退休，與若初了夙心，當亦有日。見時為致此意，務相砥礪，以臻有成也。人行遽，不一一。〔五〕

〔一〕謝刻本全書作「莫」。〔二〕文録續編書後有錢德洪跋：「海日翁為女擇配，人謂曰仁聰明不逮於其叔，海日翁舍其叔而妻曰仁。既後，其叔果以蕩心自敗，曰仁卒成師門之大儒。噫！聰明不足恃，而學問之功不可誣也哉！德洪跋。」〔三〕本件録自文録續編卷一家書墨跡四首，又見於郭刻本全書等。本件為家書墨跡四首第一書，題下有編者註：「克彰，號石川，師之族叔祖也。聽講就弟子列，退坐私室，行家人禮。」〔四〕文録續編作「涵詠」，編校者從謝刻本全書訂改。〔五〕文録續編書後有錢德洪跋：「惡念者，習氣也；善念者，本性也。本性為習所勝、氣所汩者，志不立也。痛懲其志，使習氣消而本性復，學問之功也。噫！此吾師明訓昭昭，告太叔者，告吾人也。可深省也夫！德洪為億弟書。」

正德三年戊辰 在貴陽，春至龍場。陽明先生三十七歲。

致李方伯鄉丈〔一〕

□亭一見，已慰傾渴；承有臨江之期，尚喜從容有地，乃為津人滯僕於晚行，而王事邀公之速去，風雨倉卒，交舟而別，翻成連日悵怏。知公政務之暇，亦復念之也，情緒叢然厚意，反不暇致謝。號令所及，舟行無沮，即日幸已抵萍鄉矣。多感！多感！別時承教言，敢不佩服！但鷗鳧野性，覺於煙水為便耳。然已入樊籠，則亦無如之何。古人謂「素位而行」，守仁蓋畏罪而強焉者。平生僻意山水，不鮮窘戚非有所養，蓋冥愚懶散，性使之然。此行雖去鄉萬里，山水之奇足以償夙好。又幸聖賢之遺經尚存，早晚玩索，得其一二，以克治其偏頗，涵泳其性情，外適内順，庶幾不愧其身心。雖未敢必其能，然而私心竊自希冀若此。執事且以守仁為樂乎？否耶。承深念，輒聞及之。不訝！不訝！楊鄉丈先生承顧惠，不及奉書謝，相見望為致情。途次小詩略寫數首呈教。陳公處亦寄一通，煩轉致之。灘舟作字潦草，言不盡意。鄉生王守仁頓首，上方伯李先生鄉丈執事。

草萍驛次林見素先生韻〔二〕

山行風雪瘦能當，會喜江花照墅航。本與宦途成懶散，頗因詩景受閑忙。鄉心草色春同遠，客鬢松梢晚更蒼。料〔三〕得烟霞終有分，未須連夜夢溪堂。

玉山東嶽祠遇識舊嚴星士用韻〔四〕

憶昨東歸亭下路，數峰簫管隔秋雲去秋過祠下，土人方賽祭。〔五〕肩輿欲到妨多事，皷枻重來曾有云。春夜絕憐燈節近，溪聲寂好月中聞。行藏無用君平卜，請看沙邊鷗鷺羣。

去秋還淛上越中諸門生皆來偶述〔六〕

〔一〕本件手跡原件藏中國國家博物館，編校者據書法全集著録陽明先生手跡（圖二）録入。〔二〕居夷集 存稿 陽明文録題作草萍驛次林見素韻奉寄。〔三〕陽明先生手跡（圖二）闕一字，編校者據居夷集訂補。〔四〕居夷集 存稿 陽明文録題作玉山東嶽廟遇舊識嚴星士。〔五〕居夷集 存稿 陽明文録無自註。〔六〕居夷集 存稿 陽明文録 文録續編各本無此詩。

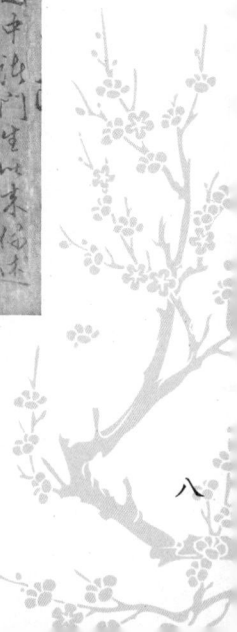

圖二　致李方伯鄉丈手跡（墨跡紙本）

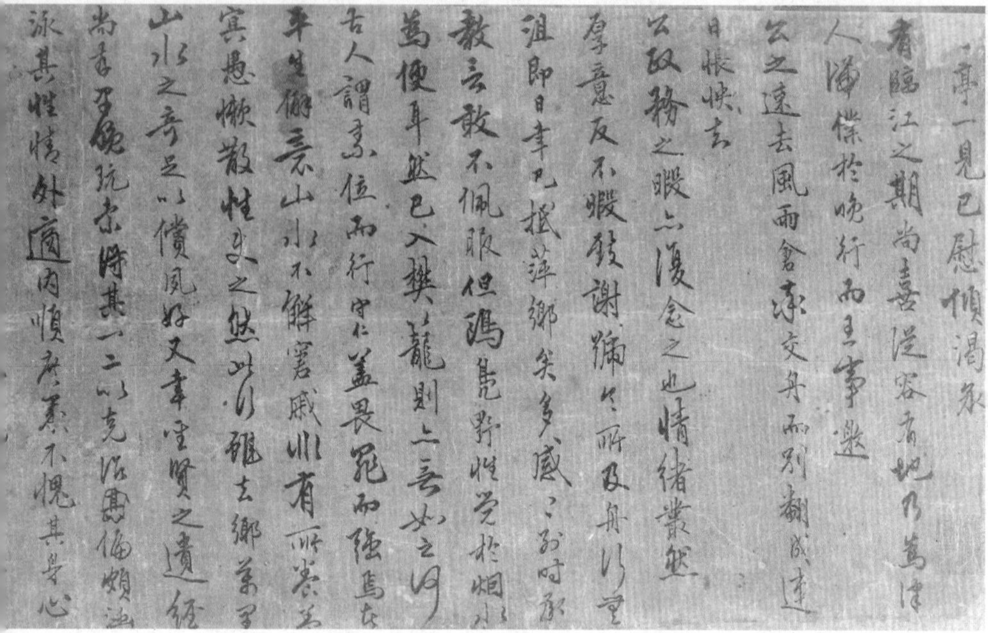

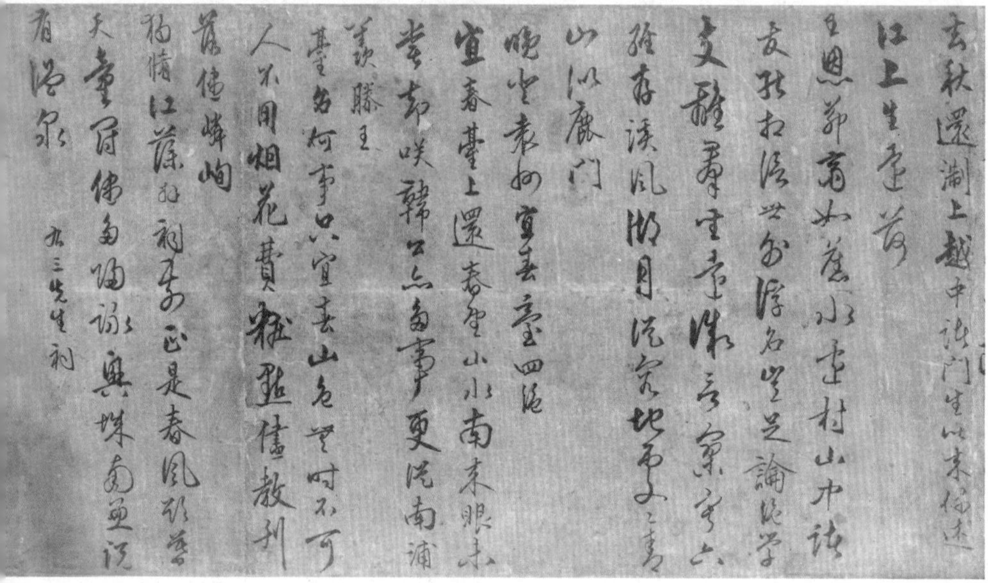

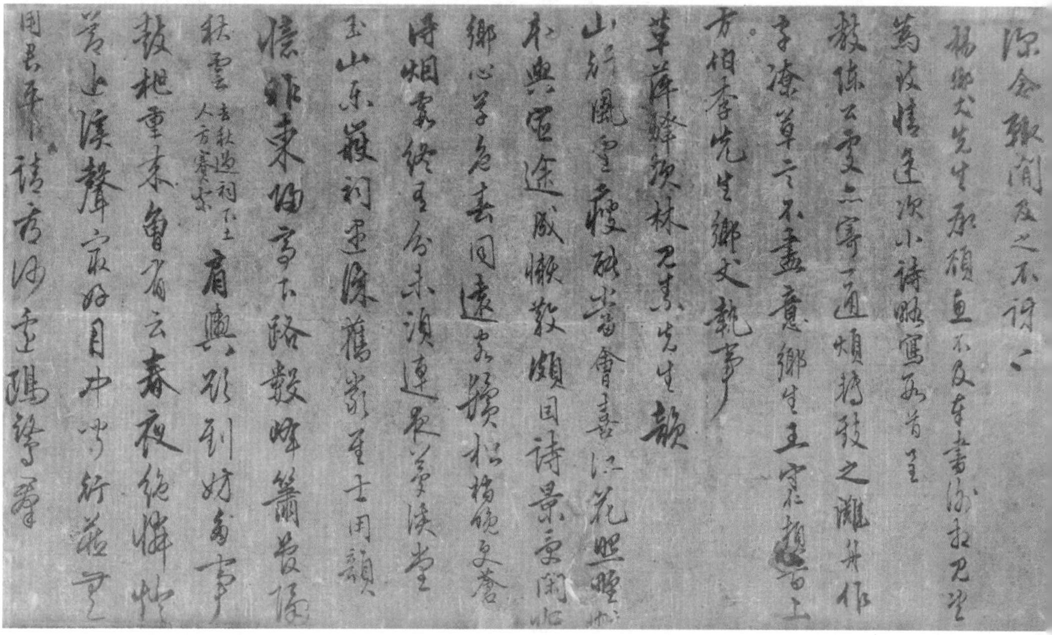

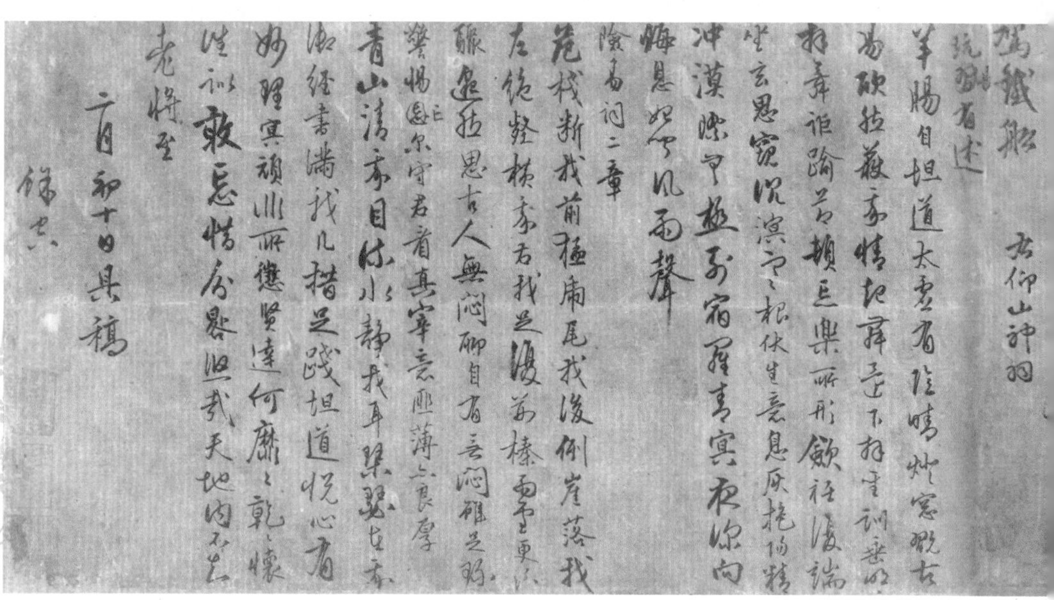

江上生還荷王恩，茆齋如舊水邊村。山中諸友能相陪，世外浮名豈足論！絕學支離羣聖遠，微言寥寂六經存。溪風湖月從容地，處處青山似鹿門。

晚登袁州宜春臺四絕〔一〕

宜春臺上還春望，山水南來眼未嘗。却咲韓公亦多事，更從南浦羡滕王。

臺名何事只宜春？山色無時不可人。不用烟花費粧點，儘教刊落儘嶙峋。

獨脩〔二〕江藻拜祠前，正是春風欲暮天。童冠儘多歸詠興，城南兼說有温泉。右三先生祠〔三〕

古廟香燈幾許年？增修還費大官錢。至今楚地多風雨，猶道山神駕鐵船。右仰山神祠〔四〕

玩易有述〔五〕

羊腸自〔六〕坦道，太虛有〔七〕陰晴。燈窻翫古易，欣然獲我情。起舞還下〔八〕拜，聖訓垂明明。拜舞詎踰節？頓忘樂所形。斂衽復端坐，玄思窺沉溟。寒根伏〔九〕生意，息灰抱陽精。沖漠際無極，列宿羅青冥。夜深向晦息，始聞風雨聲。

險易詞二章〔一〇〕

危棧断我前，猛虎尾我後。倒崖落我左，絕壑橫〔一一〕我右。我足復荆榛，雨雪更紛驟。邈然思古人，無悶聊自有。無悶雖足珍，警惕亡〔一二〕爾守。君看〔一三〕真宰意，匪薄亦良厚。

青山清我目，流水靜我耳。琹瑟在我御，經書滿我几。措足踐坦道，悅心有妙理。冥頑〔一四〕非所懲，賢達何靡靡！乾乾懷往訓，敢忘惜分晷！悠哉天地內，不知老將至！

〔一〕居夷集 存稿 陽明文録題作袁州府宜春臺四絕。〔二〕居夷集作「特脩」，存稿 陽明文録作「持脩」。〔三〕存稿 陽明文録無自註。〔四〕居夷集作「右孚惠廟」，存稿 陽明文録無自註。〔五〕居夷集 存稿 陽明文録此詩與險易詞二章合題作雜詩三首，在晚登袁州宜春臺四絕之前。〔六〕居夷集 存稿 陽明文録作「亦」。〔七〕居夷集 存稿 陽明文録作「何」。〔八〕居夷集 存稿 陽明文録作「再」。〔九〕居夷集 存稿 陽明文録作「固」。〔一〇〕居夷集 存稿 陽明文録本題二詩與玩易有述合題作雜詩三首，在晚登袁州宜春臺四絕之前。〔一一〕居夷集 存稿 陽明文録作「臨」。〔一二〕居夷集 存稿 陽明文録作「忘」。〔一三〕居夷集 存稿 陽明文録作「觀」。〔一四〕居夷集 存稿 陽明文録作「頑冥」。

二月初十日具稿。餘空。

答人問神仙〔一〕

詢及神仙有無，兼請其事，三至而不答，非不欲答也，無可答耳。昨令弟來，必欲得之。僕誠〔二〕生八歲而即好其說，今已餘三十年矣，齒漸摇摇〔三〕，髮已有一二莖變化成白，目光僅盈尺，聲聞函丈〔四〕之外，又常〔五〕經月臥病不出，藥量驟進，此殆其效也。而相知者猶妄謂之能得其道，足下又妄聽之而以見詢，不得已，姑為足下妄言之。古有至人，淳德凝道，和於陰陽，調於四時，去世離俗，積精全神，遊行天地之間，視聽八遠之外，若廣成子之千五百歲而不衰，李伯陽歷商周之代，西度函谷，亦嘗有之。若是而謂之曰「無」，疑於欺子矣。然其〔六〕呼吸動靜，與道為體，精骨完久，禀於受氣之始〔七〕，此〔八〕殆天之所成，非人力可強也。若後世拔宅飛昇、點化投奪之類，譎恠奇駭，是乃秘術曲技，尹文子所謂「幻」，釋氏謂之「外道」者也。若是而謂之曰「有」，亦疑於欺子矣。夫有無之間，非言語可況。存久而明，養深而自得之。未至而強喻，信亦未必能及也。蓋吾儒亦自有神仙之道，顏子三十二而卒，至今未亡也。足下能信之乎？後世上陽子之流，蓋方外技術之士，未可以為道。若達磨、慧能之徒，則庶幾近之矣，然而未易言也。足下欲聞其說，須退處山林三十年，全耳目，一心志，胷中灑灑，不掛一塵，而後可以言此。今去仙道尚遠也，妄言不罪。

答毛憲副書〔九〕

昨承遣人喻以禍福利害，且令勉赴太府請謝。此非道誼深情，決不至此。感激之至！言無所容。但差人至龍場陵侮，此自差人挾勢擅威，非太府使之也。龍場諸夷與之爭鬬，此自諸夷憤愠不平，亦非守仁〔一〇〕使之也。然則太府固未嘗辱守仁〔一一〕，守仁〔一二〕亦未嘗傲太府，何所得罪而遽請謝乎！跪拜之禮，亦小

〔一〕本件録自居夷集卷一，又見於存稿等。居夷集本件題作答友人，編校者從存稿訂改。〔二〕存稿訛作「成」。〔三〕陽明文録作「搖動」。〔四〕存稿訛作「亟丈」。〔五〕居夷集作「能」，編校者從陽明文録訂改。〔六〕謝刻本全書作「則」。〔七〕居夷集作「始先」，編校者從存稿訂改。〔八〕居夷集無此字，編校者據存稿訂補。〔九〕本件録自居夷集卷一，又見於存稿等。〔一〇〕存稿無「守仁」二字，陽明文録「守仁」作「某」。〔一一〕存稿、陽明文録「守仁」作「某」。〔一二〕存稿、陽明文録「守仁」作「某」。

官常分，不足以為辱，然亦不當無故而行之。不當行而行，與當行而不行，其為取辱一也。廢逐小臣所守以待死者，忠信禮義而已。又棄此而不守，禍莫大焉！凡禍福利害之說，守仁〔一〕亦嘗講之。君子以忠信為利，禮義為福。苟忠信禮義之不存，雖禄之萬鐘，爵以侯王之貴，君子猶謂之禍與害。如其忠信禮義之所在，雖剖心碎首，君子利而行之，自以為福也。況於流離竄逐之微乎！守仁〔二〕之居此，蓋瘴癘蠱毒之與處，魑魅魍魎之與遊，日有三死焉。然而居之太然〔三〕，未嘗以動其中者，誠知生死之有命，不以一朝之患而忘其終身之憂也。太府苟欲加害，而在我誠有以取之，則不可謂無憾。使吾無有以取之而横罹焉，則亦瘴癘而已爾，蠱毒而已爾，魑魅魍魎而已爾，吾豈以是而動吾心哉！執事之諭，雖有所不敢承，然因是而益知所以自勵，不敢苟有所隳墮，則守仁〔四〕也受教多矣，敢不頓首以謝！

答安宣慰三書〔五〕

第一書

守仁〔六〕得罪朝廷而來，惟竄伏陰厓幽谷之中，以禦魍魎，則其所宜。故雖夙聞使君之高誼，經旬月而不敢見，若甚簡伉者。然省愆内訟，痛自削責，不敢比數於冠裳，則亦逐臣之禮也。使君不以為過，使廪人餽粟，庖人餽肉，圉人〔七〕代薪水之勞，亦寧不貴使君之義，而諒其為情乎！自惟罪人，何可以辱守士之大夫！懼不敢當，輒以禮辭，使君復不以為罪。昨者又重之以金帛，副之以鞍馬，禮益隆，情益至，守仁〔八〕益用震悚。是重使君之辱而甚逐臣之罪也，愈有所不敢當矣。使者堅不可却，求〔九〕其說而不得，無已，其周之乎！周之亦可受也。敬受米一石〔一〇〕，柴炭雞鵝，悉受如來數，其諸金帛鞍馬，使君所以交於卿士大夫者，施之逐臣，殊駭觀聽，敢固以辭。伏惟使君處人以禮，恕物以情，不至再辱則可矣。

〔一〕存稿 陽明文録「守仁」作「某」。〔二〕存稿 陽明文録「守仁」作「某」。〔三〕存稿 陽明文録作「泰然」。〔四〕存稿 陽明文録「守仁」作「某」。〔五〕本件三書録自居夷集卷一，又見於存稿等。存稿 陽明文録本件題作與安宣慰。〔六〕存稿 陽明文録「守仁」作「某」。〔七〕郭刻本全書作「園人」。〔八〕存稿 陽明文録「守仁」作「某」。〔九〕存稿訛作「來」。〔一〇〕存稿 陽明文録作「二石」。

第二書

減驛事，非罪人所敢與聞。承使君厚愛，因使者至，閑問及之，不謂其遂達諸左右也。悚息！悚息！然已承見詢，則又不可默。凡朝廷制度，定自祖宗，後世守之，不敢〔一〕以擅改。改在朝廷，且謂之變亂，況諸侯乎！縱朝廷不見罪，有司者將執法以繩之，使君必且無益。縱遂〔二〕幸免於一時，或五六年，或八九年，雖遠至二三十年矣，當事者猶得持典章而議其後。若是，則使君何利焉！使君之先，自漢唐以來，千幾百年，土地人民，未之或改。所以長久若此者，以能世守天子禮法，竭忠盡力，不敢分寸有所違越〔三〕。故天子亦不得踰禮法，無故而加諸忠良之臣。不然，使君之土地人民，富且盛矣，朝廷悉取而郡縣之，其誰以為不可！夫驛可減也，亦可增也。驛可改也，宣慰司亦可革也。由此言之，殆甚有害，使君其未之思耶？所云奏功陞職事，意亦如此。夫剗除寇盜，以撫綏平良，亦守土之常職。今縷舉以要賞，則朝廷平日之恩寵禄位，顧將欲以何為？使君為叅政，亦已非設官之舊，今又干進不已，是無抵極也，衆必不堪。夫宣慰，守土之官，故得以世有其土地人民。若叅政，則流官矣，東西南北，惟天子所使，朝廷下方尺之檄，委使君以一職，或閩或蜀，其敢弗行乎！則方命之誅，不旋踵而至，捧檄從事，千百年之土地人民，非復使君有矣。由此言之，雖今日之叅政，使君將恐辭去之不速，其又可再乎！凡此以利害言，揆之於義，反之於心，使君必自有不安者。夫拂心違義而行，衆所不與，鬼神所不嘉也。承問及，不敢不以正對。幸亮察！

第三書

阿賈阿札等畔宋氏為地方患，傳者謂使君使之。此雖或出於妬婦之口，然阿賈等自言，使君賞錫之以氈刀，遺之以弓弩。雖無其心，不幸乃有其跡矣。始三堂兩司得是說，即欲聞之於朝，既而以使君平日忠實之故，未必有是，且信且疑，姑令使君討賊。苟遂出軍勦撲，則傳聞皆妄。何可以濫及忠良！其或坐觀逗遛，徐議可否，亦未為晚，故且隱息〔四〕其議，所以待使君者甚厚。既而文移三至，使君始出，衆論紛紛，疑者將信。喧騰之際，適會左右來獻阿麻之首，偏師出解洪邊之圍，羣公又復徐徐。今又三月餘矣，使君

〔一〕鄒序本文録作「可」。〔二〕謝刻本全書無此字。〔三〕郭刻本全書、謝刻本全書作「是」，讀屬下句。〔四〕存稿、陽明文録作「隱忍」。

稱疾歸卧，諸軍以次潛回，其間分屯寨堡者，不聞擒斬，以宣國威，惟增摽掠，以重民怨，衆情愈益不平。而使君之民罔所知識，方揚言於人，謂「宋氏之難，當使宋氏自平，安氏何與而反為之役？我安氏連地千里，擁衆四十八萬，深坑絕坉，飛鳥不能越，猿猱不能攀，縱遂高坐不為宋氏出一卒，人亦率〔一〕如我何！」斯言已稍稍傳播，不知三堂兩司已嘗聞之否？使君誠久卧不出，安氏之禍，必自斯言始矣。使君與宋氏同守土，而使君為之長，地方變亂，皆守土者之罪，使君能獨委之宋氏乎？夫連地千里，孰與中土之一大郡，擁衆四十八萬？孰與中土之一都司，深坑絕坉？安氏有之。然如安氏者，環四面而居以百數也。今播州有楊愛，愷黎有楊友，酉陽保靖有彭世麒等諸人，斯言苟聞於朝，朝廷下片紙於楊愛諸人，使各自為戰，共分安氏之所有，蓋朝令而夕無安氏矣。深坑絕坉，何所用其險？使君可無寒心乎！且安氏之職四十八支，更迭而為。今使君獨傳者三世，而羣支莫敢爭，以朝廷之命也。苟有可乘之釁，孰不欲起而代之乎！然則揚此言於外，以速安氏之禍者，殆漁人之計，蕭墻之憂，未可測也。使君宜速出軍，平定反側，破衆讒之口，息多端之議，弭方興之變，絕難測之禍，補既往之愆，要將來之福。守仁〔二〕非為人作說客者，使君幸熟思之！

龍場生問答〔三〕

龍場生問於陽明子曰：夫子之言，於朝似也。愛不忘乎君也。今者譴於是，而汲汲於求去，殆有所渝乎？

陽明子曰：吾今則有間矣。吾今又病，是以欲去也。

龍場生曰：夫子之以病也，則吾既聞命矣。敢問其所以有間，何謂也？昔為其貴，而今為其賤；昔處於內，今處於外歟？夫乘田委吏，孔子嘗為之矣。

陽明子曰：非是之謂也。君子之仕也，以行道；不以道而仕者，竊也。今吾不得為行道矣。雖古之有祿仕，未嘗奸其職也。曰「牛羊茁壯，會計當也」，今吾不無愧焉。夫祿仕，為貧也；而吾有光世之田，

〔一〕存稿、陽明文録作「卒」。〔二〕存稿、陽明文録「守仁」作「某」。〔三〕本件録自居夷集卷一，又見於存稿等。

力耕足以供朝夕。子且以吾為道乎？以吾為貧乎？

龍場生曰：夫子之來也，譴也，非仕也。子於父母，惟命是從；臣之於君同也。不曰事之如一，而可以拂之，無乃為不恭乎？

陽明子曰：吾之來也，譴也，非仕也；吾之譴也，乃仕也，非役也。役者以力，仕者以道。力可屈也，道不可屈也。吾萬里而至，以承譴也，然猶有職守焉；不得其職而去，非以譴也。君猶父母，事之如一，固也。不曰就養有方乎？惟命之從，而不以道，是妾婦之順，非所以為恭也。

龍場生曰：聖人不敢忘天下賢者而皆去，君誰與為國矣？

曰：賢者則忘天下乎？夫出溺於波濤者，沒人之能也。陸者冒焉，而胥溺矣。吾懼於胥溺也。

龍場生曰：吾聞賢者之有益於人也，惟所用，無擇與小大焉。若是，亦有所不利歟？

曰：賢者之用於世也，行其義而已。義無不宜，無不利也。不得其宜，雖有廣業，君子不謂之利也。且吾聞之，人各有能有不能，惟聖人而後無不能也。吾猶未得為賢也，而子責我以聖人之事，固非其擬矣。

曰：夫子不屑於用也。夫子而苟屑於用，蘭蕙榮於堂階，而芬馨被於几席。萑葦之刈，可以覆垣。草木之微，則亦有然者，而況賢者乎！

陽明子曰：蘭蕙榮於堂階也，而後芬馨被於几席。萑葦也，而後可刈以覆垣。今子將刈蘭蕙，而責之以覆垣之用，子為愛之耶？抑為害之耶？

答懋貞少參〔一〕

別後，懷企益深。朋友之內，安得如執事者數人，日夕相與磨礱砥礪，以成吾德乎！困處中，忽承箋教，灑然如濯清風，獨惟進與，雖初學之士，便當以此為的，然生則何敢當此！悚愧中間，嘆近來學術之陋，謂前輩三四公，能為伊洛本源之學，然不自花實而專務守其根，不自派別而專務守其源，如和尚專念數珠而欲成佛，恐無其理。又自謂慕古人體用之學，恐終為外物所牽，使兩途之皆不到。足以知執事之致

〔一〕本件録自新刊續編卷一書類。

力於學問思辨，重內輕外，惟曰不足，而不墮於空虛渺茫之地無疑矣。生則於此少有所未盡者，非欲有所易，將以求益耳。夫君子之學，先立乎其大者，而小者不能奪。故子思之論「脩德凝道」，必曰「尊德性而道問學」；而朱子論之，以為「非存心無以致知」，而存心者又不可以不致知。執事所謂「不自花實派別，而專務守其根源」，不知彼所守者果有得於根源否爾？如誠得其根源，則花實派別將自此而出，但不宜塊然守此，而不復有事於學問思辨耳。君子之學，有立而後進者，有進而至於立者。二者亦有等級之殊。蓋立而後進者，卓立後有所進，所謂三十而立，吾見其進者。進而至於立者，可與適道，而至於可與立者也，蓋不能無差等矣。夫子謂子貢曰：「賜也，汝以予為多學而識之者與？」又曰：「蓋有不知而作之者，我無是也。」「多聞，擇其善者而從之；多見而識之，知之次也。」執事之言，殆有懲於世之為禪學者而設夫，亦差有未平與？若夫「兩途」之說，則未知執事所指者安在？道，一而已矣，寧有兩耶！有兩之心，是心之不一也。是殆本源之未立與，恐為外物所牽，亦以是耳。程子曰：「苟以外物為外，牽己而從之，是以己性為有內外也。」又曰：「自私，則不能以有為為應跡；用智，則不能以明覺為自然。今以惡外物之心，而求照無物之地，是反鏡而索照也。」又曰：「君子之學，莫若擴然而太公，物來而順應。」由是言之，心跡之不可判而兩之也明矣。執事挺特沈毅，豈生昧劣所敢望於萬一！然乃云爾者，深慕執事樂取諸人之盛心，而自忘其無足取。且公事有暇，無吝一一教示。成之文鳴如相見，亦乞為致此意也。

答文鳴提學〔一〕

書來，非獨見故舊之情，又以見文鳴近來有意為己之學，竊深喜望。與文鳴別久，論議不入吾耳者三年矣。所以知有意於為己者，三年之間，文鳴於他朋舊書札之問甚簡，而僕獨三至焉。今又遣人走數百里，邀候於途，凡四至矣。所以於四至之書而知其有為己之心者，蓋亦有喻。人有出見其鄰之人病，惻焉，煦煦訊其所苦，導之求醫，詔之以藥餌者，入門而忽焉忘之，無他，痛不切於己也。己疾病，則呻吟喘息，不能旦夕，求名醫，問良藥，有能已者，不遠秦楚而延之，無他，誠病疾痛切，身欲須臾忘未能也。是必文鳴有切身之痛，

〔一〕本件錄自新刊續編卷一書類。

將求醫藥之未得，謂僕蓋同患而方求醫與藥者，故復時時念之。茲非其為己乎！兼來書辭其意見趨向，亦自與徃年不類，是殆克治涵養既有所得矣。惜乎隔遠，無因面見講究遂請益耳。夫學而為人，雖日講於仁義道德，亦為外化物，於身心無與也。苟知為己矣，寢食笑言，焉徃而非學！譬如木之植根，水之濬源，其暢茂疏達，當日異而月不同。曾子所謂「誠意」，子思所謂「致中和」，孟子所謂「求放心」，皆此矣。此僕之為文鳴喜而不寐。非為文鳴喜，為吾道喜也。願亦勉之，使吾儕得有所矜式。幸甚！幸甚！病齒兼虛，下留長沙八日。大風雨，絕徃來，間稍霽，則獨與周生金者，渡橘洲，登嶽麓，嘗有三詩奉懷文鳴與成之懋貞，録上請正。又有一長詩，稿留周生處，今已記憶不全，兼亦無益之談，不足呈也。南去儔類益寡，麗澤之思惄如調饑，便間無吝教言。秋深得遂歸圖，嶽麓五峰之間倘能一會，甚善。公且豫存之意，果爾，當先時奉告也。

致侍御王老先生〔一〕

侍生王守仁頓首敬啟

侍御王老先生大人執事：

昨承頒胙，兼錫多儀。生以丁日感微寒，迄今未敢風，未能衾謝。感荷之餘，可勝惶悚！先遣門人越榛鄒木請罪，尚容稍間面詣也。即日，侍生守仁再拜啟上。

外小詩稿一通呈教。餘空。

〔一〕本件手跡原件藏臺灣何創時書法藝術文教基金會，編校者據石守謙、楊儒賓主編明代名賢尺牘集（凡三册，臺灣何創時書法藝術文教基金會，二〇一三年）第一册著録陽明先生手跡（圖三））録入。

圖三　致侍御王老先生手跡（墨跡紙本）

侍生王守仁頓首敬啓
侍御王老先生大人執事昨承
須胙兼
錫多儀生以丁日感微寒迄今未敢風
未能叅謝感荷之餘可勝惶悚先遣
門人越榛鄒木請罪尚容稍間面詣
也即日侍生守仁再拜啓上
外小詩稿一通呈
教　餘空

正德四年己巳　在貴陽，提學副使席書請聘主貴陽書院。陽明先生三十八歲。

寄劉侍御〔一〕

蹇以反身，困以遂志。今日患難，正閣下受用處也。知之，則處此當自別。病筆不能多及〔二〕，然其餘亦無足言者，聊次韻。相送溪橋未隔年，相逢又過小春天。憂時敢負君臣義！念別羞為兒女憐。道自升沉寧有定！心存氣節不無偏。知君已得虛舟意，隨處風波只晏然。守仁頓首。劉侍御大人契長。

與辰中諸生〔三〕

謫居兩年，無可與語者，歸途乃得諸友。何幸！何幸！方以為喜，又遽爾別去，極怏怏也。絕學之餘，求道者少，一齊衆楚，最易搖奪，自非豪傑，鮮有卓然不變者。諸友宜相砥礪夾持，務期有成。近世士夫亦有稍知求道者，皆因實德未成而先揭標榜，以來世俗之謗，是以往往隳墮無立，反為斯道之梗。諸友宜以是為鑒，刊落聲華，務於切己處着實用力。前在寺中所云「靜坐」事，非欲坐禪入定，蓋因吾輩平日為事物紛拏，未知為己，欲以此補小學收放心一段功夫耳。明道云：「纔學便須知有着力處，既學便須知有得力處。」諸友宜於此處着力，方有進步，異時始有得力處也。「學要鞭辟近裏着己」；「君子之道，闇然而日章」；「為名與為利，雖清濁不同，然其利心則一」；「謙受益」；「不求異於人，而求同於理」；此數語，宜書之壁間，常目在之。舉業不患妨功，惟患奪志。只如前日所約，循循為之，亦自兩無相礙。所謂知得則〔四〕灑掃應對，便是精義入神也。

〔一〕本件録自居夷集卷二，又見於存稿等。〔二〕居夷集作「反」，編校者從存稿訂改。〔三〕本件録自存稿卷一書一，又見於陽明文録等。〔四〕郭刻本全書無此字。

與李惟善〔一〕

祥兒在宅上打攪，早晚可戒告，使勿胡行為好，寫去事可令一一為之。諸友至此多蕑漫，見時皆可致意。徐老先生處，可特為一行拜意。朱克相兄弟亦為一問，致勉勵之懷。餘諒能心照，不一一耳。守仁拜。

惟善秋元賢契。

又與李惟善〔二〕

行時聞范希夷有恙，不及一問；諸友皆不及相別；出城時遇二三人於道傍，亦匆匆不暇詳細；皆可為致情也。所買錫，可令王祥打大碗四箇，每箇重二斤，須要厚實古樸些方可，其餘以為蔬楪。粗磁碗買十餘，水銀擺錫筯買一二把。觀上内房門亦須為之寄去鹽四斤半，用為醬料。朱氏昆季亦為道意。閆真士甚憐其客方卧病，今遣馬去迎他，可勉強來此調理。棃木板可收拾，勿令散失，區區欲刊一小書故也。千萬！千萬！文實 近仁 良臣 伯元諸友，均此見意，不盡列字也。仁白。

惟善秋元賢友。

汪原銘合枳朮丸乃可。千萬！千萬！

與貴陽諸生〔三〕

別時不勝凄惘。夢寐中尚在西麓，醒來却在數百里外也。相見未期，努力進脩，以俟後會。即日已抵鎮遠，須臾放舟行矣。相去益遠，言之慘然。書院中諸友不能一一書謝，更俟及便相見，望出此問，致千萬意。守仁頓首。

張時裕 向子佩 越文実 鄒近仁 范希夷 郝升之 汪原銘 李惟善 陳良臣 湯伯元 陳宗魯 葉子蒼 易輔之 詹良

〔一〕本件據中國嘉德國際拍賣有限公司二〇二一年嘉德四季第五十九期拍賣會 中國古代書畫二（作品編號：二四六八）王守仁（款）草書信札陽明先生手跡（圖四）録入。

〔二〕本件據高野侯編古今尺牘墨寶大觀（凡十六册，民國十七年戊辰印本）第七册著録陽明先生書跡（圖五）録入。

〔三〕本件據高野侯編古今尺牘墨寶大觀（凡十六册，民國十七年戊辰印本）第七册著録陽明先生書跡（圖六）録入。

圖四　與李惟善手跡（墨跡紙本）

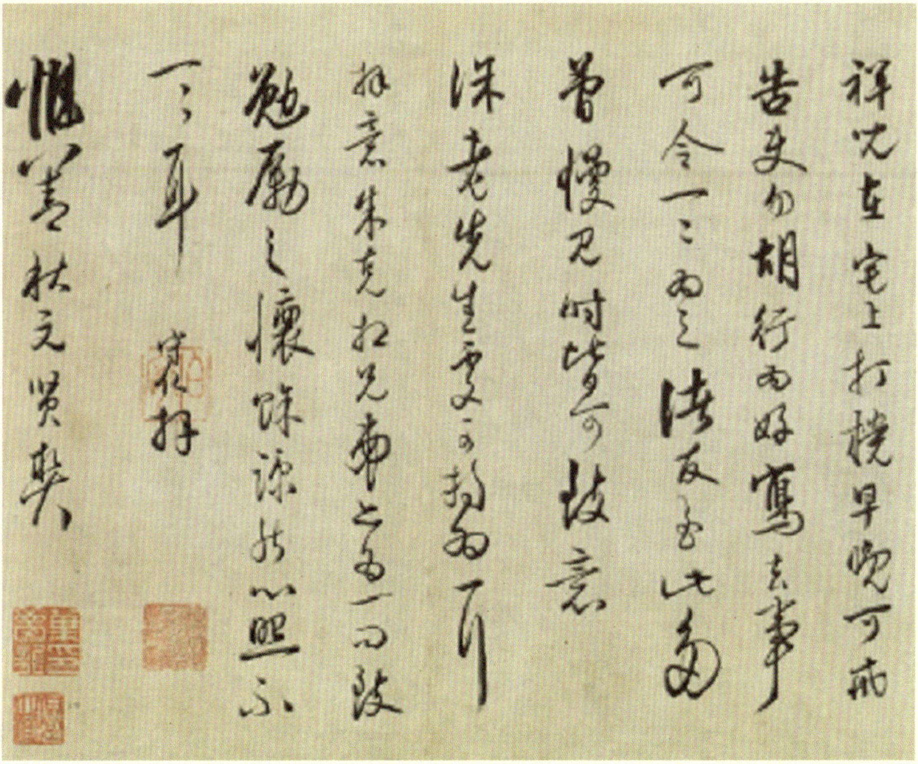

圖五　又與李惟善書跡（印刷紙本）

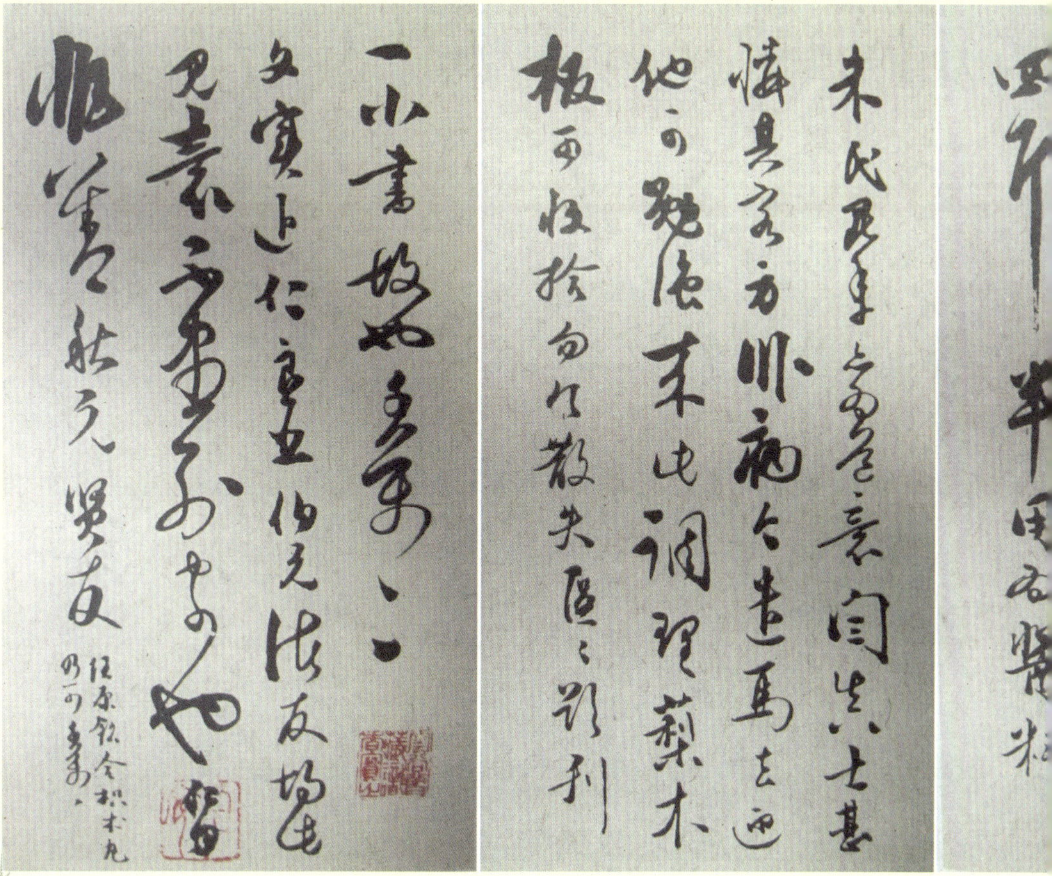

圖六　與貴陽諸生書跡（印刷紙本）

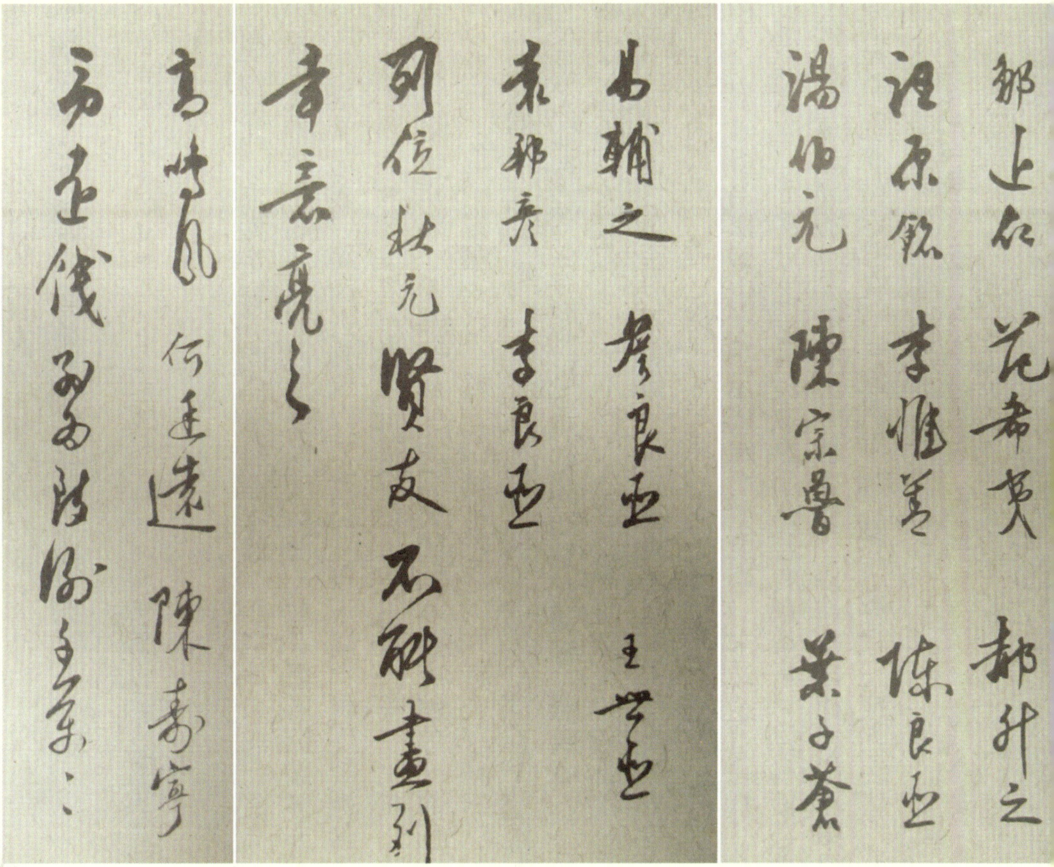

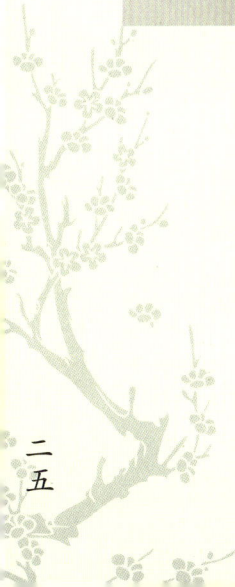

臣王世臣、袁邦彦、季良臣，列位秋元賢友，不能盡列，幸意亮之！高鳴鳳、何廷遠、陳壽寧勞遠餞，别為致謝。千萬！千萬！

正德五年庚午　在吉安，陞廬陵縣知縣；十二月陞南京刑部四川清吏司主事。陽明先生三十九歲。

答王應韶〔一〕

昨承枉顧，適兹部冗，未獲走謝。向白巘自關中田，亟道執事志行之高，深切企慕，惟恐相見之晚。及旌節到此，獲相見，又惟恐相别之速。以是汲汲，數圖一會，罄所欲請，亦承相亮，兩辱枉教，辯難窮詰，不復退讓。蓋彼此相期於道義，將講去其偏以求一是，自不屑為世俗諛媚善柔之態，此亦不待相喻而悉也。别去，深惟教言，私心甚有所未安者，欲候面請，恐人事纏繞，卒未有期。先以書告，其諸講說之未合，皆所未暇。惟執事自謂「更無病痛，不須醫藥。」又自謂「不待人啟口，而已識其言之必錯。」在執事之為己篤實，決非謬言以欺世、取給以禦人者，然守仁竊甚惑之。昔者夫子猶曰：「五十以學易，可以無大過。」又曰：「丘也幸，苟有過，人必知之。」未聞以為無過也。子路人告之以其過則喜，未聞人之欲告以過而拒也。今執事一過之一反焉，此非淺陋之所能測也。舜好問而好察邇言。邇言者，淺近之言也，猶必察焉。夫子嘗曰：「不逆詐。」又曰：「不以人廢言。」今不待人之啟口，而已識其必錯者，何耶？又以守仁為鄉醫，未曉方脈，故不欲聞其說。夫醫術之精否，不專係於鄉國。世固有國醫而誤殺人者矣，今徒以鄉醫聞見不廣，於大方脈未必能通曉，固亦有得於一證之傳，知之真切者，寧可槩以庸醫視之！兹不近於「以人廢言」乎！雖然，在守仁則方為病人，猶未得為鄉醫也。手足痿痺而弗能起，未能遠造國都，方將求鄉醫而問焉。驟聞執事自上國而來，意其通於醫也，而趨就之。乃見執事手足若有攣拳焉，以為猶吾之痿痺也，遂疑其病，固宜執事之哄而弗納矣。伏惟執事誠國醫也，則願出一匕之藥，以起其痿痺，誠亦攣拳乎！則願相與講其受病之源，得無亦與痿痺者同乎，而將何以瘳之？「汎汎揚舟，載沉載浮；既見君子，我心則休。」幸執事之亮此情也。

〔一〕本件録自新刊續編卷二書類。

致某人書〔一〕

別後三接手誨，知賓主相得為慰。可知孟吉既益友，而廷敬復勤脩之士，從此盪摩相觀，學問之成也有日矣，益用喜躍。所喻徐宅姻事，足感壽卿先生之不鄙。但姚江去越城不二百里耳，祖母之心猶以為遠，況麻溪又在五六百里之外耶！心非不願，勢不相能，如何？如何！見徐公，幸以此言為復。吾兩家父祖相契且數十年，何假婚姻始為親厚！因緣之不至，固非人力所能為也。涵養有暇，努力文學，久處暫別，可勝企望！姪守仁頓首。

正德六年辛未 在京師，正月調吏部驗封清吏司主事，二月會試為同考試官，十月陞文選清吏司員外郎。陽明先生四十歲。

寓都下上父親大人〔二〕

寓都下男王守仁百拜書上

父親大人膝下：前月王壽與來隆去，從祁州下船歸，計此時想將到家矣。迩惟祖母老大人、母大人起居萬福為慰。男輩亦平安。媳婦輩能遂不來，極好。倘必不可沮，只可帶家人媳婦一人，衣葙一二隻，輕身而行。此間决不能久住，只如去歲江西，徒費跋涉而已。來隆去後，此間却無人，如媳婦輩肯不來，湏遣一人，帶冬夏衣服，作急隨便船來。男迩來精神氣血殊耗弱，背脊骨作疼已四五年，近日益甚。欲歸之計，非獨時事足慮，兼亦身體可憂也。聞欲起後樓，未免太勞心力，如木植不便，只盖平屋亦可。餘姚分析事，不審如何？畢竟分析為保全之謀耳。徐妹夫處甚平安。因會稽李大尹行便，奉報平安。省侍未期，書畢，不勝瞻戀之至！五月三日，男守仁百拜。

〔一〕本件手跡原件藏榮寶齋，編校者據榮寶齋有限公司編榮寶齋（二〇二二年第七期）著録陽明先生手跡（圖七）録入；榮寶齋（二〇二二年第七期）本件題作拒婚帖，編校者擬改今題。〔二〕本件手跡原件藏中國國家博物館，編校者據書法全集著録陽明先生手跡（圖八）録入。

圖七　致某人書手跡（墨跡紙本）

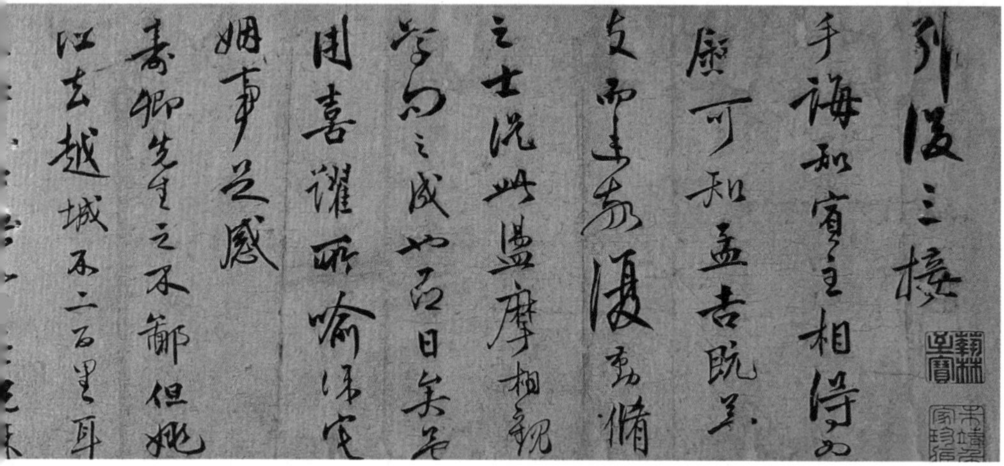

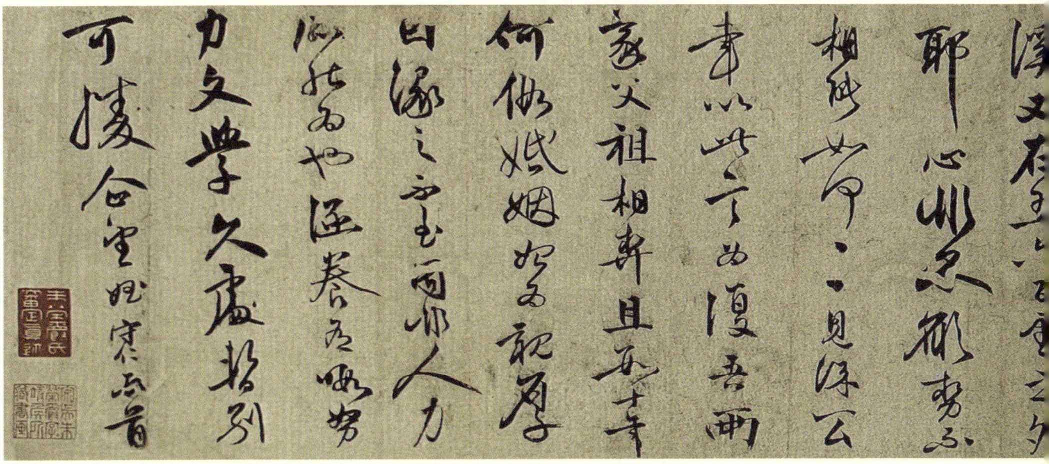

圖八　寓都下上父親大人手跡（墨跡紙本）

寓都下男王守仁百拜書上
父親大人膝下前月王壽與來
隆去從祁州下船歸計此時想
將到家矣遠惟
祖母老大人
母大人起居萬福為慰男
輩亦平安媳婦輩俱遂不
來極好倘必不可沮只可帶
家人媳婦一人衣箱一二隻
輕身而行此間決不能久住
只如去歲江西徒費跋涉也
來隆去後此間却無人如媳婦

精神氣血殊耗弱背脊骨作疼已四五年近日益甚欲歸之計非獨時事足慮兼亦身體可憂也聞欲起後樓未免太勞心力如木植不便只蓋平屋亦可餘姚分析事不審如何畢竟須析爲保全之謀耳汝妹夫處甚平安因會稽李大尹行便奉報平安省侍未期書畢不勝瞻戀之至 五月二十三日 男守仁百拜

答徐成之書〔一〕

汝華相見於逆旅，聞成之起居〔二〕甚悉，然無因一面，徒增悒怏。吾鄉學者，幾人求其篤信好學如吾成之者？誰歟！求其喜聞過忠告善道人〔三〕如吾成之者，誰歟！過而莫吾告也，學而莫吾與也，非吾成之之思，而誰思歟！嗟！吾成之幸自愛重！自人之失其所好，仁之難成也久矣。向吾成之在鄉黨中，刻厲自立，衆皆非笑以為迂腐，成之不為少變。僕時雖稍知愛敬，不從衆非笑，然尚未知成之之難得如此也。今知成之之難得，則又不獲朝夕相與，豈非大可憾歟！脩己治人，本無二道。政事雖劇，亦皆學問之地，諒吾成之隨在有得。然何從一聞至論，以洗凡近之見乎！愛莫為助。近為成之思進學之功，微覺過苦。先儒所謂「志道懇切」，固是誠意，然急迫求之，則反為私己，不可不察也。日用間，何莫非天理流行！但此心常存而不放，則義理自熟。孟子所謂「勿忘勿助，深造自得」者矣。學問之功何可緩！但恐著意把持振作，縱復有得，居之恐不能安耳！成之之學，想亦正不如此。以僕所見，微覺其有近似者，是以不敢不盡。亦以成之平日之樂聞，且欲以是求教也。〔四〕廷禧先生，吾鄉之善人，長者先達中極為難得；同處客鄉，亦為成之之一樂也；行次草率，不奉狀，相見望道情。

寄宗賢原忠〔五〕

昨晚言似太多，然遇二君，亦不得不多耳。其間以造詣未熟，言之未瑩則有之，然却自是吾儕一段的實工夫。思之未合，請勿輕放過，當有豁然處也。聖人之心，纖翳自無所容，自不消磨刮。蓋〔六〕常人之心，如斑垢駁雜之鏡，須痛加刮磨一番，盡去其駁蝕，然後纖塵即見。纔拂便去，亦自不消費力，到此已是識得仁體矣。若駁雜未去，其間固自有一點明處，塵埃之落，固亦見得，亦纔拂便去。至於堆積於駁蝕之上，終弗之能見也。此學利困勉之所由異，幸弗以為煩難而疑之也。凡人情，好易而惡難，其間亦自有私意氣

〔一〕本件録自餘姚板文録卷一，又見於存稿等。〔二〕存稿、陽明文録作「啟居」。〔三〕存稿、陽明文録無此字。〔四〕存稿、陽明文録無以下四十二字。〔五〕本件録自餘姚板文録卷一，又見於存稿等。存稿、陽明文録本件題作答黃宗賢應原忠。〔六〕存稿、陽明文録作「若」。

習纏蔽，在識破後，自然不見其難矣。古之人，至有出萬死而樂為之者，亦見得耳。向時未見得向裏面意思，此工夫自無可講處。今已見此一層，却恐好易惡難，便流入禪釋去也。昨論儒釋之異，明道所謂「敬以直内」則有之，「義以方外」則未。畢竟連「敬以直内」亦不是者，已說到八九分矣。

答汪石潭書〔一〕

承批教。連日瘡甚，不能書，未暇請益。來教〔二〕云：「昨日所論，乃是一大疑難」；又云：「此事關係頗大，不敢不言」。僕意亦以為然，是以不能遽已。夫喜怒哀樂，情也。既曰「不可謂未發矣」，喜怒哀樂之未發，則是指其本體而言性也。斯言自子思非程子而始有，執事既不以為然，則當自子思中庸始矣。喜怒哀樂之與思、與知覺，皆心之所發。心統性情。性，心體也；情，心用也。程子云：「心，一也」，有指體而言者，寂然不動是也；有指用而言者，感而遂通是也。斯言既無以加矣，執事姑求之「體用」之說。夫體用，一源也。知體之所以為用，則知用之所以為體者矣。雖然，體微而難知也，用顯而易見也。執事之云，不亦宜乎！夫謂「自朝至暮，未嘗有寂然不動之時」者，是見其用而不得其所謂體也。君子之於學也，因用以求其體。凡程子所謂「既思，即是已發；既有知覺，即是動」者，皆為求中於喜怒哀樂未發之時者言也，非謂其無未發者也。朱子於「未發」之說，其始亦嘗疑之。今其集中，所與南軒論難辨析者，蓋往復數十而後決其說，則今之中庸註疏是也，其於此亦非苟矣。獨其所謂「自戒懼而約之，以至於至靜之中，自謹獨而精之，以至於應物之處」者，亦若過於剖析。而後之讀者遂爾〔三〕分為兩節，而疑其別有寂然不動，靜而存養之時，不知常存戒慎恐懼之心，則其工夫未始有一息之間，非必自其不睹不聞而存養也。吾兄且於動處加工，勿使間斷。動無不和，即靜無不中，而所謂「寂然不動之體」，當自知之矣。未至而揣度之，終不免於對塔說相輪耳。然朱子但有知覺者在，而未有知覺之說，則亦未瑩。吾兄疑之，蓋亦有見。但其所以疑之者，則有因噎廢食之過，不可以不審也。「君子」之論，苟有以異於古，姑毋以為決然，宜且循

〔一〕本件録自餘姚板文録卷一，又見於存稿等。存稿 陽明文録本件題作答汪石潭内翰。〔二〕存稿訛作「求教」。〔三〕存稿作「而」，陽明文録作「以」。

其說而究之，極其說而果有不達也，然後從而斷之。是以其辯之也明，而析之也當，蓋在我者，有以得其情也。今學如吾兄，聰明超特如吾兄，深潛縝密如吾兄，而猶有未悉如此，何邪？吾兄之心，非若世之立異自高者，要在求其是而已。故敢言之無諱，有所未盡，不惜教論，不有益於兄，必有益於我也。

寄諸用明〔一〕

得書，足知邇來學力之長，甚喜！君子惟患學業之不脩，科第遲速，所不論也。況吾平日所望於賢弟，固有大於此者，不識亦嘗有意於此否耶？便中時報知之。階陽諸姪，聞去歲皆出投試。非不喜其年少有志，然私心切不以為然，不幸遂至於得志，豈不誤却此生耶！凡後生美質，須令晦養厚積，天道不翕聚，則不能發散，況人乎！花之千葉者無實，為其華美太發露耳。諸賢姪〔二〕不以吾言為迂，便當有進步處矣。書來勸吾仕，吾亦非潔身者，所以汲汲於是，非獨以時當斂晦，亦以吾學未成，歲月不待。再過數年，精神益弊，雖欲勉進而有所不能，則將終於無成，皆吾所以勢有不容已也。但老祖而下，意皆不悅，今亦豈能決然行之！徒付之浩嘆而已。

答王虎谷〔三〕

承示別後看得一「性」字親切。孟子云：「盡其心者，知其性也。知其性，則知天矣。」此吾道之幸也，喜慰何可言！「弘毅」之說極是，但云「既不可以棄去，又不可以減輕；既不可以住歇，又不可以不至」，則是猶有不得已之意也。不得已之意，與自不能已者，尚隔一層。程子云：「知之而至，則循理為樂；不循理，為不樂。」自有不能已者，循理為樂者也，非真能知性者，未易及此。知性則知仁矣。仁，人心也。心體本自弘毅，不弘者蔽之也，不毅者累之也。故燭理明，則私欲自不能蔽累；私欲不能蔽累，則自無不弘毅矣。弘，非有所擴而大之也；毅，非有所作而強之也。蓋本分之內，不加毫末焉。曾子「弘毅」之說，為學者言，故曰「不可以不弘毅」。此曾子窮理之本，真見仁體，而後有是言。學者徒知不可不弘毅，不知窮理，而惟

〔一〕本件録自存稿卷一書一，又見於陽明文録等。〔二〕存稿作「賢姓」，編校者從陽明文録訂改。〔三〕本件録自存稿卷一書一，又見於陽明文録等。

擴而大之以為弘，作而強之以為毅，是亦出於一時意氣之私，其去仁道尚遠也。此實公私義利之辨，因執事之誨，而并以請正。

與宗賢書〔一〕

所喻皆近思切問，足知為功之密也，甚慰！夫加諸我者，我所不欲也；無加諸人，我所欲也；出乎其心之所欲，皆自然而然，非有所強，勿施於人，則勉而後能。此仁恕之別也。然恕求人之方，正吾儕之所有事也。子路之勇，而夫子未許其仁者，好勇而無所取裁，所勇未必皆出天理之公也。事君而不避其難，仁者不過如是。然而不知食輒之禄為非義，則勇非其所宜勇，不得為仁矣。然勇為仁之資，正吾儕之所尚欠也。鄙見如此，明者以為何如？未〔二〕盡，望更示〔三〕！

正德七年壬申　在京師，三月陞考功清吏司郎中，十二月陞南京太僕寺少卿，便道歸越。陽明先生四十一歲。

寓都下再上父親大人〔四〕

寓都下男王守仁百拜書上

父親大人膝下：杭州差人至，備詢大人起居遊覽之樂，不勝喜慰。尋得書，廼有廿四叔□變別下世，□□之壽〔五〕，固自有數，胡廼適稽山時。信乎樂事不常，人生若寄。古之達人所以適情任性，優游物表，遺棄身家之累，養真恬曠之鄉，良有以也。伏惟大人年近古稀，耆功之制，禮所不逮，自宜安閑愉懌，放意林泉。木齋、雪湖諸老，時往一訪；稽山、鑒湖諸處，時出一遊。〔六〕洗脫世垢，攝養天和。上以增祖母之壽，下以垂子孫之榮。慶幸！慶幸！男等安居如常，七妹當在八月，身體比常甚佳。婦姑之間，近亦頗睦。曰仁考滿，亦在出月初旬，出處去就，俟曰仁至，計議已定，然後奉報也。河南賊稍平，然隱伏者尚難測。山東勢亦少

〔一〕本件録自存稿卷一書一，又見於陽明文録等。〔二〕存稿此字為黑釘，編校者據陽明文録訂補。〔三〕謝刻本全書作「便示」。〔四〕本件據網絡下載王文成家稟真跡陽明先生手跡（圖九）録入。〔五〕王文成家稟真跡（圖九）闕以上六字，編校者據北京故宮博物院官網陽明先生手跡（圖一〇）訂補。〔六〕陽明先生手跡（圖一〇）闕二行，無以下二十六字。

圖九　寓都下再上父親大人手跡一（墨跡　紙本）

王文成公家藏真蹟

寓都下男王守仁百拜書上
父親大人膝下杭州差人至備諳
大人起居遊覽之樂不勝喜慰再得
書迺有廿四姊一變別
固自有數迺迺適稽山時信來樂

事不常人生若寄古之達人所以通
情任性優勝物未遺壹身家之
果養貴怡曠之鄉良有以迄伏惟
大人年近古稀舊功之刻禮而不遺自宜
安閒怡悴放意林泉末齋雲關諸
老時住一誘稽山鑑開諸雯时出一進

洗脫世結捐巻天和上之增
祖毋之壽下以壽子孫之榮慶幸く
男壽安居如常七妹當在八月身體
比常吉佳婦姑之間近志顧睦田仁秀
酒点在出月初旬出寰去乾侯日仁

在會場之刊不久當南還矣九第阿逵
不審近日如何身體為未壯佳誦讀之道
宜儀須當之提黃曰與進得清心寡欲
將來不失為佳良之士上何必務永官等
之榮我守文守章六宜篤擇道徳之師文
守正不必作只迎詠讀明篤要昌觀近世
人家子弟之不能大有成就皆由父兄之所
以教之者隨而望之者淺人来說守文質
性甚異不可以小就待之也因便報要

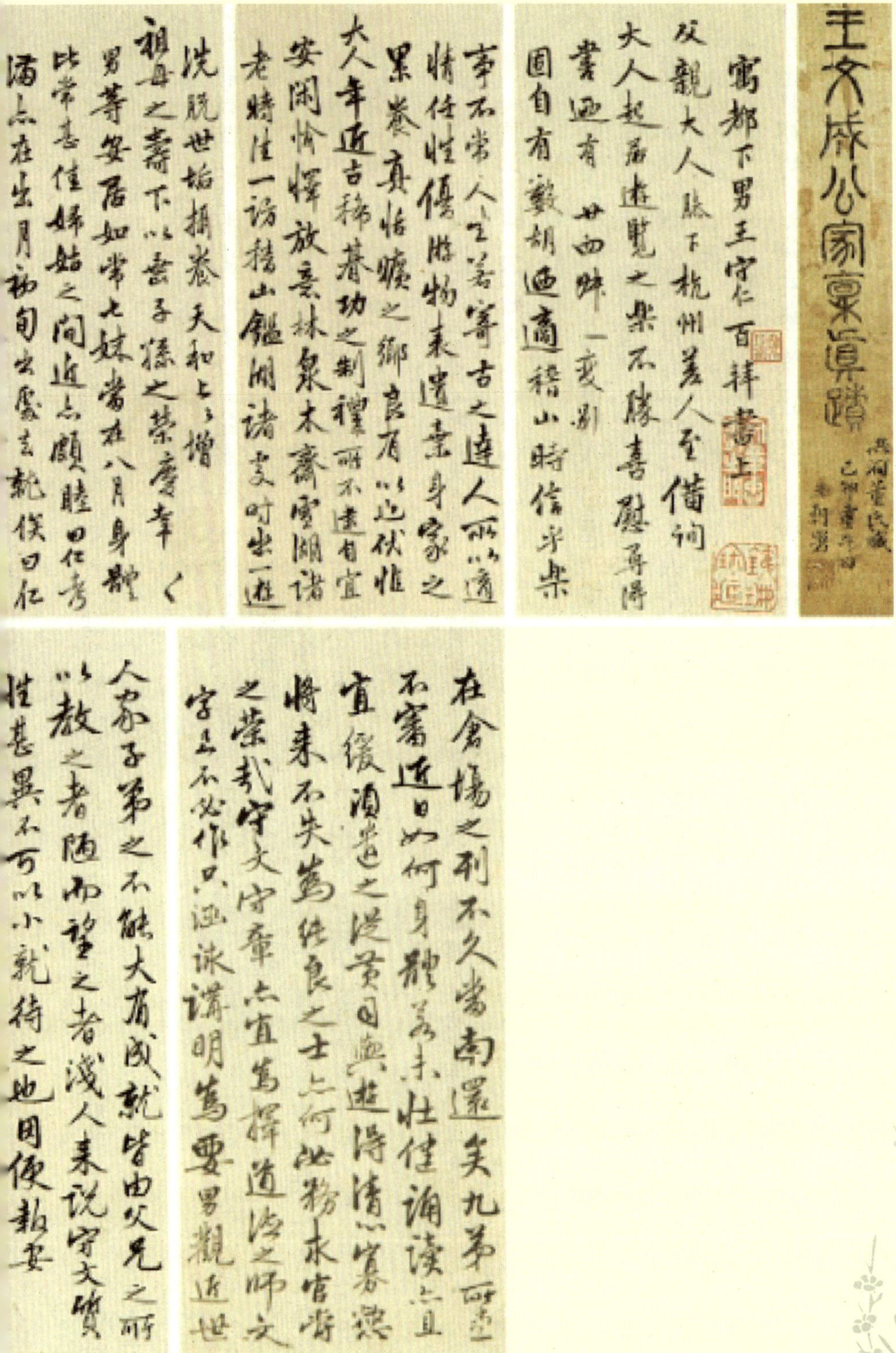

賊而劉七竟未能獲罪諸江西雖亦
時有捷報而起者亦復不少至於根
刱之不繼為廷之之絕遏寇之日殷齋
民之命困窮有不可勝言者而
廟堂之上固已晏然有唐太平之樂自

是而後將益輕得意金肆無遊妖
孽興禍詢日甚有識者復何可望
呼守誠婁無可寄托張妹夫只得
自行進四大娘子早晚無人須搬來
男家將就同住六弟閣已起程至今
尚未見到閣銘姚居址亦已分析無人

管理不敢茫識此事當一事今年
造冊田業之下瘠者親戚之寄托者
雖倒還利者亦絕之為佳時事如此
為子孫計者但當遺之以安田業數少
篤果絕輕耳趙八回匠因農民倒閣
必須上納但之不可昨日已告道狀想亦只

余最愛衰集勝國名賢手蹟近年來頗收
得數種咸以人重書不必書工也此冊以賤直
購之宣武門東晚市散攤閒確為文成真
蹟歡喜懷歸因識數語　乙巳秋七月下浣
四日燈下記　笠泉焦友麟

按文成父諱華成化十七年進士第一官南京禮
部尚書文成官京師宗伯時居林下

王陽明先生書世不多見一旦得此三百餘年大儒
手蹟真希世奇瑑也　咸豐戊午得於太谷同治
己巳花生日記　七十五叟閻國祥

圖一〇 寓都下再上父親大人手跡二（墨跡紙本）

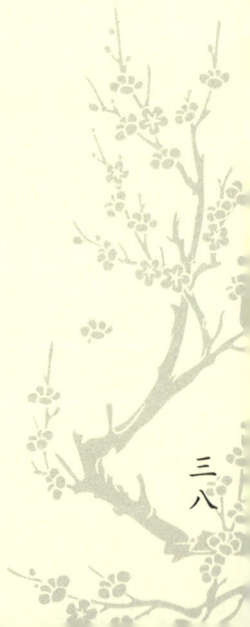

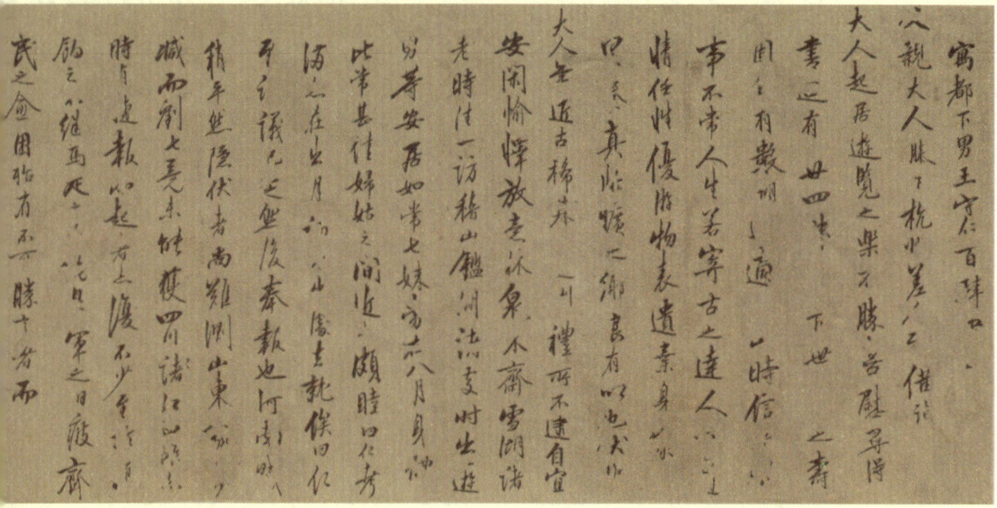

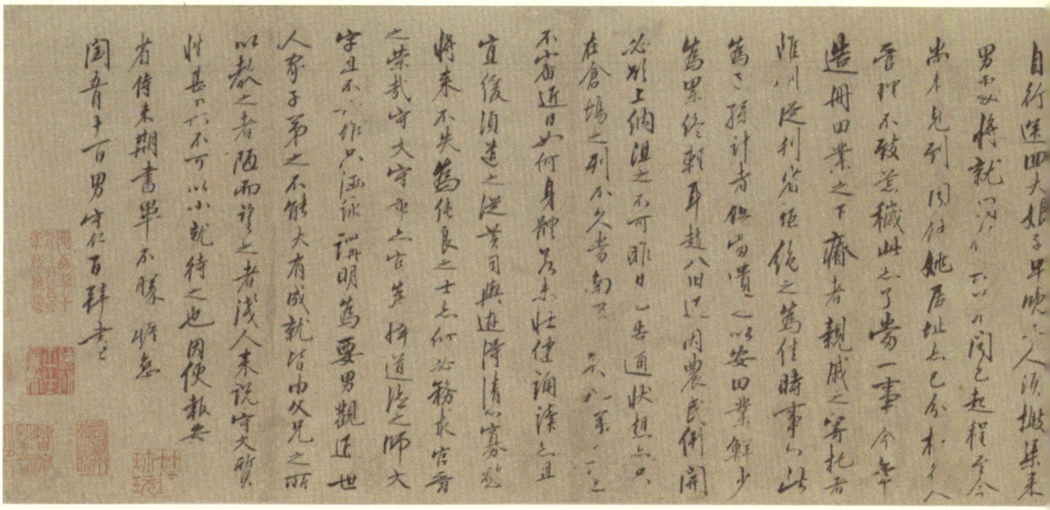

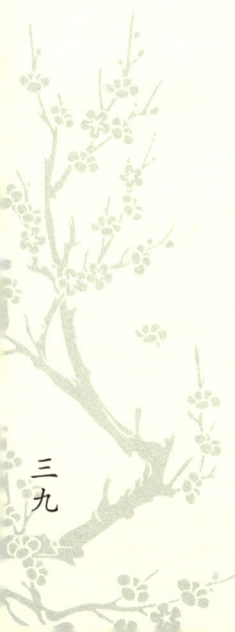

減，而劉七竟未能獲。四川諸江西，雖亦時有捷報，而起者亦復不少。至於粮餉之不繼，馬疋之乏絶，邊軍之日疲，齊民之愈困，殆有不可勝言者。而廟堂之上，固已晏然，有坐享太平之樂。自是而後，將益輕禍患，愈肆盤遊，妖孽并興，讒諂日甚，有識者復何所望乎！守誠妻無可寄托，張妹夫只得自行送回。大娘子早晚無人，須搬渠來男處，將就同住。六弟聞已起程，至今尚未見到。聞餘姚居址亦已分析，各人管理，不致荒穢，此亦了當一事。今年造册，田業之下瘠者，親戚之寄托者，惟例從刊省，拒絶之為佳。時事如此，為子孫計者，但當遺之以安，田業鮮少，為累終輕耳。趙八田近因農民例開，必欲上納，沮之不可。昨日已告通狀，想亦只在倉塲之列，不久當南還矣。九弟所患，不審近日如何？身體若未壯健，誦讀亦且宜緩，須遣之從黄司輿遊，得清心寡欲，將來不失為純良之士，亦何必務求官爵之榮哉！守文、守章亦宜為擇道德之師，文字且不必作，只涵詠講明為要。男觀近世人家子弟之不能大有成就，皆由父兄之所以教之者陋，而望之者淺。人來，說守文質性甚異，不可以小就待之也。因便報安，省侍未期，書畢不勝瞻戀。閏五月十一日，男守仁百拜書。

與蔡希顔〔一〕

向得林蘇州書，知希顔在蘇州，其時守忠在山陰矣。近張山陰來，知希顔已還山陰矣，而守忠又聞〔二〕金華之出。往歲希顔居鄉，而守忠客祁，今茲復爾。二友之每每相違，豈亦有數存焉邪！為仁由己，固非他人所能與，而相觀砥礪之益，則友誠不可一日無者。外是，子雍、明德輩，相去數十里，决不能朝夕繼見，希顔無亦有獨立無與之嘆歟！曩評半圭，誠然！誠然！方今山林枯槁之士，要亦未可多得，去之犇走聲利之塲者，則遠矣。人品不齊，聖賢亦因材成就。孔門之教言人人殊，後世儒者始有歸一之論，然而成德達材者鮮，又何居乎！希顔試於此思之，定以為何如也？

寄希淵〔三〕

所遇如此，希淵歸計良是，但稍傷急迫。若再遲二三月，托疾而行，彼此形跡泯然，既不激怒於人，亦

〔一〕本件録自餘姚板文録卷一，又見於存稿等。存稿、陽明文録本件題作寄希淵。〔二〕存稿作「明」，陽明文録作「有」。
〔三〕本件録自存稿卷一書一，又見於陽明文録等。

不失己之介矣。聖賢處末世，待人應物，有時而委曲其道，未嘗不直也。若己為君子，而使人為小人，亦非仁人忠恕惻怛之心。希淵必以區區此說為太周旋，然道理實如此也。區區叨厚禄有地方之責，欲脫身潛逃固難，若希淵所處，自宜進退綽然。今亦牽制若此，乃知古人掛冠解綬，其時亦不易值也。

與王純甫〔一〕

別後，有人自武城來，云「純甫始到家，尊翁頗不喜歸計，尚多牴牾」。始聞而惋然，已而復大喜。久之，又有人自南都來者，云「純甫已蒞任，上下多不相能」。始聞而惋然，已而復大喜。吾之惋然者，世俗之私情；所為大喜者，純甫當自知之。吾安能小不忍於純甫，不使動心忍性，以大其所就乎！譬之金之在冶，經烈焰，受鉗錘，當此之時，為金者甚苦，然自他人視之，方喜金之益精煉，而惟恐火力錘煅之不至。既其出冶，金亦自喜其挫折煅煉之有成矣。某平日亦每有傲視行輩、輕忽世故之心，後雖稍知懲創，亦惟支持抵塞於外而已。及謫貴州三年，百難備嘗，然後能有所見，始信孟氏「生於憂患」之言非欺我也。嘗以為「君子素其位而行，不願乎其外。素富貴，行乎富貴；素貧賤，行乎貧賤；素患難，行乎患難；故無入而不自得」。後之君子，亦當素其位而學，不願乎其外。素富貴，學處乎富貴，素貧賤患難，學處乎貧賤患難，則亦可以無入而不自得。向嘗為純甫言之，純甫深以為然。不審邇來用力却如何耳？近日相與講學者，宗賢之外，亦復數人，每相聚，輒嘆純甫之高明。今復遭時磨勵若此，其進益不可量。純甫勉之！汪景顔近亦出宰大名，臨行請益，某告以變化氣質，居常無所見，惟當利害，經變故，遭屈辱，平時憤怒者，到此能不憤怒，憂惶失措者，到此能不憂惶失措，始是能有得力處，亦便是用力處。天下事雖萬變，吾所以應之，不出乎喜、怒、哀、樂四者，此為學之要，而為政亦在其中矣。景顔聞之，躍然如有所得也。甘泉近有書來，已卜居蕭山之湘湖，去陽明洞方數十里耳，書屋亦將落成。聞之喜極，誠得良友相聚會，共進此道，人間更復有何樂！區區在外之榮辱得喪，又足掛之齒牙間哉！

〔一〕本件録自餘姚板文録卷一，又見於存稿等。

答儲柴墟〔一〕

盛价來，適人事紛紜，不及細詢北來事〔二〕。既還，却殊怏怏。承示劉生墓誌，此實友義所關，文亦縝密，獨叙乃父側室事，頗傷忠厚。未刻石，刪去之為佳。子於父過，諫而過激，不可以為幾。稱子之美，而發其父之陰私，不可以為訓。宜更詳之。喻及交際之難，此殆繆於私意。君子與人，惟義所在，厚薄輕重〔三〕，已無所私焉。此所以為簡易之道。世人之心，雜於計較，毀譽得喪交於中，而眩其當然之則。是以處之愈周，計之愈悉，而行之愈難。夫大賢吾師，次賢吾友，此天理自然之則，豈以是為炎涼之嫌哉！吾兄以僕於今之公卿，若某之賢者，則稱謂以「友生」；若某與某之賢不及於某者，則稱謂以「侍生」，豈以矯時俗炎涼之弊？非也。夫彼可以為吾友，而吾可以友之；彼又吾友也，吾安得而弗友之！彼不可以為吾友，而吾不可以友之；彼又不吾友也，吾安得而友之！夫友也者，以道也，以德也。天下莫大於道，莫貴於德。道德之所在，齒與位不得而干焉。僕於某之謂矣，彼其無道與德，而徒有其貴與齒也，則亦貴齒之而已。然若此者，與之見亦寡矣，非以事相臨，不往見也。若此者，與凡交遊之隨俗以「侍生」而來者，亦隨俗而「侍生」之。所謂事之無害於義者，從俗可也。千乘之君，求與之友而不可得，非在我有所不屑乎。嗟乎！友未易言也！今之所謂「友」，或以藝同，或以事合，狥名逐勢，非吾所謂輔仁之友矣。仁者，心之德。人而不仁，不可以為人。輔仁，求以全心德也，如是而後友。今特以技藝文辭之工，地勢聲翼之重，而鶩然欲以友乎〔四〕賢者，賢者弗與也。吾兄「技藝炎涼」之說，「貴賤少長」之論，殆皆有未盡歟。孟子曰：「友也者，不可以有挾。」孟獻子之友五人，無獻子之家者也，曾以貴賤乎！仲由少顔路三歲，回由之贈處，蓋友也。回與曾點同時，參曰：「昔者吾友。」曾以少長乎！將矯時俗之炎涼而自畔於禮，其間不能以寸矣。吾兄又以僕於後進之來，其質美而才者，多以先後輩相處，其庸下者，反待以客禮，疑僕別有一道。是道也，奚有於別！凡後進之來，其才者，皆有益於斯道者也。吾安得不以斯道處之！其庸下者，不過世俗泛然一接，吾亦世俗泛然待之，如鄉人而已。昔伊川初與呂希哲為同舍友，待之友也，既而希哲師事伊川，待之弟子也。

〔一〕本件録自存稿外集卷五書，又見於陽明文録等。〔二〕新刊續編「北來事」作「他事」。〔三〕新刊續編作「重輕」。
〔四〕新刊續編作「夫」。

謂敬於同舍而慢於弟子，可乎？孔子待陽貨以大夫，待回賜以弟子，謂待回賜不若陽貨，可乎？師友道廢久，後進之中有聰明特達者，頗知求道，往往又為先輩，待之不誠，不諒其心，而務假以虛禮，以取悅於後進，干待士之譽，此正所謂「病於夏畦」者也。以是師友之道，日益淪沒，無由復明。僕常以為，世有周程〔一〕諸君子，則吾固得而執弟子之役，乃大幸矣。其次，有周程〔二〕之高弟焉，吾猶得而私淑也。不幸世又無是人，有志之士倀倀，其將焉求乎！然則何能無憂也？憂之而不以責之己，責之己而不以求輔於人，求輔於人而待之不以誠，終亦必無所成而已耳。凡僕於今之後進，非敢以師道自處也，將求其聰明特達者，與之講明，因以自輔也。彼自以後進〔三〕求正於我，雖不師事，我固有先後輩之道焉。伊川瞑目而坐，游楊侍立不敢去，重道也。今世習於曠肆，憚於檢飭〔四〕，不復知有此事。幸而有一二後進，略知求道為事，是有復明之機，又不誠心直道，與之發明，而徒闇然〔五〕媚世〔六〕，苟且阿俗，僕誠痛之惜之。傳曰：「師嚴，然後道尊；道尊，然後民知敬學。」夫人必有所嚴憚，然後言之而聽之也審；施之而承之也肅〔七〕。凡若此者，皆求以明道，皆循理而行，非有容私於其間也。伊尹曰：「天之生斯民也，使先知覺後知，使先覺覺後覺。予天民之先覺也，非予覺之，而誰也！」是故大知覺於小知，小知覺於無知；大覺覺於小覺，小覺覺於無覺。夫已大知大覺矣，而後以覺於天下，不亦善乎！然而未能也，遂自以小知小覺而不敢以覺於人，則終亦莫之覺矣。仁者固如是乎！夫仁者，己欲立而立人，己欲達而達人。僕之意以為，已有分寸之知，即欲同此分寸之知於人；已有分寸之覺，即欲同此分寸之覺於人。人之小知小覺者益衆，則其相與為知覺也益易以明，如是而後，大知大覺可期也。僕於今之後進，尚不敢以小知小覺自處。譬之凍餒之人，知耕桑之可以足衣食，而又偶聞藝禾樹桑之法，將試為之，而遂以告其凡凍餒者，使之共為之也。亦何嫌於己之未嘗樹藝，而遂不以告之乎！雖然，君子有諸己而後求諸人，僕蓋〔八〕未嘗有諸己也，而可以求諸人乎？夫亦謂其〔九〕有意於僕而來者耳。承相問，輒縷縷至此。有未當〔一〇〕者，不惜往復。

〔一〕新刊續編作「程朱」。〔二〕新刊續編作「程朱」。〔三〕新刊續編作「學」。〔四〕新刊續編作「檢飾」。〔五〕存稿 陽明文録作「奄然」，編校者從郭刻本全書訂改。〔六〕新刊續編作「希媚」。〔七〕新刊續編作「前」。〔八〕新刊續編作「蓋僕」。〔九〕新刊續編無此字。〔一〇〕存稿 陽明文録作「嘗」，編校者從新刊續編訂改。

又答儲柴墟〔一〕

昨者草率奉報，意在求正，不覺蕪冗。承長箋批答，推許過盛，殊增悚汗也。來喻責僕不以師道自處，恐亦未為誠心直道。顧僕何人？而敢以師道自處哉！前書所謂以前後輩處之者，亦謂僕有一日之長，而彼又有求道之心者耳。若其年齒相若，而無意於求道者，自當如常待以客禮，安得例以前後輩處之！是亦妄人矣。又況不揆其來意之如何〔二〕，而抗顏以師道自居，世〔三〕寧有是理邪！夫師云〔四〕者，非可以自處得也。彼以是求我，而〔五〕我以是應之耳。嗟乎〔六〕！今之時，孰有所謂「師云」乎哉！今之習技藝者則有師，習舉業求聲利者則有師。彼誠知技藝之可以得衣食，舉業之可以得聲利而希美官爵也。自非誠知己之性分有急於衣食官爵者，孰肯從而求師哉！夫技藝之不習，不過乏衣食；舉業之〔七〕不習，不過無官爵；己之性分有所蔽悖，是不得為人矣。人顧明彼而暗此也，可不大哀乎！往時僕與王寅之〔八〕劉景素同遊太學，每季考，寅之〔九〕恒居景素前列，然寅之〔一〇〕自以為〔一一〕講貫不及景素，一旦執弟子禮，師之。僕每嘆服，以為如寅之〔一二〕者真可以〔一三〕為豪傑之士。使寅之〔一四〕易此心以求道，亦何聖賢之不可及〔一五〕！然而寅之〔一六〕能於彼，不能於此也。曾子病革而易簀，子路臨絕而結纓，横渠撤虎皮而使其子弟〔一七〕從講於二程，惟天下之大勇無我者能之。今天下波頹風靡，為日已久，何異於病革臨絕之時！然又人是己見，莫肯相下求正，故居今之世，非有豪傑獨立之士，的見性分之不容已，毅然以聖賢之道自任者，莫知〔一八〕從而求師也。吾兄又疑後進之來，其資禀意向雖不足以承教，若其齒之相遠者，恐亦不當槩以客禮相待。僕前書所及，蓋與有意於斯道者相屬〔一九〕而言，亦謂其可以客，可以無客者耳。若其齒數邈絶者〔二〇〕，則名分具存，有不待言矣。孔子使闕黨童子將命，曰：「吾見其居於位也，見其與先生并行也，非求益者也，

〔一〕本件録自存稿 外集卷五書，又見於陽明文録等。〔二〕新刊續編作「何如」。〔三〕新刊續編無此字。〔四〕鄒序本文録作「師法」。〔五〕新刊續編無此字。〔六〕新刊續編作「嗟夫」。〔七〕新刊續編無此字。〔八〕新刊續編作「王演之」。〔九〕新刊續編作「演之」。〔一〇〕新刊續編作「演之」。〔一一〕新刊續編無此字。〔一二〕新刊續編作「演之」。〔一三〕存稿 陽明文録無此字，編校者據新刊續編訂補。〔一四〕新刊續編作「演之」。〔一五〕新刊續編無以上十七字。〔一六〕新刊續編作「演之」。〔一七〕新刊續編作「弟子」。〔一八〕鄒序本文録作「之」。〔一九〕新刊續編作「對舉」。〔二〇〕存稿 陽明文録無此字，編校者據新刊續編訂補。

欲速成者也」，亦未嘗無誨焉。雖然，此皆以不若己者言也。若其德器之夙成，識見之超詣者，雖生於吾後數十年，其大者吾師，次者吾友也，得以齒序論之哉！人歸遽劇，極潦草，便間批復可否，不一一。

答何子元〔一〕

來書云〔二〕：禮曾子問：「諸侯見天子入門，不得終禮廢者幾？」孔子曰：「四。」又問：「諸侯相見揖入門，不得終禮廢者幾？」孔子曰：「六，而日食存焉。」曾子曰：「當祭而日食，太廟火，其祭也如之何？」孔子曰：「接祭而已矣。如牲至未殺，則廢。」孟春於此有疑焉。天子崩，太廟火，后夫人之喪，雨霑服失容，此事之不可期，或適相值。若日食則可預推也，諸侯行禮，獨不容以少避乎？祭又何必專於是日，而匆匆於接祭哉？牲未殺，則祭廢，當殺牲之時，而不知為〔三〕日食之候者，何也？執事幸以見教。千萬！千萬！〔四〕

承喻曾子問日食接祭之說。前此蓋〔五〕未嘗有疑及此者，足見為學精察，非尋常所及〔六〕，深用嘆服！如某〔七〕淺昧，何足以辨此！古者天子有日官，諸侯有日御。日官居官卿以底日，日御不失日，以授百官之朝。豈有當祭之日，而尚未知有日食者！夫子答曾子之問，竊意春秋之時，日官多失其職，固有日食而弗之知者矣。堯命羲和，敬授人時，何重也！仲康之時，去堯未遠，羲和已失其職，迷於天象，至日食罔聞知，故有胤之征。降及商周，其職益輕，平王東遷，政教號令不及於天下。自是而後，官之失職，又可知矣。春秋所書日食，三十有六，今以左傳考之，其以鼓用牲幣於社及其他變常失禮書者，三之一；其以官失其職書者，四之二。凡日食而不書朔日者，杜預皆以為官失之，故其必有考也。經「桓公十七年冬十月朔，日有食之。」傳曰：「不書日，官失之也。」「僖公十五年夏五月，日有食之。」傳曰：「不書朔與日，官失之也。」則傳固已言之矣。襄公之二十七年冬十二月乙卯朔，日有食之。而傳曰：「辰在申，司曆過也，再失閏矣。」夫推候之繆，至於再失閏，則日食之不知，殆其細者矣。古之祭者，七日戒，三日齋，致其誠敬以交於神明，謂之

〔一〕本件録自存稿外集卷五書，又見於陽明文録等。新刊續編題後註有「來書附」。〔二〕新刊續編無以上三字。〔三〕存稿陽明文録無此字，編校者據新刊續編訂補。〔四〕新刊續編後有「生何孟春頓首再拜，陽明王先生執事」十五字。〔五〕新刊續編無此字。〔六〕存稿陽明文録無以上五字，編校者據新刊續編訂補。〔七〕新刊續編「如某」作「守仁」。

「當祭而日食」，則固已行禮矣。如是而中輟之，不可也。接者，疾速之義，其儀節固已簡略。接祭則可兩全而無害矣。况此以天子嘗禘郊社而言，是乃國之大祀。若其他小祭，則或自有可廢者，在權其輕重而處之。若祭於太廟，而太廟火，則亦似有不得不廢者。然此皆無明文，竊意其然，不識高明且以為何如也？

與王晉叔三書 〔一〕

第一書

昨見晉叔，已槩其外，乃今又得其心也。吾非晉叔之徒與，而誰與！晉叔夫何疑乎！當今之時，苟志於斯道者，雖在庸下，亦空谷之足音，吾猶欣然而喜也。况晉叔「豪傑之士，無文王猶興」者乎！吾非晉叔之徒與，而誰與！晉叔又何疑乎！屬有客，不及詳悉，得暇過此閒話。守仁頓首。

第二書

所惠文字，見晉叔筆力甚簡徤，異時充養淵粹到古人不難也。中間稍有過當處，却因守仁前在寺中説得太踈略所致。今寫一通去，從旁略下註脚，蓋毫釐之差耳，晉叔更詳之。得便，别寄一紙為佳。諸友詩，亦有欠穩者，意向却不碌碌。凡作詩，三百篇後，湏從漢晉求之，庶幾近古。唐詩，李杜之外，如王維高適諸作，有可取者，要在不凡俗耳。聞及之。守仁頓首。

第三書

劉易仲來，備道諸友想念之厚，甚媿！甚媿！薄德亦何所取，皆諸友愛望之過也。古人有言：「它山之石，可以攻玉。」諸友則誠美璞矣，然非他山之石，則無以砥礪磨礱，而發其瑩然之光。諸友之取於區區者，當以是也。甚媿！甚媿！道不遠人。人之為道而遠人，不可以為道。諸友用功何如？路遠，無由面扣，易仲去，略致鄙懷。所欲告於諸友者，易仲當亦能道其大約。不盡！不盡！惟心亮之而已！九月望，守仁頓首。

寄貴陽諸生 〔二〕

諸友書來，間有疑吾久不寄一字者，吾豈遂忘諸友哉！顧吾心方有去留之擾，又部中亦多事，率難遇便；

〔一〕本件三書録自貴州版文録卷一。〔二〕本件録自新刊續編卷一書類。

遇便適復不暇事，固有相左者，是以闊焉許時。且得吾同年秦公為之宗主，諸友既得所依歸。凡吾所欲為諸友勸勵者，豈能有出於秦公之教哉！吾是可以無憂於諸友矣。諸友勉之！吾所以念諸友者，不在書劄之有無。諸友誠相勉於善，則凡晝之所誦，夜之所思，孰非吾書劄乎！不然，雖日致一書，徒取憧憧往來，何能有分寸之益於諸友也！為仁由己，而由乎人哉！諸友勉之！因便拾楮，不一。

與曰仁書〔一〕

得書，驚惶莫知所措。固知老親母仁慈德厚，福禄應非止此，然思曰仁何以堪處？何以堪處！急走請醫，相知之良，莫如夏者。然有官事相絆，不得遽行，未免又遲半日，比至祁，且三日。天道苟有知，應不俟渠至，當已平復。不然，可奈何？可奈何！來人與夏君先發，趙八舅和兒輩隨往矣。惶遽中，言無倫次，亦不能盡。守仁頓首。

曰仁太守賢弟。

正德八年癸酉 在越，二月至越，冬十月至滁州。陽明先生四十二歲。

與原忠書〔二〕

歲欲一訪廬下，少伸問慰，遂為天台鴈蕩之遊。而冗病相縛，竟不得行。今伯載之往，又弗克偕，徒有悵怏而已。可如何？可如何！迩惟孝履天相，讀禮之餘，孰非進德之地！今冬大事克舉否？執紼之役，未能自決，則相見之期，亦未可先定也。鄙懷耿耿，病筆不能具，伯載當亦略能口悉。九月三日，守仁拜手。

原忠太史道契兄。大孝莫次，令先翁墓文不敢違約，病患中望少遲之，然稽緩之罪，已知不能逭矣。外録二册奉覽。餘素。

〔一〕本件據梁詩正等編三希堂法帖（凡三十二册，乾隆十二年丁卯刻本）第二十八册著録陽明先生書跡拓本（圖一一）録入。

〔二〕本件據鄒顯吉編輯湖北草堂藏帖（凡六册，藝文印書館，一九七五年）第一册著録王陽明先生守仁柬陽明先生書跡（圖一二）録入。

圖一一　與曰仁書書跡（拓本）

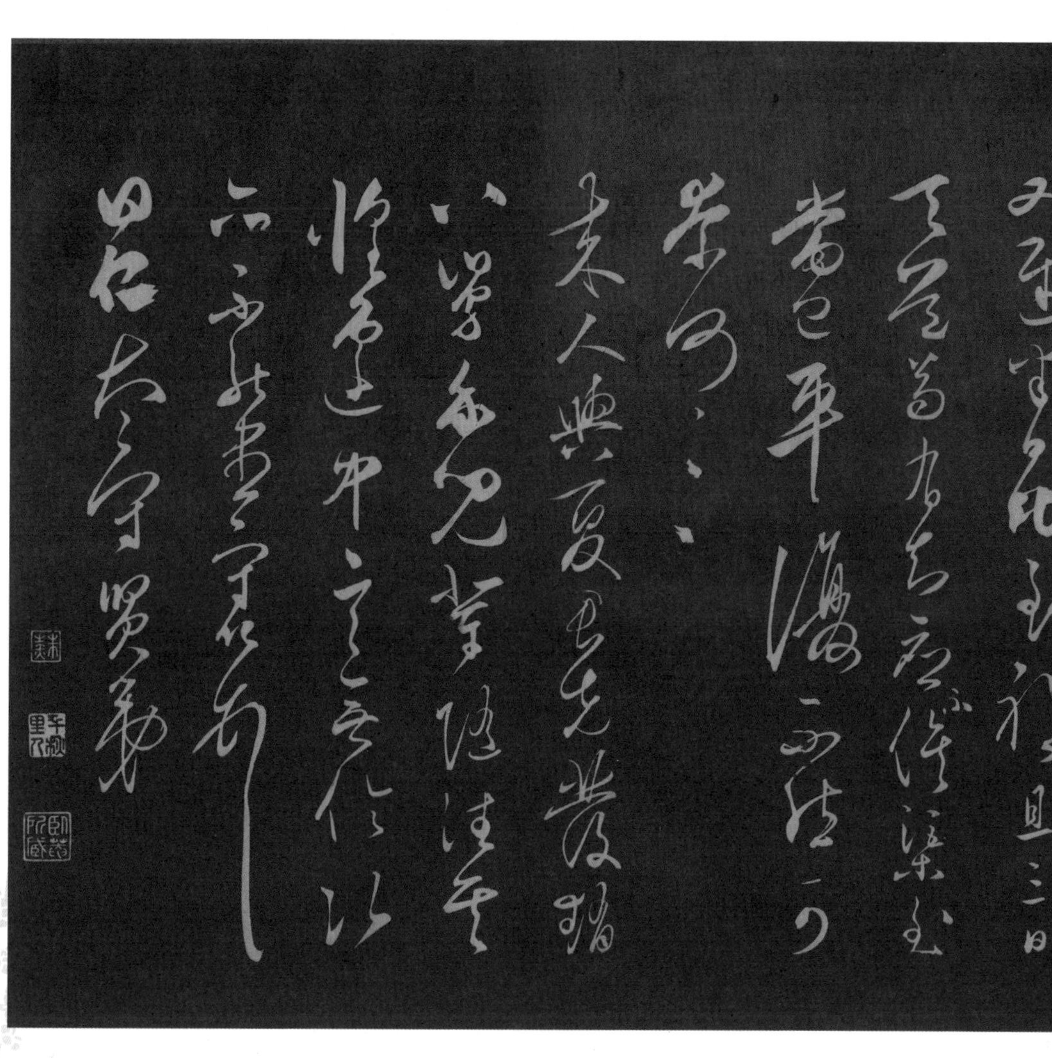

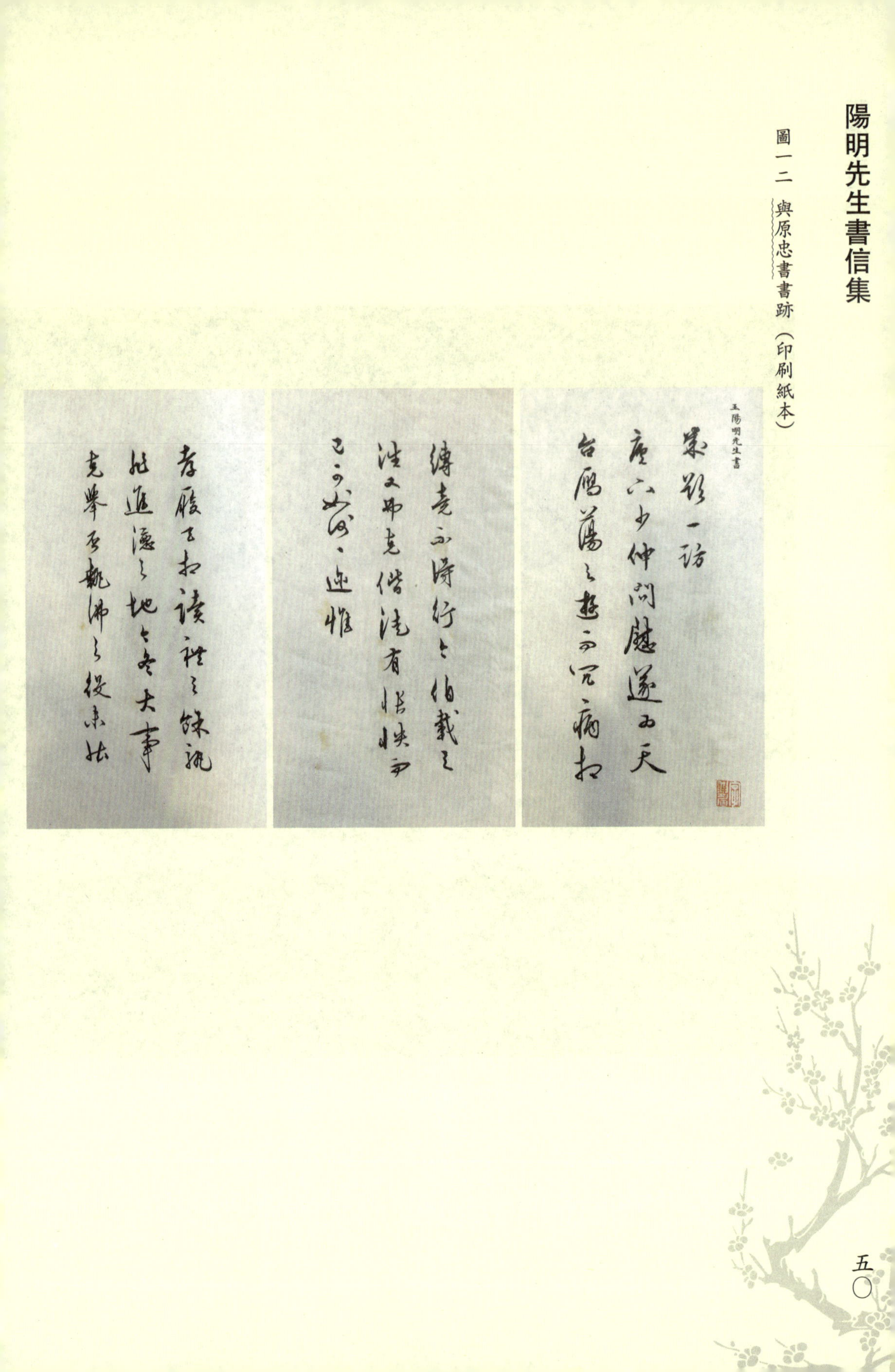

圖一二 與原忠書書跡（印刷紙本）

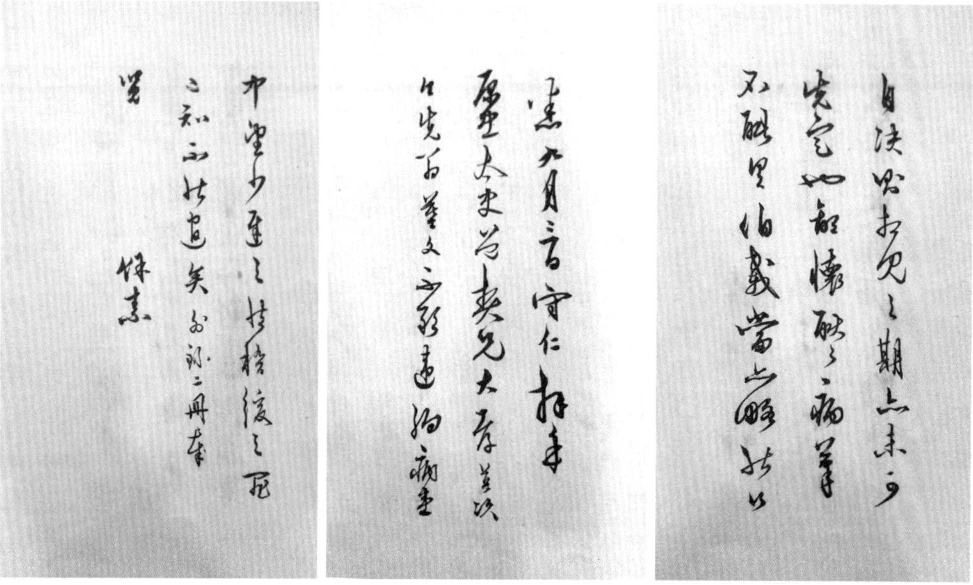

致蕙皐〔一〕

四明之興甚劇，意與蕙皐必有數日之敘，乃竟為冗病所奪。承有歲暮湯餅之期，果得如是，良亦〔二〕至願，尚未知天意何如耳？喻及楚之詆魏，近亦頗聞其事。然魏之朴實，人亦易見，上司當有能察之者。况楚有手筆可覆，誠偽終必有辨也。魏在薄惑，廼蒙垂念若此，彼此均感至情。楚亦素相愛，不意其心事至此，殊不忍言。可恨！可恨！使還，草草致謝。不盡！九日，守仁頓首。

蕙皐郡伯道契兄文侍。

□弟同致意。餘素。

答蔡希顔書〔三〕

希顔煢然在疚，道遠，無因一慰問〔四〕。友朋中多言希顔孝心純篤，哀傷過節。某〔五〕素知希顔者，宜為終身之慕，毋徒毀傷為也。守忠來，承手札，喻及出處，此見希顔愛我之深，他人無此也。然此義亦惟希顔有之，他人無此也。牽於世故，未能即日引決，為愧！為怍！然亦終須如希顔所示耳。患難憂苦，莫非實學。今雖倚廬，意思亦須有進。向見季明德書，觀其意向甚正，但未及與之細講耳。「學問之道無他，求其放心而已」，蓋一言而足。至其工夫節目，則愈講而愈無窮者。孔子猶曰「學之不講，是吾憂也」。今世無志於學者，無足言。幸有一二篤志之士，又為無師友之講明，認氣作理，冥悍自信，終身勤苦而卒無所得。斯誠可哀矣！讀禮之餘，與明德相論否？幸以其所造者示知。某無大知識，亦非好為人言者。顧今之時，人心陷溺已久，得一善人，惟恐其無成。期與諸君共明此學，固不以自任為嫌而避之。譬之婚姻，聊為諸君之媒妁而已。鄉里後進中有可言者，即與接引，此本分内事，勿謂不暇也。樓居已完否？糊口之出非得已，然其間亦有説。聞朋友中多欲希顔高尚不出，就中亦須權其輕重。使親老饘粥稍可繼，則不必言高尚，自不宜出。不然，却恐正是〔六〕私心，不可不察也。〔七〕言不能盡，守忠行，匆匆，餘惟心照！

〔一〕本件據王望霖集范聖傳鐫天香樓藏帖（凡八卷，嘉慶年間刻本）卷一著録陽明先生書跡拓本（圖一三）録入。〔二〕陽明先生書跡拓本（圖一三）此處點去一「甚」字。〔三〕本件録自餘姚板文録卷一，又見於存稿等。存稿題作寄希淵。〔四〕鄒序本文録作「聞」，讀屬下句。〔五〕謝刻本全書訛作「其」。〔六〕謝刻本全書作「其」。〔七〕存稿、陽明文録無以下十三字。

與黃宗賢四書〔一〕

第一書〔二〕

使至，知近來有如許忙，想亦因是大有得力處也。僕到家即欲與曰仁成鴈蕩之約，宗族親友相牽絆，時刻弗能自由。五月終，决意往。值烈暑，阻者益衆且堅，復不果。時與曰仁稍尋傍近諸小山，其東南林壑最勝絶處，與數友相期，候宗賢一至即往。又月餘，曰仁憑限過甚，乃翁督促，勢不可復待。乃從上虞入四明，觀白水，尋龍溪之源。登杖錫，至於雪竇，上千丈巖以望，天姥華頂若可睹焉。欲遂從奉化取道至赤城。適彼中多旱，山田盡龜裂，道傍人家，徬徨望雨，意慘然不樂，遂自寧波買舟還餘姚。往返亦半月餘，相從諸友亦微有所得，然無大發明。其最所歉然，宗賢不同兹行耳！歸又半月，曰仁行去，使來時已十餘日。思往時在京，每恨不得還故山，往返當益易，乃今益難。自後精神意氣當日不逮前，不知囬視今日，又何如也？念之可嘆可懼！留居之説，竟成虚約。親友以曰仁既往，催促日至，滁陽之行難更遲，遲亦不能出是月。聞彼中山水頗佳勝，事亦閒散。宗賢有惜陰之念，明春之期，亦既後矣。此間同往者，後輩中亦三四人，習氣已深，雖有美質，亦消化漸盡。此事正如淘沙，會有見金時，但目下未可必得耳。

第二書

滁陽之行，相從也亦二三子。兼復山水清遠，勝事閑曠，誠有足樂者。故人不忘久要，果能乘興一來耶？得應元忠書，誠如其言，亦大可喜。牽制文義，自宋儒已然，不獨今時。學者遂求脱然洗滌，恐亦甚難，但得漸能疑辯，當亦終有覺悟矣。自越歸後，時時默念年來交遊，益覺人才難得，如元忠者，豈易得哉〔三〕！京師諸友邇來略無消息，每因己私難克，輒為諸友憂慮一番。誠得相聚一堂，早晚當有多少砥礪切磋之益！然此在各人，非可願望得。

第三書

春初，姜翁自天台來，得書，聞山間况味，懸企之極！且承結亭相待，既感深誼，復媿其未有以副也。

〔一〕本件四書録自存稿卷一書一，又見於陽明文録等。
〔二〕存稿、陽明文録本通讀為正德七年壬申作，編校者據陽明年譜移入。
〔三〕存稿作「成」，編校者從陽明文録訂改。

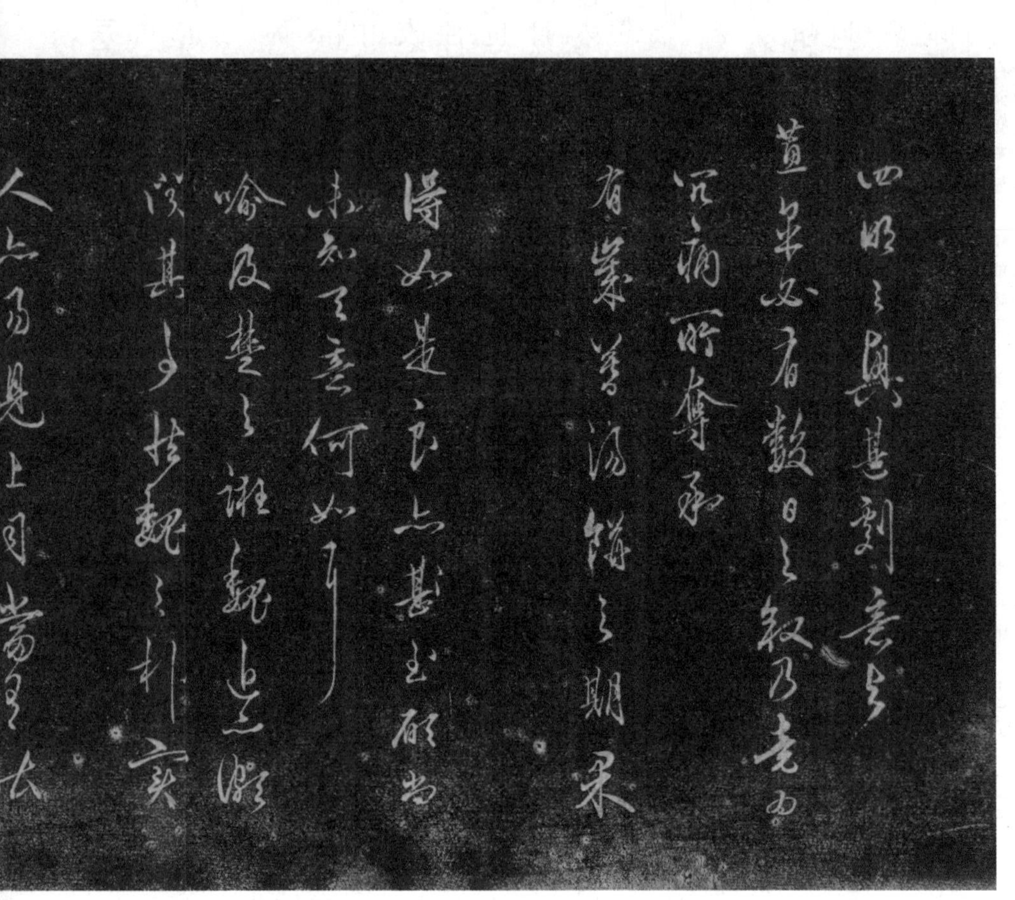

圖一三　致蕙皋書跡（拓本）

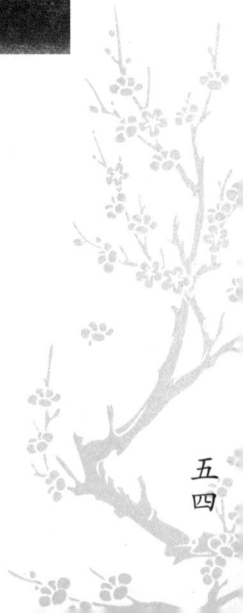

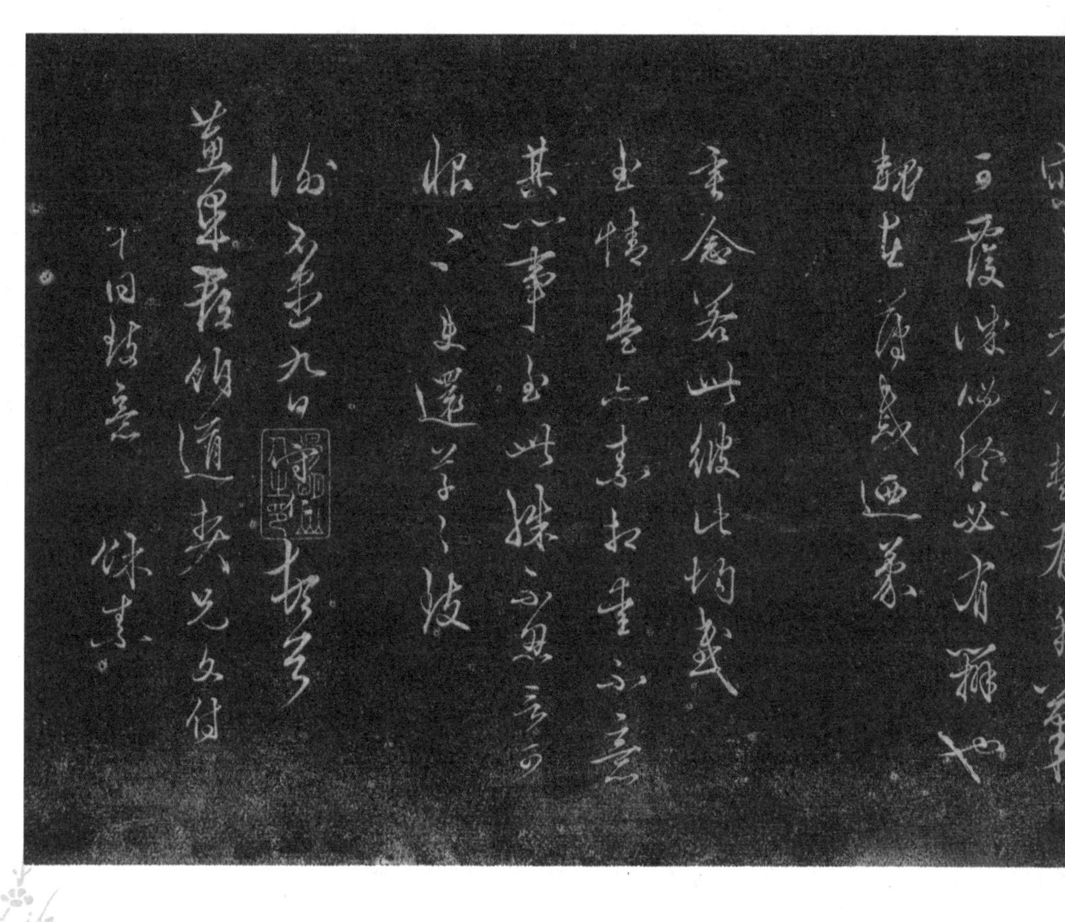

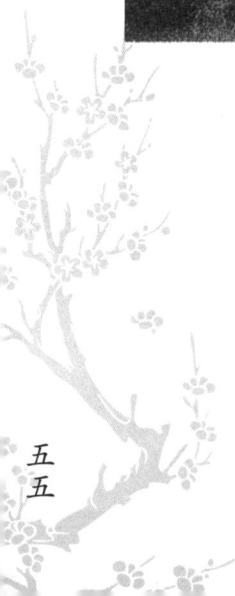

甘泉丁乃堂夫人憂，近有書來索銘，不久且還增城，道途邈絕，草亭席虛，相聚尚未有日。僕雖相去伊邇，而家累所牽，遲遲未決，所舉遂成北山之移文矣。應原忠久不得音問，想數會聚，聞亦北上，果然否？此間往來極多，友道則實寥落。敦夫雖住近，不甚講學。純甫近改北驗封，且行。曰仁又公差未還。宗賢之思，靡日不切！又得草堂報，益使人神魂飛越，若不能一日留此也。如何！如何！去冬鮮册吏到，承欲與原忠來訪，此誠千里命駕矣，喜慰之極！日切瞻望。然又自度鄙劣，不足以承此。曰仁入夏當道越中來此，其時得與共載，何樂如之！

第四書

書來，及純甫事，懇懇不一而足，足知朋友忠愛之至。世衰俗降，友朋中雖平日最所愛敬者，亦多改頭換面，持兩端之說，以希俗取容，意思殊為衰颯可憫。若吾兄，真可謂信道之篤而執德之弘矣。何幸！何幸！僕在留都，與純甫住密邇，或一月一見，或間月不一見，輒有所規切，皆發於誠愛懇惻，中心未嘗懷纖毫較計。純甫或有所疏外，此心直可質諸鬼神。其後純甫轉官北上，始覺其有怫然者。尋亦痛自悔責，以為吾人相與，豈宜有如此芥蔕！却是墮入世間較計坑陷中，亦成何等胷次！當下〔一〕冰消霧釋矣。其後人言屢屢而至，至有為我憤辭厲色者。僕皆惟以前意處之，實是未忍一日而忘純甫。蓋平日相愛之極，情之所鍾，自如此也。旬月間，復有相知自北京來，備傳純甫所論。僕竊疑有浮薄之徒，幸吾黨間隙，鼓弄交搆，增飾其間，未必盡出於純甫之口。僕非矯為此說，實是故人情厚，不忍以此相疑耳。僕平日之厚純甫，本非私厚，縱純甫今日薄我，當亦非私薄。然則僕未嘗厚純甫，純甫未嘗薄僕也，亦何所容心於其間哉！往時〔二〕見世俗朋友易生嫌隙，以為彼蓋苟合於外，而非有性分之契，是以如此，私竊嘆憫。自謂吾黨數人，縱使散處敵國仇家，當亦斷不至是。不謂今日亦有此等議論，此亦惟宜自反自責而已。孟子云：「愛人不親反其仁，行有不得者，皆反求諸己。」自非履涉親切，應未識斯言味永而意懇〔三〕也。僕近時與朋友論學，惟說「立誠」二字。殺人須就咽喉上着刀；吾人為學，當從心體入微處用力，自然篤實光輝。雖私欲之萌，真是洪爐點雪，天下之

〔一〕存稿作「尚下」，編校者從陽明文録訂改。〔二〕謝刻本全書作「徃徃」。〔三〕鄒序本文録作「懇」。

大本立矣。若就標末〔一〕粧綴比擬，凡平日所謂學問思辯者，適足以為長傲遂非之資，自以為進於高明光大，而不知陷於狠戾〔二〕險嫉，亦誠可哀也已！以近事觀之，益見得吾儕往時所論，自是向裏。此蓋聖學的傳，惜乎淪落堙埋已久，往時見得，猶自恍惚。僕近來無所進，只於此處看較分曉，直是痛快，無復可疑。但與吾兄別久，無告語處耳。原忠數聚論否？近嘗得渠一書，所見迥然與舊不同。殊慰！殊慰！今亦寄一簡，不能詳細，見時望并出此。歸計尚未遂，旬月後且圖再舉。會期未定，臨楮耿耿。

與戴子良〔三〕

汝成相見於滁，知吾兄之質，溫然純粹者也。今茲乃得其為志，蓋將從事於聖人之學，不安於善人而已也。何幸！何幸！「有志者，事竟成。」吾兄勉之！學之不明，已非一日，皆由有志者少。好德民之秉彝，可謂盡無其人乎！然不能勝其私欲，竟淪陷於習俗，則亦無志而已。故朋友之間，有志者甚可喜。然志之難立而易墜也，則亦深可懼也。吾兄以為何如？宗賢已南還，相見且未有日。京師友朋如貴同年陳佑卿、顧惟賢，其他如汪汝成、梁仲用、王舜卿、蘇天秀，皆嘗相見。從事於此者。其餘尚三四人，吾兄〔四〕與諸友處〔五〕，當自識之。自古有志之士，未有不求助於師友。匆匆別來，所欲為吾兄言者，百未及一。沿途歆嘆雅意，誠切怏怏。相會未卜，惟勇往直前，以遂成此志。是望！

與胡伯忠〔六〕

某往在京，雖極歆慕，彼此以事，未及從容一敘，別去以為憾。期異時相遇，決當盡意劇談一番耳。昨未出京師，即已預期彭城之會，謂所未決於心，在茲行矣。及相見，又復匆匆而別，別又復以為恨。不知執事之心，亦何如也？君子與小人居，決無苟同之理，不幸勢窮理極，而為彼所中傷，則安之而已。處之未盡於道，或過於疾惡，或傷於憤激，無遺於事，而致彼之怨恨讎毒，則皆君子之過也。昔人有言：「事之無害於義者，從俗可也。」君子豈輕於從俗，獨不以異俗為心耳！「與惡人居〔七〕，如以朝衣朝冠坐於塗炭者，」伯夷之

〔一〕存稿作「標末」，編校者從陽明文録訂改。〔二〕鄒序本文録作「狼戾」。〔三〕本件録自存稿卷一書一，又見於陽明文録等。〔四〕謝刻本全書訛作「見」。〔五〕謝刻本全書無此字。〔六〕本件録自存稿卷一書一，又見於陽明文録等。〔七〕存稿此字為黑釘，編校者據陽明文録訂補。

清也；「雖袒裼裸裎於我側，彼焉能浼我哉！」柳下惠之和也。君子以變化氣質為學，則惠之和，似亦執事之所宜從者。不以三公易其介，彼固未嘗無伯夷之清也。「德輶〔一〕如毛，民鮮克舉之。」「我儀圖之，惟仲山甫舉之。」愛莫助之，僕於執事之謂矣。正人難得，正學難明，流俗難變，直道難容。臨書〔二〕惘然，如有所失。言不盡意，惟心亮！

答汪抑之〔三〕

昨承枉教，甚荷至情。中間「定性」之說，自與僕向時所論者無戾。僕向之不以為然，殆聽之未審也。然訓旨條貫，似於前日精采十倍。雖僕之不審於聽，亦兄之學日有所進歟。惟「未發」之說，則終不敢以為然者。蓋喜怒哀樂，自有已發未發。故謂「未發時，無喜怒哀樂」則可，而謂「喜怒哀樂無未發」則不可。今謂「喜怒哀樂無未發已發」，固已發未發亦已發，而必欲強合於程子「動亦定，靜亦定」之說，則是動亦動，靜亦動也。非惟不得子思之旨，而於程子之意似亦有所未合歟。執事聰明絕人，其於古人之言，求之悉矣，獨此似猶有未盡者。宜更詳之，勿遽云云也。

又答汪抑之〔四〕

所不避於煩瀆，求以明道也。承喻論向所質者，乃疑思問耳，非敢遽有之也，乃執事謙退不居之過。然又謂度未能遽合，願且置之，恐從此多費議論。此則大非僕之所望於吾兄者也。子思曰：「有弗問問之，弗得弗措也；有弗辯辯之，弗明弗措也。」既曰疑思問矣，而可憚於議論之費耶！橫渠有云：「凡致思到說不得處，始復審思明辯，乃為善學。」若告子，則到說不得處遂已，更不復求。老兄之云，無乃亦是病歟！所謂不若據見成基業者，雖誠確論，然詳老兄語意，似尚不以為然者。如是而遂據之不疑，何以免於毫釐之差、千里之謬乎！始得教，亦遂欲罷去不復議，顧僕於老兄不宜如此。已昏黑，將就枕，輒復云云。幸亮此情也！

與誠甫〔五〕

「立志」之說，已近煩瀆，然為知己言，竟亦不能舍是也。志於道德者，功名不足以累其心；志於功名者，

〔一〕存稿 陽明文録作「猷」，編校者從謝刻本全書訂改。〔二〕鄒序本文録作「筆」。〔三〕本件録自新刊續編卷二書類。
〔四〕本件録自新刊續編卷二書類。〔五〕本件録自陽明文録卷一書一，又見於鄒序本文録等。

富貴不足以累其心。但近世所謂道德，功名而已；所謂功名，富貴而已。仁人者，正其誼，不謀其利；明其道，不計其功。一有謀計之心，則雖正誼明道，亦功利耳。諸友既索居，曰仁又將遠別。會中須時相警發，庶不就弛靡。誠甫之足，自當一日千里，任重道遠。吾非誠甫誰望耶！臨別數語，彼此闇然，終不能忘，乃為深愛。

正德九年甲戌 在滁州，四月陞南京鴻臚寺卿，五月至南京。陽明先生四十三歲。

與路賓陽書〔一〕

賓陽質美近道，固吾素所屬望。昨行，必欲得一言，此見賓陽好學之篤。然淺鄙之見，平日已為賓陽盡之矣。君子之學，譬若種植。然其始也，求嘉種而播之，沃灌耘耔，防其踐牧，去其蝥蜮，暢茂條達，無所與力焉。今嘉種之未播，而切切然日講求於苗秀實穫之事，以望有秋，其於謀食之道遠矣。賓陽以為何如？北行見甘泉，遂以此意质之。外書三帋，煩從者檢入。守仁頓首。

賓陽司馬道契文侍。

九月八日。餘空。

答王天宇書〔二〕

書來，見平日為學用功之槩，深用喜慰！今之時，能稍有志聖賢之學，已不可多見，況又果能實用其力者！是豈易得哉！辱推擬過當，誠有所不敢居，然求善自輔，則鄙心實未嘗不切切也。今乃又得吾天宇，其為喜幸，可勝言哉！厚意之及，良不敢虛，然又自嘆愛莫為助，聊就來諭商確一二。天宇自謂「有志而不能篤」，不知所謂「志」者果何如？其「不能篤」者，又誰也？謂「聖賢之學，能靜可以制動」，不知若何而「能靜」？「靜」與「動」有二心乎？謂「臨政行事之際，把捉摸擬，強之使歸於道，固亦卒有所未能，然造次顛沛必於是」者，不知如何其為功？謂「開卷有得，接賢人君子，便自觸發」，不知所「觸發」者何物？又「賴二事而後觸發」，則「二事」之外，所作何務？當是之時，所謂「志」者，果何在也？凡此數語，非

〔一〕本件據書法全集著録陽明先生書跡拓本（圖一四）録入。

〔二〕本件録自餘姚板文録卷一，又見於存稿等。

圖一四　與路賓陽書書跡（拓本）

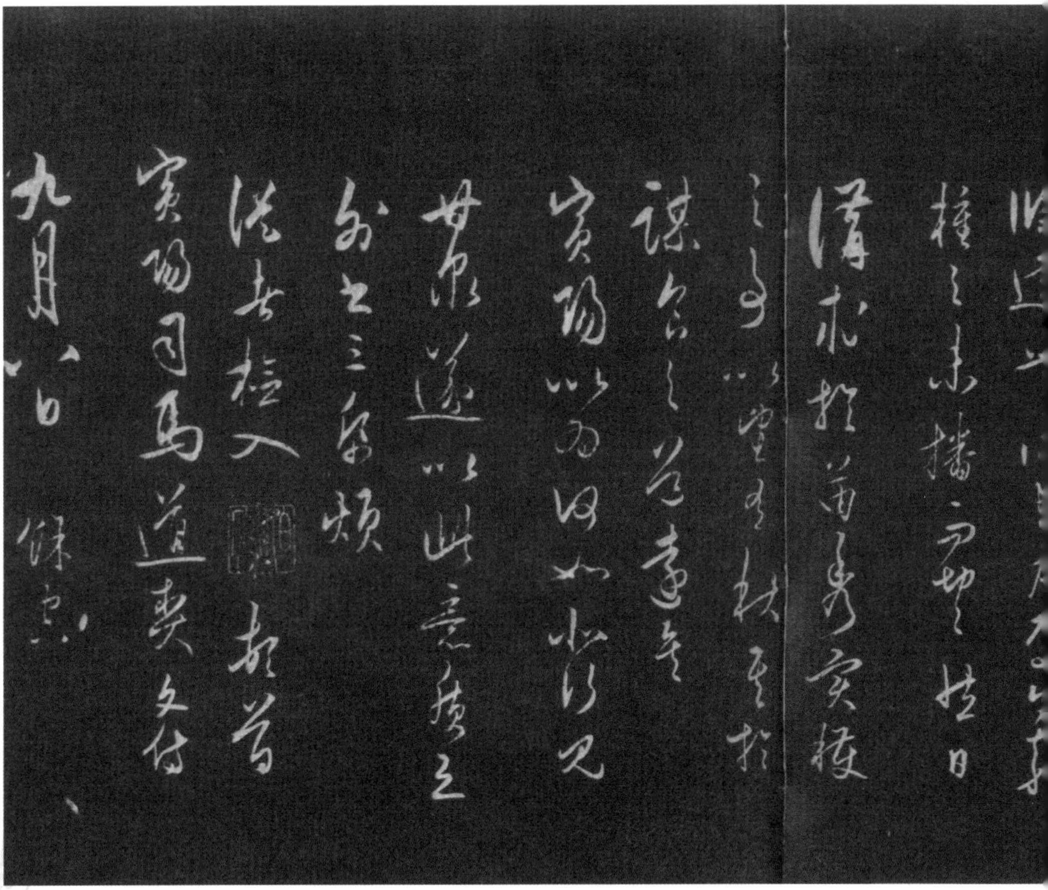

天宇實用其力不能有，然亦足以見講學之未明，故尚有此耳。或思之有得，不厭寄示。

又答王天宇書〔一〕

承書惠，感感！中間問學之意懇切，有加於舊，足知進於斯道也。喜幸何如！但其間猶有未盡區區之意者。既承不鄙，何敢不竭然！望詳察，庶於斯道有所發明耳。

來書云：「誠身以格物」，乍讀不能無疑。既而細詢之希顏，始悉其說。

區區未嘗有「誠身格物」之說，豈出於希顏邪？鄙意但謂君子之學，以誠意為主。格物致知者，誠意之功也。猶饑者以求飽為事，飲食者，求飽之事也。希顏頗悉鄙意，不應有此，或恐一時言之未瑩耳。幸更細講之！

又云：大學一書，古人為學次第。朱先生謂「窮理之極，而後意誠」，其與所謂「居敬窮理」「非存心，無以致知」者，固相為矛盾矣。蓋「居敬」「存心」之說，補於傳文，而聖經所指，直謂其「窮理而後心正」。初學之士，執經而不考傳，其流之弊，安得不至於支離邪！

大學次第，但言「物格而後知至，知至而後意誠」。若「窮理之極，而後意誠」，此則朱先生之說如此。其間亦自無大相矛盾，但於大學本旨，却恐未盡合耳。「非存心，無以致知」，此語不獨於大學未盡，就於中庸「尊德性而道問學」之旨，亦或有未盡。然此等處言之甚長，非面悉不可。後之學者附會於補傳，而不深考於經旨，牽制於文義，而不體認於身心，是以往往失之支離而卒無所得，恐非執經而不考傳之過也。

又云：不由「窮理」，而遽加「誠身之功」，恐誠非所誠，適足以為偽而已矣。

此言甚善。但不知「誠身之功」又何如作用耳？幸體認之！

又言：譬之行道者，如大都為所歸宿之地，猶所謂「至善」也。行道者不辭險阻艱難，決意向前，猶「存心」也。如使斯人不識大都所在，而泛焉欲往，其不南走越而北走吳幾希矣！

此譬大略皆是。但以不辭險阻艱難，決為〔二〕向前，別為存心，未免牽合之苦而不得其要耳。夫不辭險阻艱難，決意向前，此正是「誠意」之意。審如是，則其所以問道途，具資斧，戒舟車，皆有不容已者。不然，又安在其為「決意向前」？而亦安所前乎！夫不識大都所在，而泛焉欲往，則亦欲往而已，未嘗真往也。惟

〔一〕本件録自餘姚板文録卷一，又見於存稿等。〔二〕存稿 陽明文録作「決意」。

其欲往而未嘗真往，是以道途之不問，資斧之不具，舟車之不戒。若決意向前，則真往矣。真往者，能如是乎！此最工夫切要者，以天宇之高明篤實而反求之，自當不言而喻矣。

又云：「格物」之說，昔人以「扞去外物」為言矣。「扞去外物」，則此心存矣。心存則所以致知者，皆是為己。

如此說，却是「扞去外物」為一事，「致知」又為一事。「扞去外物」之說，亦未為甚害，然止捍禦於其外，則亦未有拔去病根之意，非所謂「克己求仁」之功矣。區區「格物」之說，亦不如此。大學之所謂「誠意」，即〔一〕中庸之所謂「誠身」也；大學之所謂「格物致知」，即〔二〕中庸之所謂「明善」也。「博學」「審問」「慎思」「明辯」「篤行」，皆所謂「明善而為誠身之功」也。非「明善」之外，別有所謂「誠身之功」也。「格物致知」之外，又豈別有所謂「誠意之功」乎！書之所謂「精一」，語之所謂「博文約禮」，中庸之所謂「尊德性而道問學」，皆若此而已。是乃學問用功之要，所謂「毫釐之差，千里之謬」者也。心之精微，口莫能述，亦豈筆端所能盡已！喜榮擢，北上有期矣。倘能迂道江濱，謀一夕之話，庶幾能有所發明。冗遽中，不悉。

答王純甫書〔三〕

純甫所問，辭則謙下，而語意之間，實既〔四〕自以為是矣。夫既自以為是，則非求益之心矣。吾是以〔五〕初不欲答，恐答之亦無所入也。故前書姑〔六〕發其端，以俟明春渡江而悉。既而思之，人生聚散無常，純甫之自是，蓋其心尚有所惑而然，亦非〔七〕自知其非，而又故為自是以妄〔八〕我者，吾何可以遂已！故復備舉其說以告。〔九〕吾誠無足為役，豈敢以師道自處！然純甫則固嘗謬以師禮待我矣。吾言雖甚直致，純甫當不以為罪，吾亦不當逆純甫之不吾入，純甫毋曰「子方以自是責我，而乃復自是耶」則可矣。純甫

〔一〕存稿訛作「郎」。〔二〕存稿訛作「郎」。〔三〕本件手跡原件藏西安博物院，編校者據網絡下載陽明先生手跡（圖一五）録入，又見於餘姚板文録等；存稿 陽明文録本件讀為正德八年癸酉作。〔四〕餘姚板文録 存稿等無此字。〔五〕餘姚板文録 存稿等無以上二字。〔六〕餘姚板文録 存稿等作「因」。〔七〕陽明先生手跡（圖一五）此處劃去「既已」二字。〔八〕餘姚板文録 存稿等作「要」。〔九〕餘姚板文録 存稿等無以下七十字。

圖一五　答王純甫書手跡（墨跡紙本）

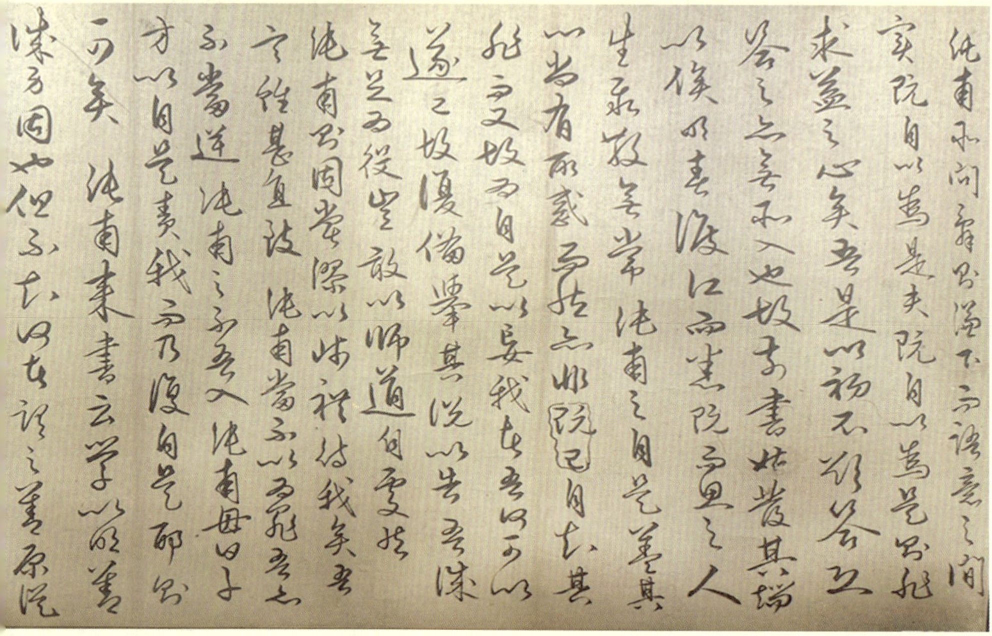

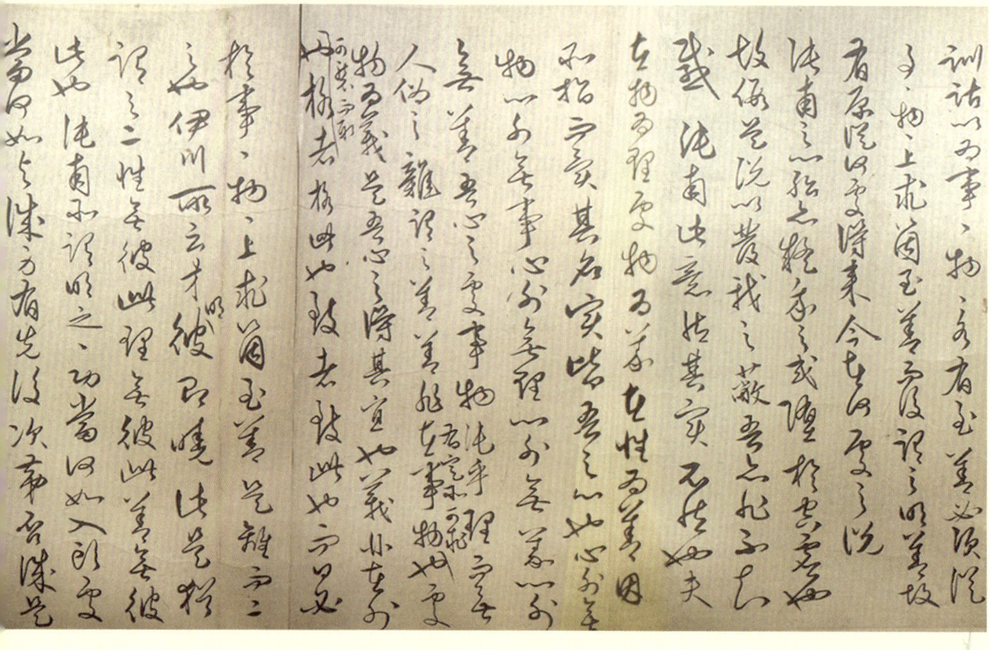

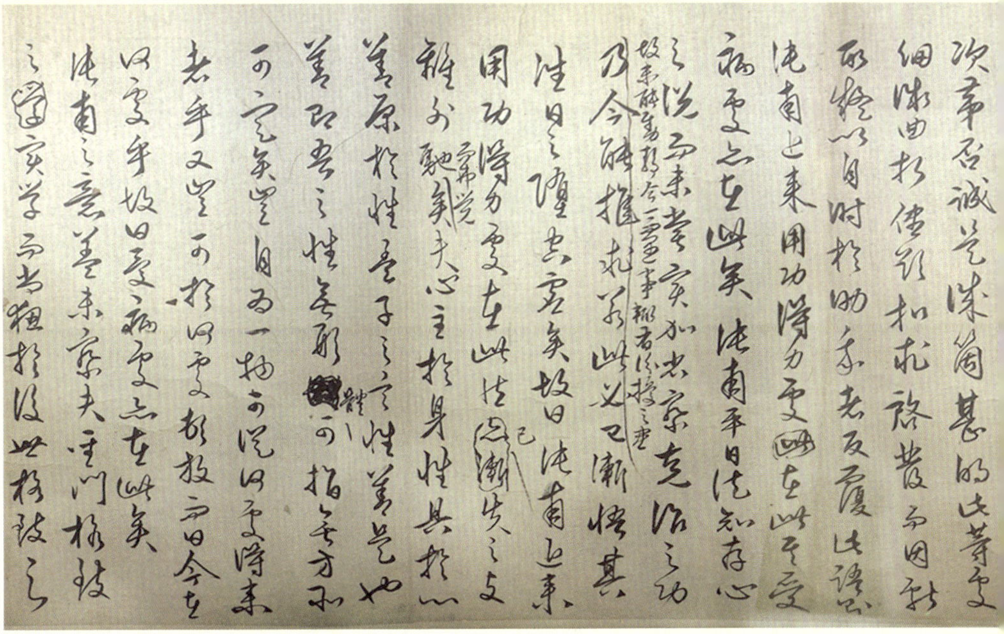

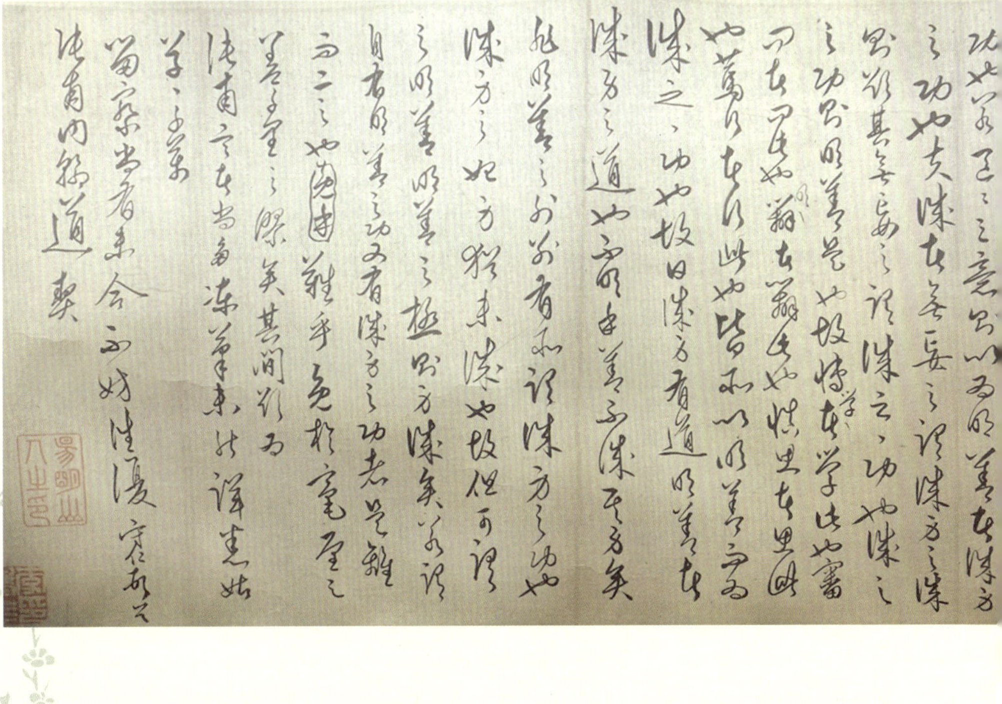

來書云：「學以明善誠身，固也。但不知何者謂之善？原從何處得來？今在何處？其明之之功當何如？入頭處〔一〕當何如？與誠身有先後次第否？誠是誠箇甚的？此等處細微曲折，儘欲扣求啟發，而因獻所疑，以自附於助我者。」反覆此語，則純甫近來用功〔二〕得力處在此，其受病處亦在此矣。純甫平日徒知存心之說，而未嘗實加省察〔三〕克治之功，故未能動靜合一，而遇事輒有紛擾之患。乃今〔四〕能推求〔五〕若此，必已漸悟其〔六〕往日之墮空虛矣。故曰純甫近年來用功得力處在此。然已〔七〕失之支離，外馳而弗〔八〕覺矣。夫心主於身，性具於心，善原於性。孟子之言「性善」是也。善即吾之性，無形體可指，無方所可定矣〔九〕。豈自為一物，可從何處得來者乎！〔一〇〕又豈可於何處頓放，而曰「今在何處」乎！故曰受病處亦在此矣〔一一〕。純甫之意，蓋未察夫聖門格致〔一二〕之〔一三〕實學，而尚狃於後世格致〔一四〕之訓詁，以為事事物物各有至善，必須從事事物物上〔一五〕求箇至善，而後謂之明善。故有「原從何處得來？今在何處？」之說〔一六〕。純甫之心，殆亦疑我之或墮於空虛也。故假是說，以發我之蔽。吾亦非不知感純甫此意，然〔一七〕其實不然也。夫在物為理，處物為義，在性為善，因所指而異其名，實皆吾之心也。心外無物，心外無事，心外無理，心外無義，心外無善。吾心之處事物，純乎理而無人偽之雜謂之善，善〔一八〕非在事物有定所〔一九〕可求也。處物為義，是吾心之得其宜也。義非在外，可襲而取也。格者，格此也；致者，致此也。而曰「必於〔二〇〕事事物物上求箇至善」，是離而二之也。伊川所云「才明彼，即曉此」，是猶謂之二。性無彼此，理無彼此，善無彼此也。純甫所謂「明之之功當何如？入頭處當何如？與誠身有先後次第否？誠是誠箇甚？」者〔二一〕，是〔二二〕

〔一〕餘姚板文録 存稿等無此字。〔二〕餘姚板文録 存稿等無以上二字。〔三〕餘姚板文録 存稿等無以上二字。〔四〕餘姚板文録 存稿等作「今乃」。〔五〕餘姚板文録 存稿等作「推究」。〔六〕餘姚板文録 存稿等無此字。〔七〕陽明先生手跡（圖一五）此處原作「亦漸」，後改為「已」字。〔八〕餘姚板文録 存稿等作「不」。〔九〕餘姚板文録 存稿等作「夫」，讀屬下句。〔一〇〕餘姚板文録 存稿等無以下十五字。〔一一〕餘姚板文録 存稿等無此字。〔一二〕餘姚板文録 存稿等無以上二字。〔一三〕陽明先生手跡（圖一五）此處劃去一「學」字。〔一四〕餘姚板文録 存稿等無以上二字。〔一五〕餘姚板文録 存稿等無此字。〔一六〕餘姚板文録 存稿等作「語」。〔一七〕餘姚板文録 存稿等無此字。〔一八〕餘姚板文録 存稿等無此字。〔一九〕餘姚板文録 存稿等「所」作「所之」。〔二〇〕餘姚板文録 存稿等「而曰必於」作「必曰」。〔二一〕餘姚板文録 存稿等作「的」。〔二二〕餘姚板文録 存稿等作「且」。

純甫之意，必以〔一〕明善自有明善之功，誠身又有誠身之功也。若區區之意，則以為明善者〔二〕誠身之功也。夫誠者，無妄之謂，誠身之誠，則欲其無妄之謂，〔三〕誠之之功也。誠之之功，則明善是也。故博學者，學此也；審問者，問此也；明辯者，辯此也；慎思者，思此也〔四〕；篤行者，行此也。皆所以明善而為誠之之功也，故曰「誠身有道」。明善者，誠身之道也；不明乎善，不誠其〔五〕身矣。非明善之外，別有所謂誠身之功也。誠身之始，身猶未誠也，故但可〔六〕謂之明善；明善之極，則身誠矣。若謂自有明善之功，又有誠身之功者〔七〕。是離而二之也，〔八〕難乎免於毫釐之差〔九〕、千里之繆矣！其間欲為純甫言者尚多，凍筆〔一〇〕未能詳悉，〔一一〕姑草草。千萬留察！尚有未合，不妨往復。〔一二〕守仁頓首。

純甫内翰道契。

與王純甫書〔一三〕

得曰仁書，知純甫近來用工甚力。可喜！可喜！學以明善誠身，只兀兀守此昬昧雜擾之心，却是坐禪入定，非所謂「必有事焉」者矣。聖門寧有是哉！但其毫釐之差，千里之謬，非實地用功，則亦未易辯別。後世之學瑣屑〔一四〕支離，正所謂採摘汲引，其間亦寧無小補？然終非積本求原之學。句句是，字字合，然而終不可入堯舜之道也。

又與王純甫書〔一五〕

屢得汪叔賢書，又兩得純甫書，備悉相念之厚，感媿多矣。近又見與曰仁書，貶損益至，三復赧然。夫趨向同而論學或異，不害其為同也；論學同而趨向或異，不害其為異也。不能積誠反躬，而徒騰口說，

〔一〕陽明先生手跡（圖一五）此處劃去「先加」二字。〔二〕餘姚板文録存稿等「以為明善者」作「以明善為」。〔三〕餘姚板文録存稿等無以下五字。〔四〕餘姚板文録存稿等「明辯者，辯此也；慎思者，思此也」作「慎思者，思此也；明辯者，辯此也」。〔五〕餘姚板文録存稿等作「乎」。〔六〕餘姚板文録存稿等無以上二字。〔七〕餘姚板文録存稿等無此字。〔八〕陽明先生手跡（圖一五）此處劃去「免乎」二字。〔九〕餘姚板文録存稿等無以上二字。〔一〇〕餘姚板文録存稿等作「紙筆」。〔一一〕餘姚板文録存稿等無以下七字。〔一二〕餘姚板文録存稿等無以下十字。〔一三〕本件録自餘姚板文録卷一，又見於存稿等。〔一四〕餘姚板文録作「鎖屑」，編校者從存稿訂改。〔一五〕本件録自存稿卷一書一，又見於陽明文録等。

此僕徃年之罪，純甫何尤乎？因便布此區區，臨楮傾念無已！

正德十年乙亥 在南京，正月疏自陳，立再從子正憲為後。陽明先生四十四歲。

寄李道夫〔一〕

此學不講久矣。鄙人之見，自謂於此頗有發〔二〕明，而聞者徃徃詆以為異，獨執事傾心相信，確然不疑，其為喜慰，何啻空谷之足音！別後時聞士夫傳說，近又徐曰仁自西江還，益得備聞執事任道之勇，執德之堅，令人起躍奮迅。「士不可以不弘毅，任重而道遠」。誠得弘毅如執事者二三人，自足以為天下倡。彼依阿僂儞之徒，雖多亦奚以為哉！幸甚！幸甚！比聞到〔三〕郡之始，即欲以此學為教。仁者之心，自然若此。僕誠甚為執事喜，然又甚為執事憂也。學絕道喪，俗之陷溺，如人在大海波濤中，且湏援之登岸，然後可授之衣而與之食。若以衣食投〔四〕之波濤中，是適重其溺，彼將不以為德，而反以為尤矣。故凡居今之時，且湏隨機導〔五〕引，因事啟沃，寬心平氣以薰陶之，俟其感發興起，而後開之以其說，是故為力易而收效溥。不然將有扞格不勝之患，而且為君子愛人之累。不知尊意以為何如耶？病〔六〕疏已再上，尚未得報。果遂此圖，舟過嘉禾，面話有日。

寄葉子蒼〔七〕

消息久不聞。徐曰仁來，得子蒼書，始知掌教新化，得遂迎養之樂。殊慰！殊慰！古之為貧而仕者正如此，子蒼安得以位卑為小就乎！苟以其平日所學，熏陶接引，使一方人士得有所觀感，誠可以不媿其職。今之為大官者何限，能免竊祿之譏者幾人哉？子蒼勉之！毋以世俗之見為懷也。尋復得鄒監生鄉人寄來書，又知子蒼嘗以區區之故，特訪寧兆興，足仞相念之厚。兆興近亦不知何似？彼中朋友，亦有可相砥礪者否？區區年來頗多病，方有歸圖。人還匆匆，略布間闊，餘俟後便再悉也。

〔一〕本件録自存稿卷一，又見於陽明文録等。〔二〕存稿此字為黑釘，編校者據陽明文録訂補。〔三〕謝刻本全書作「列」。〔四〕新刊續編作「授」。〔五〕存稿闕一字，新刊續編作「接」，編校者據陽明文録訂補。〔六〕新刊續編「病」作「保病」。〔七〕本件録自新刊續編卷一書類。

與滁陽諸生書并問答語〔一〕

諸生之在滁者，吾心未嘗一日而忘之。然而濶焉無一字之往，非簡也，不欲以世俗無益之談徒往復為也。有志者，雖吾無一字，固朝夕如面也。其無志者，蓋對面千里，況千里之外盈尺之牘乎！孟生歸，聊寓此於有志者，然不盡列名，且為無志者諱，其或〔二〕因是而尚能興起也。

或患思慮紛雜，不能強禁絕。陽明子曰：紛雜思慮，亦強禁絕不得。只就思慮萌動處，省察克治，到天理精明，後有個物各付物的意思，自然無靜專，無紛雜之念。大學所謂「知止而後有定」也。

正德十一年丙子 在南京，九月陞都察院左僉都御史，巡撫南贛汀漳等處，十月歸省至越。陽明先生四十五歲。

與林典卿〔三〕

立誠之說，昔已反覆，今不復贅。別後，諸君欲五日一會，尋麗澤之益。此意甚好，此便是不忘鄙人之盛心。但會時亦須略定規程，論辨疑難之外，不得輒說閒話，議評他人長短得失，兼及諸無益事。只收心靜坐，閑邪存誠，此是端本澄源，為學第一義。若持循涵養得熟，各隨分限，自當有進矣。會時但粗飯菜羹，不得盛具肴品，為酒食之費。此亦累心損志之一端，不可以為瑣屑而忽之也。舟發匆匆，不盡！不盡！正德丙子九月廿九日，陽明山人守仁書於龍江舟次。

致梁太守〔四〕

治郡侍生守仁頓首

郡公梁老大人先生執事：老父書來，每道愛念之厚，極切感佩！使至，復承書惠，登拜之餘，益深慚荷。郡人被惠日深，然公高陟之期亦日逼，念之每為吾郡之民戚然也。生方以多病，在告已三疏乞休，尚未得旨。

〔一〕本件録自文録续编卷一，又見於郭刻本全書等。〔二〕謝刻本全書無此字。〔三〕本件據葉元封撰集湖海閣藏帖（凡八卷，道光十五年乙未刻本）卷二著録陽明先生書跡拓本（圖一六）録入。〔四〕本件手跡原件藏上海博物館，編校者據書法全集著録陽明先生手跡（圖一七）録入。

圖一六　與林典卿書跡（拓本）

此是端本澄源為學
第一義若持循涵養
得熟各隨分限自當
有進矣
會時但粗飯菜羹亦得
盛具肴品為酒食之
費此亦累心損志之一端
不可以為瑣屑而忽之
也舟發匆匆不盡盡
正德丙子九月廿九日陽
明山人守仁書于龍江
舟次

圖一七　致梁太守手跡（墨跡紙本）

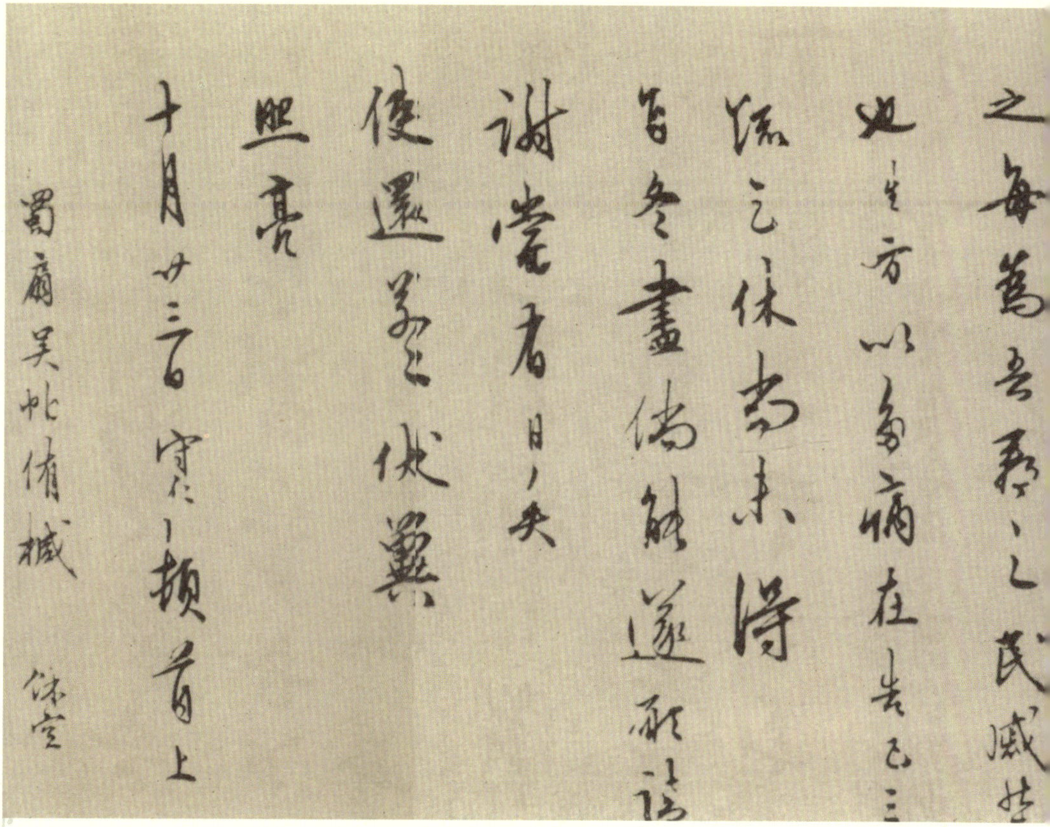

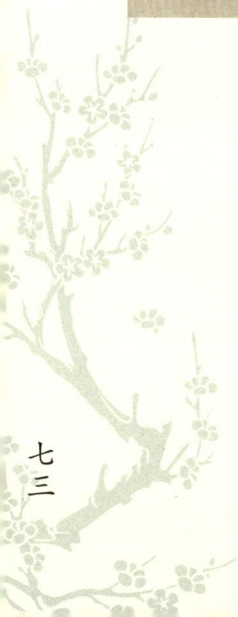

冬盡倘能遂願，請謝當有日矣。使還，草草，伏冀照亮！十月廿三日，守仁頓首上。

蜀扇吳帕侑椷。餘空。

答黃宗賢書〔一〕

宅老數承遠來，重以嘉貺，相念之厚，媿何以堪！令兄又辱書惠，禮恭而意篤。意家庭旦夕之論，必於此學有相發明者，是以波及於僕。幸喜之餘，媿何以堪！別後工夫，無因一扣，如書中所云〔二〕，大略知之。「用力習熟，然後居山」之說，昔人嘗有此，然亦須得其源。吾輩通患，正如池面浮萍，隨開隨蔽。未論江海，但在活水，浮萍即不能蔽。何者？活水有源，池水無源。有源者由己，無源者從物。故凡不息者有源，作輟者皆無源故耳。

寄雲卿〔三〕

尊翁厭世，久失吊慰，雲卿不理於讒口，乃得歸，盡送終之禮，此天意也。哀疚寂寥，益足以為反身脩德之助，此天意也。亦何恨！亦何恨！君子之學，惟求自得。不以毀譽為欣戚，不為世俗較是非，不以榮辱亂所守，不以死生二其心。故夫一凡人譽之而遽以為喜，一凡人毀之而遽以為戚者，凡民也。然而君子之自責，則又未嘗不過於嚴也，自脩，則又未嘗不過於力也。夫然後可以遺榮辱，一死生。學絕世衰，善儔日寡，卓然雲卿！自愛！自愛！雨風半日之程，無緣聚首。細扣新得，動心忍心，自當一日千里。嘗謂友朋言：道者在默識，德在默成。顏子以能問於不能，有若無，實若虛，犯而不較，此最吾儕準的。雲卿進脩之功，想亦正如此矣。秋半，秉考滿，且反棹稽山，京口信宿其期也。不盡！不盡！

與郭善甫書〔四〕

朱生至，得手書，備悉善甫相念之切〔五〕。苟心同志協，工夫不懈，雖隔千里，不異几席，又何必朝夕相與，

〔一〕本件録自存稿卷一書一，又見於陽明文録等。〔二〕存稿作「去」，編校者從陽明文録訂改。〔三〕本件録自新刊續編卷二書類。〔四〕本件録自文録續編卷二，又見於郭刻本全書等。〔五〕郭刻本全書、謝刻本全書「切」作「懇切」。

一堂之上而為後快耶！來書所問數節，楊仁夫去，適禪事方畢，親友紛至，未暇細答。然「致知格物」之說，善甫已得其端緒，但於此涵泳深厚，諸如數說將沛然融釋，有不俟於他人之言者矣。荒歲，道路多阻，且不必遠涉，須稍收稔，然後乘興一來。不縷縷。

與汪節夫書〔一〕

足下數及吾門，求一言之益，足知好學勤勤之意。人有言：「古之學者為己，今之學者為人。」今之學者，須先有篤實為己之心，然後可以論學。不然則紛紛〔二〕口耳講說，徒足以為為人之資而已。僕之不欲多言者，非有所靳，實無可言耳。以足下之勤勤下問，使誠益勵其篤實為己之志，歸而求之，有餘師矣。有能一日用其力於仁矣乎？我未見力不足者。足下勉之！「道南」之說，明道實因龜山南歸，蓋亦一時之言。道豈有南北乎！凡論古人得失，莫非為己之學，誦其詩，讀其書，不知其人可乎？是以論其世也，是尚友也。果能有所得於尚友之實，又何以斯録為哉！節夫姑務為己之實，無復徃年務外近名之病，所得必已多矣。此事尚在所緩也。凡作文，惟務道其心中之實，達意而止，不必過求雕刻，所謂「脩辭立誠」者也。

寄張世文〔三〕

執謙枉問之意甚盛。相與數月，無能為一字之益，乃今又將遠別矣。愧負！愧負！今時友朋，美質不無，而有志者絶少。謂聖賢不復可冀，所視以為凖的者，不過建功名，炫耀一時，以駭愚夫俗子之觀聽。嗚呼！此身可以為堯舜，叅天地，而自期若此，不亦可哀也乎！故區區於友朋中，每以立志為說。亦知徃徃有厭其煩者，然卒不能舍是而別有所先。誠以學不立志，如植木無根，生意將無從發端矣。自古及今，有志而無成者則有之，未有無志而能有成者也。遠別，無以為贈，復申其立志之說。賢者不以為迂，庶勤勤執謙枉問之盛心，為不虛矣。

〔一〕本件録自文録續編卷二，又見於郭刻本全書等。

〔二〕謝刻本全書作「紛紜」。

〔三〕本件録自文録續編卷二，又見於郭刻本全書等。

與守儉守文弟書〔一〕

鄉人來者，每詢守文弟，多言羸弱之甚。近得大人書，亦以為言，殊切憂念！血氣未定，凡百須加謹慎，弟自聰明特達，諒亦不俟吾言。向日所論工夫，不知弟輩近來意思如何？得無亦少荒落否？大抵人非至聖，其心不能無所係着，不於正，必於邪；不於道德功業，必於聲色貨利。故必須先端所趣向。此吾向時立志之說也。趣向既端，又須日有朋友砥礪切磋，乃能薰陶漸染，以底於成。弟輩本自美質，但恐獨學無友，未免縱情肆志而不自覺。李延平云：「中年無朋友，幾乎放倒了。」延平且然，况後學乎！吾平生氣質極下，幸未至於大壞極敗，自謂得於朋友扶持之力為多。古人「蓬麻」之喻，不誣也。凡朋友，必須自我求之。自我下之，乃能有益。若悻悻自高自大，勝己者必不屑就，而日與汙下同歸矣。此雖子張之賢，而曾子所以猶有堂堂之嘆也。石川叔公，吾宗白眉，雖所論或不能無過高，然其志向清脫，正可以矯流俗汙下之弊。今又日夕相與，寔可因石川以求直諒多聞之友，相與講習討論。惟日孜孜於此，而不暇及於其他。正所謂置之莊嶽之間，雖欲其楚，不可得矣。守儉弟頗好仙學，雖未盡正，然比之聲色貨財之習，相去遠矣。但不宜惑於方術，流入邪逕。果能清心寡欲，其於聖賢之學，猶為近之。却恐守文弟氣質通敏，未必耐心於此。閒中試可一講，亦可以養身却疾，猶勝病而服藥也。偶便，燈下草草。弟輩須體吾言，勿以為孟浪之談斯可矣。長兄守仁書。

致守儉 守文弟，守章亦可讀與知之。

與伯顯賢弟書〔二〕

比聞吾弟身體極羸弱，不勝憂念！此非獨大人日夜所㥬惶，雖親朋故舊，亦莫不以是為慮也。弟既有志聖賢之學，懲忿窒欲，是工夫寔緊要處。若世俗一種縱欲忘生之事，已應弟所決不為矣，何迺亦至於此！念汝未婚之前，亦自多病，此殆未必盡如時俗所疑。疾病之來，雖聖賢亦有所不免，豈可以此專咎吾弟！然在今日，却須加倍將養，日充日茂，庶見學問之力果與尋常不同。吾固自知吾弟之心，弟亦當體吾意，毋為俗

〔一〕本件據美國紐約蘇福比有限公司二〇一三年三月紐約藝術周中國古代書畫專場（作品編號：〇五八二）王守仁家書手卷陽明先生手跡（圖一八）録入。〔二〕本件手跡原件藏北京故宫博物院，編校者據書法全集著録陽明先生手跡（圖一九）録入。

輩所指議，乃於吾道有光也。不久，吾亦且歸陽明，當携弟輩入山，讀書講學，旬日始一歸省。因得完養精神，薰陶德性，縱有沉疴，亦當不藥自愈。顧今未能一日而遂，言之徒有惘然，未知吾弟兄終能有此福分否也？來成去，草草。念之！念之！長兄陽明居士書，致伯顯賢弟收看。

與路賓陽〔一〕

舟行匆匆，手卷未及別寫，聊於甘泉文字後跋數語，奉納。厚情亦未及感謝，千萬照恕！守仁頓首。

賓陽司馬道契文侍。

凡相知中，乞為致意。

又致梁太守〔二〕

生守仁頓首，

郡伯梁先生大人執事：家君每書來，亟道執事寬雅之度，鎮靜之德，子惠之政。越民脫陷阱而得父母，其受庇豈有量乎！慶幸！慶幸！守仁竊祿如昨，無足道者。舍弟還，略奉起居。言所不盡，伏惟亮察！守仁頓首再拜。外，香帕奉將遠敬。越民有王文轅、王琥、許璋者，皆貧良之士，有庠生孫瑛、魏廷霖者，門生也，審曾有進謁者否？□與進之。餘素。

正德十二年丁丑　在贛州，正月至贛，二月平漳寇，九月改授提督南贛汀漳等處軍務，十月平桶岡、橫水諸寇。陽明先生四十六歲。

與徐曰仁書〔三〕

正月三日，自洪都發舟。初十日，次廬陵，為父老留再宿。十三日未，至萬安四十里，遇羣盜千餘截江焚掠，烟燄障天。妻奴皆懼，始有悔來之意。地方吏民及舟中之人，亦皆力阻，謂不可前。鄙意獨以為我舟

〔一〕本件據書法全集著録陽明先生書跡拓本（圖二〇）録入。〔二〕本件手跡原件藏上海博物館，編校者據書法全集著録陽明先生手跡（圖二一）録入。〔三〕本件手跡原件藏北京故宮博物院，編校者據北京故宮博物院官網陽明先生手跡（圖二二）録入。

圖一八 與守儉守文弟書手跡（墨跡紙本）

鄉人來書每詢守文第多于
巔州之基业惰
大人書上以萬干殊切厚念也
希束定尾百須加謹慎弟日
聰明特達諒已不俟吾于向
日所論工夫不初束宴业末言
里如何得與一少惹蒿否大
抵人亦岂甚其一不無雨保兼
不扦延必扦邪不扦道德功業
必扦隆平鲁利故安須光端
雨趣向此吾向时立志之説业趣
向洖端又须是者因友砥礪切劘
乃刼萋陶漸築以居扦成幸宴
本自黄愤炰妃獨学妲友未
免悕情鹄志而不日覺爭延
平云中束妲闵友發幸投倒了
延平且莊况後学平吾平生案
娟趄下幸束生扦大壞扯败

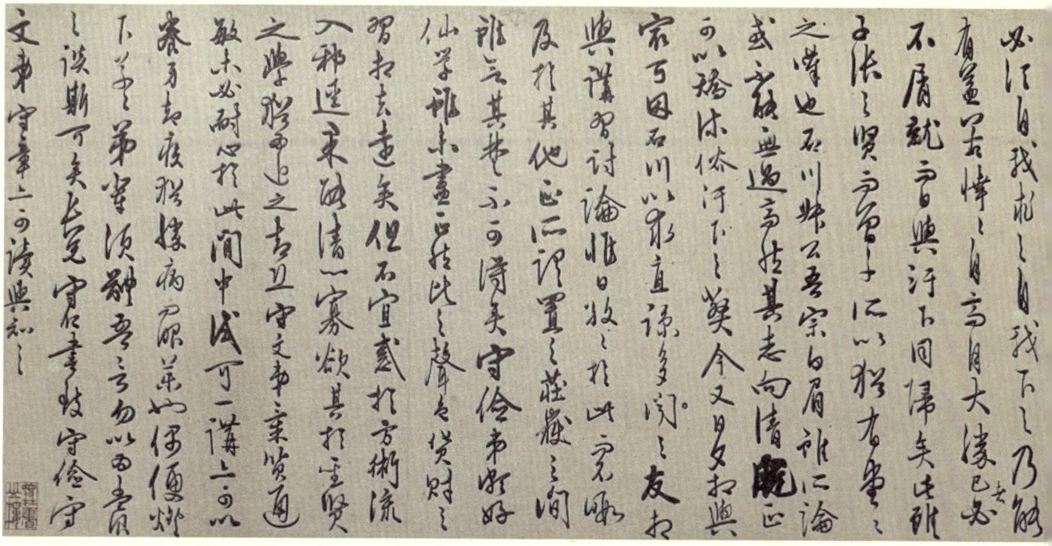

圖一九　與伯顯賢弟書手跡（墨跡紙本）

比聞 吾弟身體極羸
弱不勝憂念此水橋
大人日夜所傍惶雅乱倜
叔處此等不以是為憂也
市況有志聖賢之學戀忿
窒戀是之夫定緊要處
若世俗一種經欲是生之
事已度弟而决不再美
何迎六至於此念此未
始之前六日多病此始
壽盡畫如時俗而疑疾
病之未雖聖賢上君所
不免惹可以此專學學

日充日茂庶見學問之力
果與尋常不同吾固自
知吾弟之心亦當與吾
意毋篤信輩所指議
乃於吾道有光也不久
吾亦且歸陽明當攜弟
輩入山讀書講學旬日始
一歸省因得完養精神薰
陶德性縱有沉疴亦當不
藥自愈顧今未能一日而
遂此之情有惘於未知吾
弟兄終能有此福分否也
來成去草草念之長兄陽明
居士書致伯顯賢弟收看

圖二〇　與路賓陽書跡（拓本）

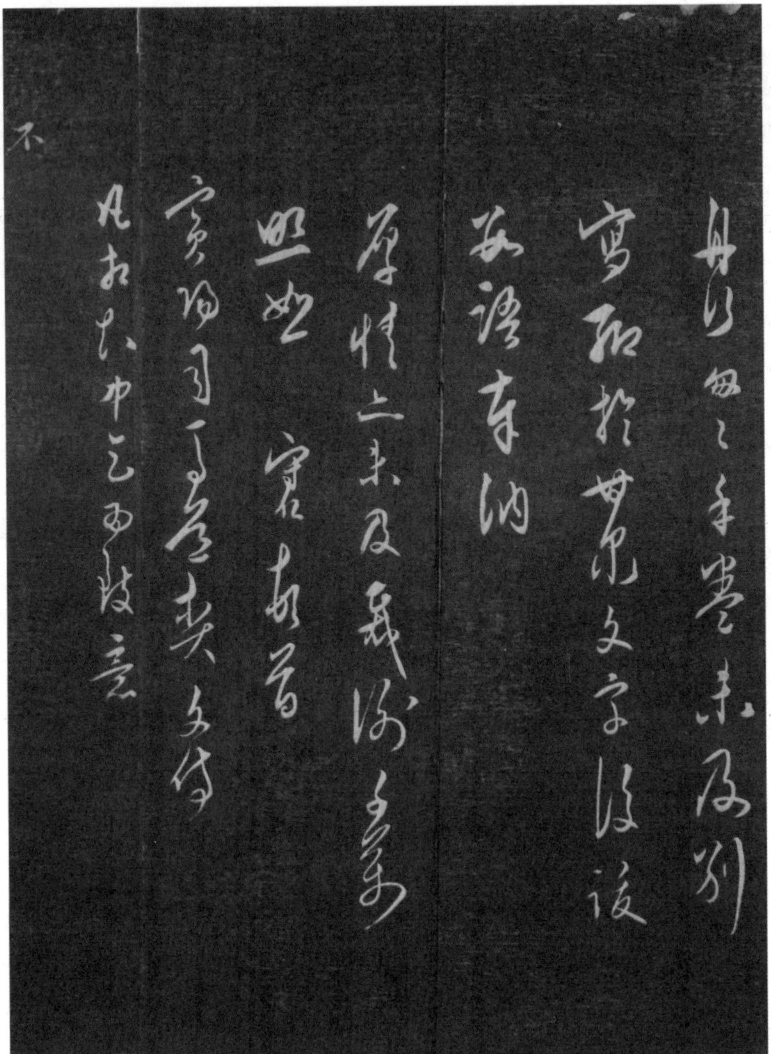

圖二一　又致梁太守手跡（墨跡紙本）

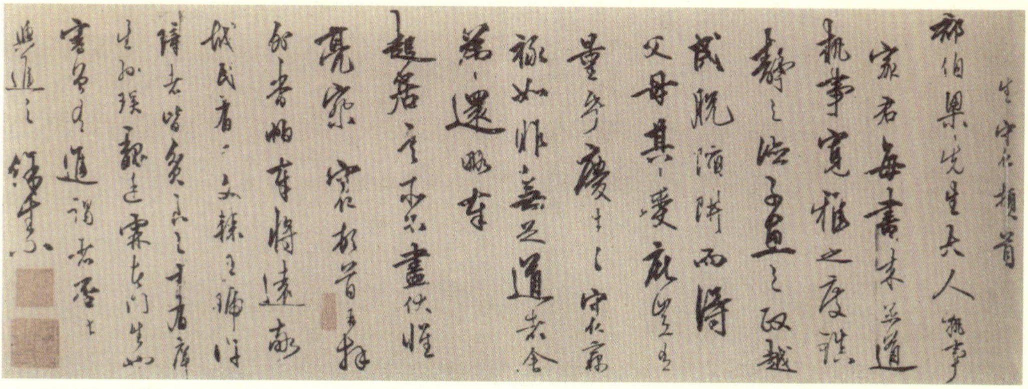

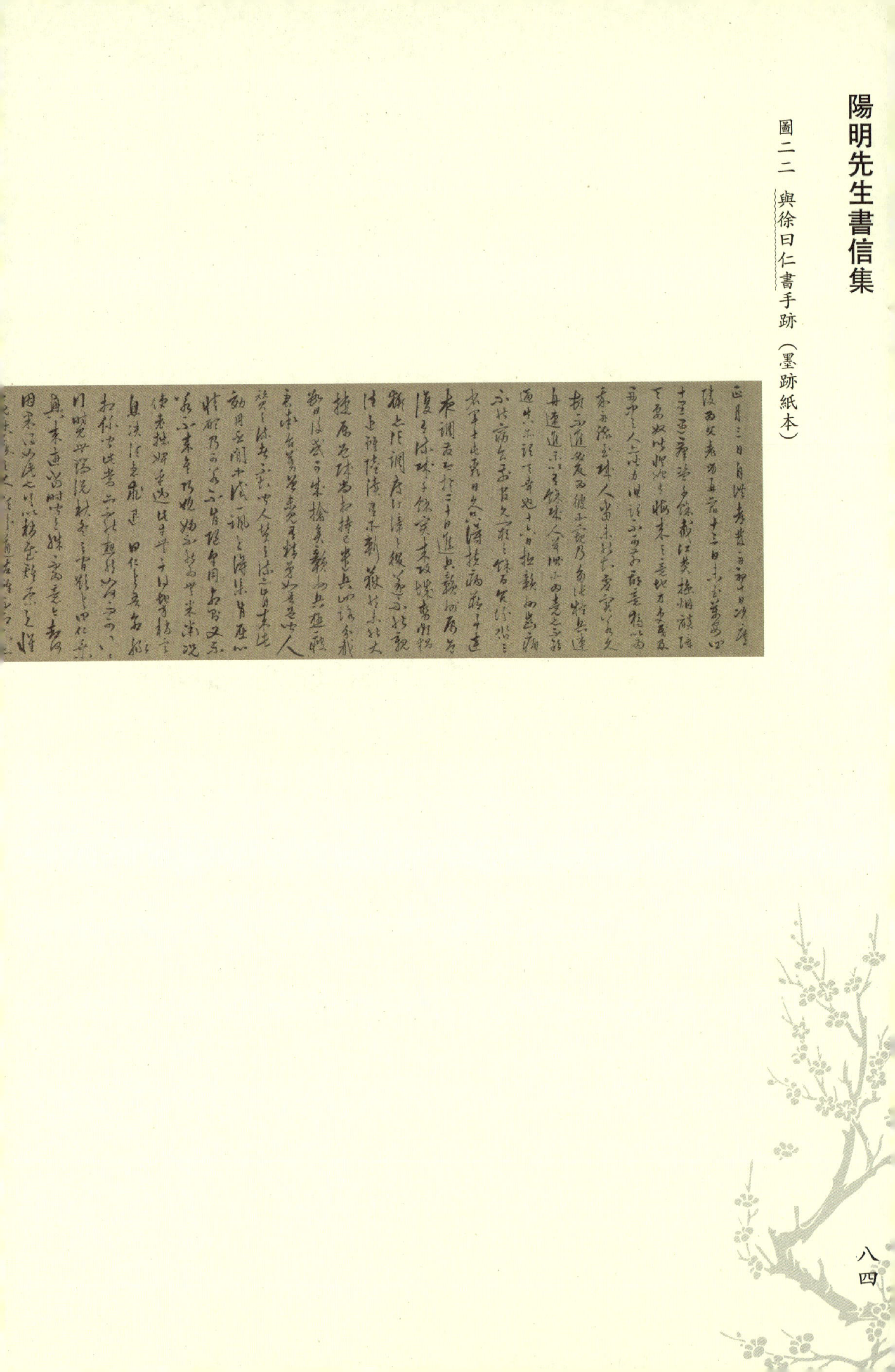

圖二二　與徐曰仁書手跡（墨跡紙本）

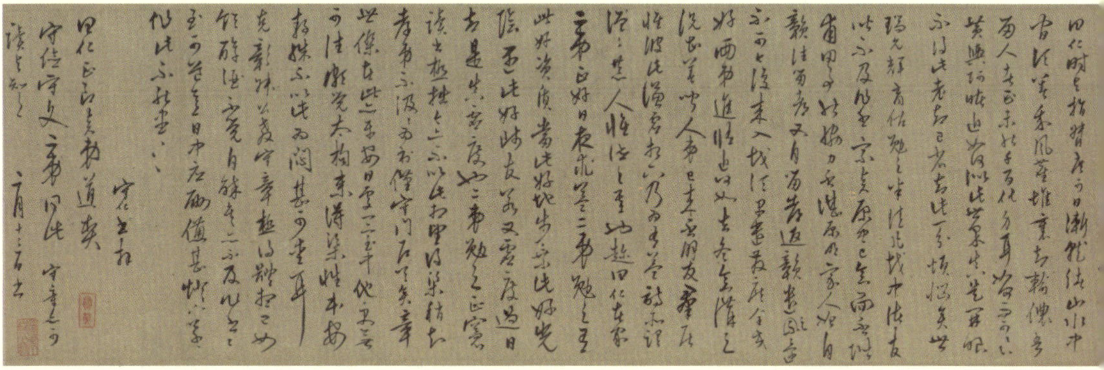

驟至，賊人當未能知虛實，若久頓不進，必反為彼所窺。乃多張疑兵，連舟速進，示以有餘。賊人莫測所為，竟亦不敢逼，真所謂天幸也。十六日，抵贛州，齒痛不能寢食。前官久闕之餘，百冗紛沓，三省軍士屯聚日久，只得扶病藏事，連夜調發，即於二十日進兵。贛州屬邑復有流賊千餘，突來攻城，勢頗猖獗，亦須調度。汀漳之役遂不能親往。近雖陸續有所斬獲，然未能大捷，屬邑賊尚相持，已遣兵四路分截，數日後或可成擒矣。贛州兵極疲，倉卒召募，曾未見有精勇如吾邑聞人贇之流者。不知聞人贇之流亦肯來此効用否？閒中試一諷之。得渠肯屈心情願乃可，若不肯隨尔用命，則又不若不來矣。巧媳婦不能為無米粥，況使老拙婢乎！過此幸無事，得地方稍定息，决須急求退。曰仁與吾命緣相係，聞此當亦不能恝然，如何而可？如何而可！行時見世瑞說，秋冬之間，欲與曰仁乘興來遊。當時聞之，殊不為意，今却何因，果得如此，亦足以稍慰離索之懷。今見衰疾之人，顛仆道左，雖不相知，亦得引手一扶，況其所親愛乎！北海新居，奴輩能經營否？雖未知何日得脱網羅，然舊林故淵之想，無日不切，亦須曰仁時與指督，庶可日漸就緒。山水中間須着我，風塵堆裏却輸儂。吾兩人者，正未能千百化身耳。如何而可？如何而可！黃輿、阿睹近如何？似此世界，真是開眼不得，此老却已省却此一分煩惱矣。世瑞、允輝、商佐、勉之、半珪，凡越中諸友，皆不及作書。宗賢、原忠已會面否？階甫田事能協力否？湛原明家人始自贛往留都，又自留都返贛，遣之〔一〕還不可。今復來入越，須早遣發，庶全交好。雨弟進脩近何如？去冬會講之說，甚善。聞人弟已來否？朋友羣居，惟彼此謙虛相下，乃為有益，詩所謂「溫溫恭人，懷德之基」也。趂曰仁在家，二弟正好日夜求益。二弟勉之！有此好資質，當此好地步，乘此好光陰，遇此好師友，若又虛度過日，却是真虛度也。二弟勉之！正憲讀書極拙，今亦不以此相望。得渠稍知孝弟，不汲汲為利，僅守門戶足矣。章世傑在此亦平安，日處一室中，他更無可往，頗覺太拘束。得渠性本安靜，殊不以此為悶，甚可愛耳！克彰叔公教守章極得體，想已如飲醇酒，不覺自醉矣。亦不及作書，書至可道意。日中應酬憊甚，燈下草草作此。不能盡！不能盡！守仁書拜

曰仁正郎賢弟道契。

守儉、守文二弟同此。守章亦可讀與知之。二月十三日書。

〔一〕陽明先生手跡（圖二二）此處先作「不」字，後改為「之」字。

示諸姪〔一〕

伯父陽明山人書示正心、正思、正惠等諸姪：近聞尔曹學業有進，有司考校獲居前列，吾聞之喜而不寐。此是家門好消息，繼吾書香者，在尔輩矣。勉之！勉之！吾非徒望尔輩但取青紫，榮身肥家，如世俗所尚，以誇市井小兒。尔輩湏以仁禮存心，以孝弟為本，以聖賢自期，務在光前裕後斯可矣。吾惟幼而失學無行，無師友之助，迨今中年，未有所成，尔輩當鑒吾既往，及時勉力，毋又自貽他日之悔如吾今日也。習俗移人，如油漬麪，雖賢者不免，况尔曹初學小子，能無溺乎！然惟痛懲深創，乃為善變。昔人云：「脫去凡近，以游高明」。此言良足以警，小子識之！吾嘗有立志說與尔道叔，尔輩可從抄録一通，置之几間，時一省覽，亦足以發。方雖傳於庸醫，藥可療夫真病。尔曹勿謂尔伯父只尋常人耳，其言未必足法；又勿謂其言雖似有理，亦只是一塲迂濶之談，非我輩急務。苟如是，吾末如之何也已！讀書講學，此寅吾所宿好。今雖干戈擾攘中，四方有來學者，吾亦未嘗拒之，所恨牢落塵網，未能脫身而歸。今幸盜賊稍平，可以塞責求退，歸卧林間，携尔曹朝夕切磋砥礪，吾何樂如之！何樂如之！偶便，先示尔等，尔等勉焉，毋虚吾望！四月卅日，寓贛州，陽明山人書示。

致毛老先生〔二〕

侍生王守仁頓首再拜啟上

大元老毛老先生大人執事：守仁始至贛，即欲一申起居。因閩寇猖獗，蒞事未數日而遂徃督征，故前者進本人去，竟不及奉啟，迄今以為罪。請教之渴，如何可言！守仁迂腐之資，實無可用於時，蓋未承贛州之乏，已嘗告病求退。後以托疾避難之嫌，遂不敢固請。黽勉至此，實恐得罪於公議，為知己之羞。今遂未知所以稅駕之道，幸卒賜之指教而曲成之。今南贛之事，誠亦有難為者。蓋閩寇雖平，而南贛之寇又數倍于閩，且地連四省，事權不一，兼之敕旨又有不與民事之說，故雖虚擁巡撫之名，而其實號令所及，止於贛州一城，

〔一〕本件手跡原件藏上海博物館，編校者據書法全集著録陽明先生手跡（圖二三）録入，又見文録續編等。文録續編本件題作贛州書示四姪正思等。〔二〕本件據天津鼎晟拍賣有限公司二〇〇八年藏秀雲藝術品收藏專場拍賣會（作品編號：一八一五）王守仁致毛紀信札陽明先生手跡（圖二四）録入。

示諸姪

伯父陽明山人書示正心正思正憲等諸姪：近聞爾曹學業有進，有司考校，獲居前列，吾聞之喜而不寐。此是家門好消息，繼吾書香者，在爾輩矣。勉之勉之！吾非徒望爾輩但取青紫榮身肥家，如世俗所尚，以誇市井小兒，爾輩須以

療夫真病。爾曹勿謂爾伯父只尋常人耳，其言未必足法；又勿謂其言雖似有理，亦只是一場迂闊之談，非我輩急務。苟如是，吾末如之何也已。讀書講學，此吾所宿好，今雖干戈擾攘中，四方有來學者，吾未嘗拒之，所恨牢落塵網，未能脫身而歸。今幸盜賊稍平，可以塞責求退，歸卧林間，攜爾曹相與切磋砥礪，吾何樂如之！偶便先示爾等，爾等勉焉，毋虛吾望。

圖二三　示諸姪手跡（墨跡紙本）

自期務在光前裕後斯可矣
吾惟幼而失學無行無師友之助
迨今中年未有所成爾輩當鑒
吾既往及時勉力毋又自貽他日
之悔如吾今日也習俗移人如油漬
麪雖賢者不免況爾曹初學小子
能無溺乎然惟痛懲深創乃
為善變昔人云脫去凡近以游高
明此言良可以警小子識之吾嘗
有立志說與爾十叔爾輩可從
抄錄一通置之几間時一省覽亦
足以發方雖傳於庸醫藥可

王文成為有明一代大儒功業文章震鑠今古顧其誥誡子孫不自滿假
即尋常示姪家書而謙沖敦厚若此誠有合于大易所云无不利撝謙者已
其文當與馬伏波誡兄子書陶淵明誡子書顏之推家訓諸作並垂不朽至
其書法出入晉唐端莊流麗卓然自成一家則又公之餘事也是冊為當湖
柳塘仁兄所藏暇日出以見示盥手讀竟謹識一言於冊尾
道光二十年歲次庚子孟夏既望石門後學方廷瑚拜觀敬識

王文成公幼謁上饒婁諒與論朱子格物大指
還家日端坐讀五經正德初以兵部主事謫
龍場驛丞窮荒無書日繹舊聞忽悟格
物致知今示姪書猶云幼而失學中年未
有所成蓋今人憚於言晉也又云干戈擾攘
盜賊積年考正德十三年公平江西賊及明
年平宸濠董領之擾可與此書寓贛所作當
在其時文氣自然入古墨蹟全是晉人蹊
徑當與蠡書並重東海寶之
後學常州陸炯敬跋

圖二四　致毛老先生手跡（墨跡紙本）

侍生王守仁頓首再拜啓上
大元老毛老先生大人執事
守仁始至贛即欲一申
起居因閩寇猖獗蔓事未數日而遂往督征故前者進
本人去竟不及奉啓迄今以爲罪請
救之渴如何可言守仁迂腐之資實無可用於時蓋本亦
贛州之名已嘗告病求退後以托疾避難之嫌遂不敢
固請黽勉至此實恐得罪於公議爲
知己之羞今遂未知所以撫馭之道幸
卒賜之指教而曲成之今南贛之事誠亦有難爲者蓋
閩寇雖平而南贛之寇又數倍于閩且地連四省事權
不一兼之
勅旨又有不與民事之說故雖虛擁巡撫之名而其實號
令所及止於贛州一城然且尚多抵牾是亦非皆有司
者敢於違抗之罪事勢使然也今爲南贛止可因仍坐
視稍欲舉動便有掣肘守仁竊以爲南贛之巡撫可無特

幹之事猶可自專一應軍馬錢粮皆得以通融裁處而
預為之所猶勝於今之巡撫無事則閑髮眼以坐視有
事則空兩手以待人也夫弭盜所以安民而安民者弭
盜之本今責之以弭盜而使無與於安民猶專以藥石
攻病而不問其飲食調適之宜病有日增而已矣今
巡撫之設本事體關係或非一人之議一議之間便可
更定惟有申明賞罰猶可以稍重任使之權而因以略
舉其職故今輒有是　奏伏惟
特賜扶植得採擇施行之則非獨生一人得以稍逭罪
戮地方之困亦可以少蘇矣非恃
道誼深愛何敢冒瀆及此萬冀
鑒恕不宣
五月二十八日守仁頓首再拜啓
餘空

然且尚多抵牾，是亦非皆有司者敢於違抗之罪，事勢使然也。今為南贛，止可因仍坐視，稍欲舉動，便有掣肘。守仁竊以為南贛之巡撫可無特設，止存兵備，而統于兩廣之總制，庶幾事體可以歸一。不然，則兼於江西之巡撫，雖三省之務尚有牽礙，而南贛之事猶可自專，一應軍馬錢粮，皆得以通融裁處而預為之所，猶勝於今之巡撫。無事則開雙眼以坐視，有事則空兩手以待人也。夫弭盜所以安民，而安民者弭盜之本。今責之以弭盜，而使無與於安民，猶專以藥石攻病，而不復問其飲食調適之宜，病有日增而已矣。今巡撫之改革，事體關係，或非一人之議，一議之間便可更定。惟有申明賞罰，猶可以稍重任使之權，而因以略舉其職。故今輒有是奏。伏惟特賜扶持，得採擇施行之，則非獨生一人得以稍逭罪戮，地方之困亦可以少蘇矣。非恃道誼深愛，何敢冒瀆及此！萬冀鑒恕。不宣。

五月二十八日，守仁頓首再拜啟。餘空。

與黃誠甫書〔一〕

區區正月十八日始抵贛，即兵事紛紛。二月，往征漳寇；四月，班師。中間曾無一日之暇，故音問缺然。然雖擾擾中，意念所在未嘗不在諸友也。養病之舉，恐已暫停。此亦順親之心，未為不是，不得以此日縈於懷，無益於事，徒使為善之念不專。何處非道？何處非學？豈必山林中耶！希顔尚謙清伯登第，聞之喜而不寐。近嘗寄書云：「非為今日諸君喜，為陽明〔二〕山中異日得良伴喜也。」吾於誠甫之未歸，亦然。〔三〕珍重！珍重！六月三日。守仁頓首。

寄路賓陽書〔四〕

聞有守郡之擢，甚為襄陽之民喜。仕學一道，必於此有得力處，方是實學。不然，則平日所講，盡成虛語矣。「有民人焉，有社稷焉，何必讀書然後為學！」子路之言未嘗不是。賓陽質美而志高，明德新民之功，吾見

〔一〕本件録自陽明文録卷一書一，又見於鄒序本文録等。北京保利國際拍賣有限公司二〇〇八春季拍賣會中國古代書畫（二）（作品編號：一八一五）王守仁王畿手札册有本件陽明先生書信（局部）手跡（圖二五）。〔二〕本件以下文字據陽明先生書信（局部）手跡（圖二五）録入。〔三〕陽明文録無以下十二字。〔四〕本件據書法全集著録陽明先生書跡拓本（圖二六）録入。

圖二五　與黃誠甫書（局部）手跡（墨跡紙本）

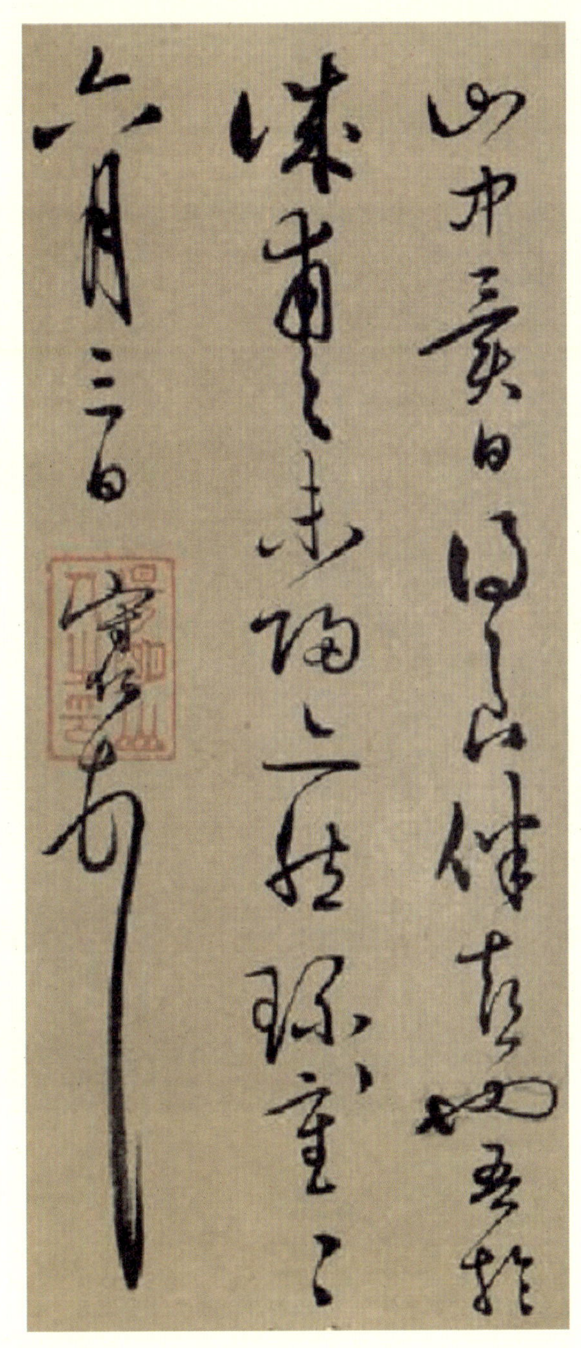

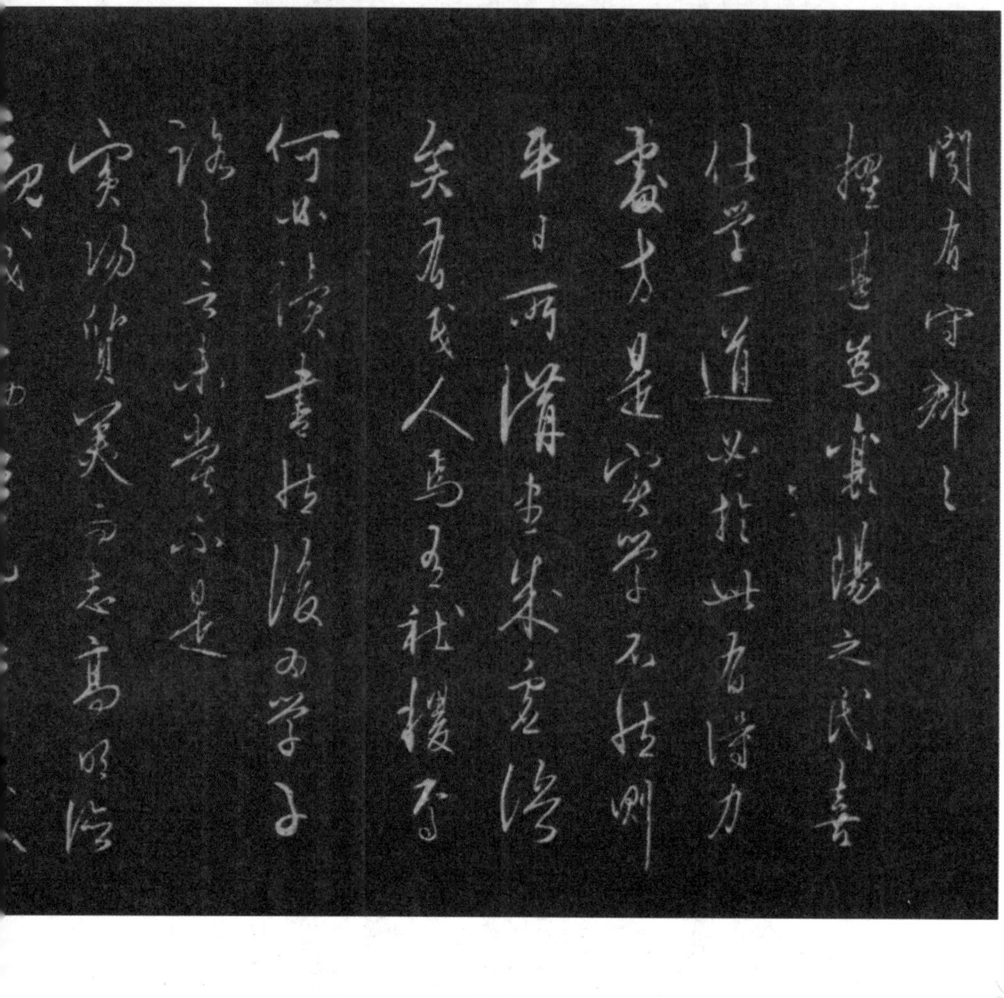

圖二六 寄路賓陽書書跡（拓本）

都地方盜賊蜂起幸楷諸

生將來之事當不為迢

及之餘的邪好散場小

往於不免於論首以湖東

乃以偽便附此諸書閣

此一下題苑

賓谒郡仏道貴名

青首

休堂

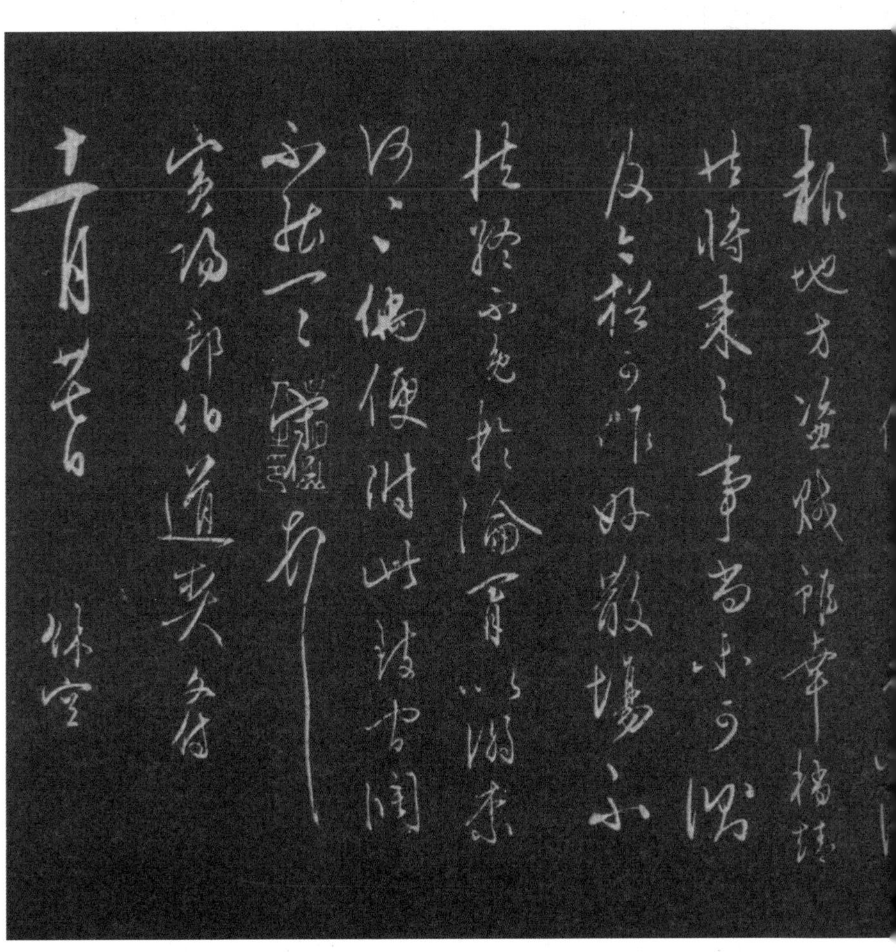

其有成也。區區乞休已三上，尚未得報。地方盜賊雖幸稍靖，然將來之事尚未可測，及今猶可作好散場。不然，終不免於淪胥以溺。奈何？奈何！偶便，附此致間闊，不能一一。守仁頓首。

賓陽郡伯道契文侍。十一月廿七日。餘空。

復陸元靜〔一〕

書來，知貴恙已平復，甚喜。書中勤勤問學，惟恐失墜，足知進脩之志不怠，又甚喜。異時發揮斯道，使來者有所興起，非吾子，誰望乎！所問大學中庸註，向嘗略具草稿，自以所養未純，未免務外欲速之病，尋已焚毁。近雖覺稍進，意亦未敢便以為至，姑俟異日山中與諸賢商量共成之，故皆未有書。其意旨大略，則固平日已為清伯言之矣。因是益加體認研究，當自有見〔二〕，汲汲求此，恐猶未免舊日之病也。「博學」之說，向已詳論，今猶牽制若此，何邪？此亦恐是志不堅定，為世習所撓之故。使在我果無功利之心，雖錢穀兵甲，搬柴運水，何往而非實學！何事而非天理！況子、史、詩、文之類乎！使在我尚存功利之心，則雖日談道德仁義，亦只是功利之事，況子、史、詩、文之類乎！「一切屏絶」之說，是猶泥於舊習，平日用功未有得力處，故云爾。請一洗俗見，還復初志，更思平日飲食養身之喻，種樹栽培灌溉之喻，自當釋然融解矣。「物有本末，事有終始，知所先後，則近道矣。」吾子之言，是猶未是終始本末之一致也。是不循本末終始天然之序，而欲以私意速成之也。

與楊仕德薛尚謙〔三〕

即日已抵龍南。明日入巢，四路兵皆已如期并進，賊有必破之勢。某向在橫水，嘗寄書仕德云：「破山中賊易，破心中賊難。」區區翦除鼠竊，何足為異！若諸賢掃蕩心腹之寇，以收廓清平定之功，此誠大丈夫不世之偉績。數日來，諒已〔四〕得必勝之策，捷奏有期矣。何喜如之！日孚美質，誠可與共學，此時計已發舟，倘未行，出此同致意。廨中事以累尚謙，想不厭煩瑣。小兒正憲猶望時賜督責。〔五〕寓龍南某白。

〔一〕本件録自餘姚板文録卷一，又見於存稿等。存稿 陽明文録本件讀為正德十年乙亥作。〔二〕餘姚板文録闕一字，編校者據存稿訂補。〔三〕本件録自餘姚板文録卷一，又見於存稿等；貴州版文録本件題作與仕德尚謙。〔四〕餘姚板文録作「以」，編校者從存稿訂改。〔五〕存稿 陽明文録無以下五字。

與希顔台仲明德尚謙原靜〔一〕

聞諸友皆登第，喜不自勝！非為諸友今日喜，為野夫異日山中得良友伴喜也。入仕之始，意況未免搖動，如絮在風中，若非粘泥貼網，恐自張主未得。不知諸友却何如？想平時工夫，亦須有得力處耳。野夫失脚落渡船，未知何時得到彼岸？且南贛事極多掣肘，緣地連四省，各有撫鎮，乃今亦不過因仍度日。自古未有事權不一而能有成者。告病之興雖動，恐成虛文，未輕敢舉，欲俟地方稍靖。今又得諸友在，吾終有望矣。曰仁春來頗病，聞之極憂念。昨書來，欲與二三友去田雪上，因寄一詩。今録去，聊同此懷也。

答徐子積〔二〕

承示送别諸敘，雖皆出於一時酬應，中間往往自多新得，足驗學力之進。性論一篇，尤見潛心之學，近來學者所未能道。詳味語意，大略致論於理氣之間，以求合於夫子「相近」之説，甚盛心也。其間鄙意所未能信者，辭多不能具，輒以别幅寫呈，略下註脚求正。幸不吝往復，逐以蹇劣見棄也。夫析理愈精，則為言愈難；立論愈多，則為繆愈甚。孔孟「性善相近」之説，自是相為發明，程朱之論詳矣。學者要在自得，自然循理盡性，有不容已，毫分縷析，此最窮理之事。言之未瑩，未免支離，支離判於道矣。是以有苦心極力之狀，而無寬裕温厚之氣，意屢偏而言多窒，雖横渠有所不免。故僕亦願吾兄之完養思慮，涵泳義理，久之自當條暢也。兄所言諸友，永清與僕同舉於鄉，子才嘗觀政武選，時僕以病，罕交接，未及與語；葉君雖未相識，如兄言，要皆難得者也。微服中，不答書為致意。學術不明，人心陷溺之餘，善類日寡，諸君幸勉力自愛，以圖有成也！嘗有論性，書録至目。

致王晉溪十書〔三〕

第一書

〔一〕本件録自存稿卷一書一，又見於陽明文録等。〔二〕本件録自新刊續編卷二書類。〔三〕本件十書録自全録正録卷五雜類陽明先生與晉溪書，陽明先生與晉溪書凡十五書，此其第一書至第十書十通，又見於文録續編等。文録續編本件題作與王晉溪司馬書，各通之間均未標序號，各通序次及内容略有異同。

侍生王守仁頓首再拜啟上

太保大司馬晉溪老先生大人尊文執事〔一〕：伏惟〔二〕明公德學政事高一世，守仁晚進，雖未獲親炙，而私淑之心，已非一日。乃者承乏鴻臚，自以迂腐多疾，無復可用於世，思得退歸田野，苟存餘息。乃蒙大賢君子不遺葑菲，扳置重地。適承前官謝病之後，地方亦復多事，遂不敢固以疾辭，已於正月十六日抵贛，扶疾莅任。雖感恩圖報之心，無不欲盡，而精力智慮有所不及，恐不免終為薦舉之累耳。伏惟仁人君子器使曲成，責人以其所可勉，而不強人以其所不能，則守仁羈鳥故林之想，必將有日可遂矣。因遣官詣闕陳謝，敬附申謝私於門下。伏冀尊照！不備。

第二書

守仁近因畬賊大脩戰具，遠近勾結，將遂乘虛入廣〔三〕。乃先其未發，分兵掩撲，雖斬獲未盡，然克全師而歸，賊巢積聚，亦為一空。此皆老先生申明律例，將士稍知用命，以克有此。不然以南贛素〔四〕無紀律之兵，見賊不奔，亦已難矣，況敢暮夜撲勦〔五〕，奮呼追擊！功雖不多，其在南贛，則實創見之事矣。伏望老先生特加勸賞，使自此益加激勵。幸甚！今各巢奔潰之賊，皆聚橫水桶岡之間，與郴桂諸賊接境。生恐其勢窮，或并力復出，且天氣炎毒，兵難深入遠攻，乃分留重卒於金坑營前，扼其要害，示以必攻之勢，使之旦夕防守，不遑他圖。又潛遣人於已破各巢山谷間，多張疑兵，使既潰之賊不敢復還舊巢，聊且與之牽持。候秋氣〔六〕漸涼，各處調兵稍集，更圖後舉。惟望老先生授之以成妙之筭，假之以專一之權，明之以賞罰之典。生雖庸劣，無能為役，敢不鞭策駑鈍，以期無負推舉之盛心！秋冬之間，地方苟幸無事，得以歸全病喘於林下。老先生骨肉生死之恩，生當何如為報耶！正暑，伏惟為國為道自重！不宣。

第三書

前月奏捷人去，曾瀆短啟，計已達門下。守仁才劣任重，大懼覆餗，為薦揚之累。近者南贛盜賊雖外

〔一〕文録續編無以上二十七字。〔二〕全録無以上二字，編校者據據文録續編訂補。〔三〕文録續編作「乘虛而入」。〔四〕全録無此字，編校者從據文録續編訂補。〔五〕全録作「撲巢」，編校者從文録續編訂改。〔六〕全録作「風」，編校者從文録續編訂改。

若稍定，其實譬之癰疽〔一〕，但未潰決，至其惡毒，則固日深月積，將漸不可瘳治。生等固庸醫，又無藥石之備，不過從旁撫摩調護，以紓目前。自非老先生發鍼下砭〔二〕，指示方藥，安敢輕措其手，冀百一之成！前者申明賞罰之請，固未〔三〕求鍼砭於門下，不知老先生肯賜俯從，卒授起死回生之方否也？近得臺中消息云：將〔四〕大舉乘虛入廣。蓋兩廣之兵近日皆聚府江，生等恐其聲東擊西〔五〕，亦已密切布置，將為先事之圖。但其事隱而未露，未敢顯言於朝，然又不敢不以聞於門下。且聞府江不久班師，則其謀亦將自阻。大抵南贛兵力極為空踈，近日稍加募選訓練，始得三千之數。然而〔六〕糧賞之資，則又百未有措。若夾攻之舉果行，則其勢尤為窘迫。欲稱貸於他省，則他省各有軍旅之費；欲加賦於貧民，則貧民又有從盜之虞。惟贛州雖有鹽稅一事，邇來既奉戶部明文停止，但官府雖有禁止之名，而奸豪實竊私通之利。又鹽利下通於三府，皆民情所深願，而官府稍取其什一，亦商人所悅從。用是輒因官僚之議，仍舊抽放。蓋事機窘急〔七〕，勢不得已，然亦不加賦而財〔八〕足，不擾民而事辦〔九〕，比之他圖，固猶計之得者也。今特具以聞奏，伏望老先生曲賜扶持，使兵事得賴此以濟，實亦地方生靈之幸。生等得免於失機誤事之誅，其為感幸尤深且大矣。自非老先生體國憂民之心〔一〇〕，何敢每事控聒若此！伏冀垂照！不具。

第四書

生於前月二十日，地方偶獲微功，已於是月初二日具本聞奏。差人既發，始領部咨，知夾攻已有成命。前者嘗具兩可之奏，不敢專主夾攻者，誠以前此三省嘗為是舉，乃往返〔一一〕勘議，動經歲月，形跡顯暴，事未及舉，而賊已奔竄大半。今老先生略去繁文之擾，行以實心，斷以大義，一決而定，機速事果，則夾攻之舉固亦未嘗不善也。凡敗軍僨事，皆緣政出多門。每行一事，既稟巡撫，復稟鎮守，復稟巡按，往返需遲

〔一〕文録續編作「疽癰」。〔二〕全録無以上二字，編校者據文録續編訂補。〔三〕全録作「亦」，郭刻本全書、謝刻本全書作「來」，編校者從文録續編訂改。〔四〕全録無此字，編校者據文録續編訂補。〔五〕文録續編訛作「聲擊繫西」。〔六〕全録作「然自」，編校者從文録續編訂改。〔七〕文録續編作「迫」。〔八〕全録作「才」，編校者從文録續編訂改。〔九〕全録作「辨」，編校者從文録續編訂改。〔一〇〕文録續編作「至」。〔一一〕謝刻本全書作「往復」。

之間，謀慮既泄，事機已去。昨睹老先生所議，謂〔一〕閫外兵權，貴在專委；征伐事宜，切忌遙制；且復除去總制之名，使各省事有專責，不令掣肘，致相推托。真可謂一洗近年瑣屑牽擾之弊。非有大公無我之心發強剛毅者，孰能與於斯矣！廟堂之上，得如老先生者為之主張，人亦孰不樂為之用乎！幸甚！幸甚！今各賊巢穴之近江西者，蓋已焚毀大半。但擒斬不多，徒黨尚盛。其在廣東湖廣者，猶有三分之一。若平日相機掩撲，則賊勢分而兵力可省。今欲大舉，賊且并力合勢，非有一倍之衆，未可輕議攻圍。況南贛之兵，素稱疲弱，見賊而奔，乃其長技。廣湖〔二〕所用皆土官狼兵，賊所素畏，夾攻之日，勢必偏潰江西。今欲請調狼兵，以當賊〔三〕鋒，非惟慮其所過殘掠，兼恐緩不及事。生近以漳南之役，親見上杭程鄉兩處機快，頗亦可用，且在撫屬之内。故今特調二縣各一千名，并奏南贛新集起倩，共為一萬二千之數。若以軍法伍攻〔四〕之例，必須三省合兵十萬而後可。但南贛糧餉無措，不得已而從減省若此。伏望老先生特賜允可。若更少損其數，斷然力不足以支寇矣。腐儒小生，素不習兵，勉強當事，惟恐覆公之餗。伏惟老先生憫其不逮，教以方略，使得有所持循。幸甚！幸甚！

第五書

守仁始至贛，即因閩寇猖獗，遂徃督兵。故前者瀆奉謝啟，極為草略，迄今以為罪。閩〔五〕寇之始，亦不甚多。大軍既集，乃連結〔六〕四面而起，幾〔七〕不可支。今者偶獲成功，皆賴廟堂德威成筭，不然，且不免於罪累矣。幸甚！幸甚！〔八〕守仁腐儒小生，實非可用之才，蓋未承南贛之乏，已嘗告病求退。後以托疾避難之嫌，遂不敢固請，黽勉至此，實恐得罪於道德，負舉薦〔九〕之盛心耳。伏惟終賜指教而曲成之。幸甚！幸甚！今閩寇雖平，而南贛之寇又數倍於閩，且地連四省，事權不一，兼之勅旨又有「不與民事」之說，故雖虚擁巡撫之名，而其實號令所及〔一〇〕，止於贛州一城。然且尚多抵牾〔一一〕，是亦非皆有司者敢於違抗

〔一〕全録無此字，編校者據文録續編訂補。〔二〕全録作「湖廣」，編校者從文録續編訂改。〔三〕謝刻本全書作「其」。〔四〕文録續編作「五攻」。〔五〕全録作「門」，編校者從文録續編訂改。〔六〕文録續編作「連絡」。〔七〕全録作「機」，編校者從文録續編訂改。〔八〕文録續編無以上二字。〔九〕文録續編作「薦舉」。〔一〇〕全録「號令所及」作「號令所不及」，編校者從郭刻本全書訂改。〔一一〕文録續編作「抵牾」。

之罪，事勢使然也。今為南贛，止可因仍坐視，稍有〔一〕舉動，便有掣肘。守仁竊以南贛之巡撫，可無特設，止存兵備，而統於兩廣之總制，庶幾事體可以歸一。不然，則江西之巡撫，雖三省之務，尚有牽礙；而南贛之事，猶可自專；一應軍馬錢糧，皆得通融裁處，而預為之所；猶勝於今之巡撫，無事則開雙眼以坐視，有事則空兩手以待人也。夫彌盜所以安民；而安民者，〔二〕彌盜之本。今責之以彌盜，而使無與於民，猶專以藥石攻病，而不復問其飲食調適之宜，病有日增而已矣。今巡撫之改革，事體關係，或非一人私議〔三〕之間，便可更定，惟有申明賞罰，猶可以稍重任使之權，而因以略舉其職。故今輒有是奏。伏惟特賜採擇施行，則非獨生一人得以稍逭罪戮，地方之困，亦可以少蘇矣。非恃道誼深愛，何敢冒瀆及此！萬冀鑒恕！不宣。

第六書

即日，伏惟經綸邦政之暇，臺候萬福。守仁學徒慕古，識乏周時，謬膺簡用，懼弗負荷。祗命以來，推尋釀寇之由，率因姑息之弊。所敢陳請，實恃知己，乃蒙天聽，并賜允從。蕃錫寵名〔四〕，恩與至重。是非執事器使曲成，奬飾接引，何以得此！守仁無似，敢不勉奮庸劣，遵禀成略，冀收微效，以上答聖眷，且報所自乎！茲當發師，匆遽陳謝。伏惟臺照！不備。〔五〕外具用兵事宜一通，極知狂妄，伏冀曲賜採擇，并垂恕察！幸甚！幸甚！

第七書

生惟〔六〕君子之於天下，非知善言之為難，而能用善言之為難。舜在深山之中，與木石居，與〔七〕鹿豕遊，其所以異於深山之野人者幾希。舜亦何以異於人哉？至其聞一善言，見一善行，沛然若决江河，莫之能禦，然後見其與世之人相去甚遠耳。今天下知謀才辯之士，其所思慮謀猷，亦無以大相遠者。然多蔽而不知，或雖知而不能用，或雖用而不能〔八〕决，雷同附和。求其的然真見，其孰為可行？孰為不可行？孰為似迂而實切？

〔一〕文録續編作「欲」。〔二〕全録無以下十六字，編校者據文録續編訂補。〔三〕全録作「之議」，編校者從文録續編訂改。〔四〕文録續編作「石」，謝刻本全書作「右」。〔五〕文録續編無以下二十六字。〔六〕全録無以上二字，編校者據文録續編訂補。〔七〕文録續編無此字。〔八〕文録續編作「相」。

孰為似是而實非？斷然施之於用，如神醫之用藥，寒暑虛實，惟意所投，而莫不有以〔一〕曲中其機。此非有明睿之資，正大之學，剛直之氣，其孰能與於此！若此者，豈惟後世之所難能！雖古之名世大〔二〕臣，蓋亦未之多聞也。守仁每誦明公之所論奏，見其洞察之明，剛果之斷，妙應無方之知，燦然剖析之有條，而正大光明之學，凜然〔三〕理義之莫犯，未嘗不拱手起誦，歆仰嘆服！自其識事以來，見世之名公巨卿，負盛望於當代者，其所論列，在尋常亦有可觀；至於當大疑，臨大利害，得喪毀譽，眩瞀於前，力不能正，即依違兩可，掩覆文飾，以幸無事；求其卓然之見，浩然之氣，沛然之詞，如明公之片言者，無有矣。在其平時，明公雖已自有以異於人，人固猶若無以大異者，必至於是，而後見其相去之甚遠也。守仁素恥〔四〕佞詞以諛人，若明公者，古之所謂社稷大臣，負王佐之才，臨大節而不可奪者，非明公其誰歟！守仁後進迂劣，何幸辱在驅策之末，奉令承教，以效其尺寸，所謂駑駘遇伯樂〔五〕，而獲進於百里，其為感幸又〔六〕何如哉！邇者龍川之役亦幸了事，窮本推原，厥功所自，已略具於奏末，不敢復縷縷。所恨福薄〔七〕之人，難與成功。雖仰賴方略，僥倖塞責，而病患日深，已成廢棄。昨者〔八〕乞休疏入，輒嘗恃愛控其懇切之情，日夜瞻望允報。伏惟明公終始曲成，使得稍慰老父衰病之懷，而百歲祖母亦獲一見為訣。生死肉骨〔九〕之恩，生當何如為報耶！情隘詞迫，乞冀矜亮！死罪！死罪！

第八書

近領部咨，仰〔一〇〕見老先生之於守仁，可謂心無不盡。而凡其平日見於論奏之間者，亦以〔一一〕無一言之不酬。雖上公之錫〔一二〕，萬戶侯之封，不能榮〔一三〕於此矣。自度鄙劣，何以堪冒〔一四〕！感激之私，中心藏之，言不能以為謝〔一五〕。然守仁之所以隱忍扶疾，身被鋒鏑，出百死一生以赴地方之急者，亦豈苟

〔一〕全録無此字，編校者據文録續編訂補。〔二〕全録作「人」，編校者從文録續編訂改。〔三〕文録續編訛作「凛然」。〔四〕文録續編作「恥為」。〔五〕全録作「百樂」，編校者從文録續編訂改。〔六〕文録續編無此字。〔七〕全録作「福簿」，編校者從文録續編訂改。〔八〕文録續編作「昨日」。〔九〕文録續編作「生死骨肉」，謝刻本全書作「死生骨肉」。〔一〇〕文録續編無此字。〔一一〕文録續編作「已」。〔一二〕文録續編作「爵」。〔一三〕文録續編作「加」。〔一四〕文録續編作「克堪」。〔一五〕文録續編「言不能以為謝」作「不能以言謝」。

圖旌賞，希階級之榮而已哉！誠感老先生之知愛，期無負於薦揚之言，不愧稱知己於天下而已矣。今雖不能大建奇偉之績，以仰答知遇，亦幸苟無撓敗戮辱，重〔一〕遺繆舉之羞於門下，則守仁之罪責亦已少塞，而志願亦可以無大憾矣。復何求哉！復何求哉〔二〕！伏惟老先生愛人以德〔三〕，終始〔四〕曲成，〔五〕不責人以其所不備，不強人以其所不能，則凡才薄福尪，羸疾廢如某者，庶可以遂其骸骨之請矣。乞休疏待報已三月，尚杳未有聞，歸魂飛越，夕不能旦。伏望憫其迫切之情，早賜允可，〔六〕使得保全首領，歸延餘息於林下，免致覆餗，為大賢君子知人之玷。生死骨肉，當何如圖報耶！情隘詞迫，伏祇矜宥！幸甚！幸甚！奏稿三通奉瀆。

第九書

邇者南贛盜賊遂獲底定，實皆老先生定議授筭，以克有此。生輩不過遵守奉行之而已，何功之有？而敢冒受重賞乎！伏惟老先生橐籥元和，含洪無跡，乃欲歸功於生物。物惟不自知其生之所自焉爾，苟知其生之所自，其敢自以為功乎！是自絕其生也已。拜命之餘，不勝慚懼！輒具本辭免，非敢苟為遜避，實其中心有不自安者。陞官則已過甚，又加之廕子，若之何，其〔七〕能當之！負且乘致寇至，生非無貪得之心，切懼寇之將至也。伏惟老先生鑒其不敢自安之誠，特賜允可，使得仍以原職致事而去。是乃所以曲成而保全之也，感刻當何如哉！瀆冒尊威，死罪！死罪！

第十書

憂危之際，不敢數奉起居，然此心未嘗一日不在門墻也。事窮勢極，臣子至此，惟有痛哭流涕而已，可何如〔八〕哉！生前者屢乞省葬，蓋猶有隱忍苟全之望。今既未可得，得〔九〕以微罪去歸田里，即大幸矣。素

〔一〕文録續編無此字。〔二〕全録無以上四字，編校者據文録續編訂補。〔三〕全録無以上四字，編校者據文録續編訂補。〔四〕文録續編作「器使」。〔五〕全録無以下七十二字，編校者據文録續編訂補。〔六〕文録續編以下五十四字作「是所謂生死而骨肉者也，感德當何如耶！」。〔七〕全録無此字，編校者據文録續編訂補。〔八〕文録續編作「如何」。〔九〕文録續編無此字，與前文讀若一句。

蒙知愛之深〔二〕，敢有虚妄，神明誅殛，惟鑒其哀懇，特賜曲成，生死骨肉之感也。地方事决知〔三〕無能為，已閉門息念，袖手待盡矣。惟是苦痛切膚，未免復為一控，亦聊以盡吾心焉爾耳〔三〕。臨啟悲愴〔四〕，不知所云。〔五〕奏稿二通瀆覽。

正德十三年戊寅 在贛州，正月征三浰，三月襲平大帽浰頭諸寇，六月陞都察院右副都御史。陽明先生四十七歲。

寓贛州上父親大人書〔六〕

寓贛州男王守仁拜書上

父親大人膝下：久不得信，心切懸懸。間有鄉人至者，略問消息，審知祖母老大人大人下起居萬福，稍以為慰。男自正月初四出征浰賊，三月半始得回軍。賴大人蔭庇，盜賊略已底定。雖有殘黨百餘，皆勢窮力屈，投哀告招，今亦姑順其情，撫定安插之矣。所恨兩廣府江諸處苗賊，往年彼處三堂雖屢次征勦，然賊根未動，旋復昌熾，今聞彼又大起，若彼中兵力無以制之，勢必搖動遠近，為將來之憂。况兼時事日難，隱憂日甚。昨已遣人具本乞休，要在必得乃已。男因賊巢瘴毒，患瘡癘諸疾，今幸稍平，數日後，亦將遣人歸問起居。因諸倉官便，燈下先寫此報安。四月初十日，男守仁百拜書。

寓贛州再上父親大人書〔七〕

寓贛州男王守仁拜書上

父親大人膝下：旬日前曾遣舍人趙深歸候，此時計已抵越。迩惟祖母老大人、父母大人起居萬福為慰。男輩寓此，亦賴庇粗安。近因夾攻命下，峯賊驚疑，四起攻掠，發兵防勦，日不暇給。兼之曰仁之痛纏結於心，

〔一〕全録作「心」，編校者從文録續編訂改。〔二〕全録無此字，編校者據文録續編訂補。〔三〕文録續編無此字。〔四〕全録作「悲創」，編校者從文録續編訂改。〔五〕文録續編無以下六字。〔六〕本件手跡原件藏浙江省餘姚市文物保護管理所，編校者據書法全集著録陽明先生手跡（圖二七）録入。〔七〕本件據中國東方文化研究會陽明文化委員會 王陽明法書文獻研究院編計文淵主編王陽明法書文獻集（浙江人民美術出版社，二〇二三年）著録陽明先生手跡（圖二八）録入。

以是事益叢挫而情愈壹欝，不知何時乃能解脱也？南贛兵粮稍具，湖湘兵已集，惟廣東因府江之伐，尚未旋師，進勦之期或須在十月盡。探知賊黨日盛，賊計日校，而百姓日困，財力日竭，災害日至，全勝之策尚未可必也。因姚上舍便，燈下草草，奉報平安。書畢不勝悲哽瞻戀！八月廿三日，男守仁百拜書上。

與諸弟書〔一〕

鄉人自紹興來，每得大人書，知祖母康健，伯叔母在餘姚皆納福，弟輩平安，兒曹學業有進，種種皆有可喜。且聞弟輩各添起樓屋，亦已畢工。三弟所搆，尤極宏壯，規畫得宜，吾雖未及寓目，大略可想而知。此皆肯搆貽謀，勢所不免。今得蚤辦，便是了却一事，亦有可喜也。吾家祖父以來，世篤友愛，至於我等，雖亦未至若他人之互相嫌隙，然而比之老輩，則友愛之風衰薄已多。就如吾所以待諸弟，即其平日外面大槩，亦豈便有彰顯過惡？然而自反，其所以推己盡道、至誠惻怛之處，則其可愧可恨，蓋有不可勝言者。究厥所以，皆由平日任性作事，率意行私。自以為是，而不察其已陷於非；自謂仗義，而不覺其已放於利。但見人不如我，而不自見其不如人者已多；但知人不循理，而不自知其不循理者亦有。所謂「責人則明，恕己則昏」。日來每念及此，輒自疚心汗背，痛自刻責，以為必能改此兇性，自此當不復有此等事，不知日後竟如何耳！諸弟勉之！勿謂尔兄已為不善而鄙我，勿謂尔兄終不能改而棄我。「兄及弟矣，式相好矣，無相猶矣。」諸弟勉之！吾自到任以來，東征西討，不能旬日稍暇。雖羈鳥歸林之想無時不切，然責任在躬，勢難苟免。今賴朝廷威德，祖宗庇蔭，提兵所向，皆幸克捷。山寇峒苗，勦除略盡，差可塞責。求退乞休之疏去已旬餘，歸與諸弟相樂有日矣。為我掃松陰之石，開竹下之徑，俟我於舜江之滸，且告絕頂諸老衲：龍泉山主來矣！族中諸叔父及諸弟，不能盡書，皆可一一道此意。四月廿二日，寓贛州，長兄守仁書。寄三弟、四弟、六弟、八弟收看。

外，葛布二疋，菓子銀四錢，奉上伯叔母二位老孺人；骨筋四把，弟輩分用。外又，鄭二舅書一封，江南諸奶奶書一封，汪克厚一封，聞邦正弟兄書一封，至即皆可分送，勿致遺失。千萬！千萬！

又，廿一叔書一封，謝老先生處書一封，皆留紹興，倘轉寄到家，亦可即時分送。聞姨丈、汪九老官人

〔一〕本件手跡原件藏中國國家博物館，編校者據書法全集著録陽明先生手跡（圖二九）録入。

寓贛州男王守仁百拜書上
父親大人膝下久不得信心切懸懸聞有
鄉人至者略問消息審知
祖母老大人
大人下起居萬福精神以爲慰男自正月初
四出征剿賊三月半始得回軍賴
天人蔭庇盜賊略已底定雖有殘黨下
餘皆勢窮力屈投衆告招今亦姑順

圖二七　寓贛州上父親大人書手跡（墨跡紙本）

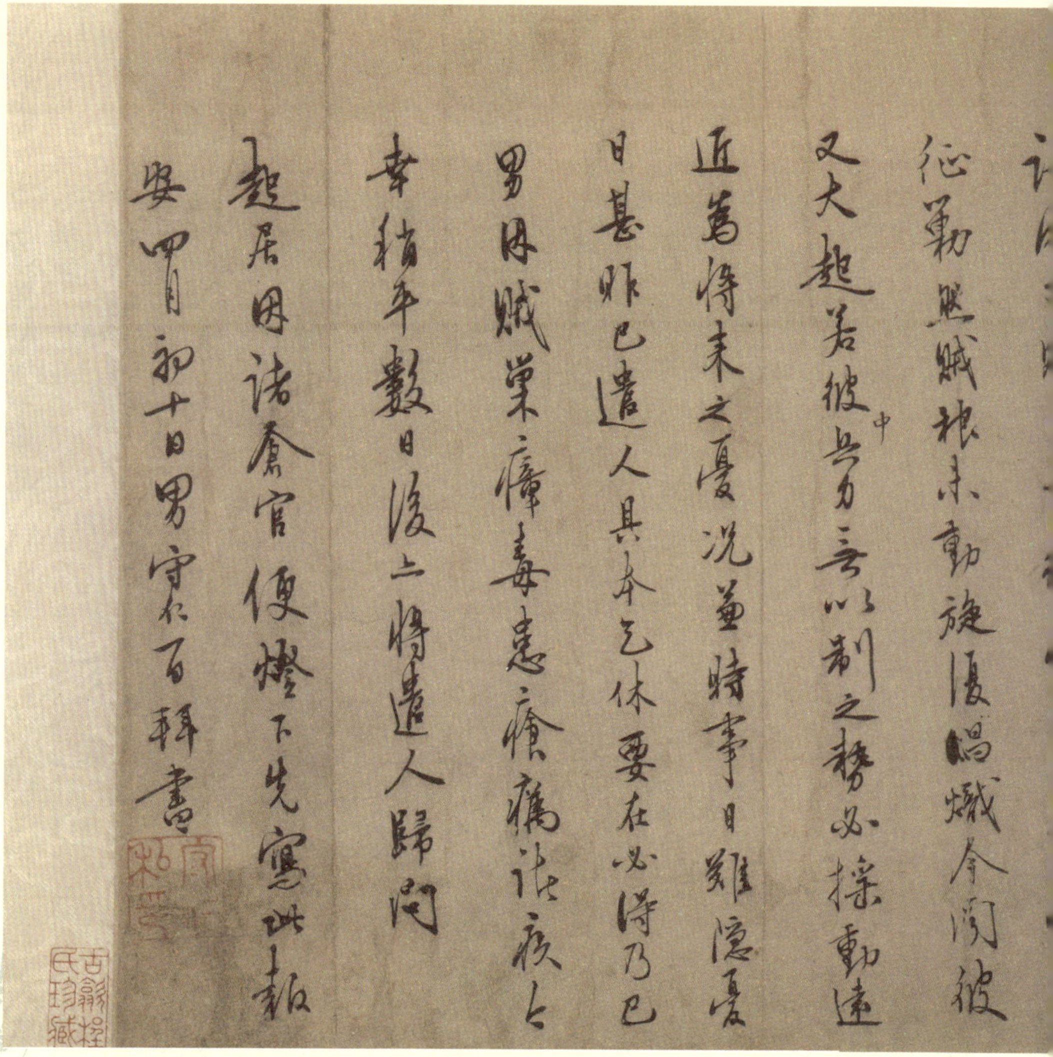

圖二八　寓贛州再上父親大人書手跡（墨跡紙本）

寓贛州男王守仁百拜書上
父親大人膝下旬日前曾遣舍人趙深
歸候此時計已抵越遠惟
祖母老大人
父母大人起居萬福爲慰男輩
寓此亦賴
庇粗安近因夾攻
命下峯賊驚疑四起攻掠發
兵防勦日不暇給兼之白仁之痛

脫也南贛兵粮稍具湖湘兵
已集惟廣東因府江之伐尚未
旋師進勦之期或須在十月盡探
知賊黨日盛賊計日狡而百姓日
困財力日竭災害日至全勝之策
尚未可必也因姚上舍便燈下草
奉報平安書畢不勝悲哽瞻戀
八月廿三日男守仁百拜書上

圖二九　與諸弟書手跡（墨跡紙本）

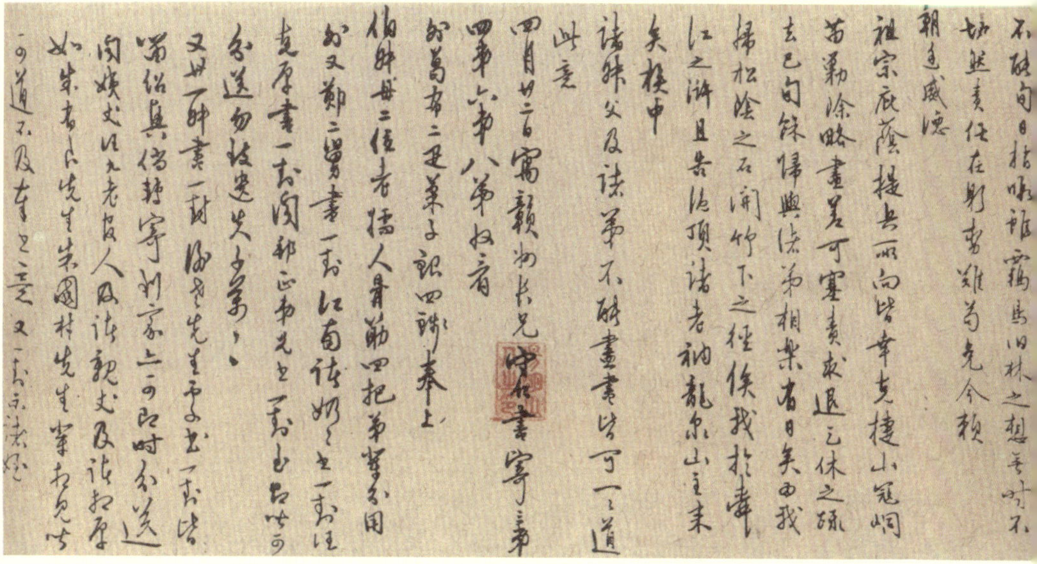

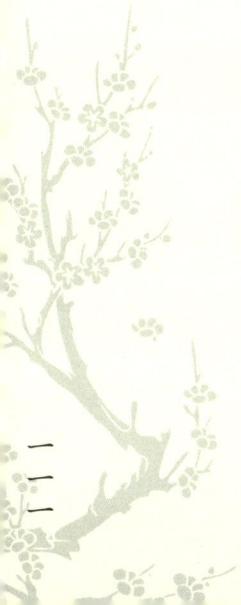

及諸親丈，及諸相厚，如朱有良先生朱國材先生輩，相見皆可道不及奉書意。又一封示諸姪。

與元靜書〔一〕

尚謙至，聞元靜志堅信篤，喜慰莫踰〔二〕！人在仕途，如馬行淖田中，縱復馳逸，足起足陷，其在駑下，坐見淪没耳。乃今得還故鄉，此亦譬之小歇田塍，若自此急尋平路，可以直去康莊，馳騁萬里。不知到家工夫却如何也？自曰仁没後，吾道益孤，致望元靜者亦不淺。子夏，聖門高弟，曾子數其失，則曰：「吾過矣，吾離羣而索居，亦已久矣。」夫離羣索居之在昔賢，已不能無過，况吾儕乎！以元靜之英敏，自應未即摧墮〔三〕。山間切磋砥礪，還復幾人？深造自得，便間亦可寫寄否？尚謙至此，日有所進。自去年十二月到今，已八踰月，尚未肯〔四〕歸視其室，非其志有所專，宜不能聲音笑貌及此也。區區兩疏辭乞，尚未得報。決意兩不允則三，三不允則五則六，必得而後已。若再一舉，輙須三月；二舉即〔五〕又六七月矣。計吾舟東抵吴越，元靜之旆當已北指幽冀。會晤未期，如之何則可！〔六〕訓導便，草草，臨紙惘然。不盡。

答陸元靜書〔七〕

「未發之中」即良知也，無前後内外而渾然一體者也。有事無事，可以言動靜，而良知無分於有事無事也；寂然感通，可以言動靜，而良知無分於寂然感通也。動靜者，所遇之時，心之本體固無分於動靜也。理無動者也，動即為欲。循理，則雖酬酢萬變，而未嘗動也；從欲，則雖槁心一念，而未嘗靜也。「動中有靜，靜中有動」，又何疑乎！有事而感通，固可以言動，然而寂然者未嘗有增也；無事而寂然，固可以言靜，然而〔八〕感通者未嘗有減也。「動而無動，靜而無靜」，又何疑乎！無前後内外而渾然一體，則至誠有息之疑不待解矣。未發在已發之中，而已發之中，未嘗別有未發者在；已發在未發之中，而未發之中，未嘗別有已發者存。是未

〔一〕本件録自餘姚板文録卷一，又見於存稿等。〔二〕存稿 陽明文録作「諭」。〔三〕餘姚板文録作「推墮」，編校者從存稿訂改。〔四〕存稿 陽明文録作「有」。〔五〕存稿 陽明文録作「則」。〔六〕存稿 陽明文録無以下十一字。〔七〕本件録自餘姚板文録卷一，又見於存稿等；存稿卷二書二本件讀如一節，採録來書，讀為嘉靖三年甲申作，參見本書正編卷三。郭刻本全書 謝刻本全書本件題作答陸原靜。〔八〕存稿 陽明文録無此字。

嘗無動靜而不可以動靜分者也。凡觀古人言語，在以意逆志而得其大旨。若必拘滯於文義，則「靡有孑遺」者，是周果無遺民也。周子「靜極而動」之說，苟不善觀，亦未免有病。蓋其意從「太極動而生陽，靜而生陰」說來。太極生生之理，妙用無息，而常體不易。太極之生生，即陰陽之生生。就其〔一〕生生之中，指其妙用無息者而謂之動，謂之陽之生，非謂動而後生陽也。就其生生之中，指其常體不易者而謂之靜，謂之陰之生，非謂靜而後生陰也。夫謂〔二〕「靜而後生陰，動而後生陽」，則是陰陽動靜截然各自為一物矣。陰陽一氣也，一氣屈伸而為陰陽；動靜一理也，一理隱顯而為動靜。春夏可以為陽為動，而未嘗無陰與靜也；秋冬可以為陰為靜，而未嘗無陽與動也。春夏此不息，秋冬此不息，皆可謂之陽，謂之動也。春夏此常體，秋冬此常體，皆可謂之陰，謂之靜也。自〔三〕元、會、運、世、歲、月、日、時，以至刻、杪、忽、微，莫不皆然。所謂「動靜無端，陰陽無始」，在知道者默而識之，非可以言語窮也。若只牽文泥句，比擬倣像，則所謂「心從法華轉，非是轉法華」矣。

寄諸弟〔四〕

屢得弟輩書，皆有悔悟〔五〕奮發之意，喜慰無盡！但不知弟輩果出於誠心乎？亦謾為之説云爾。本心之明，皎如白日，無有有過而不自知者，但患不能改耳。一念改過，當時即〔六〕得本心。人孰無過？改之為貴。蘧伯玉，大賢也，惟曰「欲寡其過而未能」。成湯、孔子，大聖也，亦惟曰「改過不吝，可以無大過而已」。人皆曰：「人非堯舜，安能無過！」此亦相沿之說，未足以知堯舜之心。若堯舜之心而自以為無過，即非所以為聖人矣。其相授受之言曰：「人心惟危，道心惟微；惟精惟一，允執厥中。」彼其自以為人心之「惟危」也，則其心亦與人同耳。「危」即過也，惟其兢兢業業，嘗加「精一」之功，是以能「允執厥中」而免於過。古之聖賢，時時自見己過而改之，是以能無過，非其心果與人異也。「戒慎不睹，恐懼不聞」者，「時時自見己過」之功。

〔一〕新刊續編作「在」。〔二〕存稿、陽明文録作「若果」。〔三〕餘姚板文録作「日」，編校者從存稿訂改。〔四〕本件録自餘姚板文録卷四，又見於存稿等。〔五〕餘姚板文録作「海悟」，編校者從存稿訂改。〔六〕餘姚板文録作「既」，編校者從存稿訂改。

吾近來實見此學有用力處，但為平日習染深痼，克治欠勇。故切切預為弟輩言之，毋使亦如吾之習染既深，而後克治之難也。人方少時，精神意氣既足鼓舞，而身家之累尚未切心，故用力頗易。迨其漸長，世累日深，而精神意氣亦日漸以減，然能汲汲奮志於學，則猶尚可有為。至於四十五十，即如下山之日，漸以微滅，不復可挽矣。故孔子曰：「四十五十而無聞焉，斯亦不足畏也已。」又曰：「及其老也，血氣既衰，戒之在得。」吾亦近來實見此病，故亦切切預為弟輩言之，宜及時勉力，毋使過時而徒悔也。

與黃宗賢書〔一〕

得書，見相念之厚。所引一詩，尤懇惻〔二〕至情，讀之既感且媿，幾欲涕下。人生動多牽滯，反不若他流外道之脱然也。奈何？奈何！近收甘泉書，頗同此憾。士風日偷，素所目為善類者，亦皆雷同附和，以學為諱，吾人尚栖栖未即逃避，真處堂之燕雀耳。原忠聞且北上，恐亦非其本心。仕途如爛泥坑，没入〔三〕其中，鮮易復出，吾人便是失脚樣子，不可不鑒也。承欲枉顧，幸甚！幸甚！好事多阻，恐亦未易如願，努力圖之。籠中病翼，或能附冥鴻之末而歸，未可知也。

寄聞人邦英邦正〔四〕

昆季敏而好學，吾家兩弟得以朝夕親資磨勵，聞之甚喜。得書，備見向往之誠，尤極浣慰！家貧親老，豈可不求禄仕！求禄仕而不工舉業，却是不盡人事而徒責天命，無是理矣。但能立志堅定，隨事盡道，不以得失動念，則雖勉習舉業，亦自無妨聖賢之學。若是原無求為聖賢之志，雖不業舉，日談道德，亦只成就得務外好高之病而已。此昔人所以有「不患妨功，惟患奪志」之説也。夫謂之「奪志」，則已有志可奪；若尚未有可奪之志，却又不可以不深思疑省而早圖之。每念賢弟資質之美，未嘗不切拳拳。夫美質難得而易壞，至道難聞而易失，盛年難遇而易過，習俗難革而易流。昆玉〔五〕勉之！

〔一〕本件録自存稿卷一書一，又見於陽明文録等。〔二〕存稿 陽明文録作「懇惻」，編校者從謝刻本全書訂改。〔三〕謝刻本全書作「勿入」。〔四〕本件録自存稿卷一書一，又見於陽明文録等。〔五〕存稿作「昆重」，編校者從陽明文録訂改。

又寄聞人邦英邦正〔一〕

得書，見昆季用志之不凡，此固區區所〔二〕深望者。何幸！何幸！世俗之見，豈足與論！君子惟求其是而已。「仕非為貧也，而有時乎為貧。」古之人皆用之，吾何為獨不然！然謂舉業與聖人之學相戾者，非也。程子云：「心苟不忘，則雖應接俗事，莫非實學，非無道也。」而況於舉業乎！謂舉業與聖人之學不相戾者，亦非也。程子云：「心苟忘之，則雖終身由之，只是俗事。」而況於舉業乎！忘與不忘之間，不能以髮，要在深思默識。所指謂不忘者，果何事耶？知此則知學矣。賢弟精之熟之，不使有毫釐之差、千里之謬可也。〔三〕當能口悉，不一一。

寄尚謙〔四〕

沿途意思如何？得無亦有走作否？數年切磋，只得立志，辯義利。若於此未有得力處，却是平日所講，盡成虛語；平日所見，皆非實得；不可以不猛省也！經一蹶者，長一智。今日之失，未必不為後日之得，但已落第二義，須從第一義上着力。一真一切真，若這些子既是，更無討不是處矣。此間朋友聚集漸衆，比舊頗覺興起。尚謙既去，仕德又往，歐陽崇一病歸，獨惟乾留此，精神亦不足。諸友中未有倚靠得者，苦於接濟乏人耳。乞休本至今未回，未免坐待。尚謙更靜養幾月，若進步欠力，更來火坑中乘凉如何？

答甘泉書〔五〕

旬日前，楊士德人來，領手教及答子莘書，具悉造詣用功之詳，喜躍何可言！蓋自是而吾黨之學歸一矣。此守仁〔六〕之幸，後學之幸也。來簡勤勤訓責僕以久〔七〕無請益，此吾兄愛僕之厚，僕之罪也。此心同，此理同。苟知用力於此，雖百慮殊途，終〔八〕歸一致。不然，雖字字而證，句句而求，其始也毫釐，

〔一〕本件録自存稿卷一書一，又見於陽明文録等。〔二〕新刊續編作「之」。〔三〕存稿 陽明文録無以下七字，編校者據新刊續編訂補。〔四〕本件録自存稿卷一書一，又見於陽明文録等。〔五〕本件録自存稿卷一書一，又見於陽明文録等；存稿 陽明文録本件讀為正德十四年己卯作，編校者據陽明年譜移入。〔六〕存稿 陽明文録作「某」，編校者從新刊續編訂改。〔七〕新刊續編訛作「文」。〔八〕新刊續編作「同」。

其末也千里。老兄造詣之深，涵養之久，僕何敢望！至其向往直前，以求必得乎此之志，則有不約而契、不求而合者。其間所見，時或不能無小異，然吾兄既不屑屑於僕，而僕亦不以汲汲於兄者，正以志向既同。如兩人同適京都，雖所由之途間有迂直，知其異日之歸終同耳。向在龍江舟次，亦嘗以〔一〕進其大學舊本及「格物」諸說，兄時未以為然，而僕亦遂置不復強聒〔二〕者，知兄之不久自當釋然於此也。乃今果獲所願，喜躍何可言！崑崙之源，有時而伏流，終必達於海也。僕，寠人也，雖獲夜光之璧，人將不信，必且以謂其為妄為偽。今璧〔三〕入於猗頓之室，自此至寶得以昭明於天下，僕〔四〕亦免於遺璧之罪矣。雖然，是喻猶二也。夜光之璧，外求而得也。此則於吾所固有，無待於外也，偶遺忘之耳，未嘗遺忘也，偶蒙翳之耳。叔賢所進，超卓海内，諸友實罕其儔。同處西樵，又資麗澤，所造可量乎！僕年未半百，而衰疾已如六七十翁，日夜思歸陽明，為夕死之圖。疏三上〔五〕而未遂，欲棄印長往，以從大夫之後，恐形跡大〔六〕駭，必俟允報，則須〔七〕冬盡春初，乃可遂也。一一世事，如狂風驟雨中，落葉倏忽之間，寧復可定所耶！兩承楚人之誨，此非骨肉，念不及此。感刻！感刻！〔八〕祖母益耄，思一見，老父亦書來促歸，於是情思愈惡。所幸吾兄道明德立，宗盟有人，用此可以自慰。其諸所欲請，仕德能有述。有所未當，便間不惜指示。

與薛尚謙〔九〕

得書，知日孚停舟鬱孤，遲遲未發，此誠出於意望之外。日孚好學如此，豪傑之士，必有聞風而起者矣。何喜如之！何喜如之！昨見太和報效人，知歐、王二生者至，不識曾與一言否？歐生有一書，可謂有志，中間述子晦語，頗失真，恐亦子晦一時言之未瑩爾〔一〇〕。大抵工夫，須實落做去，始能有見。料想臆度，未有不自誤誤人者矣。此間賊巢乃與廣東山後諸賊相連，餘黨往往有從遁者，若非斬絕根株，意恐日後必相聯

〔一〕存稿 陽明文録無此字，編校者據新刊續編訂補。〔二〕新刊續編作「能」。〔三〕存稿作「金璧」，陽明文録作「金璧」，編校者從新刊續編訂改。〔四〕存稿作「僅」，編校者從陽明文録訂改。〔五〕新刊續編作「謀之上」。〔六〕新刊續編作「太」。〔七〕新刊續編作「謂」。〔八〕存稿 陽明文録無以上二字，編校者據新刊續編訂補。〔九〕本件録自存稿 外集卷五，又見於陽明文録等；存稿本件讀為嘉靖七年戊子作，編校者從陽明文録移入。〔一〇〕存稿作「時」，編校者從陽明文録訂改。

而起，重為兩省之患。故須更遲遲旬日，與之剪除。兵難遙度，不可預料，大抵如此。小兒勞諸公勤勤開誨，多感！多感！昔人謂教小兒有四益，驗之果何如耶？正之聞已到，何因復歸？區區久頓於外，徒勞諸友往返，念之極切〔一〕懸懸。今後但有至者，須諸君為我盡意吐露。縱彼不久留，亦無負其來〔二〕可也。

又與薛尚謙〔三〕

日來因兵事紛擾，賤軀怯弱，以此益見得工夫有得力處。只是從前大段未曾實落用力，虛度虛說過了。自今當與諸君努力鞭策，誓死進步，庶亦收之桑榆耳。日孚停館鬱孤，恐風氣太高，數日之留則可，倘更稍久，終恐早晚寒煖欠適。區區初擬日下即回，因從前征勦徹兵太速，致遺今日之患。故且示以久屯之形，正恐後之罪今，亦猶今之罪昔耳。但從征官屬已萌歸心，更相倡和，已有不必久屯之說。天下事不能盡如人意，大抵皆坐此輩。可嘆！可嘆！聞仕德失調，意思如何？大抵心病愈，則身病亦自易去；縱血氣衰弱，未便即除，亦自不能為心患也。小兒勞開教，駑駘之質，無復望其千里，但得帖然於皂櫪之間斯已矣。門戶勤早晚，得無亦厭瑣屑否？不一。

致晉溪司馬〔四〕

郴衡諸處，羣孽漏殄尚多，蓋緣進勦之時，彼省士兵不甚用命，而廣兵防夾又復稍遲，是以致此。其在目今，若無兇荒之災，兵革之釁，料亦未敢動作，但恐一二年後，則有所不能保耳。今大征甫息，勢既未可輕舉；而地方新遭士兵之擾，復不堪重困。將紓目前之患，不過添立屯堡；若欲稍為經久之圖，亦不過建立縣治。然此二端，彼省鎮巡已嘗會奏舉行，生雖復往，豈能別有區畫！但度其事勢，屯堡之設，雖可以張布聲威，然使守瞭日久，未免怠弛散歸。無事則虛具名數，冒費糧餉；有急即〔五〕張皇賊勢，復須調兵，此其勢之所必至者。惟建縣一事，頗為得策。又聞所設縣分，乃瓜分兩省三縣之地，彼此各吝土地人民，豈肯安然

〔一〕存稿作「功」，編校者從陽明文録訂改。〔二〕存稿作「来」，編校者從陽明文録訂改。〔三〕本件録自存稿 外集卷五，又見於陽明文録等；存稿本件讀為嘉靖七年戊子作，編校者從陽明文録移入。〔四〕本件録自存稿 外集卷五書，又見於陽明文録等。〔五〕謝刻本全書作「則」。

割己所有，以資異省別郡！必有紛爭異同之論，未能歸一。則立縣之舉，勢亦未易克就。既承責委，亦已遣人再往詢訪，苟有利弊稍可裨益者，當復舉請。但因閩事孔棘，遥聞廟堂之議，亦欲繆以見責，故且未敢輒往郴桂。然勑書久未見到，則閩中亦不敢遽往，旦夕諮訪其事，頗悉顛末。大槩〔一〕閩中〔二〕之變，亦由積〔三〕漸所致。其始作於延平，繼發於邵武，又繼發於建寧，發於汀漳，發於沿海諸衛所。其間驚鬨雖小大不一，然亦皆因倡於前者略無懲創，遂敢效尤而興。今省城渠魁雖已授首，人心尚爾驚惶未定；邵武諸處尤不可測，急之必致變；縱而不問，將來〔四〕之禍，尤有不可勝言者。蓋福建之軍，縱恣驕驁，已非一日。既無漕運之勞，又無征戍之役，飽食安坐，徭賦不及；居則朘民之膏血，以供其粮，有事返藉民之子弟，而為之鬬〔五〕；有司豢養若驕子，百姓疾畏如虎狼，稍不如意，呼吸羣聚而起，焚掠居民，綁笞官吏，氣燄〔六〕所加，帖然惟其所欲而後已。今其勢既盈，如將潰之隄，岌乎洶洶，匪朝伊夕。雖有智者，難善其後，固非迂劣如守仁者所能辦此也。又況積弱之軀，百病侵剥，近日復聞祖母病危，日夜痛苦，方寸已亂，豈復堪任！臨期敗事，罪戮益重。輒敢先以情訴，伏望曲加矜憫，改授能者，使生得全首領，歸延殘息於田野。非生一人之幸，實一省數百萬生靈之幸也。情蹙辭隘，忘其突冒。死罪！死罪！

致王晉溪五書〔七〕

第一書

自去冬畏途多沮，遂不敢數數奉啟。感刻之情，無從〔八〕一達。謬〔九〕劣多忤，尚獲曲全，非老先生何以得此！中心藏之，何日忘之！誦此而已，何能圖報哉！江西之民困苦已極，其間情狀，計已傳聞，無

〔一〕存稿作「大將」，編校者從陽明文録訂改。〔二〕存稿作「閩平」，編校者從陽明文録訂改。〔三〕存稿此字為黑釘，編校者據陽明文録訂補。〔四〕存稿作「未」，編校者從陽明文録訂改。〔五〕存稿此字為黑釘，編校者據陽明文録訂補。〔六〕郭刻本全書作「欿」。〔七〕本件五書録自全録卷五雜類陽明先生與王晉溪書；陽明先生與王晉溪書凡十五書，此其第十一書至第十五書五通；本件第一書、第二書、第四書、第五書四通又見於文録續編等；文録續編本件題作與王晉溪司馬書，各通之間均未標序號，各通序次及内容略有異同。〔八〕郭刻本全書謝刻本全書作「由」。〔九〕文録續編作「繆」。

俟復喋。今騷求既未有艾，錢糧又不得免，其變可立待。去歲首為控奏，既未蒙旨，繼為申請，又不得達。今茲事窮勢極，只得冒罪復請。伏望憫地方之塗炭，為朝廷深憂遠慮，得與速免，以救燃眉。幸甚！幸甚！生之乞歸省葬，去歲〔一〕已蒙「賊平來說」之旨，冬底復請，至今未奉允報。生之汲汲為此，非獨情事苦切，亦欲因此稍避怨嫉。素蒙老先生道誼骨肉之愛，無所不至，於此獨忍不一舉手投足，為生全之地乎！今地方事殘破憊極，其間宜脩舉者百端。去歲嘗繆申一二奏，皆中途被沮而歸。繼是而後，遂以形跡之嫌，不敢復有所建白。兼賤恙日尫瘠，又以老父〔三〕憂危致疾之故，神志恍恍，終日如在夢寐中。今雖復還省城，不過閉門昏卧，服藥喘息而已。此外人事都不復省，況能為地方救災拯難，有所裨益於時乎！所以復有躅租之請者，正如夢中人被錐刺，未能不知疼痛，縱〔三〕其手足撲療不及，亦復一呻吟。且老先生幸憐其志、哀其情，速免征科，以鮮地方之倒懸。一允省葬之乞，使生得歸全首領於牖下，則闔省蒙更生之德，生父子一家受骨肉之恩，舉含刻於無涯矣。昏憒中，控訴無敘，臨啟不勝愴懍。〔四〕奏稿二通，瀆覽。又一通，係去冬中途被沮者，今仍令原舍賫上，惟老先生面賜尊裁，可進進之，不可進已之。恃深愛，敢瀆冒至此！死罪！死罪！

附瀆〔五〕輒有私梗，仰恃知愛，敢以控陳！近日三省用兵之費，廣湖兩省不〔六〕下十餘萬，生處所乞，止於三萬，實皆分毫叩笄〔七〕，不敢稍存贏餘。已蒙老先生洞察其隱，極力扶持，盡賜准允。後戶部復見沮抑，以故昨者進兵之際，凡百皆臨期那借屑湊，殊為窘急。賴老先生指授，幸而兩月之内偶克成功，不然，決致敗事矣。此雖已遂之事，然生必欲一鳴其情者，竊恐因此遂誤他日事耳。又南贛盜賊巢穴，雖幸破蕩，而漏殄殘黨，難保必無；兼之地連四省，深山盤谷，逃流之民，不時嘯聚，輒採民情，議於横水大寨，請建縣治，為久安之圖。乘間經營，已略有次第。守仁迂踈病懶之軀〔八〕，於凡勞役之事，實有不堪，但籌度時勢，有不得不然者。是以不敢以病軀欲歸之故，閉遏其事而不以〔九〕聞，苟幸目前之塞責而已也。

〔一〕郭刻本全書、謝刻本全書作「秋」。〔二〕謝刻本全書作「父老」。〔三〕全録無此字，編校者據文録續編訂補。〔四〕文録續編無以下五十五字。〔五〕文録續編本通以下文字讀為一通。〔六〕文録續編「不」作「皆不」。〔七〕全録作「叩笄」，編校者從文録續編訂改。〔八〕文録續編無以上二字。〔九〕謝刻本全書作「可」。

伏惟老先生并賜裁度施行。幸甚！

第二書

守仁不肖，過蒙薦獎，終始曲成，言無不行，請無不得，既假以賞罰之權，復委以提督之任，授之方略，指其迷謬，是以南贛數十年桀驁難攻之賊，兩月之內，掃蕩無遺。是豈駑劣若守仁者之所能哉！昔人有言：「追獲獸兔，功狗也；發縱指示，功人也。」守仁賴明公之發縱指示，不但得免於撓敗之戮，而又且與於追獲獸兔之功，其為〔一〕感恩懷德，尚〔二〕未知此生何以為報也！因奏捷人去，先布下懇，俟兵事稍閒〔三〕，尚當具啟脩謝。伏惟為國為道自重！不宣。〔四〕外奏稿揭帖奉呈。

第三書〔五〕

畏途多沮，不敢亟上啟，感恩佩德，非言語可盡！所恨羸病日增，近復吐血潮熱，此身恐不能有圖報之地矣。伏望終始曲成，使得苟延餘喘於林下，亦仁人君子不忍一物失所之本心，當不俟其哀號控籲也。情隘勢迫，復爾冒干。伏惟憫宥！不具。

第四書

屢奉啟，皆中途被沮，無由上達。幸其間乃無一私語，可以質諸鬼神，自是遂不敢復具。然此顛頓窘局、苦切屈抑之情，非筆舌可盡者，必蒙憫照，當不俟控籲而悉也。日來嘔血，飲食頓減，潮熱夜作，自計決非久於人世者。望全始終之愛，使得早還故鄉，萬一苟延餘息。生死骨肉之恩，當何如圖報耶！餘情張御史當亦能悉。伏祈垂亮！不備。

第五書

比兵部差官來，賫示批劄，開諭勤惓；佐亦隨至，備傳垂念之厚。昔人有云：「公之知我，勝於我之自知。」若公今日之愛生，實乃勝於生之自愛也。感報當何如哉！明公一身係宗社安危，持衡甫旬月，略示舉動，已足以大慰天下之望矣。百凡起居，尤望倍常慎嗇珍攝，非獨守仁之私幸也。佐且復北，當有別啟。差官回便，

〔一〕文録續編無以上二字。〔二〕文録續編無此字。〔三〕全録作「間」，編校者從王宗沐序王禎後跋陳文燭後語陽明先生手柬（隆慶六年壬申重刻本）訂改。〔四〕文録續編無以下七字。〔五〕文録續編無此通。

輒先附謝。伏惟台鑒！不具。〔一〕歸省疏已蒙曲成，得蚤下一日，舉〔二〕家之感也。懸切！懸切！

與陳以先書〔三〕

往承書惠，隨造拜前驅已發矣。嘉定之政佳甚，足為鄉邑之光，尚未由一面為快耳。葛上舍歸省便，草率布問，餘惟心亮！守仁頓首。

陳明府大人以先文侍。

葛盖家君同年之子，故及之。餘空。

致礪齋老先生書〔四〕

侍生王守仁齋沐頓首再拜啟上

大元老礪齋老先生大人執事：守仁淺劣迂疎，幸遇大賢君子委曲裁成，誘掖匡持，無所不至。是以雖其不肖之甚，而猶得以僥倖成功，苟免於覆敗之戮，則守仁之服恩感德於門下，豈徒苟稱知己者而已哉！然而惶惶焉苟冀塞責，而急於求去者，非獨將以幸免夫誅戮，實懼大賢君子之厚我以德，而我承之以羞耳。人之才能，豈不自知！仰賴老先生之扶植教引，偶幸集事，既出意望之外矣。偶幸之事，安可屢得！已敗而悔，何所及乎！兼之蒞任以來，病患日劇，所以強忍未敢告病之故，前啟已嘗略具。且妻孥終歲瘴疫，家屬死亡；百歲祖母日夜思一見為訣；老父亦以衰疾屢書促歸。數月以來，恍恍無復人間之念。老先生苟憐其才之不逮，憫其情之不得已，遂使泯然全迹而去，幸存餘息，猶得為門牆閑散之士，詠歌盛德於林下，則未死之年，未敗之行，皆老先生之賜之全之矣。感報當何如耶！不然，亦且冒罪徑遁，以此獲謫，猶愈於僨績敗事，卒歸鉗囚，為知己之玷矣。瀆冒威嚴，死罪，死罪！守仁惶恐激切再拜啟上。

外附啟瀆覽。餘素。

〔一〕文録續編無以下二十一字。〔二〕全録闕一字，編校者據王宗沐序王禎後跋陳文燭後語陽明先生手柬（隆慶六年壬申重刻本）訂補。〔三〕本件據高野侯編古今尺牘墨寶大觀（凡十六册，民國十七年戊辰印本）第七册著録陽明先生書跡（圖三〇）録入。

〔四〕本件手跡原件藏上海圖書館，編校者據上海圖書館編上海圖書館藏明代尺牘（凡八册，上海科學技術出版社，二〇〇二年）第二册著録陽明先生手跡（圖三一）録入。

圖三〇　與陳以先書書跡（印刷紙本）

便草率布聞餘惟

兾　審仁起居

陸照府大人足下付

爲善幸來正同連之子收

及之燦
　　　甫頓首

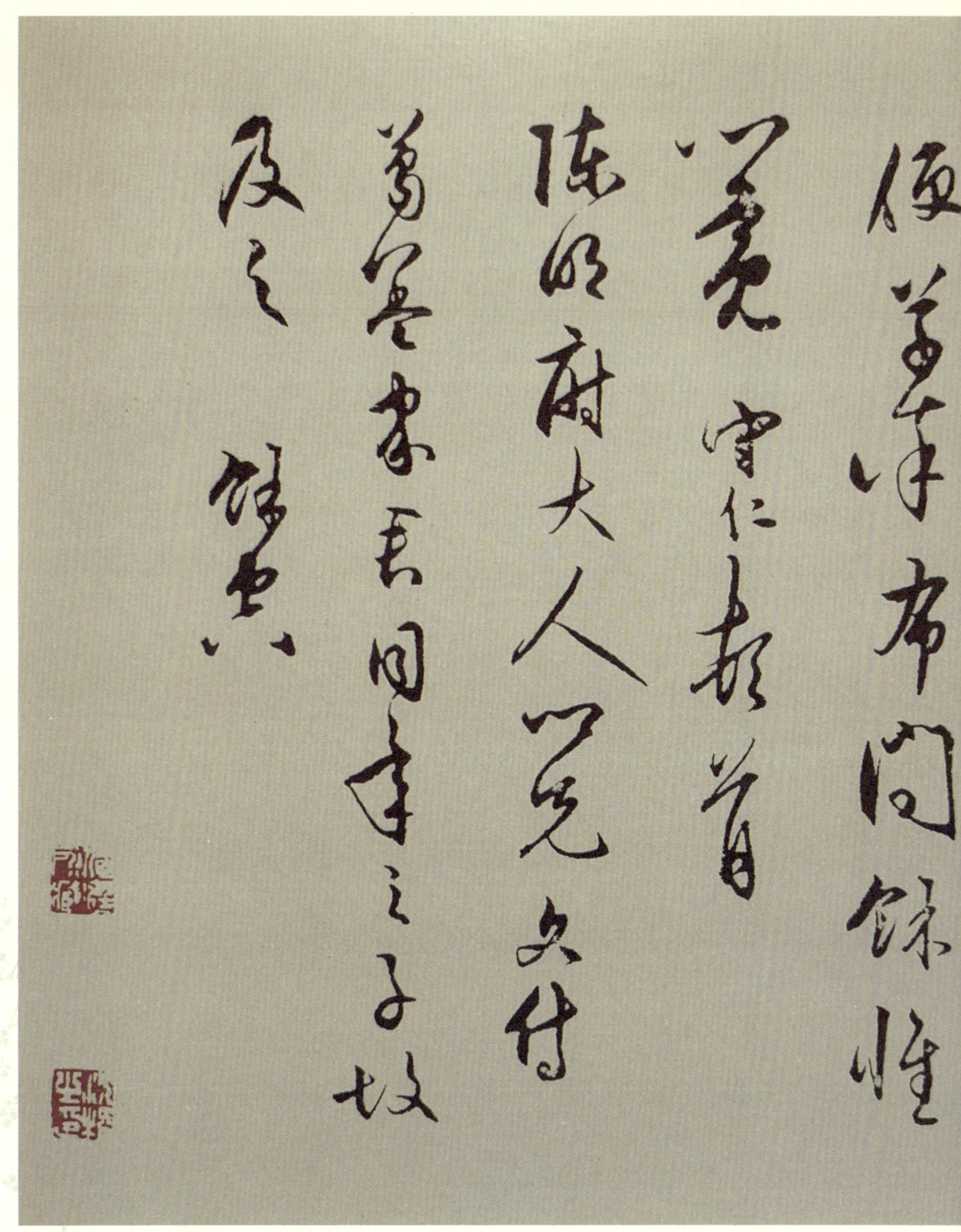

圖三一　致勵齋老先生書手跡（墨跡紙本）

侍生王守仁齋沐頓首再拜啓上
大元老礪齋老先生大人執事　守仁淺
劣迂踈幸遇
大賢君子委曲裁成誘掖匡持無所不
至是以雖其不肖之甚而猶得以僥倖
成功苟免於覆敗之戮則守仁之服
恩感
德於
門下豈徒苟稱知己者而已哉然而惶
惶焉苟冀塞責而急於求去者非獨將
以幸免夫誅戮實懼
大賢君子之厚我以德而我承之以羞
耳人之才能豈不自知仰賴
老先生之扶植教引偶幸集事既出意
望之外矣偶幸之事安可屢得已敗而

具且妻孥終歲瘴疫家屬死已百歲祖
母日夜思一見為訣老父亦以衰疾屢
書促歸數月以來恍恍無復人間之念
老先生苟憐其才之不逮憫其情之不
得已遂使泯然全迹而去幸存餘息猶
得為
門墻閑散之士詠歌
盛德於林下則未死之年未敗之行皆
老先生之賜之全之矣感戴當何如耶
不然亦且冒罪往逭以此獲謫猶愈於
僨績敗事卒歸鉗囚為
知己之玷矣瀆冒
威嚴死罪死罪惶恐激切再拜啓上

外附啓瀆

覽　餘素

正德十四年己卯　在江西，六月奉敕勘處福建叛軍，逢寧王宸濠反，起兵平之；九月獻俘錢塘，奉敕兼巡撫江西。陽明先生四十八歲。

寄蔡希淵書〔一〕

正月初二得家信，祖母於去冬十月背棄〔二〕，痛割之極！縻於職守，無由歸遁。今復懇疏，若終不可得，將遂為徑往之圖矣。近得鄭子冲書，聞與當事者頗相牴牾，希淵德性謙厚和平，其於世間榮辱炎涼之故，視之何異飄風浮靄！豈得尚有芥蔕於其中耶！既而詢之，果然出於意料之外，非賢者之所自取也。雖然有人於此，其待我以橫逆，則君子必自反曰「我必無禮」；自反而有禮，又自反曰「我必不忠」。希淵「克己」之功日精日切，其肯遂自以為「忠」乎！往年區區謫官貴州，橫逆之加，無月無有。迄今思之，最是動心忍性、砥礪切磋之地。當時亦止搪塞排遣，竟成空過，甚可惜也。聞教下，士甚有興起者。莆，故文獻之區，其士人素多根器。今得希淵為之師，真如時雨化之而已。吾道幸甚！近有責委，不得已，不久且入閩，苟求了事。或能乘便至莆一問語。不盡！不盡！

寓吉安上父親大人書〔三〕

寓吉安男王守仁百拜書上

父親大人膝下：江省之變，昨遣來隆歸報，大略想已知〔四〕。此時寧王尚留省城，未敢遠出，蓋慮男之搗其虛、躡其後也。男處所調兵，亦稍稍聚集，忠義之風〔五〕，日以奮揚。觀天道人事，此賊不久斷成擒矣。昨彼遣人賫檄至，欲遂斬其使，柰賫檄人乃叅政季斆，此人平日善士，又其勢亦出於不得已，姑免其死，械繫之。已發兵至豐城諸處分布，相機而動。所慮京師遥遠，一時題奏無由即達。命將出師，緩不及事，為可憂爾。男之欲歸，已非一日，急急圖此已兩年，今竟陷身於難。人臣之義，至此豈復容苟逃幸脱！惟俟命師之至，

〔一〕本件録自存稿卷一書一，又見於陽明文録等。〔二〕郭刻本全書　謝刻本全書訛作「皆棄」。〔三〕本件録自文録續編卷一家書墨跡四首，又見於郭刻本全書等。本件為家書墨跡四首第三書，題作上海日翁書，編校者擬改今題。〔四〕郭刻本全書　謝刻本全書作「如」，與下句「此」字讀屬上句。〔五〕郭刻本全書作「氣」。

然後敢申前懇。俟事勢稍定，然後敢決意馳歸爾。伏望大人倍萬〔一〕保愛，諸弟必能勉盡孝養。旦暮切勿以不肖男為念。天苟憫男一念血誠，得全首領，歸拜膝下，當必有日矣。因聞巡檢便，草此。臨書慌憒，不知所云。七月初二日。〔二〕

與安之〔三〕

聞安之乃〔四〕肯向學，不勝欣願！得奮勵〔五〕如此，庶不負彼此相愛之情也。留都時，偶因饒舌，遂致多口攻之者環四面，取朱子「晚年悔悟」之說，集為定論，聊籍以解紛耳。門人輩近刻之雩都，初聞甚不喜，然士夫見之，乃徃徃遂有啟發〔六〕者，無意中得此一助，亦頗省頰舌之勞。近年篁墩諸公，嘗有道一等編，見者先懷黨同伐異之念，故卒不能有入，反而激怒〔七〕。今但取朱子所自言者表章之，不加一辭，雖有褊心，將無所施其怒矣。尊意以為何如耶？聊致〔八〕數册，有志向者一出指示之。〔九〕安之處，近人自贛州徃，當已有傳之者矣。必遠所〔一〇〕須文字，非不欲承命，荒踈既久，無下筆處耳。貧漢作事大難，富人豈知之！

〔一〕文録續編作「陪萬」，編校者從沈颺 曹錫齡詳校欽定四庫全書 王文成全書（凡三十八卷，乾隆四十三年戊戌刻本）訂改。

〔二〕文録續編書後有錢德洪跋：「右吾師逢寧濠之變，上海日翁第二書也。自豐城聞變，與幕士之定興兵之策，恐翁不知，為賊所襲，即日遣家人間道趨越。至是發兵於吉安，復為是報，慰翁心也。且自稱姓者，別疑也。嘗聞幕士龍光云：時師聞變，返風回舟，濠追兵將及，師欲易舟潛遯，顧夫人諸公子正憲在舟。夫人提劍別師曰：公速去，毋為妾母子憂脱，有急，吾恃此以自衛爾。及退還吉安，將發兵，命積薪圍公署，戒守者曰：儻前報不利，即舉火爇公署。時鄒謙之在中軍，聞之，亦取其夫人來吉城，同誓國難。人勸海日翁移家避讎，翁曰：吾兒以孤旅急君上之難，吾為國舊臣，顧先去以為民望耶！遂與有司定守城之策，而自密為之防。噫！吾師於君臣、父子、夫妻之間，一家感遇若此，至今人傳，忠義凜凜。是書正億得於故紙堆中，讀之愴然。如身值其時，晨夕展卷，如侍對親顔。嘉靖壬子，海夷寇黄巖，全城煨燼。時正億遊北雍，内子黄哀惶奔亡，不携他物，而獨抱木主圖像以行，是卷亦幸無恙。噫！豈正億平時孝感所積，抑吾師精誠感通，先時身離患難，而一墨之遺，神明有以護之耶！後世子孫受而讀之，其知所重也哉！德洪拜手跋。」〔三〕本件録自存稿卷一書一，又見於陽明文録等。〔四〕存稿 陽明文録無此字，編校者據新刊續編訂補。〔五〕新刊續編「得奮勵」作「得友」。〔六〕存稿 陽明文録作「開發」，編校者從新刊續編訂改。〔七〕存稿 陽明文録作「反激而怒」，編校者從新刊續編訂改。〔八〕存稿 陽明文録作「徃」，編校者從新刊續編訂改。

〔九〕存稿無以下十八字，編校者據陽明文録訂補。〔一〇〕存稿此字為黑釘，編校者據陽明文録訂補。

答方叔賢書〔一〕

近得手教及與甘泉往復兩書，快讀一過，洒然如熱者之濯清風。何子之見超卓而速也！真可謂一日千里矣。大學舊本之復，功尤不小。幸甚！幸甚！其論象山處，舉孟子「放心」數條，而甘泉以為未足，復舉「東西南北海有聖人出，此心此理同」及「宇宙内事，皆己分内事」數語。甘泉所舉，誠得其大，然吾獨愛西樵子之近而切也。見其大者，則其功不得不近而切；然非實加切近之功，則所謂大者，亦虚見而已耳。自孟子道「性善心性」之原，世儒往往能言；然其學卒入於支離外牽而不自覺者，正以其功之未切耳。此吾所以獨有嘉於西樵之言，固今時對症〔二〕之藥也。古人之學，切實為己，不徒事於講說。書札往來，終不若面語之能盡，且易使人溺情於文辭，崇浮氣而長勝心；求其說之無病，而不知其心病之已多矣。此近世之通患，賢知者不免焉，不可以不察也。楊仕德去，草草復此。諸所欲言，仕德能悉。〔三〕不一一。

致晉溪司馬書〔四〕

齎奏〔五〕人回，每辱頒教，接引開慰，勤倦懇惻，不一而足。仁人君子愛物之誠，與人之厚，雖在木石，亦當感動激發，而況於人乎！無能報謝，銘諸心腑而已。生始懇疏乞歸，誠以祖母鞠育〔六〕之恩，思一面為訣。後竟牽滯兵戈，不及一見，卒〔七〕抱終天之痛。今老父衰疾又復日亟，而地方已幸無事，且蒙朝廷曾有「賊平來說」之旨，若再拘縛，使不獲一申其情，後雖萬死，無以贖其痛恨矣。老先生亦何惜一舉手投足之勞，而不以曲全之乎！今生已移疾舟次，若復候命不至，斷亦逃歸〔八〕，死無所憾。老先生亦何惜一舉手投足之勞，而必欲〔九〕置〔一〇〕之有罪之地乎！情隘辭迫，瀆冒威嚴〔一一〕，臨紙涕泣，不知所云。

〔一〕本件録自存稿卷一書一，又見於陽明文録等。〔二〕新刊續編作「對証」。〔三〕存稿 陽明文録無以下三字，編校者據新刊續編訂補。〔四〕本件録自存稿 外集卷五，又見於陽明文録等。〔五〕存稿作「齎秦」，編校者從陽明文録訂改。〔六〕存稿 陽明文録作「掬育」，編校者從沈颺 曹錫齡詳校欽定四庫全書 王文成全書（凡三十八卷，乾隆四十三年戊戌刻本）訂改。〔七〕存稿此字為黑釘，編校者據陽明文録訂補。〔八〕存稿此字為黑釘，編校者據陽明文録訂補。〔九〕存稿此字為黑釘，編校者據陽明文録訂補。〔一〇〕存稿作「直」，編校者從陽明文録訂改。〔一一〕存稿此字為黑釘，編校者據陽明文録訂補。

死罪！死罪！

致當道書〔一〕

江省之變，大略具奏内。此人謀逆，已非一日，久而未發，蓋其心懷兩圖，是以遲疑未決，抑亦慮生之躡其後也。近聞生將赴閩，必經其地，已視生為几上肉矣。賴朝廷之威靈，諸老先生之德庇，竟獲脱身虎口。所恨兵力寡弱，不能有為爾。南贛舊嘗屯兵四千，朝有警而夕可發。近為户部必欲奏革，商税糧餉無所取給，故遂放散，未三月而有此變。復欲召集，非數月不能，亦且空然無資矣。世事之相撓阻，每每如此，亦何望乎！今亦一面號召忠義，取調各縣機快，且先遣疲弱之卒，張布聲勢於豐城諸處，牽躡其後，天奪其魄，彼果遲疑而未進，若再留半月，南都必已有備。彼一離窠穴，生將奮搗其虚，使之進不得前，退無所據。勤王之師又四面漸集，必成擒矣。此生億料若此，切望諸老先生急賜議處，速遣能將，將重兵聲罪而南，以絶其北窺之望。飛召各省，急興勤王之師。此人兇殘忌刻，世所未有，使其得志，天下無遺類矣。諒在廟堂，必有成筭，區區愚誠，亦不敢不竭盡。生病疲尫，僅存餘息，近者入閩，已具本乞休，必不得已，且容歸省。不意忽遭此變，本非生之責任，但闔省無一官見在，人情涣散，洶洶震摇，使無一人牽制其間，彼得安意順流而下，萬一南都無備，將必失守。彼又分兵四掠，十三郡之民素刼於積威，必向風而靡，如此則湖湘閩浙皆不能保。及事聞朝廷，大兵南下，彼之奸計漸成，破之難矣。以是遂忍死暫留於此，徒以空言收拾散亡，感激忠義，日望命帥之來，生得以輿疾還越，死且瞑目。伏惟諸老先生鑒其血誠，必賜保全，勿遂竭其力所不能，窮其智所不及，以為出身任事者之戒。幸甚！幸甚！

寄楊仕德〔二〕

臨别數語極奮勵。區區聞之，亦悚然有警。歸途又往西樵一過，所進當益不同矣。此時已抵家。大抵忘己逐物，慮内事外，是近來學者時行症候。仕德既已看破此病，早晚自不廢藥石。康節云："與其病後能服藥，不若病前能自防。"此切喻，愛身者自當無所不用其極也。病疏至今未得報，此間相聚日衆，最

〔一〕本件録自文録續編卷二，又見於郭刻本全書等。〔二〕本件録自文録續編卷二，又見於郭刻本全書等。

可喜。但如仕德謙之既遠去，而惟乾復多病，又以接濟乏人為苦爾。尚謙度未能遽出。仕德明春之約果能不爽，不獨區區之望，尤諸同遊之切望也。

與顧惟賢五書〔一〕

第一書

聞有枉顧之意，傾望甚切。繼聞有夾勦之事，蓋我獨賢勞，自昔而然矣。此間上猶、南康諸賊，幸已掃蕩，渠魁悉已授首，回軍且半月。以湖廣之故，留兵守隘而已。奏捷須湖廣略有次第，然後舉。朱守忠聞在對哨，有面會之圖，此亦一奇遇。近得甘泉書，已與叔賢同住〔二〕西樵，令人想企，不能一日處此矣。承示「既飽，不必問其所食之物」，此語誠有病。已不能記當時所指，恐亦為世之專務辨論講說，而不求深造自得者說，故其語意之間，不無抑揚太過。雖然，苟誠知求飽，將必五穀是資。鄙意所重，蓋以責夫不能誠心求飽者，故遂不覺其言之過激，亦猶養之未至也。凡言意所不能達，多假於譬喻，以意逆志，是為得之。若必拘文泥象，則雖聖人之言，且亦不能無病，況於吾儕學未有至，詞意之間本已不能無弊者！何足異乎！今時學者大患，不能立懇切之志，故鄙意專以責志立誠為重，同志者亦觀其大意之所在，斯可矣。惟賢謂「有所疑而未觧，正如饑者之求食，若一日不食，則一日不飽」。誠哉是言！果能如饑者之求飽，安能一日而不食！又安能屏棄五穀而食畫餅者乎！此亦可以不言而喻矣。承示，為益已多，友朋切磋之職，不敢言謝。何時遇甘泉，更出此一正之。

第二書

閩廣之役，偶幸了事，皆諸君之功，區區蓋坐享其成者。但閩寇雖平，而虔南之寇乃數倍於閩，善後之圖，尚未知所出。野人歸興空切，不知知己者亦嘗為念及此否也？曰仁近方告病，與二三友去耕霅上。霅上之謀，實始於陸澄氏。陸與潮人薛侃皆來南都從學，二子并佳士。今皆舉進士，未免又失卻地主矣。向在南都相與者，

〔一〕本件五書録自文録續編卷二，文録續編卷二本題共九書，此其第一首至第五首五通；又見於郭刻本全書等。文録續編本件有闕頁，編校者據郭刻本全書訂補。〔二〕謝刻本全書作「往」。

曰仁之外，尚有太常博士馬明衡、兵部主事黄宗明、見素之子林達，有御史陳傑、舉人蔡宗兖饒文璧之屬。蔡今亦舉進士。其時凡二三十人，日覺有相長之益。今來索居，不覺漸成放倒。可畏！可畏！閒中有見，不妨寫寄，庶亦有所警發也。甘泉此時已報滿，叔賢聞且束裝，曾相見否？霍渭先亦美質，可與言。見時皆為致意。

第三書

承喻「討有罪者，執渠魁而散脅從」，此古之政也，不亦善乎！顧浰賊皆長惡怙終，其間脅從者無幾，朝撤〔一〕兵而暮聚黨，若是者亦屢屢矣。誅之，則不可勝誅，又恐以其患遺諸後人。惟賢謂「政教之不行，風俗之不美，以至於此」。豈不信然！然此膏肓之疾，吾其旬日之間可柰何哉！故今三省連累之賊，非殺之為難，而處之為難；非處之為難，而處之者能久於其道之為難也。賤軀以多病之故，日夜冀了此塞責而去，不欲復以其罪累後來之人。故猶不免於意必之私，未忍一日舍置。嗟乎！「我躬不閲，遑恤我後！」盡其力之所能為，今其大勢亦幸底定，「如其禮樂，以俟君子」而已。數日前已還軍贛州，風毒大作，壅腫坐卧，恐自此遂成廢人，行且告休。人還，草草復。

第四書

承喻用兵之難，非獨曲盡利害，足以開近議之惑。其所以致私愛於僕者，尤非淺也。愧感！愧感！但龍川羣盜為南贛患，歲無虚月，勦捕之命屢下，所以未敢輕動，正亦恐如惟賢所云耳。雖今郴桂夾攻之舉，亦甚非鄙意所欲，況龍川乎！夏間嘗具一疏，頗止〔二〕其事，以湖廣奉有成命，遂付空言。今録去一目，鄙心可知矣。湖廣夾攻，為備已久。郴桂之賊，為湖廣兵勢所迫，四出攻掠。南贛日夜為備，今始稍稍支持。然廣東以府江之役，尚未調集，必待三省齊發。復恐老師費財，欲視其緩急以次漸舉。蓋桂東上猶之賊，湖廣與江西夾攻，廣東無與也；昌樂乳源之賊，廣東與湖廣夾攻〔三〕，江西無與也；龍川之賊，江西與廣東夾攻，湖廣無與也。事雖一體，而期間賊情地勢，自不相及。若先舉桂東上猶，候廣東兵集，然後舉乳

〔一〕文録續編作「撒」，編校者從沈飈曹錫齡詳校欽定四庫全書王文成全書（凡三十八卷，乾隆四十三年戊戌刻本）訂改。
〔二〕謝刻本文録訛作「上」。〔三〕謝刻本文録作「夾持」。

源諸處，末乃及於龍川，似亦可以節力省費而易為功，不知諸公之見又何如耳？所云龍川，亦止浰頭一巢。蓋環巢數邑，被害已〔一〕極，人之痛憤，勢所不容已也。

第五書

來諭謂「得書之後，前疑涣然冰釋」。幸甚！幸甚！學不如此，只是一場說話，非所謂「盈科而後進，成章而後達」也。又自謂「終夜思之，如污泥在面，而不能即去」。果如污泥在面，有不能即去者乎？幸甚！幸甚！自來南贛，平生益友離羣索居，切磋之言〔二〕不聞。近日始有薛進士輩一二人自北來，稍稍覺〔三〕有砥礪。又以討賊事急，今屯兵浰頭且半月矣，浰頭賊首池大鬢等二十餘人，悉已授首。漏網者甲從一二輩，其餘固可略也。狼兵利害相半，若調猶未至，且可已之。此間所用，皆機快之屬，雖不能如狼兵之犀利，且易驅策就約束。聞乳源諸賊已平蕩，可喜！湖兵四哨不下數萬，所獲不滿二千，始得子月朔日會勦，依期而往，彼反以先期見責，所謂文移時出侵語，誠有之。此舉本渠所倡，今所俘獲，反不能多，意有未愜而憤激至此，不足為怪。浰頭巢穴雖已破蕩，然須建一縣治以控制之，庶可永絶嘯聚之患。已檄贛、惠二知府會議可否。高見且以為何如？〔四〕南贛大患，惟桶岡、横水、浰頭三大賊，幸皆以次削平。年來歸思極切，所恨風波漂蕩，茫無涯涘。乃今幸有灣泊之機，知己當亦為吾喜也。乳源各處克捷，有兩廣之報，區區不敢冒捷，然亦且須題知。事畢之日，須備始末知之。

答汪仁峰〔五〕

遠承教劄〔六〕，見信道之篤，趨道之正，喜幸何可言！自周、程後，學厖道晦復四百餘年。逃空寂者，聞人足音，跫然喜矣，况其親戚平生之歡乎！朱陸異同之辯，固某平日之所以取謗速尤者，亦嘗欲為一書，以明陸學之非禪，見朱說之猶有未定者。又恐世之學者，先懷黨同伐異之心，將觀其言而不入，反激怒焉。

〔一〕文録續編闕一頁，本通以下十一字，編校者據郭刻本全書訂補。〔二〕郭刻本全書、謝刻本全書作「間」。〔三〕謝刻本全書作「各」。〔四〕文録續編闕一頁，本通以上文字，編校者據郭刻本全書訂補。〔五〕本件録自新刊續編卷一書類。〔六〕汪循撰汪仁峰先生文集（凡二十九卷，外集四卷，康熙三十二年癸酉刻本）外集後有「兼示閑辟辯」五字。

乃取朱子晚年悔悟之說，集為小册，名曰朱子晚年定論，使具眼者自擇焉，將二家之學，不待辯說而自明也。近門人輩刻之雩都，士夫見之，往往亦頗有啟發者。今復得執事之博學雄辭，闡揚剖析，烏獲既為之先登，懦夫益可魚貫而前矣。喜幸何可言！承以精舍記見責〔二〕，未即奉命，此守仁之罪也。悚息！悚息！然向雖習聞執事之高名，知所景仰，而於學術趨向之間，尚有未能悉者。今既學同道合，同心之言，自不容已矣。兵革搶攘中，筆劄殊未暇。乞休疏已四上〔三〕，不久歸投山林，當徐為之也。盛价立俟回書，草草作此。不盡！不盡！〔三〕

與二周侍御書〔四〕

江省之變，其畧已具公文。大抵此逆蓄謀已非一日，其窮兇極惡，神怒人怨，決敗無疑。但其氣焰方熾，此中兵力寡弱，又闔省無一官，不肯為用。近因戶部奏革商稅，南贛屯聚之兵，無所仰給，已放散，復欲召集，非數月不能。此事極可痛恨。二公平日忠義自許，當茲國難，忠憤激烈，不言可知。切望急促僉事周期雍，公文內尚未坐定名字者。未審周今安在？且欲二公坐名促之來也。區區已先將弱卒牽制其後，使不得安意前進。但遲留半月，南都有備，四方勤王之師漸集，必成擒矣。百冗中，言不能悉。守仁頓首。

二位周侍御先生道契。

兩司進見，幸悉以此意布之。杜太監已被虜。閩事有諸公在，當無慮。此事宗社安危所係，不得不先圖之也。

與周文儀書〔五〕

寧賊不軌之謀，積之十年有餘。舉事之日，衆號一十八萬，而旬月之內，竟就俘擒。非天意何以及此！

〔一〕汪循撰汪仁峰先生文集（凡二十九卷，外集四卷，康熙三十二年癸酉刻本）外集作「委」。〔二〕汪循撰汪仁峰先生文集（凡二十九卷，外集四卷，康熙三十二年癸酉刻本）外集後有「期在必得」四字。〔三〕汪循撰汪仁峰先生文集（凡二十九卷，外集四卷，康熙三十二年癸酉刻本）外集「草草作此，不盡！不盡」作「拙筆草草，未盡，扣請伏惟為道珍愛。寓虔病生王守仁頓首啟」。〔四〕本件據葉元封撰集湖海閣藏帖（凡八卷，道光十五年乙未刻本）卷二著録陽明先生書跡拓本（圖三二）録入。

〔五〕本件據高野侯編古今尺牘墨寶大觀（凡十六册，民國十七年戊辰印本）第七册著録陽明先生書跡（圖三三）録入。

圖三二 與二周侍御書書跡（拓本）

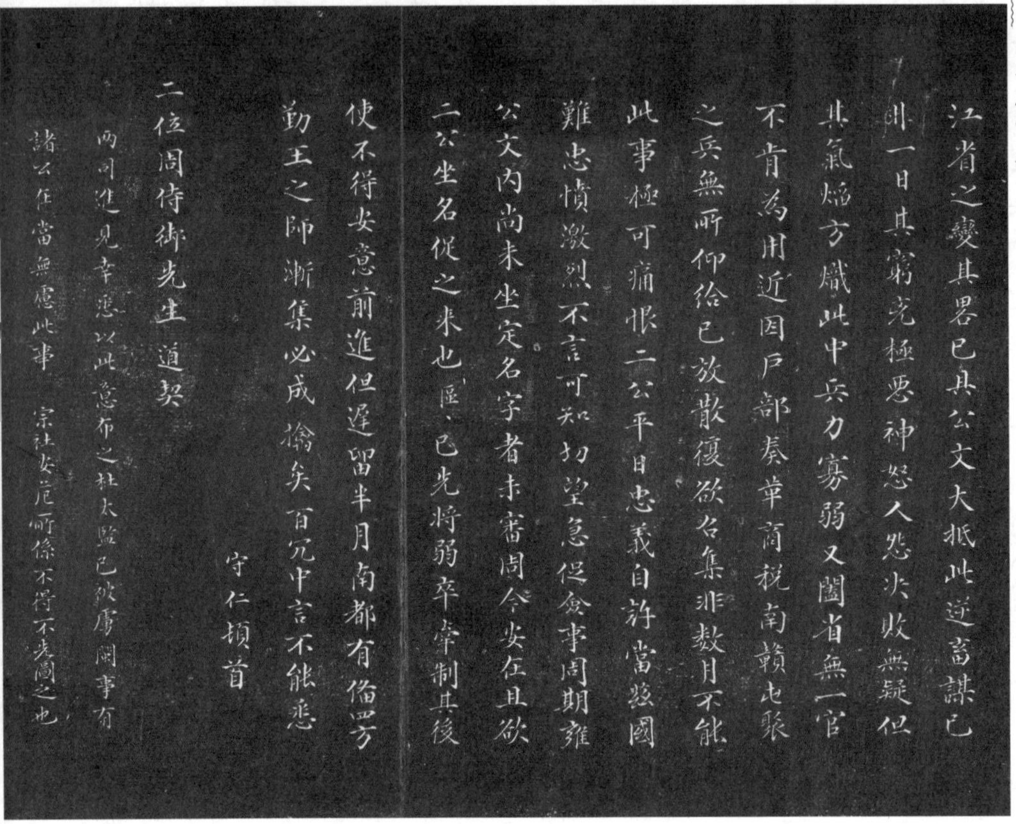

江省之變其畧已具公文大抵此逆畜謀已非一日其窮兇極惡神怒人怨決敗無疑但其氣焰方熾此中兵力寡弱又閩省無一官不肯為用近因戶部奏革商稅南贛屯聚之兵無所仰給已放散復欲召集非數月不能此事極可痛恨二公平日忠義自許當茲國難忠憤激烈不言可知切望急促僉事周期雍公文內尚未坐定名字者未審周今安在且欲二公坐名促之來也區區已先將弱卒牽制其後使不得安意前進但遲留半月南都有備四方勤王之師漸集必成擒矣百冗中言不能悉

守仁頓首

二位周侍御先生道契

兩司進見幸悉以此意布之杜太監已被虜閩事有諸公在當無慮此事 宗社安危所係不得不共圖之也

迂踈偶值其會，敢叨以為功乎！遠承教言曲中機宜，多謝！多謝！所調兵快，即蒙督發，忠義激烈，乃能若此。四隣之援，至今尚未有一人應者。人之相去，豈不遠哉！使回，極冗中草此，不盡！不盡！友生守仁頓首。

文儀侍御先生道契執事。

泉翁 三林老先生均乞道意，冗中未及另啟。餘

與朱守忠書〔一〕

寧賊之起，震動海內，即其氣燄事勢，豈區區知謀才力所能辦此哉！旬月之間而遽就擒滅，此天意也，區區安敢叨天之功！但其拚九族之誅，強扶床席，捐軀以狥，此情則誠有天憫者，不知廟堂諸公能哀念及此，使得苟存餘息，即賜歸全林下否？此在守忠，亦當為區區致力者，前此已嘗屢瀆，今益不俟言矣。渴望！渴望！老父因聞變，驚憂成疾；妻奴皆坐此，病留吉安，至今生死未定。始以國難，不暇顧此；事勢稍靖，念之百憂煎集，恨不能即時逃去。柰何？柰何！餘情冗極未能悉，千萬亮察！守仁頓首。

又與朱守忠書〔二〕

近因祖母之痛，哀苦狼藉，兼乞休疏久未得報，惟日閉門病卧而已。人自京來，聞車駕已還朝，甚幸！甚幸！但聞不久且將南巡，不知所指何地？亦復果然否？區區所處，剥床以膚，莫知為措。尚憶孫氏園中之言乎？京師人情事勢何似？便間望寫示曲折。閩事尚多隱憂，既乞休，勑又久不至，進退惟谷。希淵守古道，不合於時，始交惡於郡守；繼得怨於巡按，浩然遂有歸興；復為所禁阻，不得行，且將誣以法。世路險惡如此，可嘆！可恨！因喻宗之便，燈下草草。宗之意向方新，惜不能久與之談，然其資性篤實，後必能有所進也。荒迷中，不一一。守仁稽顙。

守忠侍御賢弟道契。

〔一〕本件手跡原件藏上海圖書館，編校者據書法全集著録陽明先生手跡（圖三四）録入。

〔二〕本件手跡原件藏上海圖書館，編校者據書法全集著録陽明先生手跡（圖三五）録入。

圖三三 與周文儀書書跡（印刷紙本）

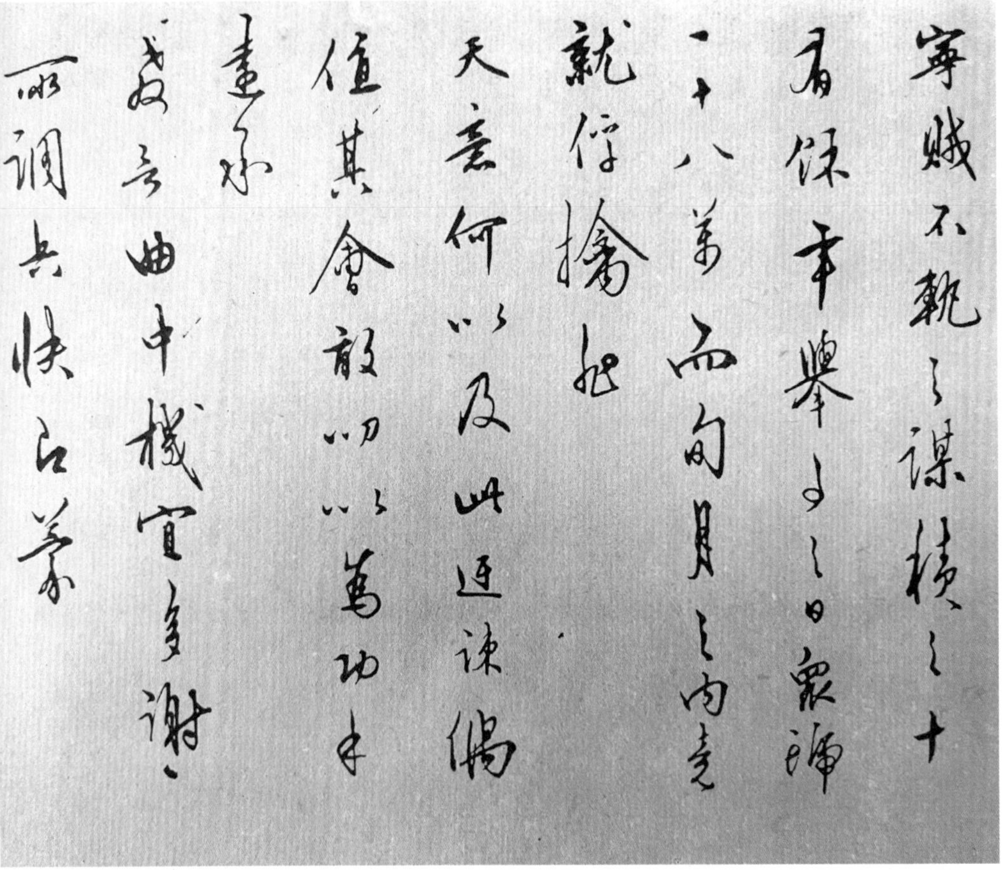

猶以忠孝激烈乃於
公此四講之援手爲
未有一人應老人之招去
豈不達哉
使回想念中弟此意也
友生頓首

文保侍御先生道契 雅鑒
東小弟三林老先生均之
請安 宮中未及另啟 爲

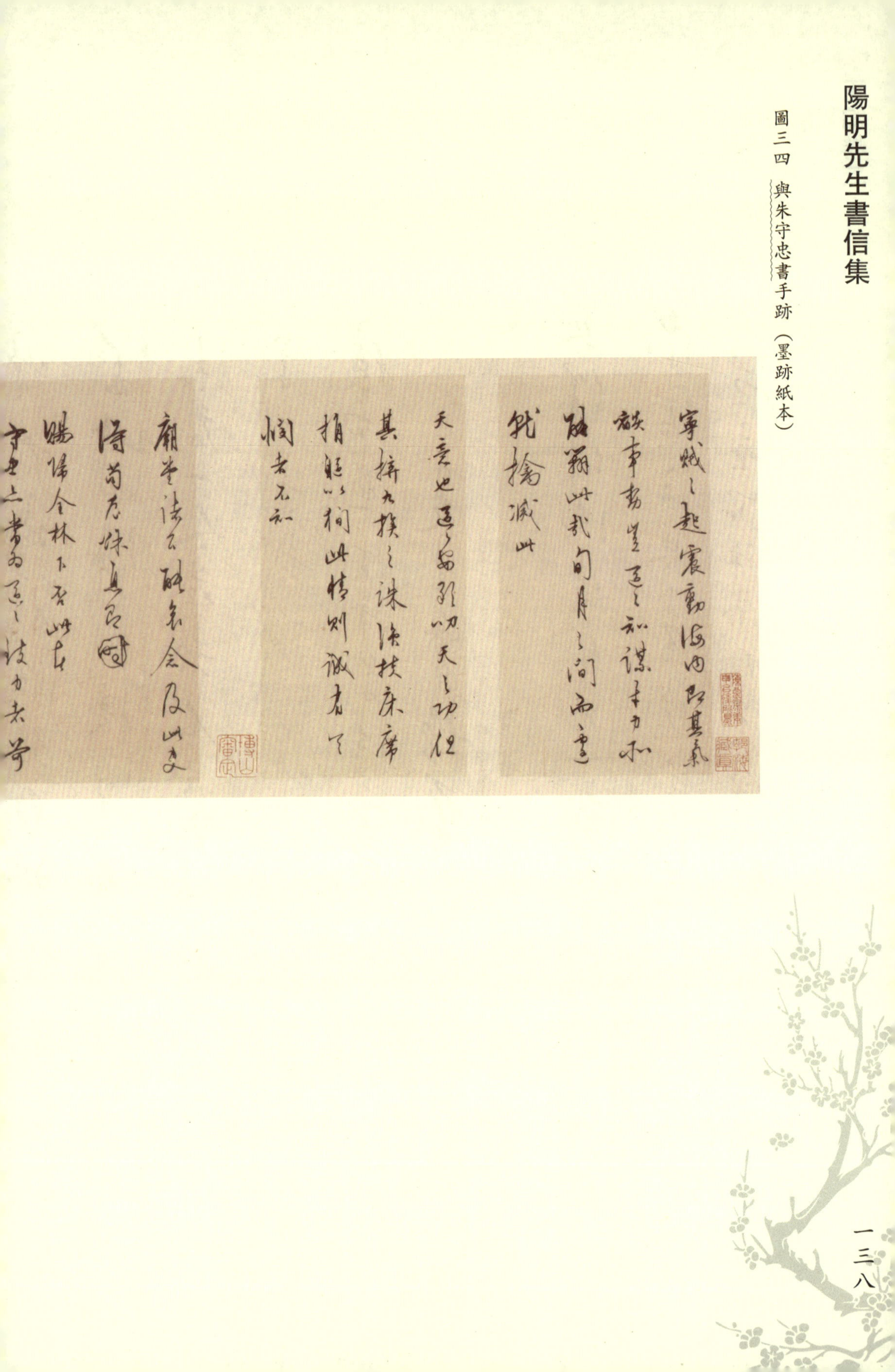

圖三四　與朱守忠書手跡（墨跡紙本）

此已畫慶凌七善不作了
矣調中二老父困閒多事
憂成疾妻奴皆生此病
當壽安上七生死未定如此

國維之廢頗此之多勞榜
清會府三百憂無樂此
不勉時逝去臺每人勝計
足趣此如生矣矣

亮祭 寶卿

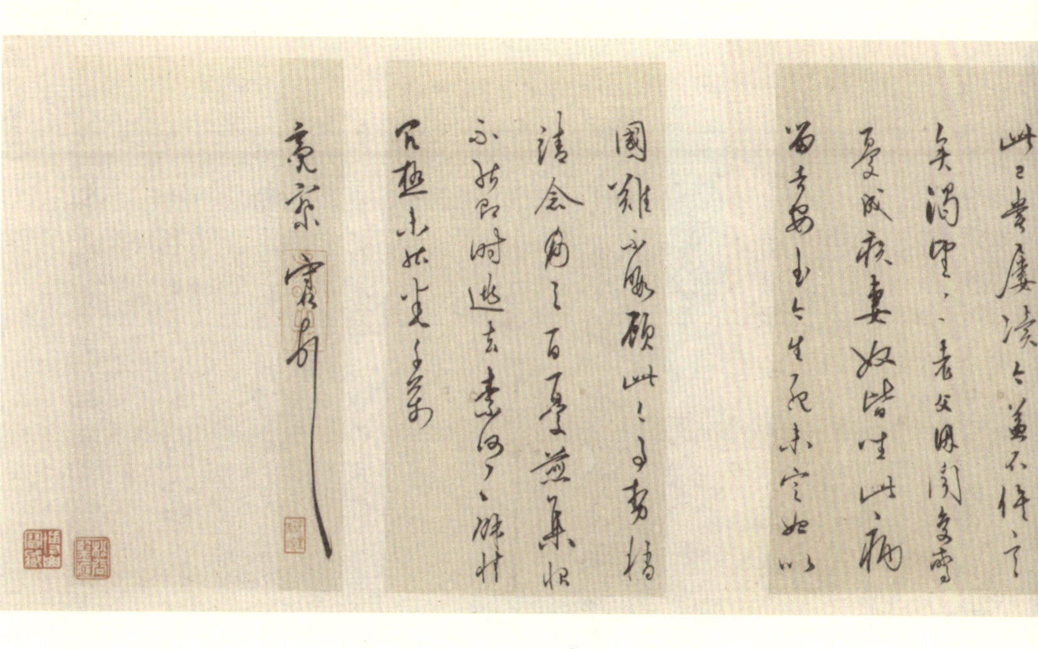

圖三五　又與朱守忠書手跡（墨跡紙本）

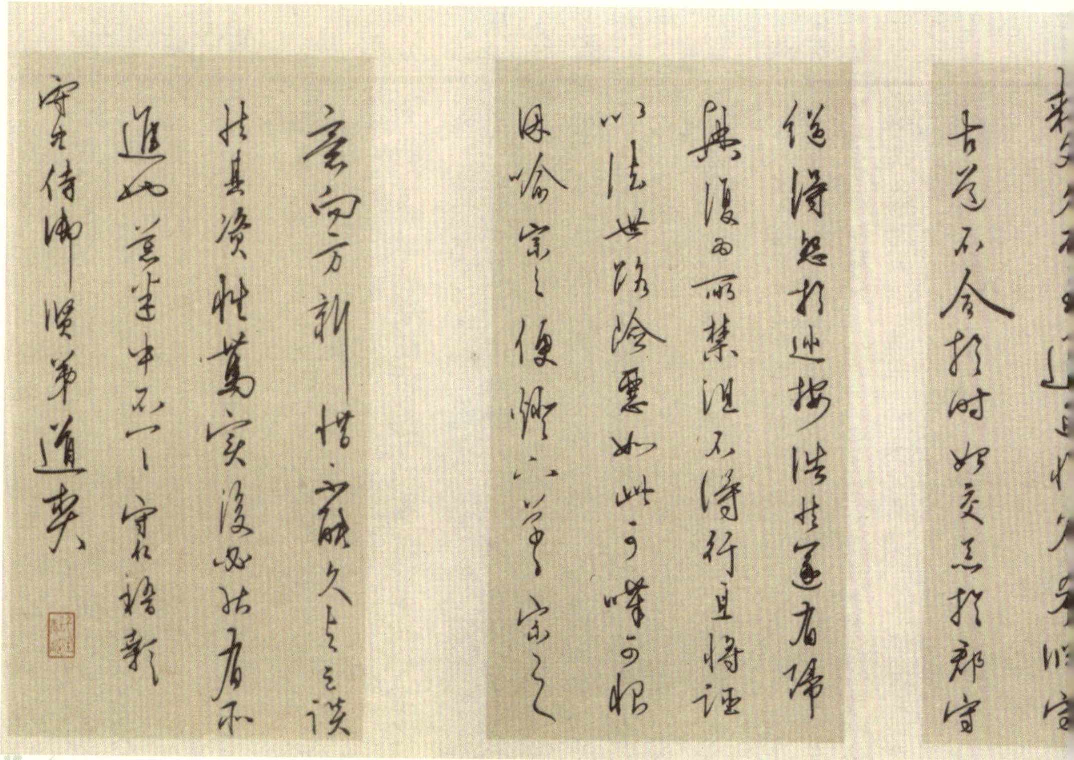

與周世亨書〔一〕

寧賊之變，遠近震懾。閲月餘旬，而四方之援，無一人至者，獨閩兵聞難即赴。此豈惟諸君忠義之激烈！亦調度方略過人遠矣。區區有所倚賴，幸遂了事；未及一致感謝，而反辱箋獎。感怍！感怍！使還，冗極未能細裁。草草，幸心照！守仁頓首啟。

世亨侍御先生道契。餘空。

正德十五年庚辰

在江西，正月赴召次蕪湖，二月如九江，六月如贛州，九月還南昌。陽明先生四十九歲。

答羅整庵書〔二〕

昨承教及大學，發舟匆匆，未能奉答。曉來江行稍暇，取〔三〕手教而讀之。恐至贛後人事復紛沓，先具其略以請。

來教云：「見道固難而体道尤難。道誠未易明，而學誠不可不講，恐未可安於所見而遂以為極則也。」幸甚！幸甚！何以得聞斯言乎！其敢以為〔四〕極則而安之乎！正思就天下之有道以講明之耳，而數年以來，聞其說而非咲之者有矣，詬訾之者有矣，置之不足較量辨議之者有矣。其肯遂以教我乎！其肯遂以教我而反復曉諭，惻然惟恐不及救正之乎！然則天下之愛我者，固莫有如執事之心深且至矣。感激當何如哉！夫德之不脩，學之不講，孔子以為憂，而世之學之〔五〕者稍能傳習訓詁，即皆自以為知學，不復有講學之求，可悲矣！夫道必体而後見非，已見道而後加〔六〕体道之功也〔七〕。道必學而後明，非外講學而復有所謂明道之事也。然世

〔一〕本件據葉元封撰集湖海閣藏帖（凡八卷，道光十五年乙未刻本）卷二著録陽明先生書跡拓本（圖三六）録入。〔二〕本件據書法全集著録陽明先生書跡拓本（圖三七）録入，又見於存稿等。存稿 陽明文録本件題作答羅整庵少宰。佳士得二〇一七秋季拍賣會 御苑文心匠藝明代器物書畫晚間拍賣（作品編號：八一一〇）王守仁復羅整庵太宰書册頁（圖三八）似係本件陽明先生手跡，間有闕損，文字略有異同。王守仁復羅整庵太宰書册頁（圖三八）書前有啟辭：「侍生王守仁頓首啟復：太宰整庵 羅老先生大人執事。」存稿 陽明文録書前啟辭作「某頓首啟」。〔三〕存稿 陽明文録「取」作「復取」。〔四〕存稿 陽明文録「以為」作「自以為」。〔五〕存稿 陽明文録無此字。〔六〕存稿作「知」。〔七〕存稿作「矣」。

圖三六　與周世亨書書跡（拓本）

圖三七　答羅整庵書跡（拓本）

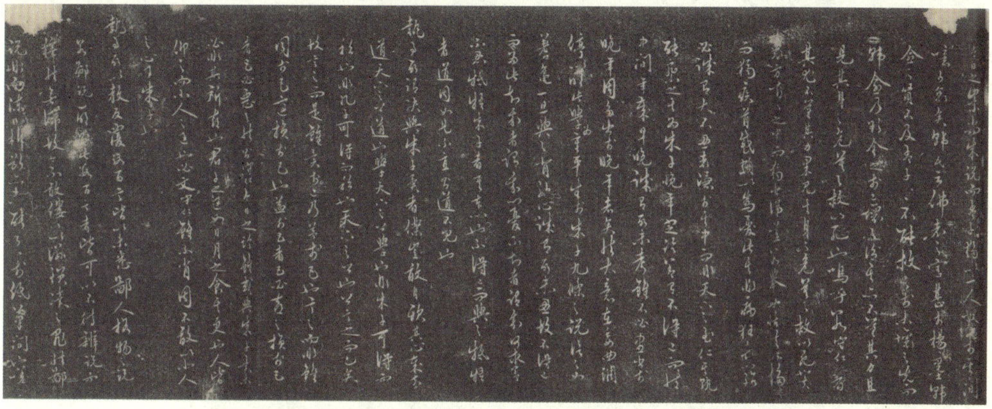

圖三八　答羅整庵書手跡（墨跡紙本）

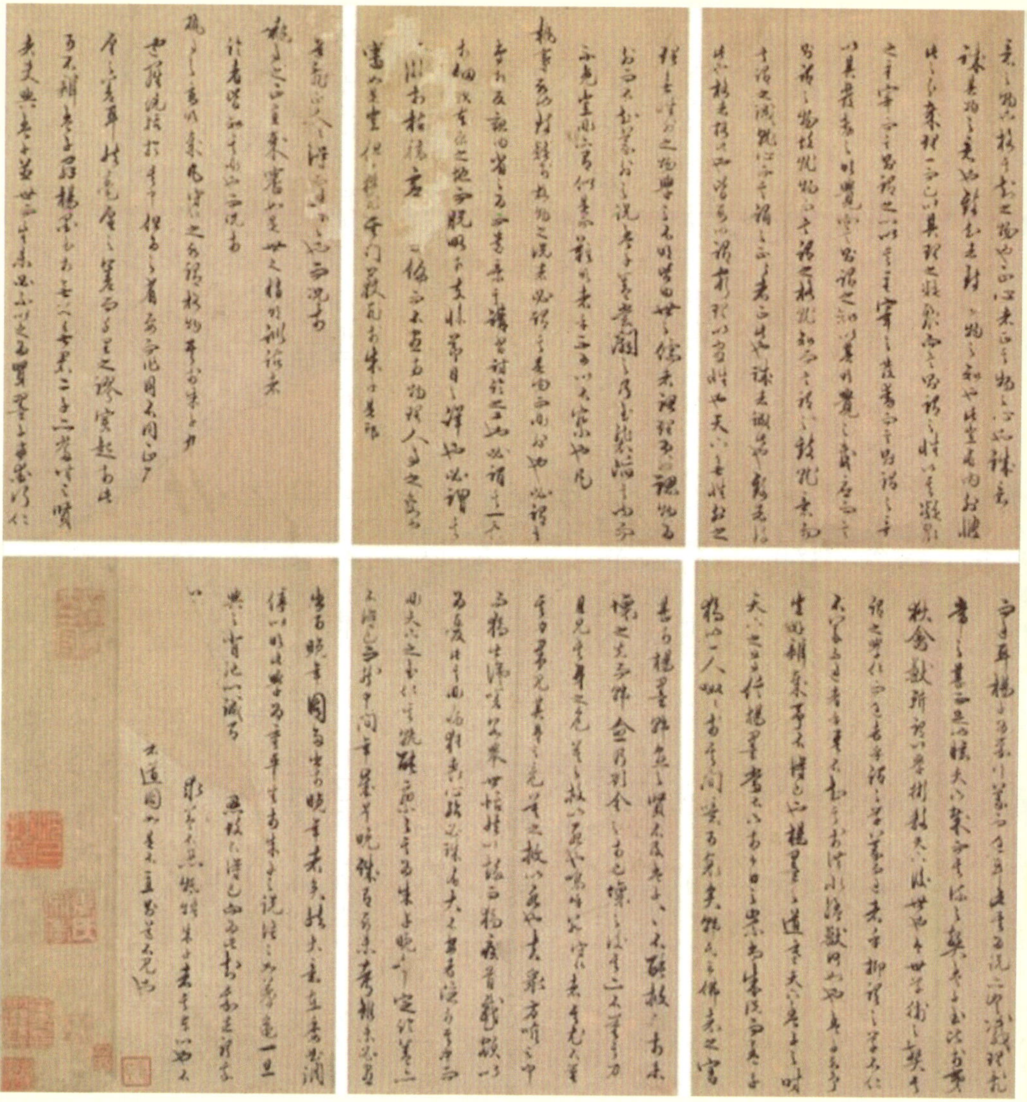

之講〔一〕學者有二：有講之以身心者，有講之以口耳者。講之以口耳者〔二〕，揣摩〔三〕測度，求之影響者也。講之以身心者〔四〕，行着習察，實有諸己者也。知此，則知孔門之學矣。

來教謂：「守仁〔五〕大學古本之復，以人之為學，但當求之於內；而程朱『格物』之說，不免求之於外，遂去朱子之分章，而削其所補之傳。」非敢然也。學豈有內外乎！大學古本乃孔門相傳舊本耳，朱子疑其有所脫誤，而改正補緝之。在守仁〔六〕則謂其本無脫誤，悉從其舊而已矣。失在於過信孔子則有之，非故去朱子之分章，而削其傳也。夫學，貴之於心〔七〕。求之於心而非也，雖其言之出於孔子，不敢以為是，而況其未及孔子者乎！求之於心而是也，雖其言之出於庸常，不敢以為非也，而況其出於孔子者乎！且舊本之傳數千載矣，今讀其文詞，既明白而可通，論其工夫，又易簡而可入，亦何所按據？而斷其此段之必在於彼，彼段之必在於此，與此之如何而缺，彼之如何而補〔八〕，而遂改正補緝之。無乃重於背朱而輕於叛孔矣〔九〕乎！

來教謂：「如必以學不資於外求，但當反觀內省以為務，則『正心誠意』〔一〇〕亦何不盡之有！何必於入門之際，便因〔一一〕以『格物』一段工夫也！」誠然〔一二〕！若語其要，則「脩身」二字亦足矣，何必又言「正心」！「正心」二字亦足矣，何必又言「誠意」！「誠意」二字亦足矣，何必又言「致知」，又言「格物」！惟其工夫之詳密，而要之只是一事。此所以為「精一」之學，此正不可不思者也。夫理無內外，惟〔一三〕無內外，故學無內外，講習討論未嘗非內也。反觀內省，未嘗遺外也。夫謂學必資於外求，是以已性為有外也，是義外也，用智者也。謂反觀內省而〔一四〕求之於內，是以已性為有內也，是有我也，自私者也。是皆不知性之無內外也。故曰：「精義入神，以致用也；利用安身，以崇德也。」「性之德也，合內外之

〔一〕存稿 陽明文録作「論」。〔二〕存稿 陽明文録無此字。〔三〕存稿 陽明文録作「揣摸」。〔四〕存稿 陽明文録無此字。〔五〕存稿 陽明文録「守仁」作「某」。〔六〕存稿 陽明文録「守仁」作「某」。〔七〕存稿 陽明文録作「貴得之心」。〔八〕存稿 陽明文録作「誤」。〔九〕存稿 陽明文録作「已」。〔一〇〕存稿 陽明文録後有「四字」二字。〔一一〕存稿 陽明文録作「困」。〔一二〕存稿 陽明文録「誠然」作「誠然誠然」。〔一三〕存稿 陽明文録作「性」。〔一四〕存稿 陽明文録作「為」。

道也。」此不可以〔一〕知「格物」之學乎〔二〕！「格物」者，大學之實下手處，徹首徹尾，自始學至聖人，只此工夫而已，非但入門之際有此一段也。夫「正心」「誠意」「致知」「格物」，皆所以「脩身而格物」者，其所〔三〕用力，日可見之地。故「格物」者，格其「心」之物也，格其「意」之物也，格其「知」之物也。「正心」者，正其物之「心」也。「誠意」者，誠其物之「意」也。「致知」者，致其物之「知」也。此豈有内外彼此之分哉！理一而已。以其理之凝聚而言，則謂之「性」；以其凝聚之主宰而言，則謂之「心」；以其主宰之發動而言，則謂之「意」；以其發動之明覺而言，則謂之「知」；以其明覺之感應而言，則謂之「物」。故就「物」而言，謂之「格」；就「知」而言，謂之「致」；就「意」而言，謂之「誠」；就「心」而言，謂之「正」。「正」者，正此也；「誠」者，誠此也；「致」者，致此也；「格」者，格此也。皆所以〔四〕謂「窮理以盡性」者〔五〕也。天下無性外之理，無性外之物。學之不明，皆由世之儒者認理為外，認物為外；而不知「義外」之説，孟子蓋嘗闢之，乃至襲陷其内而不免〔六〕，豈非亦有似是而難明者乎〔七〕！不可以不察也。凡執事所以致疑於「格物」之説者，必謂其是内，而非外也；必謂其專事於反觀内省之為，而遺棄其講習討論之工〔八〕也；必謂其一意於綱領本原之約，而脱略於支條節目之詳也；必謂其沉溺於枯槁虚寂之偏，而不盡於物理人事之變也。審如是，豈但獲罪於聖門，獲罪於朱子，是邪説誣民，叛道亂正，人人〔九〕得而誅之也，而况於執事之正直哉！審如是，世之稍明訓詁者〔一〇〕，聞先哲之緒論者，皆知其非也，而况於執事之高明哉！凡〔一一〕守仁〔一二〕之所謂「格物」，其於朱子「九條」之説，皆包羅統括於其中，但為之有要，而〔一三〕作用不同，正所謂毫厘之差耳。然毫厘之差，而千里之謬，實起於此，不可不辨。孟子闢楊墨，至於無父無君。二子亦當時〔一四〕之賢者，使與孟子并世而生，未必不以之為賢。墨子兼愛，行仁而過耳；楊子為我，行義而過耳。此其為説，亦豈滅理亂常之甚，而足以眩天下哉！而其流之弊，孟子

〔一〕存稿 陽明文録「不可以」作「可以」。〔二〕存稿 陽明文録作「矣」。〔三〕存稿 陽明文録「所」作「所以」。〔四〕存稿 陽明文録無此字。〔五〕存稿 陽明文録無此字。〔六〕郭刻本全書 謝刻本全書作「覺」。〔七〕存稿 陽明文録作「歟」。〔八〕存稿 陽明文録作「功」。〔九〕存稿 陽明文録無此字。〔一〇〕存稿 陽明文録無此字。〔一一〕陽明文録訛作「兄」，鄒序本文録作「况」。〔一二〕存稿 陽明文録「守仁」作「某」。〔一三〕存稿 陽明文録無此字。〔一四〕存稿作「常時」。

至比於夷狄禽獸〔一〕，所謂以學術殺天下後世也。今世學術之弊，其謂之學仁而過者乎？謂之學義而過者乎？抑謂之學不仁不義而過者乎？吾不知其於洪水猛獸何如也！孟子云：「予豈好辯哉？予不得已也。」楊墨之道塞〔二〕天下，孟子之時，天下之尊信楊墨，當不下於今日之崇尚朱說，而孟子獨以一人呶呶於其間。噫！可哀矣！韓氏云：「佛老之害，甚於楊墨。」韓愈之賢不及孟子，孟子不能救之於未壞之先，而韓愈乃欲全之於已壞之後，其亦不量其力，且見其身之危，莫之救以死也。嗚呼！若守仁〔三〕者，其尤不量其力，果見其身之危，莫之救以死也矣。夫衆方嘻嘻之中，而獨出涕嗟，若舉世恬然以趨，而獨疾首蹙額以為憂，此其非病狂喪心，殆必誠有大不忍〔四〕者隱於其中，而非天下之至仁，其孰能察之！其為朱子晚年定論，蓋有〔五〕不得已而然。中間年歲早晚，誠有所未考，雖不必盡出於晚年，固多出於晚年者矣。然大意在委曲調停，以明此學為重。平生於朱子「九條」之說，信之如蓍龜〔六〕，一旦與之背馳，心誠有所未忍，故不得已而為此。「知我者，謂我心憂；不知者，謂我何求。」蓋不忍牴牾朱子者，其本心也；不得已而與之牴牾者，道固如是，不直則道不見也。執事所謂「決與朱子異」者，僕敢自欺其心哉！夫道，天下之公道也；學，天下之公學也。非朱子可得而私也，非孔子可得而私也。天下之公也，公言之而已矣。故言之而是，雖異於己，乃益於己也；言之而非，雖同於己，適損於己也。益於己者，己必喜之；損於己者，己必惡之。然則守仁〔七〕今日之論，雖或與〔八〕朱子異，未必非其所喜也。君子之過，如日月之食，其更也，人皆仰之；而小人之過也，必文。守仁〔九〕雖不肖，固不敢以小人之心事朱子也。執事所以教反覆數百言，皆以未悉鄙人「格物」之說。若鄙說一明，則此數百言者〔一〇〕，皆可以不待辨說〔一一〕而釋然無滯。故今不敢縷縷以滋瑣瀆之罪〔一二〕，然鄙說非面陳口析，斷亦未能了於紙〔一三〕筆間也。嗟〔一四〕！執事所以

〔一〕存稿 陽明文録作「禽獸夷狄」。〔二〕陽明先生書跡拓本（圖三七）此字缺損，編校者據存稿訂補。〔三〕存稿 陽明文録「守仁」作「某」。〔四〕存稿 陽明文録「大不忍」作「大苦」。〔五〕存稿 陽明文録作「亦」。〔六〕存稿 陽明文録「蓍龜」作「神明蓍龜」。〔七〕存稿 陽明文録「守仁」作「某」。〔八〕存稿作「於」。〔九〕存稿 陽明文録「守仁」作「某」。〔一〇〕存稿 陽明文録無此字。〔一一〕存稿 陽明文録作「辯說」。〔一二〕存稿 陽明文録作「瑣屑之瀆」。〔一三〕存稿作「然」。〔一四〕存稿 陽明文録「嗟」作「嗟乎」。

開導啟迪於我者，可謂懇切詳到〔一〕矣。人之愛我，寧有如執事者〔二〕！守仁〔三〕雖甚愚下，寧不知所感刻佩服！然而不敢遽舍其中心之誠〔四〕，而姑以聽受云者，正不敢有負於深愛，正〔五〕思有以報之耳。秋盡東還，以〔六〕求一面，以卒所請，千萬終教！〔七〕三月四日，六和舟次，侍生王守仁頓首。

太宰整庵羅老先生大人執事。餘空。

與唐虞佐書〔八〕

相與兩年，情日益厚，意日益真，此皆彼此所心喻〔九〕，不以言謝者。別後又承雄文追送，稱許過情，末又重以傅說〔一〇〕之事，所擬益非其倫。感怍何既！雖然，故人之賜也，敢不拜受！果如是，非獨進以有為，將退而隱於巖穴之下，要亦不失其為賢也已，敢不拜賜！昔人有言：「投我以木桃，報之以瓊瑤。」今投我以瓊瑤矣，我又何以報之！報之以其所賜，可乎！說之言曰：「學於古訓乃有獲。」夫謂「學於古訓」者，非謂通其〔一一〕文辭，講說於口耳之間，義襲而取諸其外也。「獲」也者，得之於心之謂，非外鑠也，必如古訓，而學其所學焉，誠諸其身，所謂默而成之，不言而信，乃為有得也。夫謂「遜志務時敏」者，非謂〔一二〕飾情卑禮於其外，汲汲於事功聲譽之間也。其「遜志」也，如地之下，而無所不承也，如海之虛，而無所不納也。其「時敏」也，一於天德，戒懼於不睹不聞，如太和之運而不息也。夫然後〔一三〕百世以俟聖人而不惑，溥博淵泉而時出之，言而民莫不信，行而民莫不悅，施及蠻貊，而道德流於無窮，斯固說之所以為說也。以是為報，虞佐其能以却我乎！孟氏云：「責難之謂恭。」吾其敢以後世文章之士期虞佐乎！顏子〔一四〕云：「舜，何人也？予，何人也？」虞佐其能不以說自期乎！人還，燈下草草為謝。相去益遠，

〔一〕存稿 陽明文録作「懇到詳切」。〔二〕存稿 陽明文録「者」作「者乎」。〔三〕存稿 陽明文録「守仁」作「僕」。〔四〕存稿 陽明文録「誠」作「誠然」。〔五〕存稿 陽明文録作「亦」。〔六〕存稿 陽明文録作「必」。〔七〕存稿 陽明文録無以下二十九字。〔八〕本件手跡原件藏上海圖書館，編校者據書法全集著録陽明先生手跡（圖三九）録入，又見於餘姚板文録等。存稿 陽明文録本件讀為正德十六年辛巳作。〔九〕存稿作「踰」。〔一〇〕存稿 陽明文録作「傳說」。〔一一〕存稿 陽明文録「通其」作「其通於」。〔一二〕存稿 陽明文録「謂」作「謂其」。〔一三〕存稿 陽明文録無此字。〔一四〕存稿 陽明文録作「顏氏」。

圖三九　與唐虞佐書手跡（墨跡紙本）

相與兩年情日益厚意日
蓋失此暌腆此兩以喻不以
寧吾去别後之承

雅文進遂接許過情未又章以
傳說之事而擬举孔其倫盛
作何以賴桂

故人之賜也故不拒受果如
是此猶進以者方將追而隨於
嶸穴之下要上不失其為賢也

已敢不拜賜芳人君之授
戊午某也作之又夏盡不受

甲裡於其分但之於子功摩
举之間此甚迳志此如比之下而
望江江水止如海之吾而善不心

納也甚何敢如一拜天德感懼於
云畸不闶此太和之運～家且如夫
桂後五以修望人之元不戀游持

澗東一而時出之言云畏善不行
行一義莫不悦施及貧戚然而
道德味於甲宇漸国說之

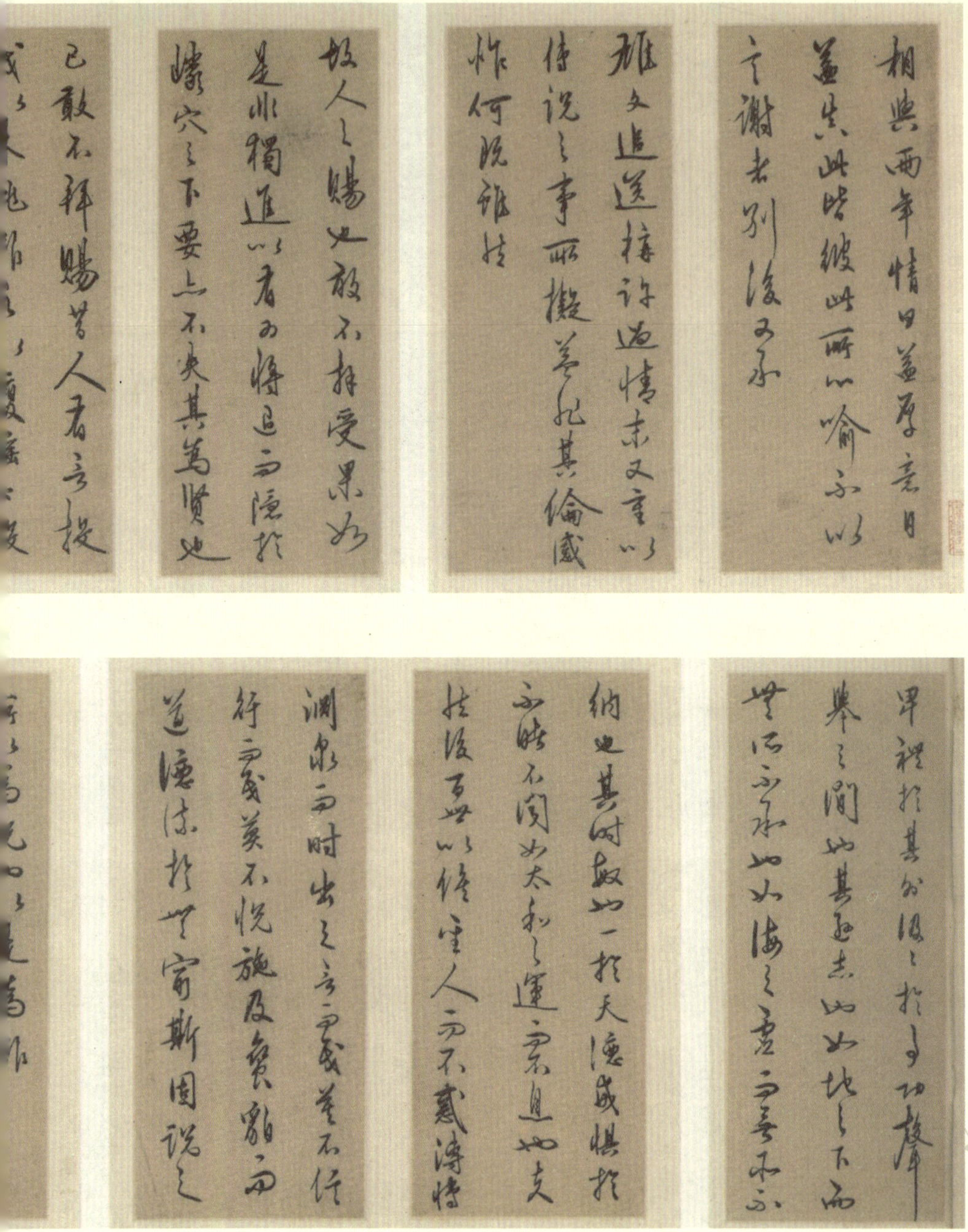

莊之以其所賜可乎說之亡
曰學於古訓乃有獲夫即學
於古訓者非謂通其文義講
說於口耳之間殺襲而取
諸其外也獲也者得之於心之
謂非剽竊也必如古訓而學其
所學考識諸其身所謂默而
識之不言而信乃可有得也夫
謂遜志務時敏者非謂飾情

責難之謂忠吾其敢以後世
文章之士期
實佑乎顧子云韓何人也乎
何人也

實佑其將不以說自期乎
人還嫌不學之篤於古蒼
走臨楮怏悵 再拜

侍御實佑鄉兄大人道契
執事

七月晉京廣緣具
珠

臨楮快悒。〔一〕守仁再拜。

侍御虞佐鄉兄大人道契執事。

七月五日，寓廣信具。餘。

復唐虞佐書〔二〕

承示詩一韻〔三〕五章，語益工，興寄益無盡，深嘆多才，但不欲以是為有道者稱頌耳。「撤講〔四〕慎擇」之喻，愛我良多，深知感怍！但區區之心，亦自有不容已者。聖賢之道，坦若大路，夫妻之愚，可以與知。而後之論者，忽近求遠，舍易圖難，遂使老師宿儒皆不敢輕議。故在今時，非獨其庸下者，自分以為不可為，雖高明〔五〕特達，皆以此學為長物，視之為虛談贅說，亦許時矣。當此之時，苟有一念相尋於此，真所謂「空谷足音，見似人者喜矣」，況其章逢而來者，寧不忻忻然以接之乎！然要其間，亦豈無濫竽假道之弊！但在我，不可以此意逆之，亦將於此以求其真者耳。正如淘金於沙，非不知沙之汰而去者且十九，然亦未能即舍沙而別以淘金為也。孔子云：「與其進也，不與其退也，唯何甚？」孟子云：「君子之設科也，來者不拒，去者〔六〕不追。」苟以是心至斯，受之而已矣。蓋「不憤不啟」者，君子施教之方，「有教無類」，則其本心焉耳。多病之軀，重為知己憂，惓惓惠喻及此，感愛何有窮已！然區區之心，亦不敢不為知己一傾倒也。行且會面，悉所未盡。〔七〕伏枕草草，略布謝私，不一一。

答陸原靜書〔八〕

聖人致知之功，至誠無息。其良知之體，皦如明鏡，略無纖翳。妍媸之來，隨物見形，而明鏡曾無留染，所謂「情順萬事而無情」也。「無所住而生其心」，佛氏曾有是言，未為非也。明鏡之應物，妍者妍，媸者媸，

〔一〕存稿 陽明文録無以下二十五字。〔二〕本件録自餘姚板文録卷四，又見於存稿等。〔三〕存稿 陽明文録作「二韻」。〔四〕餘姚板文録作「撒講」，編校者從存稿訂改。〔五〕謝刻本全書作「者」。〔六〕謝刻本全書作「往者」。〔七〕存稿 陽明文録無以下十一字。〔八〕本件録自餘姚板文録卷三，又見於存稿等；存稿 陽明文録本件採録來書，題作與陸元靜，讀為嘉靖三年甲申作，參見本書正編卷三。

一照而皆真，即是生其心處；妍者妍，媸者媸，一過而不留，即是無所住處。「病瘧」之喻，既〔一〕已見其精切，則此節所問，可以釋然。病瘧之人，瘧雖未發，而病根自在，則亦安可以其瘧之未發，而遂忘其服藥調理之功乎！若必待瘧發而後服藥調理，則既晚矣。致知之功，無間於有事無事，而豈論於病之已發未發邪！大抵原靜所疑，前後雖若不一，然皆起於「自私自利，將迎意必」之為祟。此根一去，則前後所疑，自將氷消霧釋，有不待於問辨者矣。

又答陸原靜書〔二〕

理無動者也。常知常存，常主於理，即「不睹不聞，無思無為」之謂也。「不睹不聞，無思無為」，非槁木〔三〕死灰之謂也。睹聞思為一於理，而未嘗有所睹聞思為，即是「動而未嘗動」也，所謂「動亦定，靜亦定」，「體用一源」者也。

與陸元靜〔四〕

賫奏人回，得佳稿及手札，殊慰。聞以多病之故，將從事於養生。區區往年蓋嘗弊力於此矣，後乃知其不必如是，始復一意於聖賢之學。大抵養德養身，只是一事。元靜所云「真我」者，果能戒謹不睹，恐懼不聞，而專志於是，則神住、氣住、精住，而僊家所謂「長生久視」之說，亦在其中矣。神僊之學與聖人異，然其造端托始，亦惟欲引人於道。悟真篇後序中所謂「黄老悲其貪著，乃以神僊之術漸次導之」者，元靜試取而觀之，其微旨亦自可識。自堯舜禹湯文武至於周公孔子，其仁民愛物之心，蓋無所不至，苟有可以長生不死者，亦何惜以示人！如老子彭籛之徒，乃其禀賦有若此者，非可以學而至。後世如白玉蟾立長春之屬，皆是彼學中所稱述以為祖師者，其得壽皆不過五六十，則所謂「長生」之說，當必有所指矣。元靜氣弱多病，但遺棄聲名，清心寡欲，一意聖賢。如前所謂「真我」之說，不宜輕信異道，徒自惑亂聰明，弊

〔一〕存稿 陽明文録作「誠」。〔二〕本件録自餘姚板文録卷四，又見於存稿等；存稿 陽明文録本件採録來書，題作與陸元靜，讀為嘉靖三年甲申作，參見本書正編卷三。〔三〕餘姚板文録 存稿作「稿木」，編校者從郭刻本全書訂改。〔四〕本件録自餘姚板文録卷四，又見於存稿等；存稿 陽明文録本件題作與陸原靜，讀為正德十六年辛巳作。

精勞神，虛靡〔一〕歲月〔二〕。久而不返，將遂為病狂喪心之人不難矣。昔人謂「三折肱，為良醫」。區區非良醫，蓋嘗三折肱者，元靜其慎聽毋忽！區區省親本，聞部中已准覆，但得旨，即當長遯山澤。不久朝廷且大賚，則元靜推封亦有日。果能訪我於陽明之麓，當能為元靜決此大疑也。〔三〕不一一。

與陸伯清書〔四〕

屢得書，見清伯所以省愆罪己之意，可謂真切懇到矣。即此便是清伯本然之良知。凡人之為不善者，雖至於逆理亂常之極，其本心之良知，亦未有不自知者，但不能致其本然之良知。是以物誘不格，意有不誠，而卒入於小人之歸。故凡致知者，致其本然之良知而已。大學謂之「致知格物」，在書謂之「精一」，在中庸謂之「慎獨」，在孟子謂之「集義」，其工夫一也。在南都嘗謂清伯喫緊於此，清伯亦自以為及知之矣。近覩來書，往往似尚未悟，輒復贅此，清伯更精思之。大學古本一册寄去，時一覽。近因同志之士多於此處不甚理會，故序中特改數語，有得便中寫知之。冀惟乾〔五〕事，善類所共冤，望為委曲周旋之！

答人論學書〔六〕

來書云：楊墨之為仁義，鄉愿之亂〔七〕忠信，堯舜子之之禪讓，湯武楚項之放伐，周公莽操之攝輔，謾無印正，又〔八〕焉適從？且於古今事變，禮樂〔九〕名物，未嘗考識。使國家欲興明堂，建辟雍，制曆律，草封禪，又將何所致其用乎？故論語曰「生而知之」者，義禮〔一〇〕耳。若夫禮樂名物，古今事變，亦必待學，而後有以驗其行事之實。此則可謂定論矣。

所喻楊墨、鄉愿、堯舜子之湯武楚項周公莽操之辨，與前舜武之論，大略可以類推。古今事變之疑，前於「良知」之說，已有「規矩尺度」之喻，當亦無俟多贅矣。至於明堂、辟雍諸事，似尚未容於無言者。

〔一〕存稿 陽明文録作「廢靡」。〔二〕存稿此字為黑釘。〔三〕存稿 陽明文録無以下三字。〔四〕本件録自文録續編卷二，又見於郭刻本全書等。法書集著録陽明先生書信局部書跡（圖四〇）。〔五〕文録續編作「季惟乾」，編校者據郭刻本全書訂改。〔六〕本件録自餘姚板文録卷四，存稿 陽明文録本件係答顧東橋一部分，讀為嘉靖四年乙酉作，參見本書正編卷四。〔七〕謝刻本全書訛作「辭」。〔八〕餘姚板文録作「灭」，編校者從存稿訂改。〔九〕存稿訛作「體理」。〔一〇〕存稿 陽明文録作「義理」。

圖四〇　與陸清伯書（局部）書跡（印刷紙本）

然其說甚長，姑就吾子之言而取正焉，則吾子之惑，將亦可以少釋矣。夫明堂、辟雍之制，始見於呂氏之月令，漢儒之訓疏；六經四書之中，未嘗詳及也。豈呂氏、漢儒之知，乃賢於三代之賢聖乎！齊宣之時，明堂尚有未毀，則幽厲之世，周之明堂皆無恙也。堯舜茅茨土階，明堂之制未必備，而不害其為治；幽厲之明堂，固猶文武成康之舊，而無救於其亂，何邪？豈能以不忍人之心而行不忍人之政！則雖茅茨土階，固亦明堂也；以幽厲之心而行幽厲之政，則雖明堂，亦暴政所自出之地邪。武帝肇講於漢，而武后盛作於唐，其治亂何如邪？天子之學曰「辟雍」，諸侯之學曰「泮宮」，皆象地形而為之名耳。然三代之學，其要皆所以明人倫，非以璧不璧、泮不泮為重輕也。孔子云：「人而不仁，如禮何？人而不仁，如樂何？」制禮作樂，必具中和之德，聲為律而身為度者，然後可以語此。若夫器數之末，樂工之事，祝史之守，故曾子曰：「君子所貴乎道者三，籩豆之事，則有司存也。」堯命羲和「欽若昊天，曆象日月星辰」，其重在於「敬授人時」也。舜〔一〕在璿璣玉衡，其重在於「以齊七政」也。是皆汲汲然以仁民之心，而行其養民之政，治曆明時之本，固在於此也。羲和曆數之學，皋契未必能之也，禹稷未必能之也。「堯舜之知而不徧〔二〕物」，雖堯舜亦未必能之也。然至於今，循羲和之法而世脩之，雖曲知小慧之人，星術淺陋之士，亦能推步占候而無所忒；則是後世曲知小慧之人，反賢於禹稷堯舜者邪？「封禪」之說，猶〔三〕為不經，是乃後世佞人諛士〔四〕，所以求媚於其上，倡為誇侈，以蕩君心，而靡國費〔五〕。蓋欺天罔人，無恥之大者，君子之所不道，司馬相如之所以見譏於天下後世也。吾〔六〕子乃以是為儒者所宜學，殆亦未之思邪！夫聖人之所以為聖者，以其「生而知之」也。而釋論語者曰：「生而知之者，義理耳。若夫禮樂名物，古今事變，亦必待學，而後有以驗其行事之實。」夫禮樂名物之類，果有關於作聖之功也；而聖人亦必待學，而後能知焉，則是聖人亦不可〔七〕以謂之「生知」矣。謂聖人為「生知」者，專指義理而言，而不以禮樂名〔八〕物之類；則是禮樂名〔九〕物之類，無關於作聖之功矣。

〔一〕存稿作「曆」。〔二〕存稿作「偏」。〔三〕存稿 陽明文録作「尤」。〔四〕餘姚板文録此字為黑釘，編校者據存稿訂補。
〔五〕餘姚板文録此字為黑釘，編校者據存稿訂補。〔六〕存稿訛作「居」。〔七〕餘姚板文録作「知」，編校者從存稿訂改。
〔八〕存稿訛作「民」。〔九〕存稿訛作「民」。

聖人之所以謂之「生知」者，專指義理，而不以禮樂名物之類；則是「學而知之」者，亦惟當學知此義理而已；「困而知之」者，亦惟當困知此義理而已。今學者之學聖人，於聖人之所能知者，未能學而知之；而顧汲汲焉求知聖人之所不能知者以為學，無乃失其所以希聖之方歟！凡此皆就吾子之所惑者，而稍為之分釋，未及乎「拔本塞源」之論也。夫「拔本塞源」之論不明於天下，則天下之學聖人者將日繁日難，斯人淪於〔一〕禽獸夷狄，而猶自以為聖人之學。吾之說，雖或暫明於一時，終將凍解於西而冰堅於東，霧釋於前而雲滃於後，呶呶焉危困以死，而卒無救於天下之分毫也已〔二〕！夫聖人之心，以天地萬物為一體，其視天下之人，無外內遠近；凡有血氣，皆其昆弟赤子之親，莫不欲安全而教養之，以遂其萬物一體之念。天下之人心，其始亦非有異於聖人也；特其間於有我之私，隔於物欲之蔽，大者以小，通者以塞，人各有心，至有視其父子兄弟如仇讎者。聖人有憂之，是以推其天地萬物一體之仁以教天下，使之皆有以克其私，去其蔽，以復其心體之同然。其教之大端，則堯舜禹之相授受，所謂「道心惟微，惟精惟一，允執厥中」。而其節目，則舜之命契，所謂「父子有親，君臣有義，夫婦有別，長幼有序，朋友有信」五者而已。唐虞三代之世，教者惟以此為教，而學者惟以此為學。當是之時，人無異見，家無異習，安此者謂之聖，勉此者謂之賢，而背此者雖其啟明如朱，亦謂之不肖。下至閭井田野、農工商賈之賤，莫不皆有是學，而惟以成其德行為務。何者？無有聞見之雜，記誦之煩，辭章之靡濫，功利之馳逐，而但使之孝其親，弟其長，信其朋友，以復其心體之同然。是蓋性分之所固有，而非有假於外者，則人亦孰不能之乎！學校之中，惟以成德為事，而才能之異，或有長於禮樂，長於政教，長於水土播植者，則就其成德，而因使益精其能於學校之中。迨夫舉德而任，則使之終身居其職而不易，用之者惟知同心一德，以共安天下之民，視才之稱否，而不以崇卑為輕重，勞逸〔三〕為美惡。效用者亦惟知同心一德，以共安天下之民，苟當其能，則終身處於煩劇而不以為勞，安於卑瑣而不以為賤。當是之時，天下之人熙熙皞皞，皆相視如一家之親。其才質之下者，則安其農工商賈之分，各勤其業以相生相養，而無有乎希高慕外之心。其才能之異若皋夔稷契者，則出而各效其能，若一家之務，或營其衣食，

〔一〕存稿、陽明文録作「入於」。〔二〕存稿、陽明文録無此字。〔三〕存稿、陽明文録作「勞逸」。

或通其有無，或備其器用，集謀并力，以求遂其仰事俯育之願，惟恐當其事者之或怠，而重己之累也。故稷勤其稼，而不耻其不知教，視契之善教，即己之善教也。夔司其樂，而不耻於不明禮，視夷之通禮，即己之通禮也。蓋其心學純明，而有以全其萬物一體之仁；故其精神流貫，志氣通達，而無有乎人己之分，物我之間。譬之一人之身，目視耳聽，手持足行，以濟一身之用；目不耻其無聰，而耳之所涉，目必營焉；足不耻其無執，而手之所探，足必前焉。蓋其元氣充周，血脉條暢，是以痒痾呼吸，感觸神應，有不言而喻之妙。此聖人之學，所以至易至簡，易知易從，學易能而才易成者，正以大端惟在復心體之同然，而知識技能非所與論也。三代之衰，王道熄而霸術焻，孔孟既沒，聖學晦而邪説横，教者不復以此為教，而學者不復以此為學。霸者之徒，竊取先王之近似者，假之於外，以内濟其私己之欲，天下靡然而〔一〕宗之，聖人之道遂以蕪塞；相倣相效，日求所以富强之説，傾詐之謀，攻伐之計。一切欺天罔人，苟一時之得，以獵取聲利之術，若管商〔二〕蘇張之屬者，至不可名數。既其久也，鬬争刼奪，不勝其禍，斯人淪於禽獸夷狄，而霸術亦有所不能行矣。世之儒者，慨然悲傷，蒐獵先聖王之典章法制，而掇拾脩補於煨燼之餘。蓋其為心，良亦欲以挽回先王之道。聖學既遠，霸術之傳積漬已深，雖在賢知，皆不免於習染，其所以講明脩飾〔三〕，以求宣暢光復於世者，僅足〔四〕以增霸者之藩籬，而聖學之門墻遂不復可覩。於是乎有訓詁之學，而傳之以為名；有記誦之學，而言之以為博；有詞章之學，而侈之以為麗。若是者紛紛籍籍，羣起角立於天下，又不知其幾家！萬徑千蹊，莫知所適。世之學者，如入〔五〕百戲之場，讙謔跳踉〔六〕，騁奇鬬巧，獻笑争妍者，四面而競出，前瞻後盼，應接不遑；而耳目眩瞀，精神恍惑，日夜遨遊淹息其間，如狂病〔七〕喪心之人，莫自知其家業之所歸！時君世主，亦皆昏迷顛倒於其説，而終身從事於無用之虚文，莫自知其所謂！間有覺其空踈謬妄，支離牽滯，而卓然自奮，欲以見諸行事之實者，極其所抵，亦不過為富强功利五霸之事業而止。聖人之學，日遠日晦，而功利之習，愈趨愈下。其間雖嘗瞽惑於佛、老，而佛、老之説，卒亦未能有以勝其功利之心。雖又嘗折衷於羣儒，而羣儒之論，終亦未能有以破其功利之見。蓋至於今，功利之毒，淪浹於人之心髓，而習以成性也幾

〔一〕存稿、陽明文録無此字。〔二〕餘姚板文録脱一字，編校者據存稿訂補。〔三〕存稿作「侈飾」，陽明文録作「脩飾」。

〔四〕存稿、陽明文録作「可」。〔五〕存稿、陽明文録作「跳踉」。〔六〕存稿、陽明文録作「病狂」。〔七〕存稿訛作「人」。

千年矣！相矜以知，相軋以勢，相爭以利，相高以技能，相取以聲譽。其出而仕也，理錢穀者，則欲兼夫兵刑，典禮樂者，又欲與於銓軸；處郡縣，則思藩臬之高，居臺諫，則望宰執之要。故不能其事，則不得以兼其官；不通其說，則不可以要其譽。記誦之廣，適以長其敖也；知識之多，適以行其惡也；聞見之博，適以肆其辯〔一〕也；辭章之富，適以飾〔二〕其僞也。是以皋、夔、稷、契所不能兼之事，而今之初學小生皆欲通其說，究其術。其稱名借號，未嘗不曰「吾欲以共成天下之務」，而其誠心實意之所在，以為不如是，則無以濟其私而滿其欲也。嗚呼！以若是之積染，以若是之心志，而又講之以若是之學術，宜其聞吾聖人之教，而視之以為贅疣枘鑿〔三〕；則其以良知為未足，而謂〔四〕聖人之學為〔五〕無所用，亦其勢有所必至矣！嗚呼！士生斯世，而尚何以求聖人之學乎！尚何以論聖人之學乎！士生斯世，而欲以為學者，不亦勞苦而繁難乎！不亦拘滯而險艱乎！嗚呼！可悲也已！所幸天理之在人心，終有所不可泯；而良知之明，萬古一日，則其聞吾「拔本塞源」之論，必有惻然而悲，戚然而痛，憤然而起，沛然若決江河而有所不可禦者矣。非夫豪傑之士，無所待而興起〔六〕者，吾誰與望乎！

答甘泉〔七〕

得正月書，知大事已畢，當亦稍慰純孝之思矣。近聞〔八〕避地髮履塚下，進德脩業，善類幸甚。傳聞貴邑盜勢方張，果爾，則遠去家室，獨留曠寂之野，恐亦未可長也。某告病未遂，今且暫告歸省，去住亦未可必。悠悠塵世，畢竟作何稅駕！當亦時時念及，幸以教之！叔賢志節遠出俗流，渭先雖未久處，一見知為忠信之士。乃聞不時一相見，何耶？英賢之生，何幸同時共地，不〔九〕可虛度光陰，容易失却此大機會〔一〇〕，是使後人而復惜後人也！二君曾各寄一書，托宋以道轉致，相見幸問之。

〔一〕存稿、陽明文録作「辯」。〔二〕存稿、陽明文録作「飭」。〔三〕存稿訛作「柄鑿」。〔四〕存稿作「為」。〔五〕餘姚板文録無此字，編校者據存稿訂補。〔六〕餘姚板文録無此字，編校者據郭刻本全書訂補。〔七〕本件録自存稿卷一書一，又見於陽明文録等。〔八〕存稿、陽明文録作「承」，編校者從沈颺、曹錫齡詳校欽定四庫全書王文成全書（凡三十八卷，乾隆四十三年戊戌刻本）訂改。〔九〕存稿作「又」，編校者從陽明文録訂改。〔一〇〕存稿作「幾會」，編校者從陽明文録訂改。

與顧惟賢〔一〕

近得甘泉叔賢書，知二君議論既合，自此吾黨之學廓然同途，無復疑異〔二〕矣。喜幸不可言！〔三〕承〔四〕喻日來進脩警省不懈，尤足以慰渴望〔五〕。此間朋友亦集〔六〕，亦頗有能〔七〕奮起者。但惟鄙人憂疾〔八〕相仍，精氣漸耗〔九〕，兼之淹滯風塵中，未遂脫屣林下，相與專心講習，正如俳優場中奏雅，縱復〔一〇〕音調盡正〔一一〕，終不免於劇戲耳〔一二〕。乞休疏已四上，聞鑾輿〔一三〕且南幸，以瘡疾暫止。每一奏事〔一四〕，往復輒〔一五〕三四月。此番倘得遂請，亦須冬盡春初矣。〔一六〕後山應援之說，審度事勢，亦不必然，但奉有詔旨，不得不一行。此亦公文體面如此。聞彼中議論頗不齊，惟賢何以備見示，區區庶可善處也。

與顧惟賢三書〔一七〕

第一書

近得省城及南都諸公書報云，即月〔一八〕初十日，聖駕北還，且云頭船已發，不勝喜躍！賤恙亦遂頓減。此宗社之福，天下之幸，人臣之至願，何喜何慰如之！但區區之心，猶懷隱憂，或恐須及霜降以後，冬至以前，方有的實消息。其時賤恙當亦平復，即可放舟東下，與諸君一議地方事，遂圖歸計耳。聞永豐新淦白沙一帶皆被流刧，該道守巡官皆宜急出督捕，非但安靖地方，亦可乘此機會，整頓兵馬，以預備他變。今恐事勢昭彰，驚動遠近，且不行文；書至，即可與各守巡備道區區之意，即時一出，勿更遲遲，輕忽坐

〔一〕本件録自存稿卷一書一，又見於文録續編等。〔二〕存稿無此字，編校者據文録續編訂補。〔三〕存稿無以上五字，編校者據文録續編訂補。〔四〕存稿作「所」，編校者從文録續編訂改。〔五〕文録續編作「傾望」。〔六〕存稿無以上二字，編校者據文録續編訂補。〔七〕文録續編無此字。〔八〕文録續編作「冗疾」。〔九〕文録續編作「日耗」。〔一〇〕文録續編作「雖復」。〔一一〕文録續編作「協」。〔一二〕存稿無此字，編校者據文録續編訂補。〔一三〕存稿「聞鑾輿」文録續編作「鑾輿近聞」。〔一四〕存稿無以上四字，編校者據文録續編訂補。〔一五〕文録續編作「輒往復」。〔一六〕存稿無以下五十四字，編校者據文録續編訂補。〔一七〕本件三書録自文録續編卷二，文録續編卷二本題共九書，此其第七首至第九首三通；又見於郭刻本全書等。〔一八〕謝刻本全書作「即日」。

視。思抑歸興近却如何？若必不可已，俟囬鑾信的，徐圖之未晚也。

第二書

近得江西策問，深用警惕。然自反而縮，固有舉世非之而不顧者矣。其敢因是遂靡然自弛耶！易曰：「知至至之。」「知至」者，「知」也；「至之」者，「致知」也；此知行所以合一也。若後世「致知」之說，止說得一「知」字，不曾說得「致」字，此知行所以二也。病廢〔一〕荼苦之人，已絕口人間事，念相知之篤，輒復一及。

第三書

北行不及一面，甚闕久別之懷。承寄慈湖文集，客冗未能遍觀。來喻欲摘其尤粹者，再圖翻刻，甚喜。但古人言喻，自各有見，語脈牽連，互有發越。今欲就其中以已意刪節之，似亦甚有不易。莫若盡存，以俟具眼者自加分別。所云超捷，良如高見。今亦但當論其言之是與不是，不當逆觀者之致疑，反使吾心昭明洞達之見，有所掩覆而不盡也。尊意以為何如？

與陳國英〔二〕

別久矣，雖彼此音問闊踈，而消息動靜，時時及聞。國英天資篤厚，加以靜養日久，其所造當必大異於疇昔，惜無因一面叩之耳。凡人之學，不日進者，必日退。譬諸草水生意，日滋則日益暢茂；苟生意日息，則亦日就衰落矣。國英之於此學，且十餘年矣，其日益暢茂者乎？其日就衰落者乎？君子之學，非有同志之友日相規切，則亦易以悠悠度日，而無有乎激勵警發之益。山中友朋，亦有以此學日相講求者乎？孔子云：「德之不脩，學之不講，是吾憂也。」而況於吾儕乎哉！

與聞人邦英邦正〔三〕

書來，意思甚懇切，足慰遠懷！持此不懈，即吾立志之說矣。「源泉混混，不舍晝夜。盈科而後進，

〔一〕謝刻本全書作「病發」。〔二〕本件録自存稿本卷一書一，又見於陽明文録等。〔三〕本件録自陽明文録卷一書一，又見於郭刻本全書等。

放乎四海，有本者如是。」立志者，其本也。有有志而無成者矣，未有無志而能有成者也。賢弟勉之！色養之暇，怡怡切切，可想而知。交脩罔怠，庶吾望之不孤矣。地方稍平，退休有日，預想山間講習之樂，不覺先已欣然。

與克彰太叔三書〔一〕

第一書

日來德業想益進脩，但當兹末俗，其於規切警勵，恐亦未免有羣雌孤雄之嘆。如何！印弟凡劣，極知有勞心力，聞其近來稍有轉移，亦有足喜。所貴乎師者，涵育熏陶，不言而喻。蓋不誠，未有能動者也；於此亦可以驗己德。因便布此，言不盡意。

第二書

正月廿六日得旨，令守仁與總兵各官鮮囚至留都。行及蕪湖，復得旨回江西，撫定軍民。皆聖意有在，無他足慮也。家中凡百安心，不宜為人搖撼。但當嚴緝家眾，掃除門庭，清靜儉樸以自守，謙虛卑下以待人，盡其在我而已，此外無庸慮也。正憲輩狂穉，望以此意曉諭之。近得書，聞老父稍失調，心極憂苦。老年之人，只宜以宴樂戲遊為事，一切家務，皆當屏置。亦望時時以此開勸，家門之幸也。至祝！至祝！事稍定，即當先報歸期。家中凡百，全仗訓飭照管。不一。

第三書

老父瘡疾，不能歸侍，日夜苦切，真所謂欲濟無梁，欲飛無翼。近來盛到，知漸平復，始得稍慰。早晚更望太叔寬鮮，怡悅其心。聞此時尚居喪次，令人驚駭憂惶！衰年之人，妻孥子孫日夜侍奉承直，尚恐居處或有未寧，豈有復堪孤疾勞苦如此之理！就使悉遵先王禮制，則七十者亦惟衰麻在身，飲酒食肉處於內，宴飲從於遊可也。況今七十五歲之人，乃尚爾煢煢獨苦若此，妻孥子孫何以自安乎！若使祖母在冥冥之中，知得如此哀毁，如此孤苦，將何如為心？老年之人，獨不為子孫愛念乎！況於禮制亦自過甚，使人不可以

〔一〕本件三書録自文録續編卷一，又見於郭刻本全書等。

繼，在賢知者亦當俯就。切望懇懇勸解，必須入内安歇，使下人亦好早晚服事。時嘗遊嬉宴樂，快適性情，以調養天和。此便自為子孫造無窮之福。此等言語，為子者不敢直致，惟望太叔為我委曲開譬，要在必從而後已。千萬！千萬！至懇！至懇！正憲讀書，一切舉業功名等事皆非所望，但惟教之以孝弟而已。來盛還，草草不盡。〔一〕

與朱守忠〔二〕

欲投劾徑去，慮恐禍出不測，益重老父之憂；不去，即心事已亂，不復可強留，神志恍恍，終日如夢寐中。省塋之乞，去秋嘗已得旨「賊平來說」。及冬底復請，而吏部至今不為一覆。豈必欲置人於死地然後已耶！僕之困苦危疑，當道計亦聞之，略不為一動心，何也？望守忠與諸公相見，為我備言此情。得早一日歸，即如早出一日火坑，即受諸公更生之賜矣。至禱！至禱！宸濠叛時，嘗以偽檄免江西各郡租稅，以要人心。僕時亦從權宜蠲免，隨為奏請，至今不得旨。今江西之民，重罹兵革誅求之苦，無復生意，急賑救之，尚恐不速，又加徵科以速之，不得已，復為申請。正如夢中人被錐，不能不知疼痛，聊復一呻吟耳。可如何？可如何！守仁頓首。

守忠侍御大人道契。

諸相知不能奉書，均為致千萬意。奏稿目入。

致謝士潔〔三〕

承以功次冊見詢，此正區區所欲一論者。近見兵部王公文移，其意重在分別「奇功」「頭功」「次功」。今按察司所繳冊内，既不依此開造，却又創立「總理調度」及「倡義起兵」「事前」「事後」等項名色，

〔一〕文録續編書後有錢德洪跋：「祖母岑太夫人百歲考終，時海日翁壽七十有五矣，尤煢煢苫塊，哀毀踰制。師十二失恃，鞠於祖母。在贛屢乞終養弗遂，至是聞訃，已不勝痛割；又聞海日翁居喪之戚，將何以為情？欲濟無梁，欲飛無翼，讀之令人失涕。師之學，發明同體萬物之旨，使人自得其性。故於人義天常，無不懇至；而居常處變，神化妙應，以成天下之務，皆由此出。其道可以通諸萬世而無弊者，得其道之中也。録此可以想見其槩。德洪跋。」〔二〕本件手跡原件藏上海博物館，編校者據書法全集著録陽明先生手跡（圖四一）録入。〔三〕本件手跡原件藏浙江省溫州市博物館，編校者據書法全集著録陽明先生手跡（圖四二）録入。

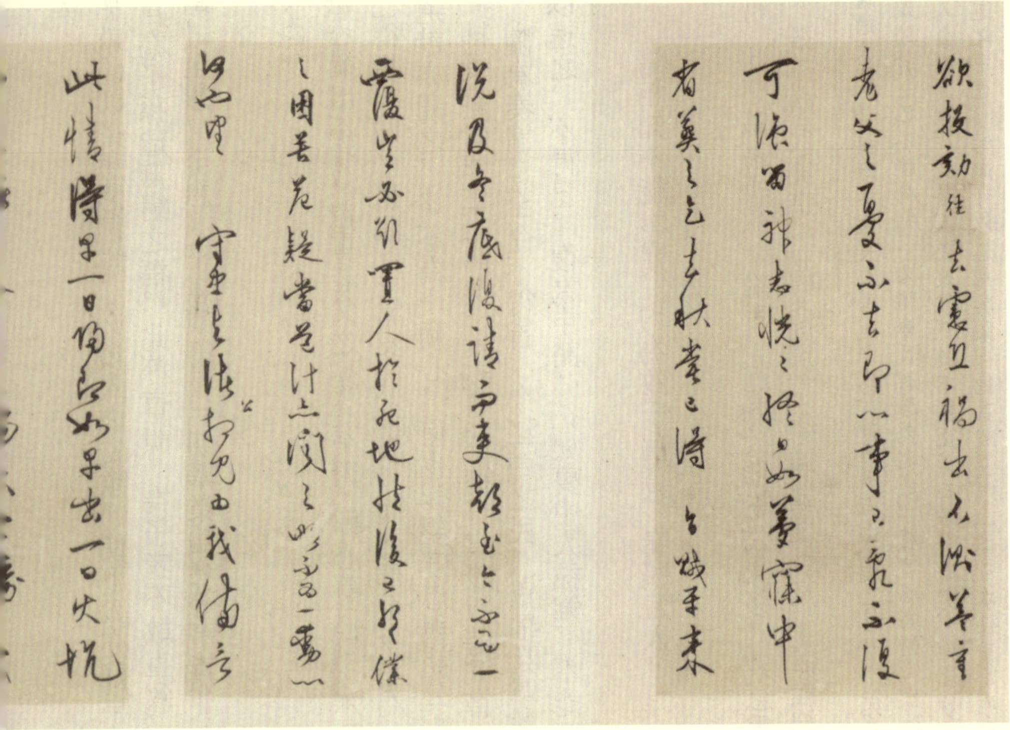

圖四一 與朱守忠書手跡（墨跡紙本）

秦請去而不得　自予江西之戍重難

兵革誅求之苦吾復生意索然抵取

之書且不達又如微科以達之以償色後

丙申請去如夢中人被錐石破不知疼

相聊後一呻吟事在某寥寥

室侍御大人己奏

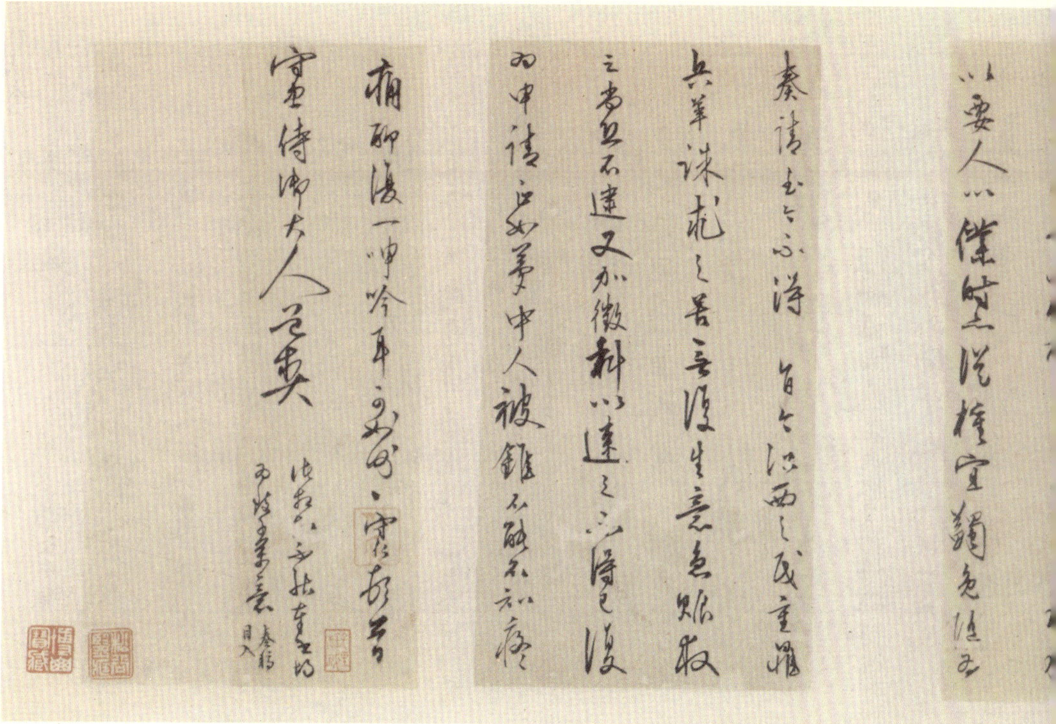

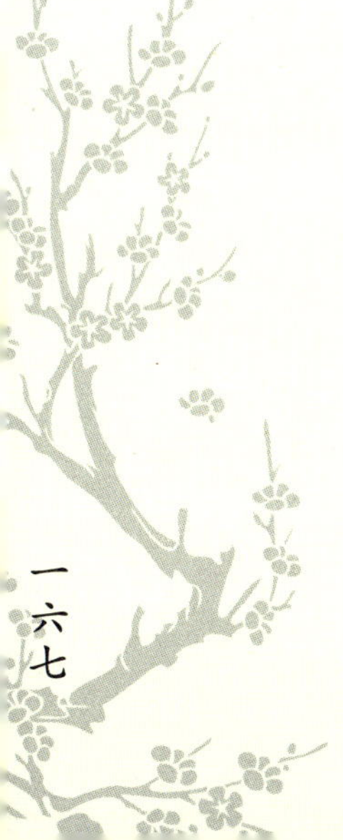

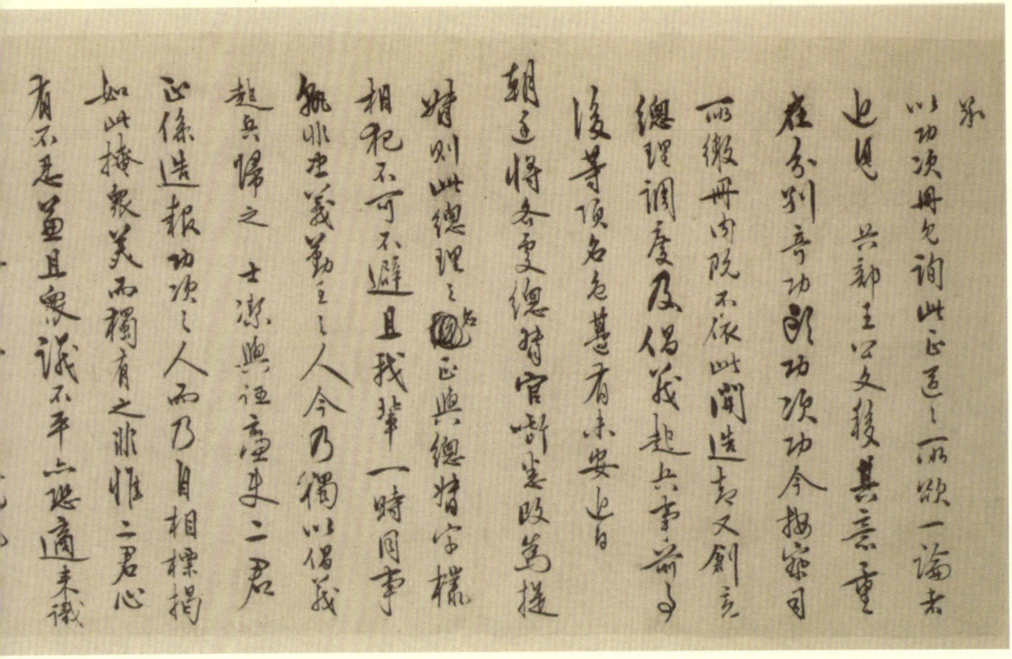

圖四二　致謝士潔手跡（墨跡紙本）

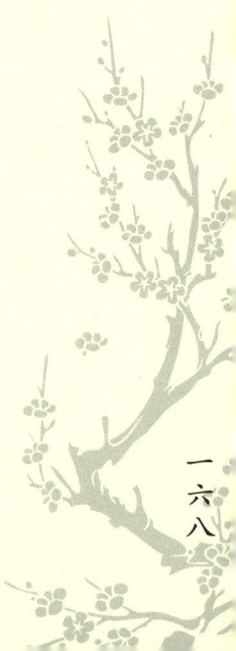

事今宸濠叛逆已是一事作亂之始是
事之始平亂之後是事之終不可以事前
事後之令並以諸公示文之故不得已止於
功次項下開寫庶尚可通況獲功日月前
後自見何俟別開今乃特於冊前後創
此項名目真是畫蛇添足甚於一篇一
千有事之數減去前後且自相矛盾而
捷奏之言篤虛妄矣此在
高明必有的見既承 詢及不敢不盡
又諸鄉官協謀討賊其義甚高亦
乃一槩削而不錄何以勸善我輩心亦何
安且與捷奏亦有不合尤不可不更文封
去冊式乃在省城時與諸公面議者今
亦未敢便以為是更望
斟酌去取之切切不罪 寔拜手言

圖四三　又致謝士潔手跡（墨跡紙本）

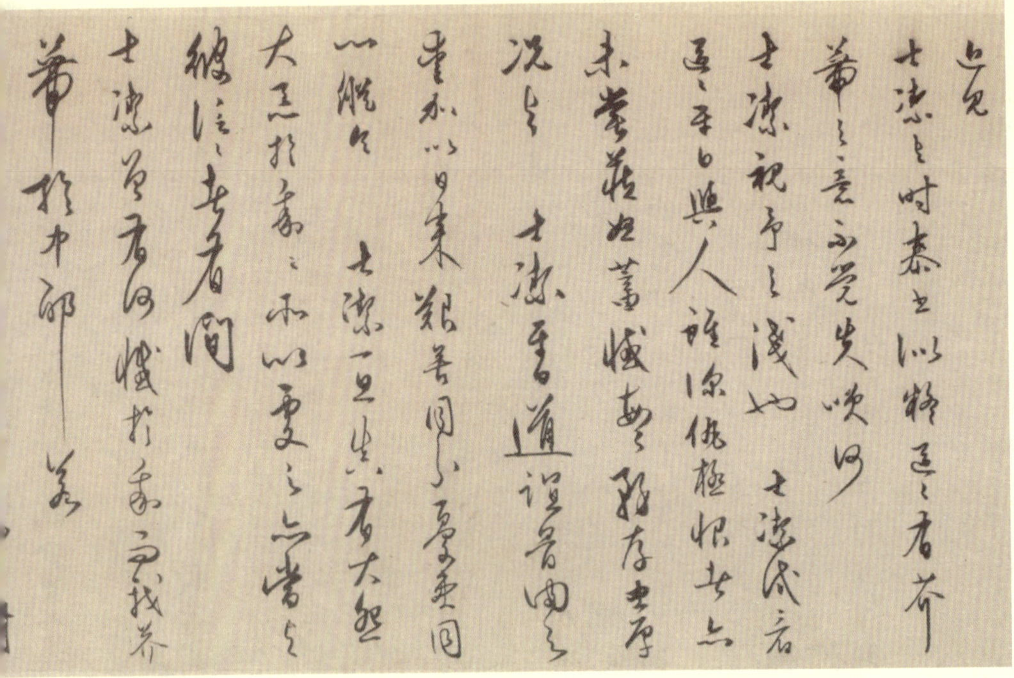

士潔足时泰止以将逐之者亦

蓋之言而觉失唤可

士潔祝予之淺如　士潔風岩

遂之予白與人辞俗极恨去点

未嘗莊如蕭鹹嘉予雅存孝厚

况多　士潔喜道謹音申多

墨亦以旦来艱善固不享要固

以脫气　士潔一旦去去者大紀

大走指家不以要之心啓之

绕泫去者门

士泫岂者因懷扵家而栽蕃

蕃扵中邪一岁

甚有未安。近日朝廷將各處「總督」官啣悉改為「提督」，則此「總理」之名，正與「總督」字樣相犯，不可不避。且我輩一時同事，孰非忠義勤王之人！今乃獨以「倡義起兵」歸之士潔與伍廉使，二君正係造報功次之人，而乃自相標揭如此，掩衆美而獨有之。非惟二君心有不忍，兼且衆議不平，亦恐適來識者之誚，此亦不可不深自省艾也。凡言「事前」「事後」者，皆謂一事之外，前後別有兩事。今宸濠叛逆，正是一事。作亂之始是事之始，平亂之後是事之終，不可以「事前」「事後」言。今若以諸公來文之故，不得已止於功次項下開寫，庶尚可通。況獲功日月，前後自見，何俟別開！今乃特於册前復創此項名目，却是畫蛇添足。其於「一萬一千有奇」之數，減去前後，即自相矛盾，而捷奏之言為虛妄矣。此在高明，必有的見。既承問及，不敢不盡。又諸鄉宦協謀討賊，其義甚高，今乃一槩削而不録，何以勸善？我輩心亦何安？且與捷奏亦有不合，尤不可不處。封去册式，乃在省城時，與諸公面議如此。今亦未敢便以為是，更望斟酌去取之！叨叨，不罪。守仁拜手言。

又致謝士潔〔一〕

近見士潔與時泰書，似疑區區有芥蔕之意，不覺失咲。何士潔視予之淺也！士潔試看，區區平日與人，雖深仇極恨者，亦未嘗藏怒蓄憾，每每務存忠厚，況與士潔平日道誼骨肉之愛！加以日來艱苦同分，憂患同心，縱今士潔一旦真有大怨大惡於我，我所以處之，亦當與彼泛泛者有間。士潔曾有何憾於我，而我芥蔕於中耶？若士潔心直口快，言語之爭，時或有之。此則雖在父子兄弟，旦夕久處，亦有不免。凡今朋友羣居日久者，亦孰不然！若遂以此芥蔕，則盡父子兄弟，盡天下朋友，皆可怨可仇者矣！此人面獸心者之事，而士潔忍以待我耶！區區之心，士潔日後自見。本不俟言，因見士潔與時泰書，却恐士潔或有芥蔕，故輙云云。士潔見之，想亦付之大咲也。呵呵！守仁頓首。外繳呈稿奉覽。

〔一〕本件手跡原件藏浙江省溫州市博物館，編校者據書法全集著録陽明先生手跡（圖四三）録入。

正德十六年辛巳　在江西，六月陞南京兵部尚書參贊機務，十二月封新建伯。陽明先生五十歲。

寄顧惟賢〔一〕

洪都相與幾兩年，中間疏缺多矣。而諸公相愛之情，不一而足，別後益隆無替。感怍豈有盡也！荏苒歲月，忽復半百。四十九年之非，不可追復。方切悔嘆，思有以自新。而使者遠辱，重之以文辭，敬之以儀物，是慶之者適所以媿之也。又且惠及老父，悚汗愈不可言。使還，值冗結，未暇細裁，尚須後便更悉鄙懷耳。十月九日，守仁頓首。

惟賢憲長道契大人文侍。

復朱守忠書〔二〕

乍別忽旬餘，沿途人事擾擾，每得稍暇，或遇景感觸，輒復興懷。齎詔官來，承手札，知警省不懈，幸甚！幸甚！此意不忘，即是時時相見，雖別非別矣。道之不明，皆由吾輩明之於口，而不明之於身。是以徒騰頰舌，未能不言而信，要在立誠而已。向日謙虛之說，其病端亦起於不誠，使能如好好色，如惡惡臭，亦安有不謙不虛時邪！虞佐相愛之情甚厚，別後益見其真切，所恨愛莫為助，但願渠實落做個聖賢，以此為報而已。相見時，以此意規之。謙之當已不可留，國裳亦時時相見否？學問之益，莫大於朋友切磋，聚會不厭頻數也。明日當發至鉛山〔三〕，到家漸可計日，但與守忠相去益遠。臨紙悵然。

與席元山〔四〕

向承教札及鳴冤録，讀之見別後學力所到。卓然斯道之任，庶幾乎天下非之而不顧，非獨與世之附和雷

〔一〕本件手跡原件藏中國國家博物館，編校者據書法全集著録陽明先生手跡（圖四四）録入。〔二〕本件録自餘姚板文録卷二，又見於存稿等。〔三〕存稿 陽明文録作「玉山」。〔四〕本件録自餘姚板文録卷二，又見於存稿等。

圖四四　寄顧惟賢書手跡（墨跡紙本）

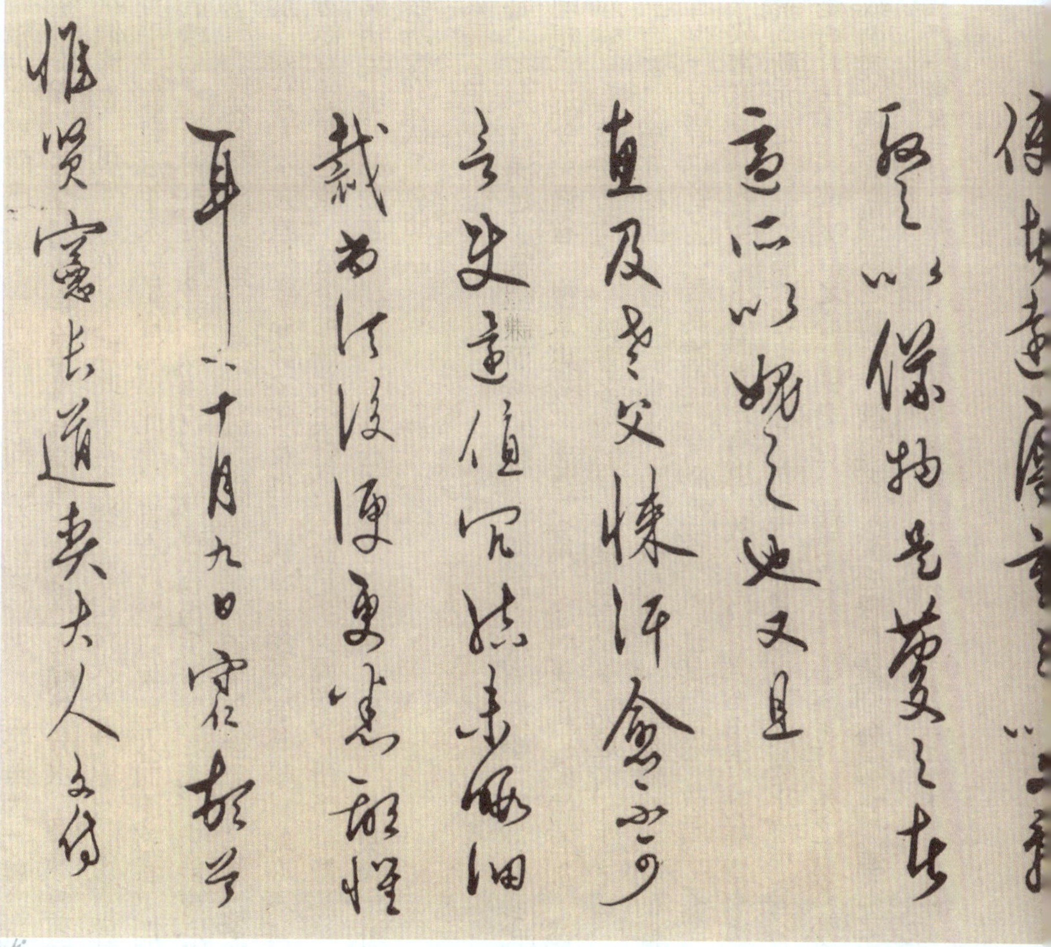

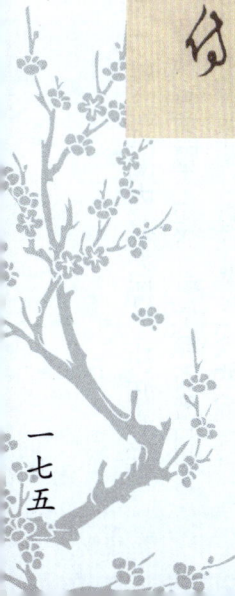

同，從人悲笑者，相去萬萬而已。幸喜何極！中間乃有須面論者，但恨無因一會。近聞内臺之擢，决知必從鉛山取道，而僕亦有歸省之便，庶得停舟途次，為信宿之談。使人候於分水，乃未有前驅之報，駐信城者五日，悵怏而去。天之不假緣也，可如何哉！大抵此學之不明，皆由吾人入耳出口，未嘗誠諸其身。譬之談飲說食，何由得見醉飽之實乎？僕自近年來，始實見得此學，真有百世以俟聖人而不惑者。朋友之中，亦漸有三數輩篤信不回，其疑信相半，顧瞻不定者，多以舊說沈痼，且有得失毀譽之虞，未能專心致志〔一〕以聽，亦坐相處不久，或交臂而別，無從與之細說耳。象山之學，簡易直截，孟子之後一人。其「學問思辯致知格物」之說，雖亦未免沿襲之累，然其大本大原，斷非餘子所及也。執事素能深信其學，此亦不可不察。正如求精金者，必務煅鍊足色，勿使有纖毫之雜，然後可無虧損變動。蓋是非之懸絶，所爭毫釐耳。用熙近聞已赴京，知公故舊之情極厚，倘猶未出，亦勸之學問而已。存心養性之外，無別學也。相見時，亦望遂以此言致之。〔二〕冗次兼暑毒，莫罄所懷。伏惟尊照！

答倫彥式書〔三〕

往歲僊舟過贛，承不自滿足，執禮謙而下問懇，古所謂「敏而好學」，於吾彥式見之。別後連冗，不及以時奉問，極切馳想。近令弟過省，復承惠教。志道之篤，趨向之正，勤倦有加，淺薄何以當此！悚息！悚息！諭及「學無靜根」「感物易動」「處事多悔」，即是三言，尤見近時用工之實。僕罔所知識，何足以辱賢者之問！大抵三言者，病亦相因。惟學而別求靜根，故感物而懼其易動；感物而懼其易動，是故處事而多悔也。心無動靜者也。其靜也者，以言其體也；其動也者，以言其用也。故君子之學，無間於動靜。其靜也，常覺而未嘗無也，故常應；其動也，常定而未嘗有也，故常寂。常應常寂，動靜皆有事焉，是之謂集義。集義，故能無祇悔，所謂「動亦定，靜亦定」者也。心一而已，靜其體也，而復求靜根焉，是撓其體也；動其用也，而懼其易動焉，是廢其用也。故求靜之心，即動也；惡動之心，非靜也。是之謂動亦動，靜亦動，將迎起伏，相尋於無窮矣。故循理之謂靜，從欲之謂動。欲也者，非必聲色貨利外誘也，有心之私，皆欲也。故循理焉，

〔一〕餘姚板文録作「知」，編校者從存稿訂改。〔二〕存稿陽明文録無以下十三字。〔三〕本件録自餘姚板文録卷四，又見於存稿等。

雖酬酢萬變，皆靜也。濂溪所謂「主靜無欲」之謂也，是謂集義者也。從欲焉，雖心齋坐忘，亦動也。告子之「強制正助」之謂〔二〕也，是義外〔三〕者也。雖然，僕蓋從事於此，而未之能焉，聊為賢者陳其所見云爾。以為何如？便間示知之。

答湛甘泉書〔三〕

世傑來，承示學庸測，喜幸！喜幸！中間極有發明處，但於鄙見尚大同小異耳。「隨處〔四〕體認天理」，是真實不誑語。鄙說初亦如是，及根究老兄命意發端處，却似有毫釐未協，然亦終當殊途同歸也。脩、齊、治、平，總是「格物」。但欲如此節節分疏，亦覺說話太多，且語意務為簡古，比之本文，反更深晦，讀者愈難尋求。此中不無亦有心病，莫若明白淺易其詞，略指路徑，使人自思得之，更覺意味深長也。高明以為何如？「致知」之說，鄙見恐不可易，亦望老兄更一致意，便間示知之。此是聖學傳心之要，於此既明，其餘皆洞然矣。意到懇切處，不得不直，幸不罪其僭妄也！叔賢大學洪範之說，其用力已深，一時恐難轉移，此須面論，始有可辯正耳。會間先一及之。去冬有方叟者過此，傳示高文，其人習於神仙之說，謂之志於聖賢之學，恐非其本心。人便，草草不盡。

答方叔賢書〔五〕

承示大學原，知用心於此深密矣。道一而已，論其大本大原，則六經四書無不可推而同之者，又不特洪範之於大學而已。此意亦僕平日於朋友中所嘗言〔六〕者。譬之草木，其同者，生意也；其花實之疏密，枝葉之高下，亦欲盡比而同之，吾恐化工不如是之雕刻也。今吾兄方自喜以為獨見新得，銳意主張是說，雖素蒙信愛如鄙人者，一時論說，當亦未能遽入。且願吾兄以所見者實體諸身，必將有疑；果無疑，必將有得；

〔一〕餘姚板文録 存稿作「欲」，編校者從陽明文録訂改。〔二〕存稿 陽明文録作「外義」。〔三〕本件録自餘姚板文録卷四，又見於存稿等；存稿 陽明文録本件題作答甘泉。〔四〕餘姚板文録作「事」，編校者從存稿訂改。〔五〕本件録自餘姚板文録卷四，又見於存稿等。〔六〕存稿 陽明文録作「常言」。

果無得，又必有見，然後鄙說可得而進也。學之不明，幾百年矣！近幸同志如甘泉，如吾兄者〔一〕，相與切磋講求，頗有端緒，而吾兄忽復牽滯文義若此，吾又將誰望乎！君子論學，固惟是之從，非以必同為貴。至於入門下手處，則有不容於不辯者，所謂毫釐之差，千里之謬矣。「致知格物」，甘泉之說與僕尚微有異，然不害其為大〔二〕同。若吾兄之說，似又與甘泉異矣。相去遠，恐辭不足以達意，故言語直冒，不復有所遜讓。近與甘泉書亦道此，當不以為罪也。

與楊仕鳴〔三〕

差人來，知令兄已於去冬安厝，墓有宿草矣。無由一哭，傷哉！所委誌銘，既病且冗，須朋友中相知深者一為之，始能有發耳。喻及「日用講求功夫，只是各依自家良知所及，自去其障，擴充以盡其本體，不可遷就氣習，以趨時好」。幸甚！幸甚！果如是，方是「致知格物」，方是「明善誠身」。果如是，德安得而不日新！業安得而不富有！謂「每日自檢，未有終日渾成片段」者，亦只是「致知」工夫間斷。夫仁，亦在乎熟之而已。又云「以此磨勘先輩文字同異，工夫不合，常生疑慮」，又何為其然哉？區區所論「致知」二字，乃是孔門正法眼藏，於此見得真的，直是建諸天地而不悖〔四〕，質諸鬼神而無疑，考諸三王而不繆，百世以俟聖人而不惑。知此者，方謂之知道；得此者，方謂之有德。異此而學，即謂之異端；離此而說，即謂之邪說；迷此而行，即謂之〔五〕冥行。雖千魔萬恠，眩瞀變幻於前，自當觸之而碎，迎〔六〕之而解，如太陽一出，而鬼魅魍魎自無所逃其形矣。尚何疑慮之有？而何異同之足惑乎！所謂「此學如立在空中，四面皆無倚靠，萬事不容染着，色色信他本來，不容一毫增減。若涉些安排，着些意思，便不是合一工夫。」雖言句〔七〕時有未瑩，亦是仕鳴見得處，足可喜矣。但須切實用力，始不落空。若只如此說，未免亦是議擬倣象，已後只做得一個弄精魄的漢，雖與近世「格物」者症候稍有不同，其為病痛，一而已矣。詩文之習，儒者雖亦不廢，

〔一〕餘姚板文録無此字，編校者據存稿訂補。〔二〕存稿此字為黑釘。〔三〕本件録自餘姚板文録卷四，又見於存稿等。

〔四〕餘姚板文録作「不背」，編校者從存稿訂改。〔五〕存稿此字為黑釘。〔六〕存稿此字為黑釘。〔七〕存稿作「苟」。

孔子所謂「有德者必有言」也。若著意安排組織，未有不起於勝心者，先輩號為有志斯道，而亦復如是，亦只是習心未除耳。仕鳴既知「致知」之說，此等處自當一勘而破，瞞他些子不得也。

與夏敦夫〔一〕

不相見者幾時？每念吾兄忠信篤厚之資，學得其要，斷能一日千里。惜無因亟會，親睹其所謂歷塊過都者以為快耳。昔夫子謂子貢曰：「賜也，汝以予為多學而識之者與？」對曰：「然。非與？」子曰：「非也。予一以貫之。」然則聖人之學乃不有要乎？彼〔二〕釋氏之外人倫，遺物理，而墮於空寂者，固不得謂之明其心矣。若世儒之外務講求考索，而不知本諸其心者，其亦可以謂「窮理」乎！此區區之心，深欲就正於有道者，因便輒及之，幸有以教我也。區區兩年來血氣亦漸衰，無復用世之志。近始奉敕北上，將遂便道歸省老親，為終養之圖矣。冗次，不盡所懷。

與元靜〔三〕

惟乾之事將申而遂沒，痛哉！冤乎！不如是，無以明區區罪惡之重，至於貽累朋友。不如是，無以彰諸君之篤於友道。痛哉！冤乎！不有諸君在，則其身沒之後，將莫知所在矣，況有為之衣衾棺殮者乎！是則猶可以見惟乾平日為善之報，於大不幸之中，而尚有可幸者存也。嗚呼痛哉！即欲為之一洗，自度事勢未能遽脫，或必須進京。候到京日，再與諸君商議而行之。苟遂歸休，終須一舉，庶可少泄此痛耳。其歸喪一事，托王邦相為之經理，倘有不便，須僕到京圖之未晚也。行李倥傯中，未暇悉所欲言。千萬心照！

與鄒謙之書〔四〕

別後德聞日至，雖不相面，嘉慰殊深。近來此意見得益親切，國裳亦已篤信，得謙之更一來，愈當沛然

〔一〕本件録自餘姚板文録卷四，又見於存稿等。〔二〕餘姚板文録作「被」，編校者從存稿訂改。〔三〕本件録自存稿卷二書二，又見於鄒序本文録等。存稿 鄒序本文録本件讀為嘉靖三年甲申年作，編校者據陽明年譜移入。〔四〕本件録自陽明文録卷二書二，又見於鄒序本文録等。

矣。適吳守欲以府志奉瀆，同事者于中國裳汝信惟濬，遂令開館於白鹿，醉翁之意蓋有在，不專以此煩勞也。區區歸遯有日，聖天子新政英明，如謙之亦宜束裝北上。此會宜急圖之，不當徐徐而來也。蔡希淵近已主白鹿，諸同志須僕已到山，却來相講，尤妙。此時却匆匆，不能盡意也。幸以語之！

寄諸弟書〔一〕

此間家事，尚未停當，專俟弟輩來此分處。何乃一去許時，不見上來。先人遺命在耳，其忍恝然若是耶！田莊農務，雖在正忙時節，亦須暫拋旬日，切不可再遲遲矣。正心、正思候提學一過，即宜上來。正恕、正愈、正惠先可携之同來。近日正恩輩在此，始覺稍有分毫之益，決不可縱。今在家放蕩過了也。此間良友比在家稍多，古人所謂「蓬生麻中，不扶而直」，是真實不誑語。長兄伯安字白。三弟、四弟、六弟、八弟同看。伯叔母二位老孺人同稟此意。

致謝士潔三書

第一書〔二〕

別久，益想念。京師凡百，得士潔在。今汝真又往，區區心事，當能一白矣。老父衰病日深，賞功後得遂歸省，即所謂騎鶴揚州矣！諸老處，望為一一致懇。冀生事，聞極蒙留意，甚感！甚感！今汝在，復遭此，不識諸君何以解之？此間凡百，王金略能道。適牙痛，臨楮不能一一。守仁拜手。

士潔侍御道契文侍。　餘空。

第二書〔三〕

冀惟乾事，承為表暴扶持。乃不意其命之薄，一至於此！又承為之衣衾棺殮，皆仁者用心忠厚之道也。感刻！感刻！其未申寃抑，尚欲為之一洗。以區區出處未定之故，猶在遲疑間，必不得已而進京。俟到京日，

〔一〕本件手跡原件藏北京故宮博物院，編校者據書法全集著録陽明先生手跡（圖四五）録入。〔二〕本件手跡原件藏浙江省溫州市博物館，編校者據書法全集著録陽明先生手跡（圖四六）録入。〔三〕本件手跡原件藏浙江省溫州市博物館，編校者據書法全集著録陽明先生手跡（圖四七）録入。

更與諸君商議而行之。若遂歸休之願，終須一舉，庶能少泄此心之痛耳。柰何？柰何！其喪事托王邦相與之區處，望始終為之周還。有不便者，須僕到京日圖之亦可也。行李匆匆間，所欲言者，不能一一。千萬心照！守仁頓首。

士潔侍御大人道契文侍。　餘素。

第三書〔一〕

吾子守道，屈志未伸。表揚宣白，此自公論所不容已。僕於凡今之人皆然，況在吾子之素愛且厚乎！若致書當道，則恐不能有益於吾子，而適足以自點矣。如何？如何！凡居官行己，若皆順意從志，則亦何難？惟當困心横慮，而能獨立不變，然後見君子之所守。孟子謂「動心忍性，增益其所不能」。吾子素有志於學，當此之時，顧非吾子用力之地耶？幸勉圖之！以卒永業。世俗之榮辱，决非君子之所為欣戚也。伍太守書一函，至望一送州巡撫。便間當道及，今亦未敢特致。亮之！亮之！守仁再拜。

士潔謝明府大人道契。

與胡時振書〔二〕

濶别久。近想所造日益深純，無因一面扣為快耳。教下士亦有能興起者乎？道之不明，世之教與學者，但知有科舉利禄；至於窮理盡性，自己本領，乃反視為身外長物。有道者必嘗慨嘆於斯矣。何以救之？何以救之！區區病疏既五上，近嘗得報，歸遯有期，庶幾盡力於此也。海内同志漸多，而着實能負荷得者尚少，如吾時振美質清才，篤志而不怠，亦何所不到哉！偶張鮮元去便，略致企念之懷。冗次草草，不盡！不盡！

寓洪都，守仁頓首啟。

時振大提學道契兄文侍。

古本定論各一册。　餘素。

〔一〕本件手跡原件藏浙江省溫州市博物館，編校者據書法全集著録陽明先生手跡（圖四八）録入。

〔二〕本件手跡原件藏上海博物館，編校者據書法全集著録陽明先生手跡（圖四九）録入。

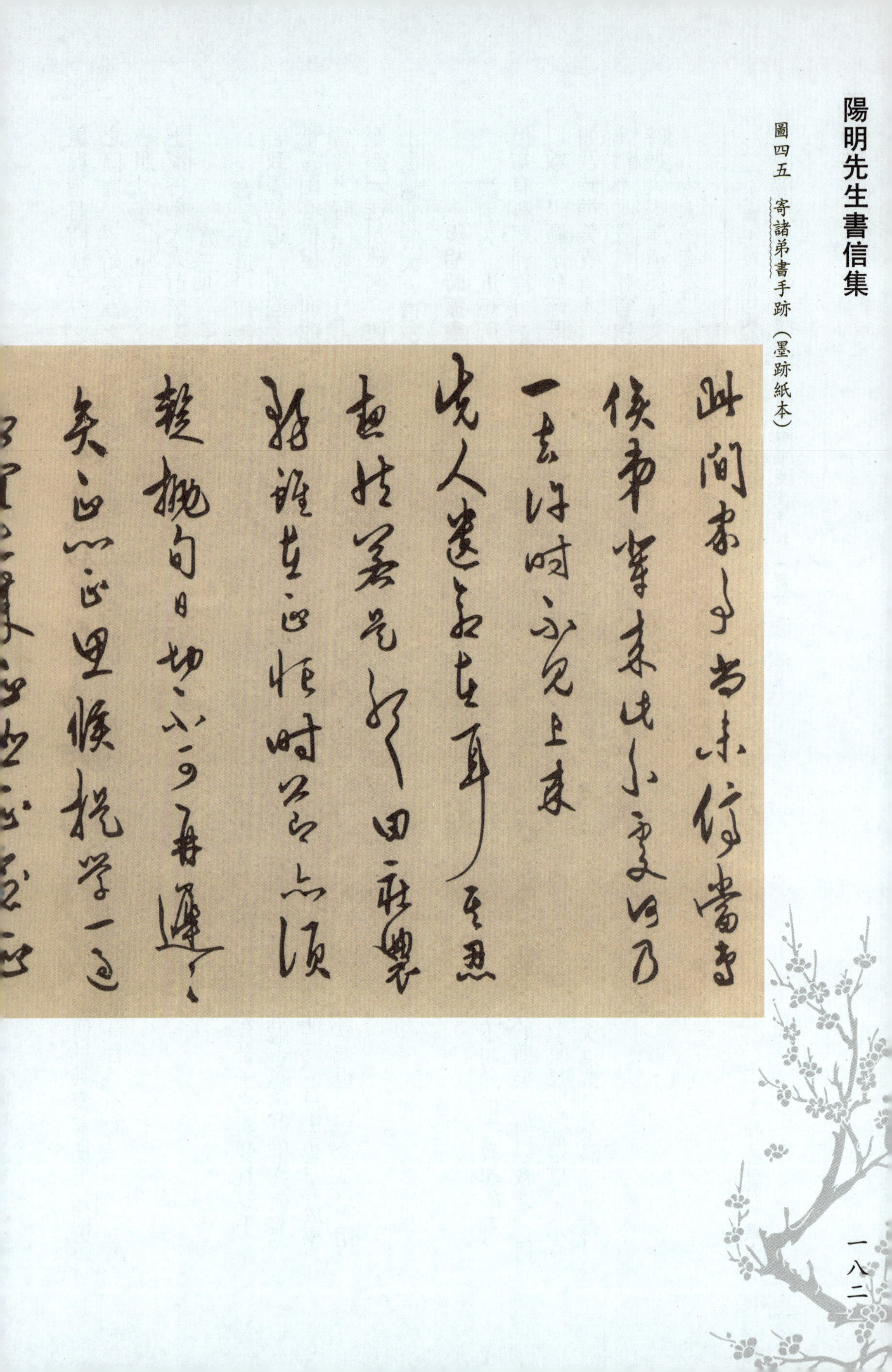

圖四五　寄諸弟書手跡（墨跡紙本）

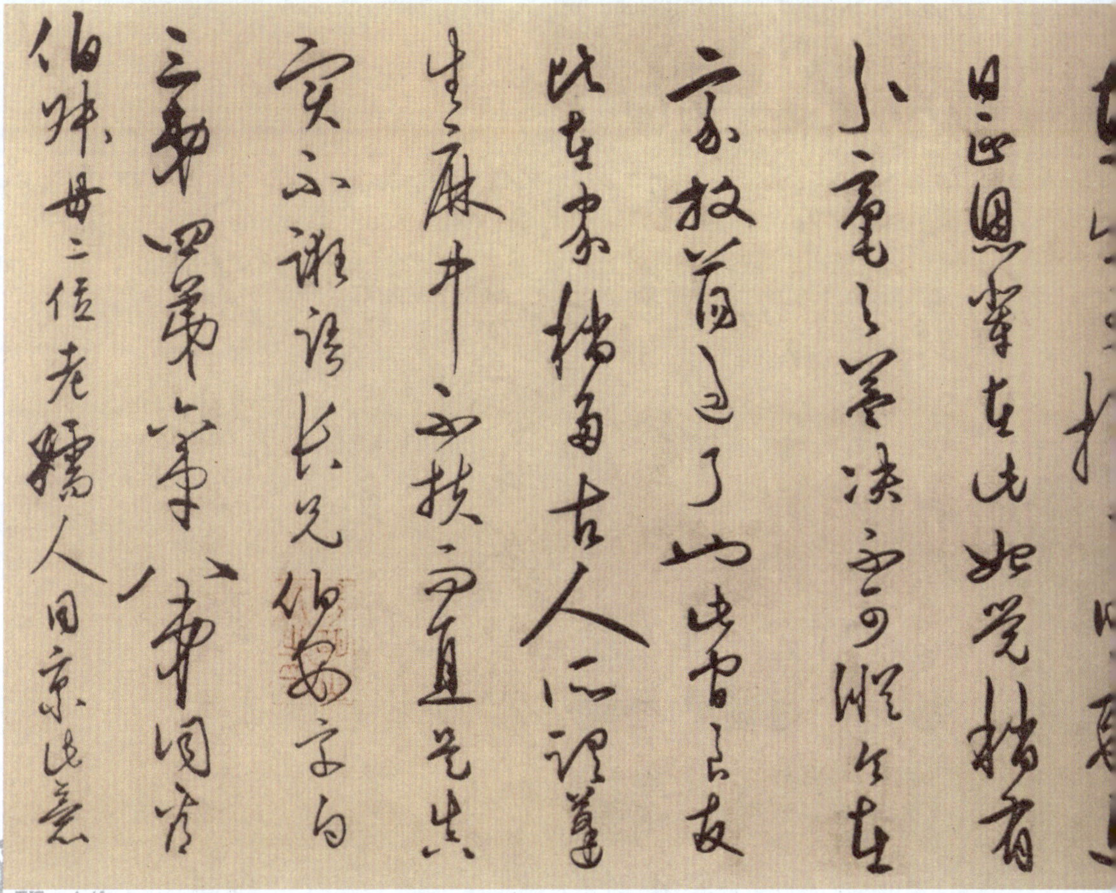

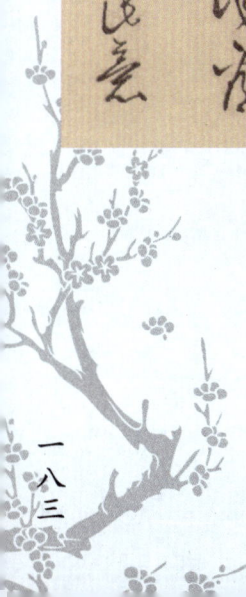

圖四六　致謝士潔三書第一書手跡（墨跡紙本）

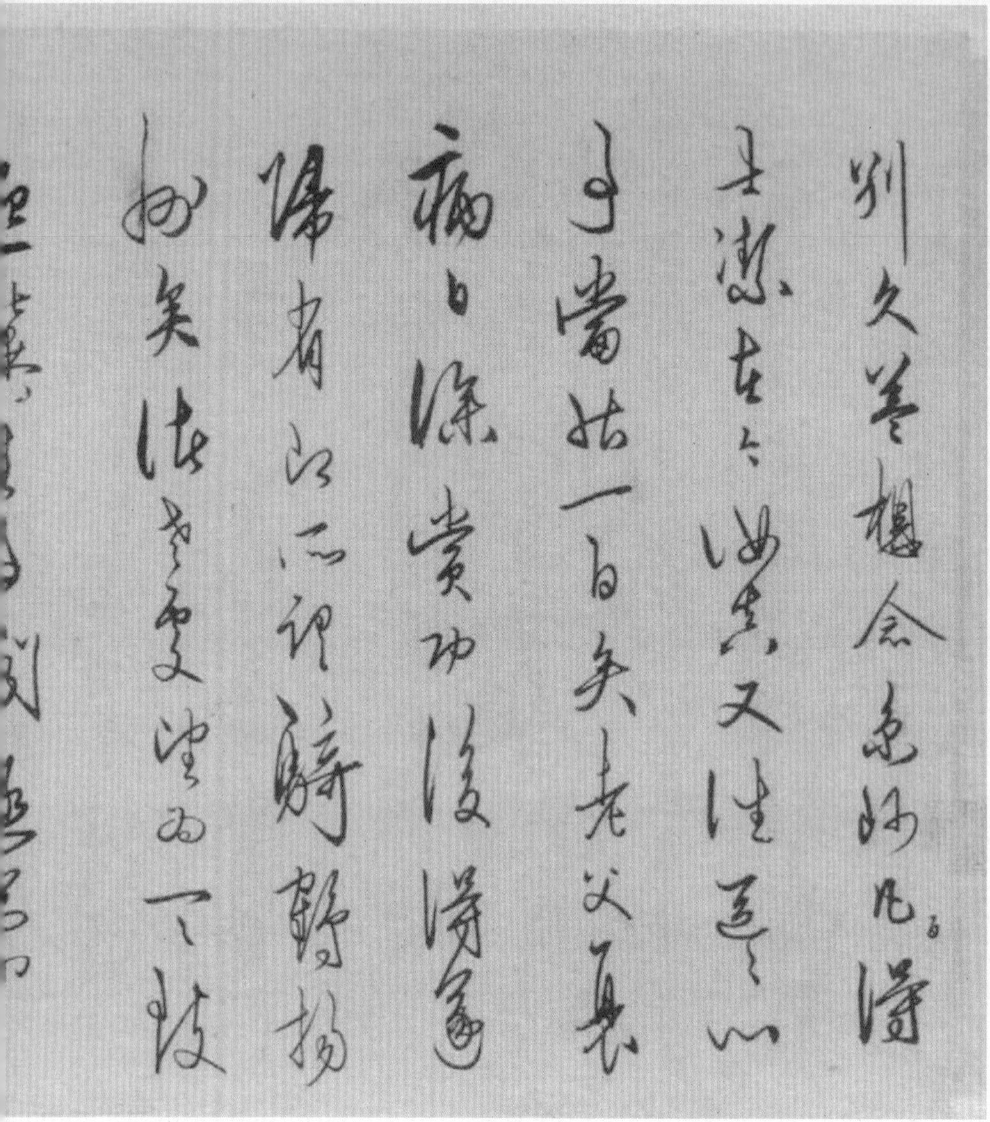

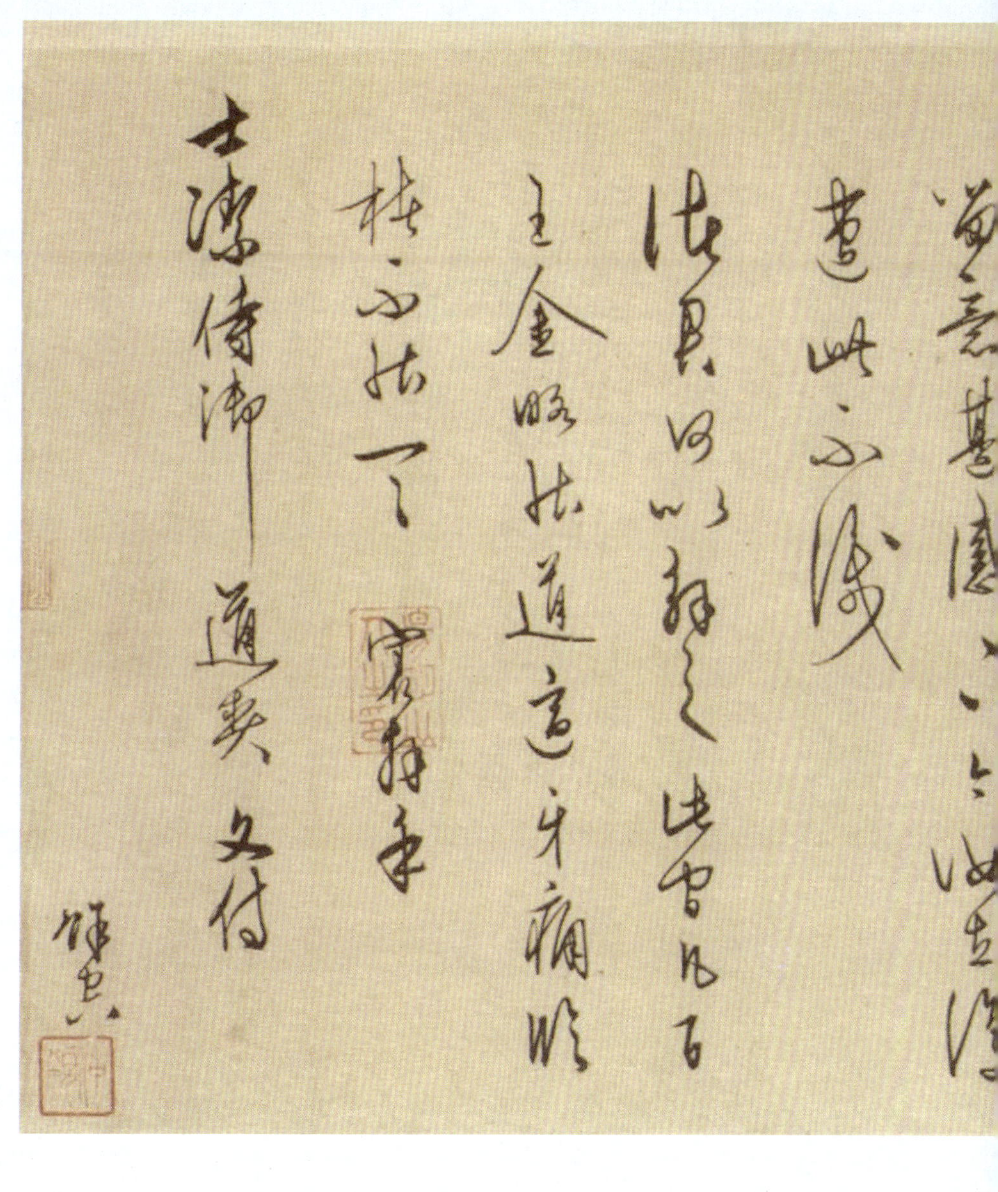

圖四七 致謝士潔三書第二書手跡（墨跡紙本）

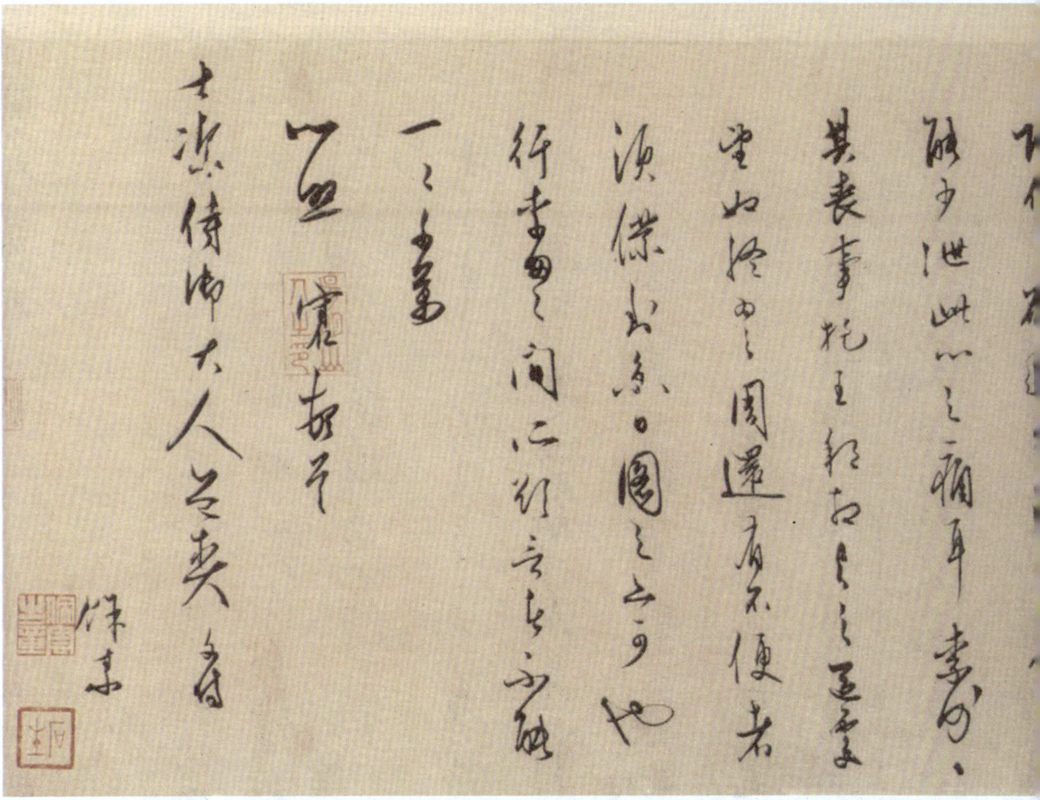

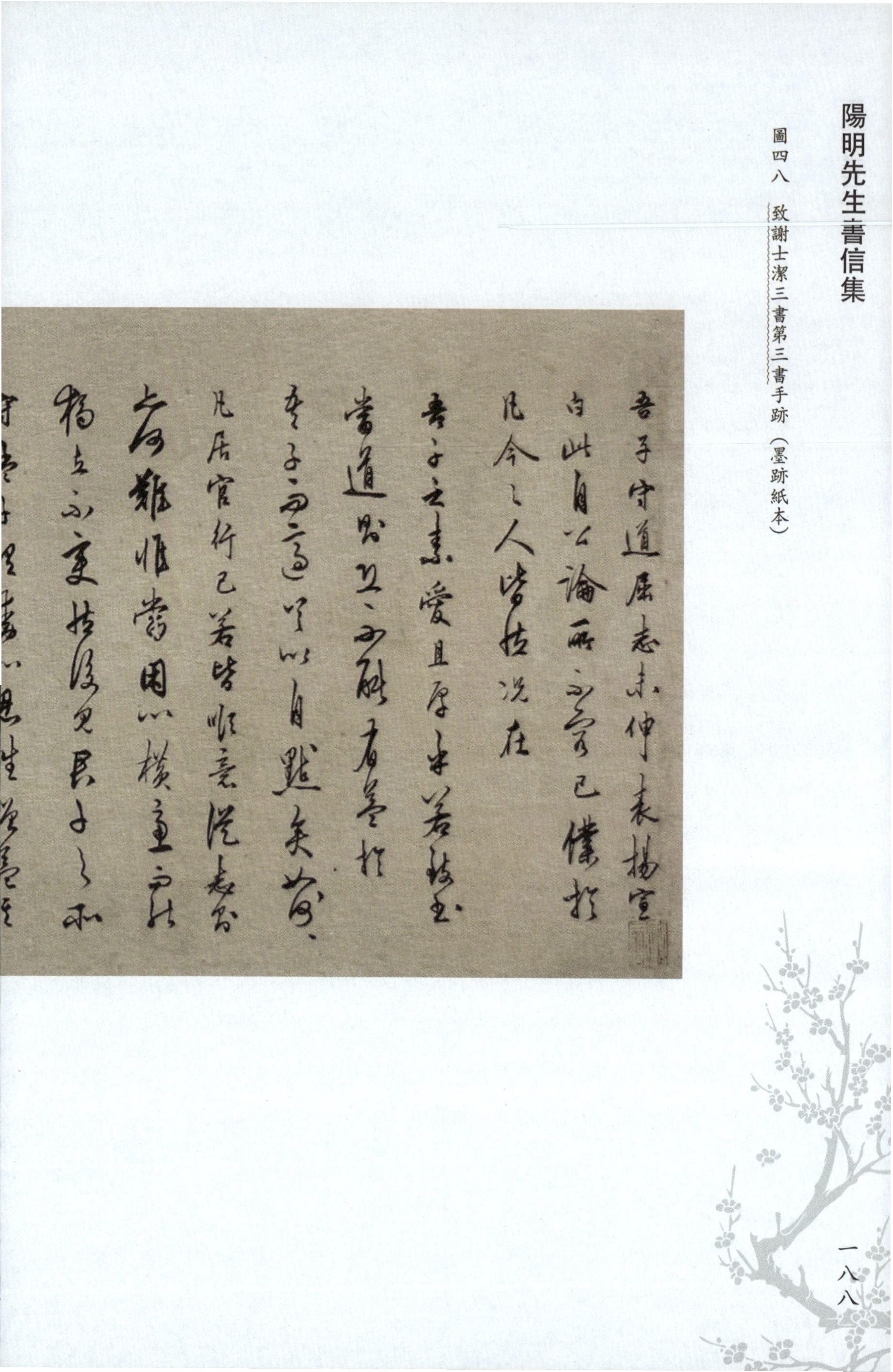

圖四八　致謝士潔三書第三書手跡（墨跡紙本）

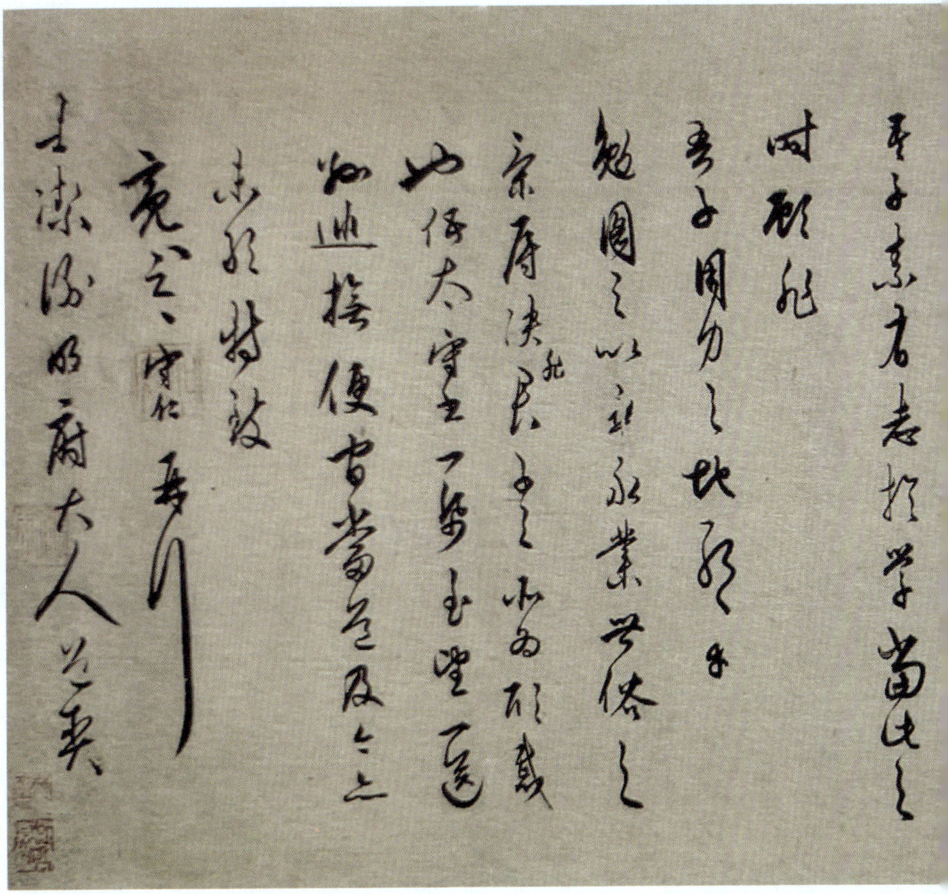

圖四九　與胡時振書手跡（墨跡紙本）

当事如此
时振美情清才萬志
而不患不用以不到敕偶
陳解元吉復脫枝念念之
懷况頃筆之而益、
寧得蒼守仁頓首啟
时振大提學道賢兄
文侍
古木竹石各一冊
餘壬

寄王邦相書〔一〕

此等事，如浮雲糞土，豈至今日反動其心！凡百付之公論，聽命於天而已，不必更有所希望也。至於人有德於我，而我報之者，此自是忠厚之道。但在今日，便涉干求，斷不可行耳！季生事却望極力與之扶持，非獨區區師友之義有不容已，亦天理人心所在。行路之人，皆知為之不平，况在邦相，亦嘗與之相識者乎！一應衣食盤纏之費，區區當一一補償，勿令缺乏。至囑！至囑！餘情宗海想亦自有書。冗次，不一一。陽明山人拜手。

邦相宗弟契家

省親本若有旨，須遣人作急囬報，恐前賚奏人或在路延遲耳。餘

嘉靖元年壬午 在越，二月龍山公卒。陽明先生五十一歲。

致應階嚴大人〔二〕

孤不孝，延禍先子。遠承吊慰，豈勝哀感！逆惡之人，未即殞滅；微功重賞，適多其罪，詎足以云賀耶！禮意敬復，誠不敢當！使者堅不可拒，登拜悚仄，荒迷中，莫知所以為謝。伏塊抆淚，草草不次。孤守仁稽顙疏

應階嚴大人道契文侍。

七月三日。餘空。

致子宿司諫〔三〕

守仁罪逆未死之人，天罰不足，加以人非，固其所也。乃以重累知己，為之匡扶洗滌，觸冒忌諱而不顧，

〔一〕本件手跡原件藏山東省青島市博物館，編校者據山東省青島市博物館官網陽明先生手跡（圖五〇）録入。〔二〕本件手跡原件藏北京故宮博物院，編校者據書法全集著録陽明先生手跡（圖五一）録入。〔三〕本件手跡原件藏廣東省博物館，編校者據書法全集著録陽明先生手跡（圖五二）録入。

圖五〇 寄王邦相書手跡（墨跡紙本）

圖五一　致應階嚴大人手跡（墨跡紙本）

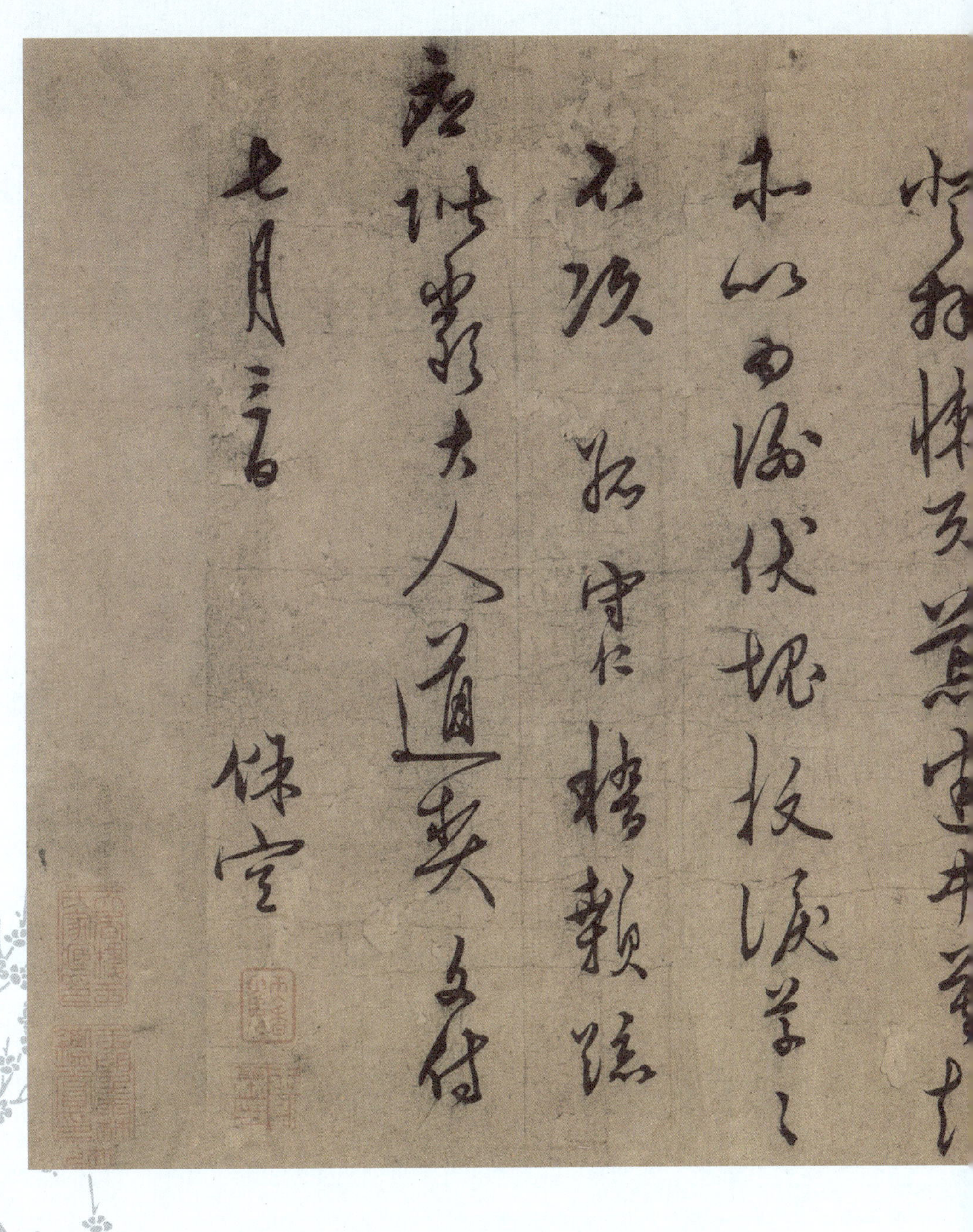

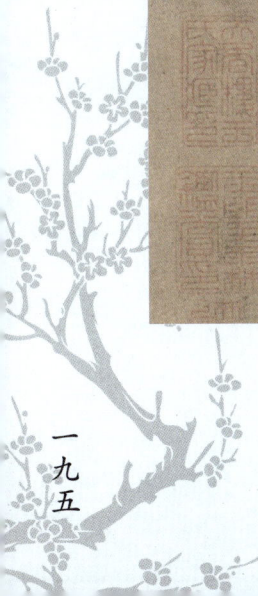

圖五二　致子宿司諫手跡（墨跡紙本）

當之而復聞吾季其宮之曰之

手雖筆廈千作表於下將令

其若頓於隨心室之成如已

刻不自勉以乎如負於相民之

重某經荼苦中未孤為執責

秦人去伏堪筆之世作次

十一月西書杭子審楷書

子宿日速為表先名存

保宣

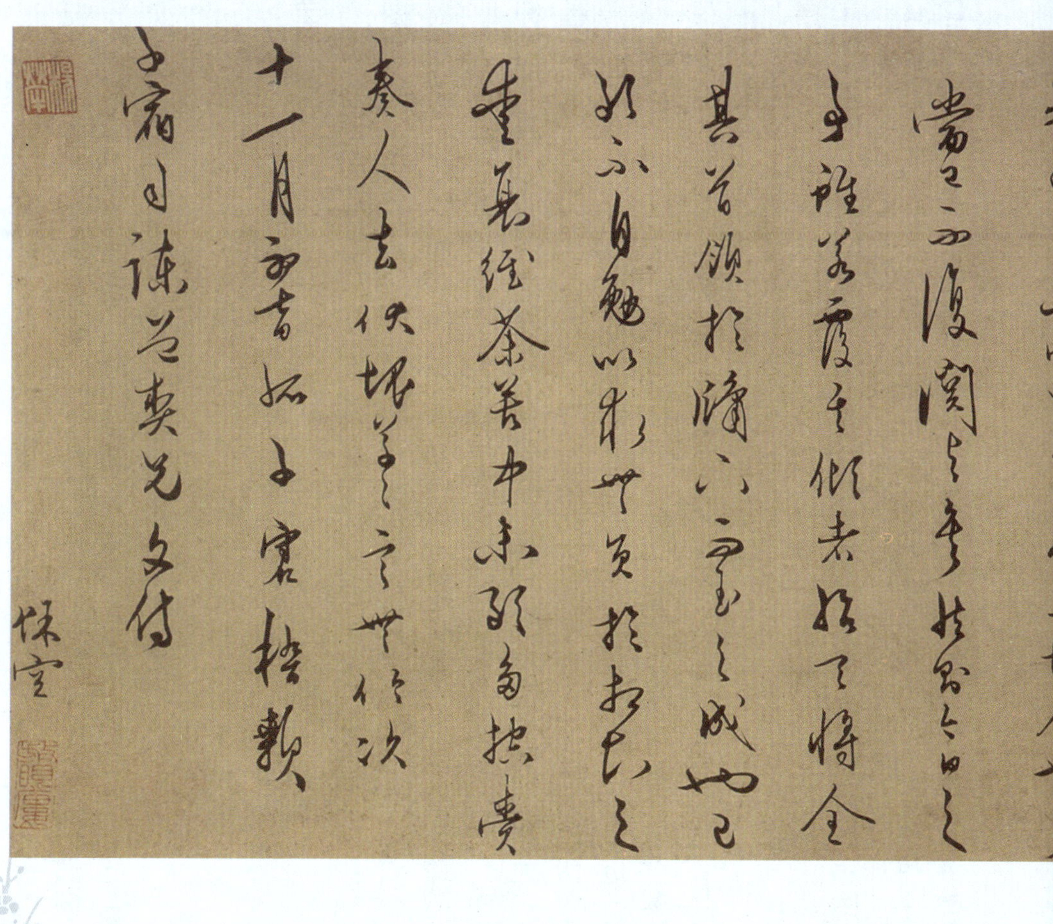

此昔之君子所難能也。媿負！媿負！自去歲到家，即已買田築室，為終老之計矣。遭喪以來，此意益堅。自是而後，惟山谷之不深、林壑之不邃是憂，一切人世事，當已不復關與矣。然則今日之事，雖若覆其傾者，殆天將全其首領於牖下，而玉之成也已。敢不自勉！以求無負於相知之愛。衰絰荼苦中，未敢多控。賫奏人去，伏塊草草，言無倫次。十一月初七日，孤子守仁稽顙。

子宿司諫道契兄文侍。

餘空。

上彭幸庵〔一〕

不孝延禍先子，自惟罪逆深重，久〔二〕擯絕於大賢君子之門〔三〕矣。然猶強息忍死，未即殞滅，又復有所控籲者，痛惟先子平生孝友剛直，言行一出其心之誠，然而無所飾於其外；與人不為邉幅，而至於當大義，臨〔四〕大節，則毅然奮卓而不可回奪；忝從大夫之後，逮事先朝，亦既薦被知遇；中遭逆瑾之變，退伏田野，忠貞之志，抑而不申；近幸中興之會，聖君賢相方與振廢起舊，以發舒幽枉，而先子則長已矣。德藴壅閼而未宣，終將泯溺於俗，豈不痛哉！伏惟執事才德勳烈動一世，忠貞之節，剛大之氣，屹然獨峙，百撼不摇，真足以廉頑而立懦，天子求舊圖新，復起以相，海内仰望其風采。凡天下之韜伏堙滯，窒而求通，絀而求直者，莫不延頸跂足，望下風而奔訴。況先子素辱知與，不肖孤亦嘗受教於門下，近者又蒙為之刷垢雪穢，繆承推引之恩，蓋不一而足者，反自踈外，不一以其情為請！是委先子於溝壑，而重棄於大賢君子也。不孝之罪，不滋為甚歟！先子之没，有司以贈謚乞，非執事之憫之也，而為之一表白焉，其敢覬覦於萬一乎！荒迷懇迫，不自知其僭罔瀆冒。死罪！死罪！死罪！

寄楊邃庵閣老〔五〕

孤聞之，昔古之君子之葬其親也，必求名世大賢君子之言，以圖其不朽。然而大賢君子之生，不數數於

〔一〕本件録自存稿 外集卷五書，又見於陽明文録等。〔二〕存稿以上二字為黑釘，編校者據陽明文録訂補。〔三〕存稿此字為黑釘，編校者據陽明文録訂補。〔四〕存稿此字為黑釘，編校者據陽明文録訂補。〔五〕本件録自存稿 外集卷五書，又見於陽明文録等。

世。固有世有其人，而不獲同其時者矣；又有同其時而限於世分，無由自通於門墻之下者矣。則夫圖不朽於斯人者，不亦難乎！痛惟先君宅心制行，庶亦無媿於古人。雖已忝在公卿之後，而遭時〔一〕未久，志未大行，道未大明，取嫉權奸，斂德而歸，今則復長已矣。不孝孤將以是歲之冬舉葬事，圖所以為不朽者，惟墓石之誌為重。伏惟明公道德文章，師表一世；言論政烈，刑儀〔二〕百辟。求之昔人，蓋歐陽文忠、范文正、韓魏公其人也。所謂名世之大賢君子，非明公，其誰歟！不幸而生不同時也，則亦已矣；幸而猶及在後進之末，雖明公固所不屑，揮之門墻之外，猶將冒昧強顏而入焉。況先君素辱知與，不屑孤又嘗在屬吏之末，受教受恩，懷知己之感，有道誼骨肉之愛。邇者又嘗辱使臨吊，寵之以文詞，惻然憫念其遺孤，而不忍遽棄遺之者，是以忘其不孝之罪，犯僭踰之戮，而輒敢以誌為請。伏惟明公休休容物，篤厚舊故，甄陶一世之士，而各欲成其名；收録小大之才，而惟恐沒其善。則如先君之素受知愛者，其忍靳一言之惠，而使之泯然無聞於世耶！不腆先人之幣，敢以陸司業之狀，先於將命者。惟明公特垂哀矜，生死受賜，世世子孫捐軀殞命，未足以為報也！不勝惶悚顛越之至！荒迷無次。

致楊邃庵〔三〕

某之繆辱知愛，蓋非一朝一夕矣。自先君之始，托交於門下，至於今，且四十餘年。父子之間，受惠於不知，蒙施於無跡者，何可得而勝舉！就其顯然可述，不一而足者，則如先君之為祖母乞葬祭也，則因而施及其祖考。某之承乏於南贛而行事之難也，則因而改授以提督；其在廣會征，偶獲微功而見詘於當事也，則竟違衆議而申之；其在西江，幸夷大憝而見搆於權奸也，則委曲調護，既允全其身家，又因維新之詔，而特為之表揚暴白於天下，力主非常之典，加之以顯爵；其因便道而告乞歸省也，則既嘉允其奏，而復優之以存問；其頒封爵之典也，出非望之恩，而遂推及其三代。此不待人之請，不由有司之議，傍無一人可致纖毫之力，而獨出於執事之心者，恩德之深且厚也如是，受之者宜何如為報乎！夫人有德於己，而不知以報者，

〔一〕存稿以上二字為黑釘，全録作「立朝」，編校者據陽明文録訂補。〔二〕郭刻本全書、謝刻本全書作「儀刑」。〔三〕本件録自文録续编卷二，又見於郭刻本全書等。

草木鳥獸也。櫟之樹，隨之蛇，尚有靈焉；人也，而顧草木鳥獸之弗若耶？顧無所可效其報者，惟中心藏之而已。中心藏之，而輒復言之，懼執事之謂其藐然若罔聞知，而遂以草木視之也。邇者先君不幸大故，有司以不肖孤方煢然在疚，謂其且無更生之望，遂以葬祭贈謚，為之代請，頗為該部所抑，而朝廷竟與之以葬祭。是執事之心，何所不容其厚哉！乃今而復有無厭之乞，雖亦其情之所不得已，實恃知愛之篤，遂徑其情而不復有所諱忌嫌沮，是誠有類於藐然若罔聞知者矣。事之顛末，別具附啟。惟執事始終其德，而不以之為戮也，然後敢舉而行之。

與許台仲書〔一〕

縈擢諫垣，聞之喜而不寐。非為台仲喜得此官，為朝廷諫垣喜得台仲也。孟子云：「人不足與適也，政不足與間也。惟大人為能格君心之非，一正君而國定矣。」碌碌之士，未論其言之若何，苟言焉，亦足尚矣。若夫君子之志於學者，必時然後言，而後可，又不專以敢言為貴也。去惡先其甚者，顛倒是非，固已得罪於名教；若搜羅瑣屑，亦君子之所恥矣。尊意以為如何〔二〕？向時「格致」之說，近來用工有得力處否？若於此見得真切，即所謂「一以貫之」。如前所云，亦為瑣瑣矣。

與林見素〔三〕

執事孝友之行，淵博之學，俊偉之才，正大之氣，忠貞之節。某自弱冠從家君於京師，幸接比鄰，又獲與令弟相往復，其時固已熟聞習見，心悅而誠服矣。第以薄劣之資，未敢數數有請。其後執事德益盛，望益隆，功益顯，地益遠，某企仰益切。雖欲忘其薄劣，一至君子之庭，以濡咳唾之餘，又益不可得矣。執事中遭讒嫉，退處丘園，天下之士，凡有知識，莫不為之扼腕不平，思一致其勤惓，而況某素切向慕者，當如何為心！顧終歲奔走於山夷海獠之區，力不任重，日不暇給，無由一申起居，徒時時於交游士夫間，竊執事之動履消息。

〔一〕本件録自文録續編卷二，又見於郭刻本全書等。〔二〕郭刻本全書、謝刻本全書作「何如」。〔三〕本件録自文録續編卷二，又見於郭刻本全書等。

皆以為人不堪其憂憤，而執事處之恬然，從容禮樂之間，與平居無異。易所謂「時困而德辨，身退而道亨」，於執事見之矣。聖天子維新政化，復起執事，寄之股肱，誠以慰天下之望。此蓋宗社生民之慶，不獨知游之幸，善類之光而已也。正欲作一書，略序其前後傾企紆鬱未伸之懷，并致其歡欣慶忭之意；值時歸省老親，冗病交集，尚爾未能。而區區一時僥倖之功，連年屈辱之志，乃蒙為之申理，誘掖過情，而褒賞踰分，又特遣人馳報慰諭。此固執事平日與人為善之素心，大公無我之盛節，顧淺陋卑劣，其將何以承之乎！感激惶悚，莫知攸措！使還，冗劇草草，略布下悃。至於恩命之不敢當，厚德之未能謝者，尚容專人特啟。不具。

嘉靖二年癸未 在越。陽明先生五十二歲。

與陸元靜書〔一〕

某不孝不忠，延禍先人。酷罰未敷，致茲多口，亦其宜然。乃勞賢者觸冒忌諱，為之辯雪。雅承道誼之愛，深切懇至，甚非不肖孤之所敢望也。「無辯止謗」，嘗聞昔人之教矣，況今何止於是！四方英傑以講學異同之故，議論方興，吾儕可勝辯乎！惟當反求諸己。苟其言而是歟，吾斯尚有所未信歟，則當務求其是，不得輒是己而非人也；使其言而非歟，吾斯既已自信歟，則當益致其踐履之實，以務求於自謙，所謂「默而成之」「不言而信」者也。然則今日之多口，孰非吾儕動心忍性，砥礪切磋之地乎！且彼議論之興，非必有所私怨於我，彼其為說，亦將自以為衛夫道也。況其說本自出於先儒之緒論，固各有所憑據，而吾儕之言，驟異於昔，反若鑿空杜撰者，乃不知聖〔二〕人之學本來如是，而流傳失真，先儒之論所以日益支離，則亦由後學沿習乖謬積漸所致。彼既先橫不信之念，莫肯虛心講究，加以吾儕議論之間，或為勝心浮氣所乘，未免過為矯激，則固宜其非笑而駭惑矣。此吾儕之責，未可專以罪彼為也。嗟乎！吾儕今日之講學，將求異其說於人邪？亦求同其學於人邪？將求以善而勝人邪？亦求以善而養人邪？「知行合一」之學，吾儕但口說耳，何嘗「知行合一」邪！推尋所自，則如不肖者為罪尤重。蓋在平時，徒以口舌講解而未嘗體諸其身，

〔一〕本件録自餘姚板文録卷二，又見於存稿等。存稿 陽明文録本件讀為嘉靖元年壬午作。〔二〕存稿以上二字為黑釘。

名浮於實，行不掩言；己未嘗實致其知，而謂昔人「致知」之說有未盡〔一〕。如貧子之說金，乃未免從人乞食。諸君病於相信相愛之過，好而不知其惡，遂乃共成今日紛紛之議，皆不肖之罪也。雖然，昔之君子，蓋有舉世非之而不顧，千百世非之而不顧者，亦求其是而已矣。豈以一時毀譽而動其心邪！惟其在我者未有盡，則亦安可遂以人言為盡非！伊川、晦庵之在〔二〕當時，尚不免於詆毀斥逐，況在吾輩行有所未至！則夫人之詆毀斥逐正其宜耳。凡今爭辯學術之士，亦必有志於學者也，未可以其異己而遂有所踈外。是非之心，人皆有之。彼其但蔽於積習，故於吾說卒未易解。就如諸君初聞鄙說時，其間寧無非笑詆毀之者！久而釋然以悟，甚至反有激為過當之論者矣。又安知今日相詆之力，不為異時相信之深者乎！衰絰哀苦中，非論學時，而道之興廢，乃有不容於泯默者，不覺叨叨至此，言無倫次，幸亮其心也！

又與陸元靜書〔三〕

「致知」之說，向與惟濬及崇一諸友極論於江西；今日楊仕鳴來過，亦嘗一及，頗為詳悉；今原忠、宗賢二君復往，諸君更相與細心體究一番，當無餘蘊矣。孟子云：「是非之心，知也。」是非之心，人皆有之，即所謂「良知」也。孰無是「良知」乎！但不能致之耳。易謂「知至，至之」。「知至」者，「知」也；「至之」者，「致知」也〔四〕。此「知」「行」之所以一也。近世「格物致知」之說，只一「知」字尚未有下落，若「致」字工夫，全不曾道著矣。此「知」「行」之所以二也。

答舒國用〔五〕

來書，足見為學篤切之志。學患不知要，知要矣，患無篤切之志。國用既知其要，又能立志篤切如此，其進也孰禦！中間所疑一二節，皆工夫未熟，而欲速助長之為病耳。以國用之所志向，而去其欲速助長之心，循循日進，自當有至；前所疑一二節，自將渙然冰釋矣。何俟於予言？譬之飲食，其味之美惡，食者當自知

〔一〕謝刻本全書作「未有盡」。〔二〕餘姚板文録作「存」，編校者從存稿訂改。〔三〕本件録自餘姚板文録卷二，又見於存稿等。存稿陽明文録本件與與陸元靜書讀為一通。〔四〕餘姚板文録無以上六字，編校者據存稿訂補。〔五〕本件録自餘姚板文録卷二，又見於存稿等。

之，非人之能以其美惡告之也。雖然，國用所疑一二節者，近時同志中往往皆有之，然吾未嘗以告也。今且姑為國用一言之。夫謂「敬畏之增，不能不為灑落之累」，又謂「敬畏為有心，如何可以無心而出於自然？不疑其所行。」凡此皆吾所謂「欲速助長之為病」也。夫君子之所謂「敬畏」者，非「有所恐懼憂患」之謂也，乃「戒慎不睹，恐懼不聞」之謂耳。君子之所謂「灑落」者，非「曠蕩放逸，縱情肆意」之謂也，乃其「心體不累於欲，無入而不自得」之謂耳。夫心之本體，即天理也。天理之昭明靈覺，所謂良知也。君子之戒慎恐懼，惟恐其昭明靈覺者，或有所昏昧放逸，流於非僻邪妄，而失其本體之正耳。「戒慎恐懼」之功，無時或間，則天理常存，而其昭明靈覺之本體，無所虧蔽，無所牽擾，無所恐懼憂患，無所好樂忿懥，無所意必固我，無所歉餒愧〔一〕怍，和融瑩徹，充塞流行，動容周旋而中禮，從心所欲而不踰，斯乃所謂真灑落矣。是灑落生於天理之常存，天理常存生於戒慎恐懼之無間。孰謂「敬畏之增，乃反為灑落之累」耶！惟夫不知灑落為吾心之體，敬畏為灑落之功，歧為二物，而分用其心，是以互相牴牾，動多拂戾，而流於欲速助長。是國用之所謂「敬畏」者，乃大學之「恐懼憂患」，非中庸「戒慎恐懼」之謂矣。程子常言：「人言無心，只可言無私心，不可言無心。」「戒慎不睹，恐懼不聞」，是心不可無也。有所恐懼，有所憂患，是私心不可有也。堯舜之「兢兢業業」，文王之「小心翼翼」，皆「敬畏」之謂也，皆出乎其心體之自然也。出乎心體，非有所為而為之者，自然之謂也。「敬畏」之功，無間於動靜，是所謂「敬以直內，義以方外」也。敬義立而天道達，則不疑其所行矣。所寄詐說〔二〕，大意亦好，以此自勵可矣，不必以責人也。君子不蘄人之信也，自信而已；不蘄人之知也，自知而已。因先塋未畢功，人事紛沓，來使立候，涷筆潦草，無次。

答徐成之書〔三〕

承以朱陸同異見詢。學術不明於世久矣，此正吾儕今日之所宜明辯〔四〕者。細觀來教，則輿庵之主象

〔一〕餘姚板文録卷二闕第三十九頁，本通以下文字，編校者據存稿訂補。〔二〕存稿作「作說」，編校者從陽明文録訂改。

〔三〕本件録自餘姚板文録卷二，又見於存稿等。存稿本件讀為正德七年壬申作，陽明文録本件讀為嘉靖元年壬午作。〔四〕陽明文録作「明辨」。

山既失，而吾兄之主晦庵亦未為得也。是朱非陸，天下之論定久矣。久則難變也，雖微吾兄之爭，輿庵亦豈能遽行其說乎！故僕以為二兄今日之論，正不必求勝，務求象山之所以非，晦庵之所以是，窮本極源，真有以見其幾微得失於毫忽之間。若明者之聽訟，其事之曲者，既有以辨，其情之不得已，而辭之直者，復有以察，其處之或未當，使受罪者得以伸其情，而獲伸者亦有所不得辭其責，則有以盡夫事理之公；即夫人心之安，而可以俟聖人於百世矣。今二兄之論，乃若出於求勝者。求勝，則是動於氣也；動於氣，則於義理之正何啻千里！而又何是非之論乎！凡論古人得失，決不可以意度而懸斷之。今輿庵之論象山，曰「雖其專以『尊德性』為主，未免墮於禪學之虛空；而其持守端實，終不失為聖人之徒。若晦庵之一於『道問學』，則支離決裂，非復聖門『誠意正心』之學矣」。吾兄之論晦庵，曰「雖其專以『道問學』為主，未免失於俗學之支離，而其循序漸進，終不背於大學之訓，若象山之一於『尊德性』，則虛無寂滅，非復大學『格物致知』之學矣」。夫既曰「尊德性」，則不可謂「墮於禪學之虛空」，「墮於禪學之虛空」，則不可謂之「尊德性」矣。既曰「道問學」，則不可謂「失於俗學之支離」，「失於俗學之支離」，則不可謂「道問學」矣。二者之辨，間不容髮。然則二兄之論，皆未免於意度也。昔者子思之論學，蓋不下千百言，而括之以「尊德性而道問學」之一語。即如二兄之辨，一以「尊德性」為主，一以「道問學」為事，則是二者固皆未免於一偏，而是非之論，尚未有所定也，烏得各持一是而遽以相非為乎！故僕願二兄置心於公平正大之地，無務求勝。夫論學而務以求勝，豈所謂「尊德性」乎！豈所謂「道問學」乎！以某〔一〕所見，非獨吾兄之非象山，輿庵之非晦庵，皆失之非，而吾兄之是晦庵，輿庵之是象山，亦皆未得其所以是也。稍暇當面悉，姑務養心息辨，毋遽！

又答徐成之書〔二〕

昨所奉答，適有遠客酬對紛紜，不暇細論。姑願二兄息未定之爭，各反究其所是者，必己〔三〕所是已

〔一〕謝刻本全書作「其」。〔二〕本件録自餘姚板文録卷二，又見於存稿等。餘姚板文録本件有闕頁，編校者據存稿訂補。存稿本件讀為正德七年壬申作；陽明文録本件讀為嘉靖元年壬午作。〔三〕存稿作「凡」，編訂者從陽明文録訂改。

無絲髮之憾，而後可以及人之非。早來承教，乃為僕漫為含糊兩解之説，而細繹辭旨，若有以陰助輿庵而為之地者。讀之不覺失笑，曾謂吾兄而亦有是言耶！僕嘗以為君子論事，當先去其有我之私；一動於我，則此心已陷於邪僻。雖所論盡合於理，既已亡其本矣。嘗以是言於朋友之間，今吾兄乃云爾，敢不自反！其殆陷於邪僻而弗覺也。求之反復，而昨者所論，實未嘗有是。則斯言也，無乃吾兄之過歟！雖然，無是心，而言之未盡於理，未得為無過也。僕敢自謂其言之已盡於理乎！請舉二兄之所是者以求正。輿庵是象山，而謂其專以「尊德性」為主。今觀象山文集所載，未嘗不教其徒讀書窮理，而自謂理會文字，頗與人異者，則其意實欲體之於身。其亟所稱述以誨人者，曰「居處恭，執事敬，與人忠」；曰「克己復禮」；曰「萬物皆備於我，反身而〔一〕誠，樂莫大焉」；曰「學問之道無他，求其放心而已」；曰「先立乎其大者，而小者不能奪」。是數言者，孔子孟軻之言也。烏在其為空虚者乎！獨其「易簡」「覺悟」之説，頗為當時所疑。然「易簡」之説，出於繫辭；「覺悟」之説，雖有同於釋氏，然釋氏之説，亦自有同於吾儒，而不害其為異者，惟在於幾微毫忽之間而已。亦何必諱於其同，而遂不敢以言，狃於其異，而遂不以察之乎！是輿庵之是象山，固猶未盡其所以是也。吾兄是晦庵，而謂其專以「道問學」為事。然晦庵之言，曰「居敬窮理」，曰「非存心，無以致知」，曰「君子之心，常存敬畏，雖不見聞，亦不敢忽，所以存天理之本然，而不使離於須臾之頃也」。是其為言，雖未盡瑩，亦何嘗不以「尊德性」為事，而又烏在其為支離者乎！獨其平日汲汲於訓解，雖韓文楚辭陰符參同之屬，亦必與之註釋考辨，而論者遂疑其玩物。又其心慮恐學者之躐等，而或失之於妄作，使必先之以「格物」而無不明，然後有以自〔二〕實之於「誠正」而無所繆〔三〕。世之學者，掛一漏萬，求之愈繁而失之愈遠，至有弊力終身，苦其難而卒無所入，而遂議其支離。不知此乃後世學者之弊，而當時晦庵之自為，則亦豈至是乎！是吾兄之是晦庵，固猶未盡其所以是也。夫二兄之所信而是者，既未盡其所以是，則其所疑而非者，亦豈必盡其所以非乎！然而二兄往復之辨，不能一反焉，

〔一〕餘姚板文録卷二闕第四十二頁，本件以上文字，編校者據存稿卷一書一訂補。

〔二〕郭刻本全書 謝刻本全書無此字。

〔三〕郭刻本全書 謝刻本全書作「謬」。

此僕之所以疑其或出於求勝也。一有求勝之心，則已亡其學問之本，而又何以論學為哉！此僕之所以惟願二兄之自反也，安有所謂「含糊〔一〕兩解，而陰為輿庵之地」者哉！夫君子之論學，要在得之於心。衆皆以為是，苟求之心而未會焉，未敢以為是也；衆皆以為非，苟求之心而有契焉，未敢以為非也。心也者，吾所得於天之理也，無間於天人，無分於今古〔二〕。苟盡吾心以求焉，則不中不遠矣。學也者，求以盡吾心也。是故「尊德性而道問學」，尊者，尊此者也；道者，道此者也；不得於心，而惟外信於人以為學，烏在其為學也已！僕嘗以為晦庵之與象山，雖其所為學者若有不同，而要皆不失為聖人之徒。今晦庵之學，天下之人童而習之，既已入人之深，有不容於論辨〔三〕者。而獨惟象山之學，則以其嘗與晦庵之有言，而遂藩籬之，使若由賜之殊科焉，則可矣；而遂擯放廢斥，若碔砆之與美玉，則豈不過甚矣乎！夫晦庵折衷羣儒之說，以發明六經語孟之旨於天下，其嘉惠後學之心，真有不可得而議者。而象山辨義利之分，立大本，求放心，以示後學篤實為己之道，其功亦寧可得而盡誣之！而世之儒者，附和雷同，不究其實，槩目之以禪學，則誠可冤〔四〕也已！故僕嘗欲冒天下之譏，以為象山一暴其說，雖以此得罪，無恨。僕於晦庵亦有罔極之恩，豈欲操戈而入室者！顧晦庵之學，既已若日星之章，明於天下；而象山獨蒙無實之誣，於今且四百年，莫有為之一洗者。使晦庵有知，將亦不能一日而安享於廟廡之間矣。此僕之至情，終亦必為吾兄一吐者，亦何肯漫為兩解之說，以陰助於輿庵！輿庵之說，僕猶恨其有未盡也。夫學術者，今古聖賢之學術，天下之所公共，非吾三人者所私有也。天下之學術，當為天下公言之，而豈獨為輿庵地哉！兄又舉「太極」之辨，以為象山於文義，且有所未能通曉，而其強辨自信，曾何有於所養！夫謂其文義之有未詳，不害其為有未詳也；謂其所養之未至，不害其為未至也。學未至於聖人，寧免太〔五〕過不及之差乎！而論者遂欲以是而蓋之，則吾恐晦庵「禪學」之譏，亦未免有激於不平也夫。一則不審於文義，一則有激於不平，是皆所養之未至。昔孔子，大聖也，而猶曰「假我數年以學易，可以無大過」；仲虺之贊成湯〔六〕，亦惟曰「改過不吝」而已。所養之未至，亦何傷於二先生之為賢乎！此正晦庵象山之氣象，所以未及於顏子明道者在此。吾儕正當仰其所以不可及，而默識其所未至者，

〔一〕餘姚板文録作「含胡」，編訂者從存稿訂改。〔二〕存稿作「古今」。〔三〕存稿陽明文録作「論辯」。〔四〕存稿訛作「究」。〔五〕存稿陽明文録作「大」。〔六〕存稿訛作「陽」。

以為涵養規切之方；不當置偏私於其間，而有所附會增損之也。「夫君子之過也，如日月之食，人皆見之；更也，人皆仰之；而小人之過也，必文。」世之學者，以晦庵大儒，不宜復有所謂過者，而必曲為隱飾增加，務詆象山於禪學，以求伸其說。且自以為有助於晦庵，而更相倡引，謂之扶持正論。不知晦庵乃君子之過，而吾反以小人之見而文之。晦庵有聞過則喜之美，而吾乃非徒順之，又從而為之辭也。晦庵之心，以聖賢君子之學期後代，而世之儒者，事之以事小人之禮，是何誣象山之厚，而待晦庵之薄邪！僕今者之論，非獨為象山惜，實為晦庵惜也。兄視僕平日於晦庵何如哉？而乃有是論，是亦可以諒其為心矣。惟吾兄出〔一〕世俗之見，宏虛受之咸；勿求其必同，而察其所以異；勿以無過為聖賢之高，而以改過為聖賢之學；勿以其有所未至者，為聖賢之諱，而以其常懷不滿者，為聖賢之心；則兄與輿庵之論，將有不待辨說而釋然以自解者。孟子云：「君子亦仁而已，何必同！」惟吾兄審擇而正之！

答方叔賢〔二〕

此學蓁蕪，今幸吾儕復知講求於此，固宜急急遑遑，并心同志，務履其實，以身明道學。雖所入之途稍異，要其所志而同，斯可矣。不肖之謬劣，已無足論。若叔賢之於甘泉，亦乃牽制於文義，紛爭於辯說，益重世人之惑，以啟呶呶者之口，斯誠不能無憾焉！憂病中，不能數奉問；偶有所聞，因謙之去，輒附此，言無倫次。渭先相見，望并出此。

與楊仕鳴書〔三〕

別後極想念。向得尚謙書，知仕鳴功夫日有所進，殊慰所期。大抵吾黨既知學問頭腦，已不慮無下手處，只恐客氣為患，不肯實致其良知耳。後進中如柯生輩，亦頗有力量可進，只是客氣，為害亦不小。行時嘗與痛說一番，不知近來果能克去否？書至，來相見，出此共勉之。前輩之於後進，無不欲其入於善，則其規切砥礪之間，亦容有直情過當者。却恐後學未易承當得起，既不我德，反以我為仇者有矣，往往無益而有損。故莫若且就其力量之所可及者，誘掖獎勸之。往時亦嘗與仕鳴論及此，想能不忘也。

〔一〕存稿、陽明文録作「去」。〔二〕本件録自存稿卷二書二，又見於陽明文録等。〔三〕本件録自存稿卷二書二，又見於陽明文録等。

又與楊仕鳴書〔一〕

前者是備録區區之語，或未盡區區之心；此册乃直述仕鳴所得，反不失區區之見。可見學貴乎自得也。古人謂「得意忘言」，學苟自得，何以〔二〕言為乎！若欲有所記札，以為日後印證之資，則直以己意之所得者書之而已，不必一一拘其言辭，反有所不達也。中間詞語，時有未瑩，病中不暇細為點檢〔三〕。

與劉元道〔四〕

來喻「欲入坐窮山，絕世故，屏思慮，養吾靈明，必自驗至於通晝夜而不息，然後以無情〔五〕應世故」；且云「於靜求之，似為徑直，但勿流於空寂而已」。觀此，足見任道〔六〕之剛毅〔七〕，立志之不凡。且前後所論，皆不為無見者矣。可喜！可喜！夫良醫之治病，隨其疾之虛實、強弱、寒熱、内外，而斟酌加減，調理補泄之，要在去其〔八〕病而已。初無一定之方，不問證候之如何〔九〕，而必使人人〔一〇〕服之也。君子養心之學，亦何以異於是！元道自量其受病之深淺，氣血之強弱，自可如其所云者而斟酌為之，亦自無傷。且專欲絕世故，屏思慮，偏於虛靜，則恐既已養成空寂之性，雖欲勿流於空寂，不可得矣。大抵治病，雖無一定之方，而以去病為主，則是一定之法。若但知隨病用藥，而不知因藥發病，其失一而已矣。閒中且將明道定性書熟味，意況當又不同。憂病不能一一，信筆草草，無次。

答路賓陽〔一一〕

憂病中，遠使惠問，哀感何已！守忠〔一二〕之訃，方爾痛心，而復純甫〔一三〕不起，慘割如何〔一四〕可言！

〔一〕本件録自存稿卷二書二，又見於陽明文録等；新刊續編本件題作答士鳴書。〔二〕新刊續編作「可以」。〔三〕新刊續編作「檢點」。〔四〕本件録自存稿卷二書二，又見於陽明文録等。〔五〕新刊續編無此字。〔六〕新刊續編作「信道」。〔七〕新刊續編作「切毅」，後有「原是」二字，讀屬下句。〔八〕存稿 陽明文録無此字，編校者據新刊續編訂補。〔九〕新刊續編作「何如」。〔一〇〕新刊續編作「之」。〔一一〕本件録自存稿卷二書二，又見於陽明文録等。新刊續編本件題作答賓陽太守。〔一二〕存稿作「守中」，編校者從陽明文録訂改。〔一三〕存稿 陽明文録以上二字為黑釘，全録作「惟乾」，編校者據新刊續編訂補。〔一四〕新刊續編作「何如」。

死者已矣，生者益孑立寡助。不及今奮發砥礪，坐待澌盡燈滅，固將抱恨無窮。日〔一〕來山間朋友遠近至者百餘人，因此頗有警發，見得此學益的確簡易，真是考諸三王而不謬，百世以俟聖人而不惑者。惜無因復與賓陽一面語耳。郡務〔二〕雖繁，然民人社稷，莫非實學；以賓陽才質之美，行之以忠信，堅其必為聖人之志，勿為時議所搖，近名所動，吾見其德日進，而業日廣矣。荒憒不能多及，心亮！

與黃宗賢〔三〕

別去。得杭城寄回書，知人心之不可測，良用慨嘆。然山鬼伎倆有窮，老僧一空無際，以是自處而已。講學一事，方犯時諱，老婆心切，遂能緘口結舌乎？然須默而成之。不言而信，不量深淺而呶呶多口，真亦無益也。議論欠簡切，不能虛心平氣，此是吾儕通患。吾兄行時，此病蓋已十去八九，未審近來消釋已盡否？謙之行便，草草，莫既衷私。幸亮！

又與黃宗賢〔四〕

南行，想亦從心所欲，職守閒靜，益得專志於學。聞之殊慰！賤軀入夏來，山中感暑痢，歸卧兩月餘，變成痰咳。今雖稍平，然咳尚未已也。四方朋友來去無定，中間不無切磋砥礪之益，但真有力量能擔荷〔五〕得，亦自少見。大抵近世學者，只是無有必為聖人之志。近與尚謙、子莘、誠甫講鄉原狂狷一章，頗覺有所省發。相見時試更一論，如何？聞接引同志，孜孜不怠，甚善！甚善！但論議之際，必須謙虛簡明為佳；若自處過任，而辭意重複，却恐無益有損。在高明斷無此，因見舊時友朋往往不免斯病，謾一言之。

寄薛尚謙〔六〕

原中、宗賢、誠甫前後去，所欲言者，想已皆能口悉。士鳴、崇一諸友咸集京師，一時同志聚會之盛，可想而知！但時方多諱，伊川所謂「小利貞」者，其斯之謂歟。道不同，不相為謀；而仁者愛物之誠，又自有不

〔一〕謝刻本全書作「自」。〔二〕存稿作「羣務」，編校者從陽明文録訂改。〔三〕本件録自存稿卷二書二，又見於全録等。〔四〕本件録自存稿卷二書二，又見於陽明文録等。〔五〕存稿作「憺荷」，編校者從陽明文録訂改。〔六〕本件録自存稿卷二書二，又見於陽明文録等。

容已者，要在默而成之，不言而信耳。困心衡慮，以堅淬其志節；動心忍性，以增益其不能；自古聖賢，未有不如此而能有立於天下者也。聞已授職大行，南差得便，後會或有可期。因便草草，言無倫次。

寄楊邃庵閣老書[一]

前日嘗奉啟，計已上達。自明公進秉機密，天下士夫忻忻然動顏相慶，皆為太平可立致矣。門下鄙生獨切生憂，以為猶甚難也。亨屯傾否，當今之時，舍明公無可以望者；則明公雖欲逃避乎此，將亦有所不能。然而萬斛之舵，操之非一手，則緩急折旋，豈能盡如己意！臨事不得專操舟之權，而僨事乃與同覆舟之罪，此鄙生之所謂難也。夫不專其權而漫同其罪，則莫若預逃其仕；然在明公，亦既不能逃矣。逃之不能，專又不得，則莫若求避其罪；然在明公，亦終不得避矣。天下之事，果遂卒無所為歟？夫惟身任天下之禍，然後能操天下之權；操天下之權，然後能濟天下之患[二]。當其權之未得也，其致之甚難；而其歸之也，則操之甚易。萬斛之舵，平時從而爭操之者，以利存焉；一旦風濤顛沛，變起不測，眾方皇惑震喪，救死不遑，而誰復與爭操乎！於是起而專之，眾將恃以無恐，而事因以濟；苟亦從而委靡焉，固淪胥以溺矣。故曰「其歸之也，則操之甚易」者，此也。古之君子，洞物情之向背而握其機，察陰陽之消長以乘其[三]運，是以動必有成而吉無不利，伊旦之於商周是矣。其在漢唐，蓋亦庶幾乎！此者雖其學術有所不逮，然亦足以定國本而安社稷，則亦斷非後世偷生苟免者之所能也。夫權者，天下之大利大害也。小人竊之以成其惡，君子用之以濟其善；固君子之不可一日去，小人之不可一日有者也。欲濟天下之難，而不操之以權，是猶倒持太阿而授人以柄，希不割矣。故君子之致權也有道，本之至誠，以立其德，植之善類，以多其輔；示之以無不容之量，以安其情，擴之以無所競之心，以平其氣；昭之以不可奪之節，以端其向，神之以不可測之機，以攝其奸，形之以必可賴之智，以收其望；坦然為之，下以上之，退然為之，後以先之。是以功蓋天下，而莫之嫉，善利萬物，而莫與爭。此皆明公之能事，素所蓄而有者，惟在倉卒之際，身任天下之禍，決起而操之耳。夫身任天下之禍，豈君子之得已哉！既當其任，知天下之禍將終不能免也，則身任之而已。身任之，而後可以

[一] 本件録自存稿 外集卷五書，又見於陽明文録等。[二] 存稿作「恐」，編校者從陽明文録訂改。[三] 存稿此字為黑釘，編校者據陽明文録訂補。

免於天下之禍。小人不知禍之不可以倖免，而百詭以求脫，遂致釀成大禍，而已亦卒不能免。故任禍者，惟忠誠憂〔一〕國之君子能之，而小人不能也。某受知門下，不能效一得之愚以為報，獻其芹曝。伏惟鑒具忱悃，而憫其所不逮。幸甚！

寄席元山〔二〕

某不孝，延禍先子，罪逆之深，自分無復比數於人。仁人君子，尚未之知，憫念其舊，遠使存録；重以多儀，號慟拜辱。豈勝哀感！伏惟執事長才偉志，上追古人，進德勇義，罕與儔匹。向見嗚冤録及承所寄道山書院記，蓋信道之篤，任道之勁，海内同志，莫敢有望下風者矣。何幸！何幸！不肖方在苦毒中，意所欲請者千萬，荒迷割裂，莫得其端緒。使還，遽臨疏昏塞，不盡所云。

與薛尚謙書〔三〕

所留文字，憂病中不能細看。略閲一二篇，亦甚有筆力，氣格亦蒼老，只是未免知在過之耳。且宜俯就時格一第，不令先也。所須題目，今寫一二去，閒中試一作。春半過此，帶來一看。兄弟中肯同作尤好。脩身以道脩道以仁人生而靜天之性也學要鞭辟近裏論賀今上册立中宮表問「聖人之心，未嘗一日忘天下。故夫子席不暇煖，而於沮溺荷蕢丈人之賢，皆有所未足，是可以知其本心矣。」至其論太伯，則以為至德，論夷齊，則以為求仁得仁。四子言志，三子者皆欲得國而治，夫子蓋未嘗有所許也。及曾點有「風浴詠歸」之談，幾於獨善忘世矣，乃喟然而與之，斯又何耶？聊一言之，以觀所作。

又與薛尚謙書〔四〕

聞貴恙，即欲往候，顧几筵不得少離，馳念何可言！山間幽寂閒散，於學力不為無助。論者以雨後毒熱，

〔一〕存稿闕一字，編校者據陽明文録訂補。〔二〕本件録自存稿外集卷五書，又見於陽明文録等。〔三〕本件手跡原件藏香港近墨堂書法研究基金會，編校者據香港近墨堂書法研究基金會編近墨堂法書叢刊（上海書畫出版社，二〇一八年）第二輯著録王守仁致薛侃札之一陽明先生手跡（圖五三）録入。〔四〕本件手跡原件藏香港近墨堂書法研究基金會，編校者據香港近墨堂書法研究基金會編近墨堂法書叢刊（上海書畫出版社，二〇一八年）第二輯著録王守仁致薛侃札之二陽明先生手跡（圖五四）録入。

圖五三　與薛尚謙手跡（墨跡紙本）

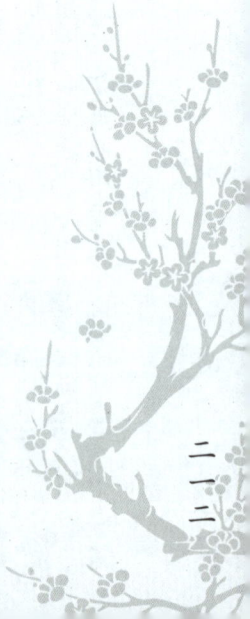

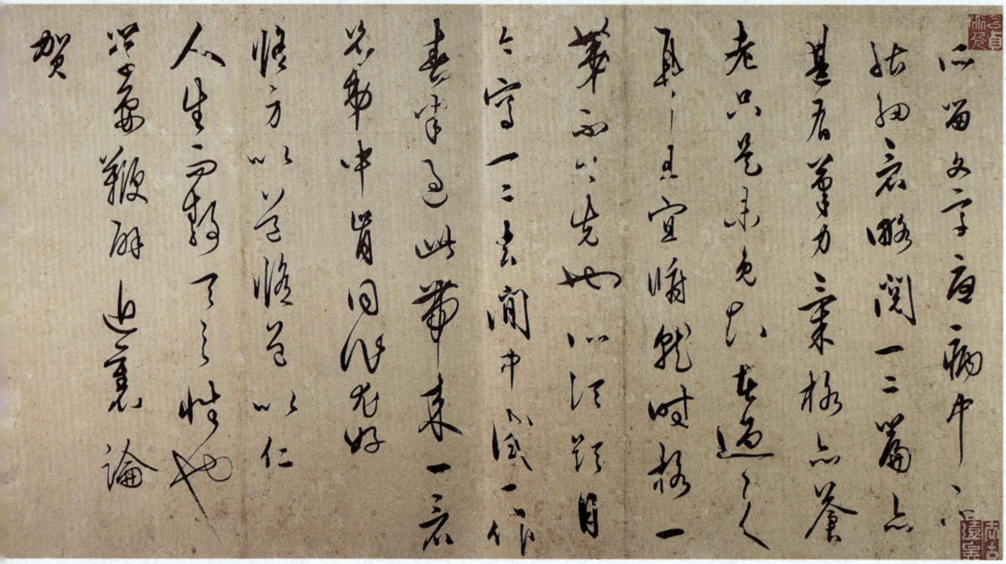

小役夫子之道亦何恤乎

於逆閉首美夫人之之文

此者仁而不覺之以長吾本

一年吾手詐太伯弘以南

由治詐其人貴爲以形仁

漫仁四子千志三王此以

玄風圍一君夫子言未

夢者仁治此及莒邾君

明浴㳄鳴泱㳄拔將

等馬駐重因眾此西

之指巧取新拟一子之

此觀仁之

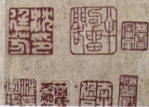

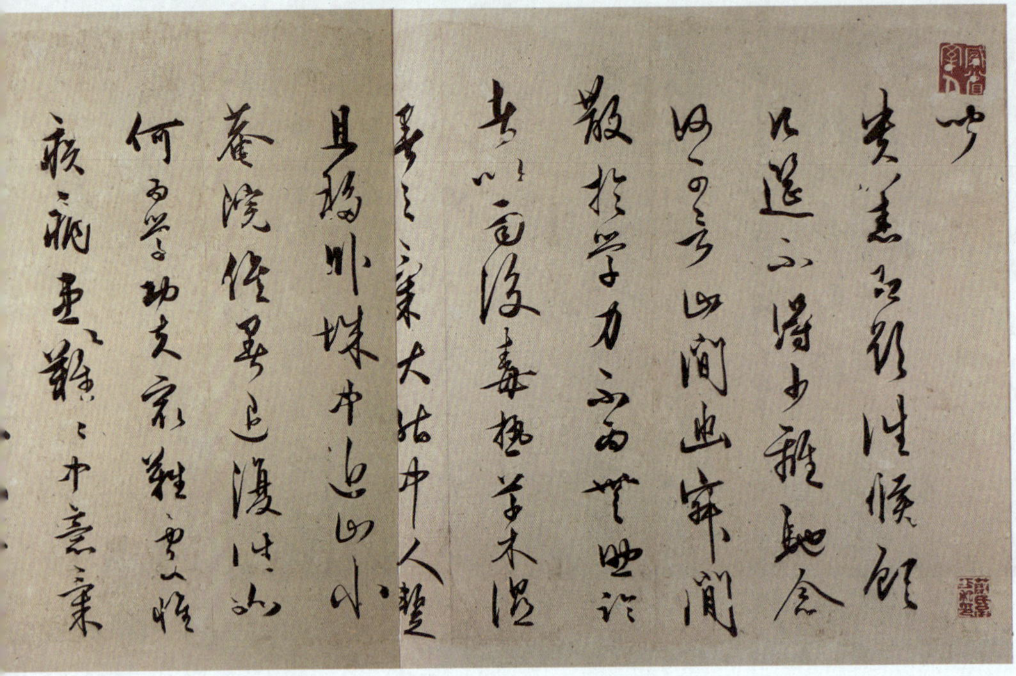

圖五四　又與薛尚謙手跡（墨跡紙本）

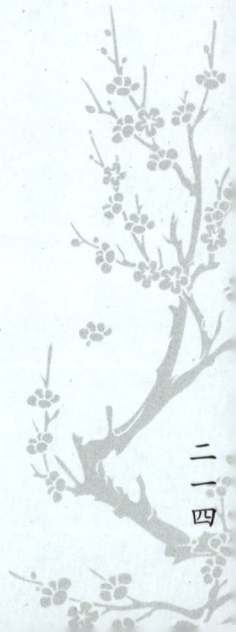

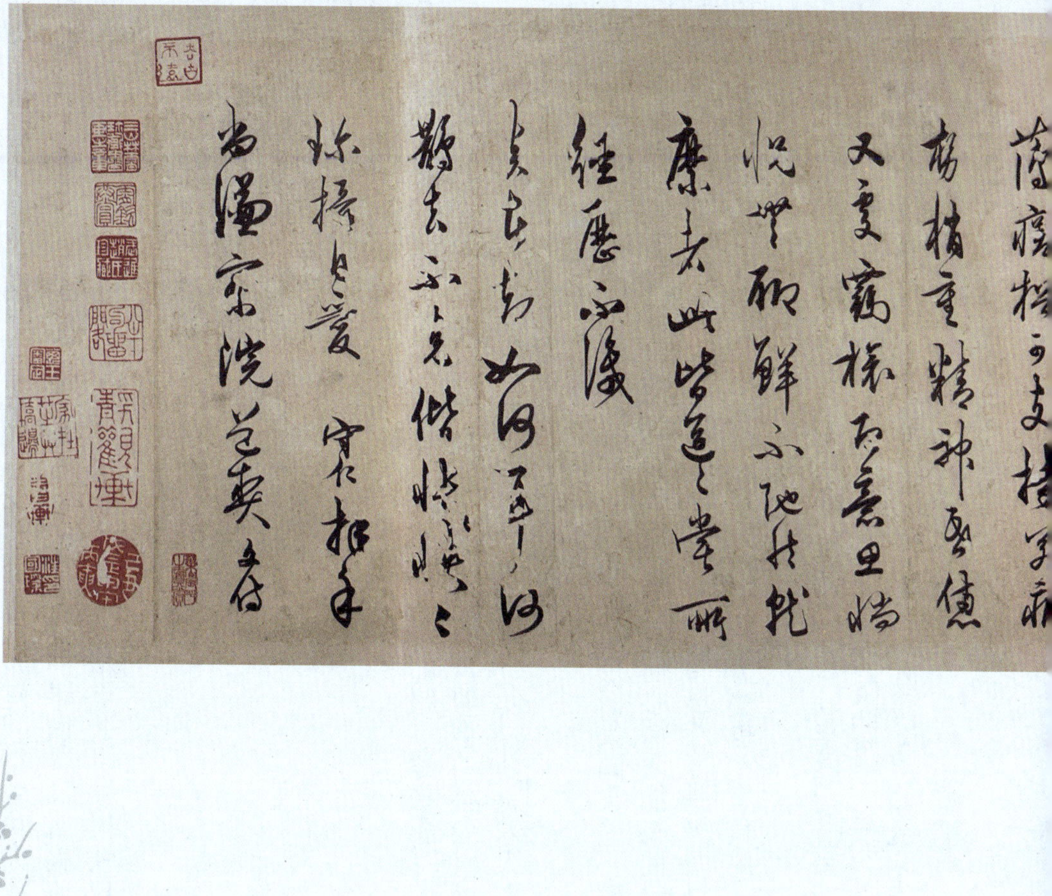

草木濕暑之氣大能中人，暫且移卧城中近山小庵院，俟暑退復往，如何？為學功夫寂難處，惟疾病患難。患難中意氣感發，尚自振勵，小疴薄瘥，猶可支持；若病勢稍重，精神昏憊，又處羈旅，即意思惝恍無聊，鮮不弛然就靡者。此皆區區嘗所經歷，不識賢者却如何耳？何鵠去，不克偕，悵悵怏怏。〔一〕珍攝自愛！守仁拜手。

尚謙察院道契文侍。

答宋孔瞻書〔二〕

嘉靖三年甲申　在越。陽明先生五十三歲。

答宋孔瞻，九月廿七日。

別久，想念殊深。召公之政敷於陜右，其為鄉邦之光多矣。令郎歸，辱書惠，益深感怍！承致亹庵中丞之意，不肖何以能當之！所須草字，非獨素所不能，亦已久不作此。然勤勤之意不可以重違，略書近作一二首，見千萬鄙懷。目暈一咲，擲之可也。人回匆匆，不盡所欲，請千萬心亮！孔瞻宋大人。

寄王邦相〔三〕

南京事，向因在服制中，恐致遲悞伊家歲月，已令宗海回報，令伊改圖矣。不謂其事尚在也，只今道里遠隔，事勢亦甚不便。況老妻病卧在床，日甚一甚，危不可測，有何心情而能為此！只好一意回報，不可更遲悞伊家也。況其生年、日、時，遠不可知，無由推筭相應與否。近日又在杭城問得庚午一人，日、時頗可，今若又為此舉，則事端愈多。平生心性，只要靜簡安閒，不耐如此勞擾也。有負此人遠來之意，可多多為我

〔一〕裴景福壯陶閣書畫録（凡二十二卷，中華書局，民國二十六年丁丑印本）卷十明王陽明手札册後有「汝山偶過杭，今晚若到，明日更遣兒曹同候。千萬」二十四字。〔二〕本件據何福安編著寶晉齋碑帖集釋（黄山書社，二〇〇九年）陽明先生書跡拓本（圖五五）録入。〔三〕本件據王世傑　那志良　張萬里主編藝苑遺珍（香港開發股份有限公司，一九六七年）法書第二輯著録陽明先生手跡（圖五六）録入。

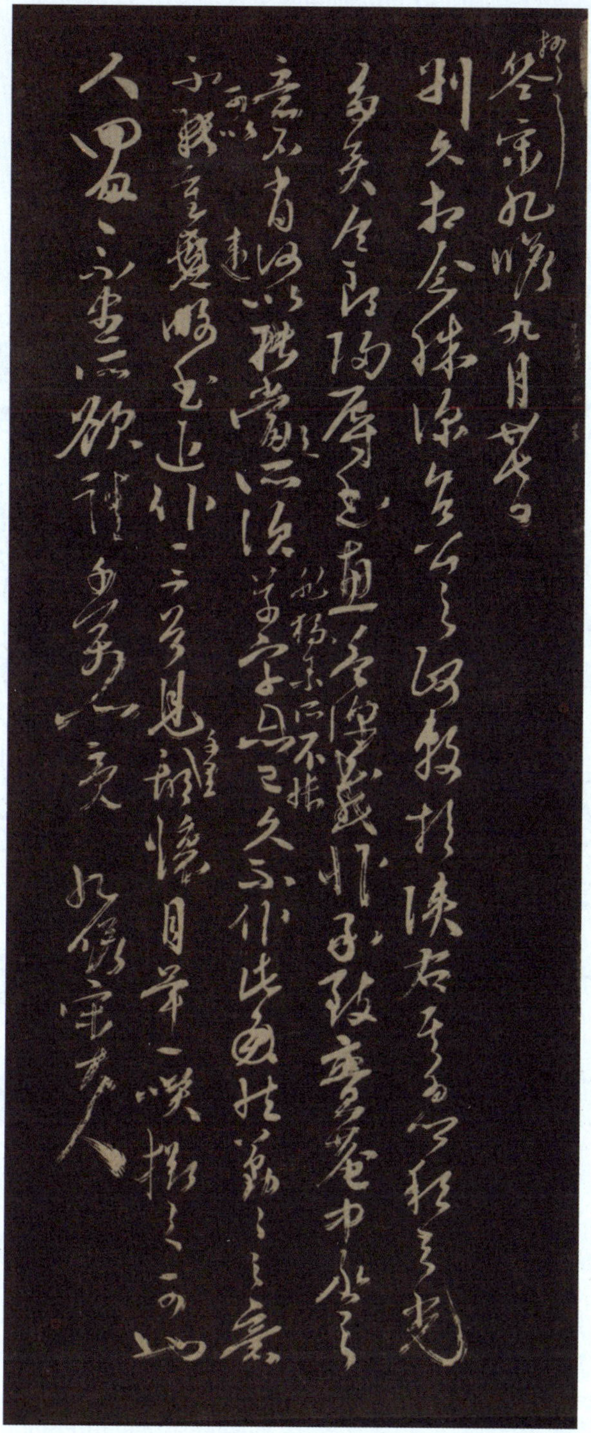

圖五五　答宋孔瞻書書跡（拓本）

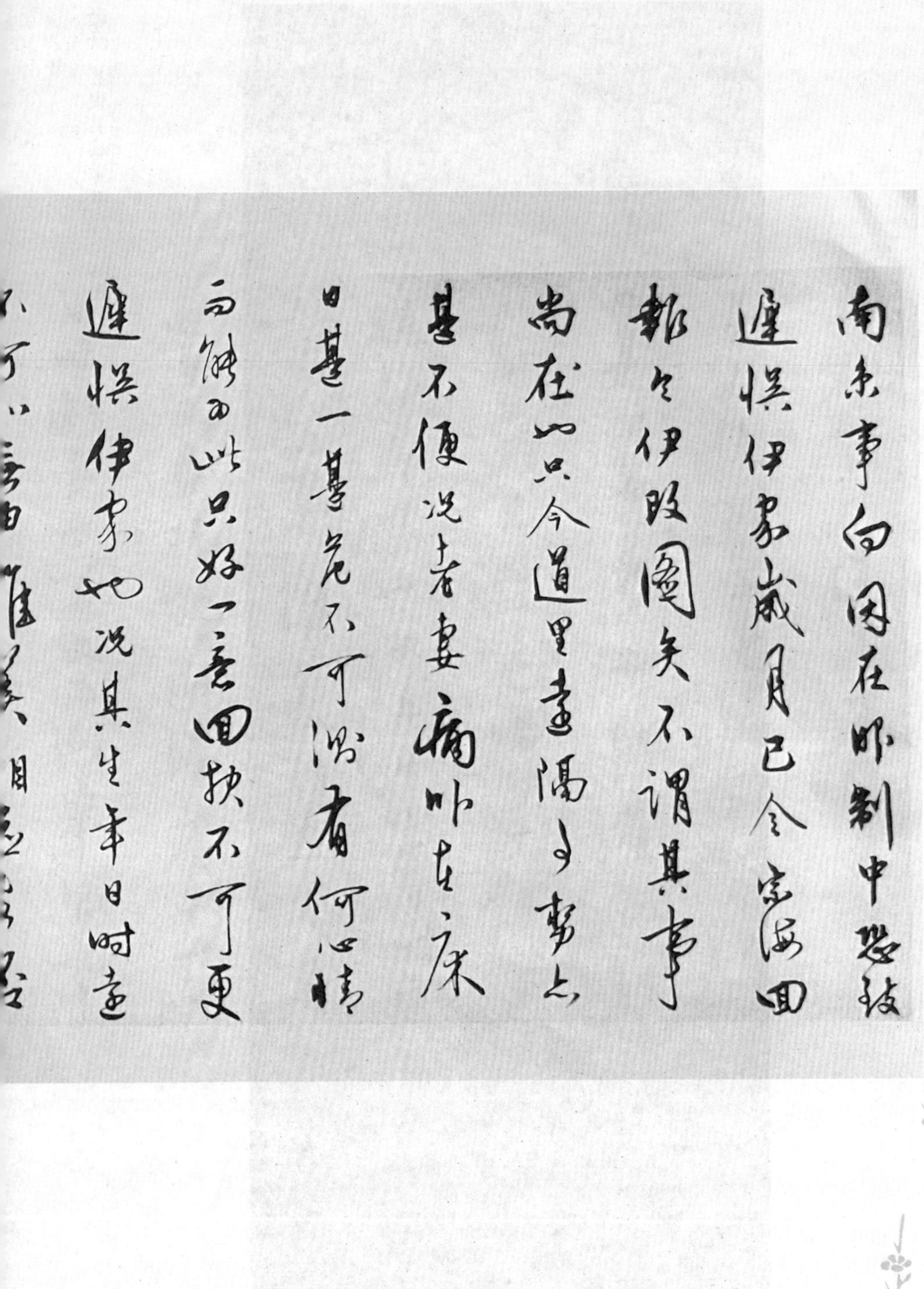

圖五六　寄王邦相手跡（墨跡紙本）

南京事向因在邸制中緊抜
遲候伊家歲月已余宴海田
都々伊殷圖矣不謂其事
尚在如今道里遠隔幸事上
甚不便說者妻痛卧在床
甚一慕兒不可測者何心情
日々欲先生如況其生平日時遠
而傍不此只好一言囘執不可更
遲候伊家如況其生平日時遠

近日又在杭城所得庚午一人
日時澂可亦為又為此舉做事
端念平生心性只要靜簡
安閒不耐如此勞擾也有負
此人遠來之意可為之為我謝
之冬至後四日陽明守拜
紹和拜上宗契、
將做兔靴一雙寄去鄧九兄處
因便早寄

又承寄買上好紙張

謝之。冬至後四日，陽明字拜。

邦相揮使宗契。

欲做皂靴一隻，寄去銀九錢，望因便早寄。又錢五分，買上好琹絃。

與薛子修書〔一〕

承遠顧，憂病中別去，殊不盡情。此時計已蒞任，人民社稷，必能實用格致之力，當不虛度日月也。心之良知，是謂聖。聖人之學，致此良知而已矣。謂良知之外，尚有可致之知者，侮聖言者也。致知焉盡矣！令叔不審何時往湖湘？歸途經貴溪，想得細論一番。廷仁回省便，輙附此致間闊。心欲所言，廷仁當能面悉。不縷。

與尚謙尚遷子修書〔二〕

別去，即企望還朝之期，當有從容餘月之留也。不意遂聞尊堂之訃，又繼而聞令兄助教之訃，皆事變之出於意料之外者。且令兄助教之逝，乃海內善類之大不幸，又非特上宅一門之痛而已。不能走哭，傷割奈何！況在賢昆叔姪，當父子兄弟之痛，其為毒苦，又當奈何！季明德往，聊寄一慟。既病且冗，又兼妻疾，諸餘衷曲，略未能悉。

答陸元靜書〔三〕

來書云：下手工夫，覺此心無時寧靜。妄心固動也，照心亦動也。心既恒動，則無刻暫停也。

是有意於求寧靜，是以愈不寧靜耳。夫妄心則動也，照心非動也。恒照，則恒動恒靜，天地之所以恒久而不已也。照心固照也，妄心亦照也。其為物不貳，則其生物不息，有刻暫停，則息矣，非至誠無息之學矣。

來書云：良知亦有起處。云云。

〔一〕本件録自餘姚板文録卷二，又見於新刊續編。〔二〕本件録自餘姚板文録卷三，又見於新刊續編。〔三〕本件録自存稿卷二書二，又見於陽明文録等。

也或聽之未審。良知者，心之本體，即前所謂恒照者也。心之本體，無起無不起。雖妄念之發，而良知未嘗不在，但人不知存，則有時而或放耳；雖昏塞之極，而良知未嘗不明，但人不知察，則有時而或蔽耳。雖有時而或放其體，實未嘗不在也，存之而已耳；雖有時而或蔽其體，實未嘗不明也，察之而已耳。若謂良知亦有起處，則是有時而不在也，非其本體之謂耳。

來書問：前日「精一」之論，即作聖之功否？〔一〕

「精一」之「精」以理言，「精神」之「精」以氣言。理者，氣之條理；氣者，理之運用。無條理，則不能運用；無運用，則亦無以見其所為條理者矣。精則精，精則明；精則一，精則神，精則誠。一則精，一則明；一則神，一則誠，原非有二事也。但後世儒者之說，與「養生」之說，各滯於一偏，是以不相為用。前日「精一」之論〔二〕，雖為原靜愛養精神而發，然而「作炳聖之功」，寔亦不外是矣。

來書云：「元神」「元氣」「元精」，必各有寄藏發生之處。又有「真陰之精」「真陽之氣」。云云。

夫良知一也。以其妙用而言，謂之「神」；以其流行而言，謂之「氣」；以其凝聚而言，謂之「精」；安可以形象方所求哉！「真陰之精」，即「真陽之氣」之母；「真陽之氣」，即「真陰之精」之父。陰根陽，陽根陰，亦非有二也。苟吾「良知」之說明，則凡若此類，皆可以不言而喻。不然，則如來書所云「三關」「七返」「九還」之屬，尚有無窮可疑者也。〔三〕

來書云：良知，心之本體，即所謂性善也。何〔四〕未發之中也？寂然不動之體也，廓然太公〔五〕也。何〔六〕常人皆不能而必待於學耶？中也，寂也，公也，既以屬心之體，則良知是矣。今驗之於心，知無不良，而「中」「寂」「太公」〔七〕實未有也，豈良知復超然於體用之外乎！

〔一〕存稿 陽明文録 郭刻本全書 謝刻本全書等無以上十五字，編校者據郭輝翰序宗績辰後序王陽明先生全集（凡十六卷，道光六年丙戌刻本）卷三論學書訂補。〔二〕郭刻本全書 謝刻本全書作「論」。〔三〕郭刻本全書 謝刻本全書本通以下內容單獨讀為一通，題作又與陸元靜。〔四〕郭刻本全書 謝刻本全書無此字。〔五〕郭刻本全書 謝刻本全書作「大公」。〔六〕存稿無此字，編校者據郭刻本全書訂補。〔七〕郭刻本全書 謝刻本全書作「大公」。

性無不善，故知無不良。良知即是「未發之中」，即是「廓然太公」〔一〕，「寂然不動之本體」，人人之所同具者也。但不能不昏蔽於物欲，故須學以去其昏蔽，然於良知之本體，初不能有加損於毫末也。知無不良，而「中」「寂」「太公」〔二〕未能全者，是昏蔽之未盡去，而存之未純耳。體即良知之體，用即良知之用，寧復有超然於體用之外者乎！

來書云：周子曰「主靜」，程子曰「動亦定，靜亦定」，先生曰「定者，心之本體」。是靜定也，決非「不睹不聞，無思無為」之謂，必常知常存常主於理之謂也。夫常知常存常主於理，明是動也，已發也，何以謂之靜？何以謂之本體？豈是靜定也，又有以貫乎心之動靜者邪！

理無動者也。「常知常存，常主於理」，即「不睹不聞，無思無為」之謂也。「不睹不聞，無思無為」，非槁木〔三〕死灰之謂也。睹聞思為一於理。而未嘗有所睹聞思為，即是「動而未嘗動」也，所謂「動亦定，靜亦定」「體用一源」者也。〔四〕

來書云：此心未發之體，其在已發之前乎？其在已發之中而為之主乎？其無前後內外而渾然一體者乎？今謂「心之動靜者，其主有事無」而言乎？其主寂然感通而言乎？其主循理從欲而言乎？若以循理為靜，從欲為動，則於所謂「動中有靜，靜中有動，動極而靜，靜極而動」者，不可通矣。若以有事而感通為動，無事而寂然為靜，則於所謂「動而無動，靜而無靜」者，不可通矣。若謂未發已發之先，靜而生動，是至誠有息也，聖人有復也，又不可通矣。若謂未發在已發之中，則不知未發已發俱當主靜乎？抑未發為靜而已發為動乎？抑未發已發俱無動無靜乎？俱有動有靜乎？幸教！

「未發之中」，即良知也，無前後內外而渾然一體者也。「有事無事」，可以言動靜，而良知無分於有事無事也。「寂然感通」，可以言動靜，而良知無分於寂然感通也。動靜者，所遇之時，心之本體固無分於動靜也。理無動者也，動即為欲。循理，則雖酬酢萬變，而未嘗動也；從欲，則雖槁心一念，而未嘗靜也。

〔一〕郭刻本全書 謝刻本全書作「大公」。〔二〕郭刻本全書 謝刻本全書作「大公」。〔三〕存稿 陽明文録作「稿木」，編校者從郭刻本全書訂改。〔四〕餘姚板文録本節單獨讀為一通，題作答陸元靜書，讀為正德十五年庚辰作，參見本書正編卷二。

「動中有靜，靜中有動」，又何疑乎！有事而感通，固可以言動，然而寂然者未嘗有增也。無事而寂然，固可以言靜，然而〔一〕感通者未嘗有減也。「動而無動，靜而無靜」，又何疑乎！「無前後內外而渾然一體」，則「至誠有息」之疑，不待解矣。未發在已發之中，而已發之中，未嘗別有未發者在。已發在未發之中，而未發之中，未嘗別有已發者存。是未嘗無動靜，而不可以動靜分者也。凡觀古人言語，在以意逆志而得其大旨，若必拘滯於文義，則「靡有孑遺」者，是周果無遺民也。周子「靜極而動」之說，苟不善觀，亦未免有病。蓋其意從太極「動而生陽，靜而生陰」說來。太極「生生」之理，妙用無息，而常體不易。太極之生生，即陰陽之生生。就其〔二〕生生之中，指其妙用無息者而謂之動，謂之陽之生，非謂「動而後生陽」也。就其生生之中，指其常體不易者而謂之靜，謂之陰之生，非謂「靜而後生陰」也。夫謂〔三〕「靜而後生陰，動而後生陽」，則是陰陽動靜，截然各自為一物矣。陰陽一氣也，一氣屈伸而為陰陽。動靜一理也，一理隱顯而為動靜。春夏可以為動為陽，而未嘗無陰與靜也。秋冬可以為陰為靜，而未嘗無陽與動也。春夏此不息，秋冬此不息，皆可謂之陽，謂之動也。春夏此常體，秋冬此常體，皆可謂之陰，謂之靜也。自元會運世，歲月日時，以至刻秒忽微，莫不皆然，所謂「動靜無端，陰陽無始」，在知道者，默而識之，非可以言語窮也。若只牽文泥句，比擬倣像，則所謂「心從法華轉，非是轉法華」矣。〔四〕

來書云：常試於心，喜怒憂懼之感發也。雖動氣之極，而吾心良知一覺，即罔然消沮，或遏於初，或制於中，或悔於後。然則良知常若居優閒無事之地，而為之主於喜怒憂懼，若不與焉者，何歟？

知此，則知未發之中，寂然不動之體，而有發而中節之和，感而遂通之妙矣。然謂「良知常若居於優閒無事之地」，語尚有病。蓋良知雖不滯於喜怒憂懼，而喜怒憂懼亦不外於良知也。

來書云：夫子昨「以良知為照心」。竊謂良知心之本體也，照心人所用之〔五〕功，乃戒慎恐懼之心也，猶思也。而遂以戒慎恐懼為良知，何歟？

〔一〕存稿 陽明文録無此字，編校者據餘姚板文録訂補。〔二〕新刊續編作「在」。〔三〕存稿 陽明文録作「若果」，編校者從餘姚板文録訂改。〔四〕餘姚板文録本段單獨讀為一通，題作答陸元靜書，讀為正德十三年戊寅作，參見本書正編卷二。〔五〕郭刻本全書 謝刻本全書無此字。

能戒慎恐懼者，是良知也。

來書云：先生又曰「照心非動也」，豈以其循理而謂之靜歟？「妄心亦照也」，豈以其良知未嘗不在於其中，未嘗不明於其中，而視聽言動之不過則者，皆天理歟？且既曰妄心，則在妄心可謂之照，而在照心則謂之妄矣。妄與息何異？今假妄之照以續至誠之無息，竊所未明。幸再啟蒙。

「照心非動」者，以其發於本體明覺之自然，而未嘗有所動也；有所動即妄矣。「妄心亦照」者，以其本體明覺之自然者，未嘗不在於其中，但有所動耳；無所動即照矣。無妄無照，非以妄為照，以照為妄也。照心為照，妄心為妄，是猶有妄有照也。有妄有照，則猶貳也，貳則息矣。無妄無照則不貳，不貳則不息矣。

來書云：養生[一]以清心寡欲為要。夫清心寡欲，作聖之功畢矣。然寡欲[二]則心自清，清心非舍棄人事，而獨居求靜之謂也；蓋欲使此心純乎天理，而無一毫人欲之私耳。今欲為此之功，而隨人欲生而克之，則病根常在，未免滅於東而生於西。若欲刊剥洗蕩於衆欲未萌之先，則又無所用其力，徒使此心之不清，且欲未萌而搜剔以求去之，是猶引犬上堂而逐之也，愈不可矣。

「必欲此心純乎天理，而無一毫人欲之私」，此「作聖」之功也。「必欲此心純乎天理，而無一毫人欲之私」，非防於未萌之先，而克於方萌之際不能也。防於未萌之先，而克於方萌之際，此正中庸「戒慎恐懼」，大學「致知格物」之功，舍此之外，無別功矣。夫謂「滅於東而生於西」「引犬上堂而逐之」者，是自私自利，將迎意必之為累，而非克治洗蕩之為患也。今曰「養生以清心寡欲為要」，只「養生」二字，便是自私自利，將迎意必之根。有此病根潛伏於中，宜其有「滅於東而生於西」「引犬上堂而逐之」之患也。

來書云：佛氏於不思善不思惡時，認本來面目，於吾儒「隨物而格」之功不同。吾儒[三]於不思善不思惡時，用「致知」之功，則已涉於思善矣。欲善惡不思，而心之良知清靜自在，惟有寐而[四]方醒之時耳，斯正孟子「夜氣」之說。但於斯光景，不能久，倏忽之際，思慮已生。不知用功久者，其常寐初醒而思未起之時否乎？今澄欲求寧靜，愈不寧靜；欲念無生，則念愈生。如之何而能使此心前念

[一] 存稿作「養心」，編校者據陽明文録訂改。[二] 郭刻本全書、謝刻本全書作「欲寡」。[三] 存稿作「居若」，郭刻本全書、謝刻本全書作「吾若」，編校者從陽明文録訂改。[四] 存稿、陽明文録無此字，編校者據郭刻本全書訂補。

易滅，後念不生，良知獨顯，而與造物者〔一〕遊乎？

「不思善，不思惡時，認本來面目」，此佛氏為未識本來面目者設此方便。「本來面目」，即吾聖門所謂「良知」。今既認得良知明白，即已不消如此說矣。「隨物而格」是「致知」之功，即佛氏之「常惺惺」，亦是常存他本來面目耳。體段工夫，大略相似。但佛氏有個「自私自利」之心，所以便有不同耳。今「欲善惡不思，而心之良知清靜自在」，此便有「自私自利，將迎意必」之心，所以有「不思善不思惡時，用致知之功，則已涉於思善」之患。孟子說「夜氣」，亦只是為失其良心之人，指出個良心萌動處，使他從此培養將去。今已知〔二〕得良知明白，常用「致知」之功，即已不消說「夜氣」。却是得兔後不知守兔，而仍去守株，兔將復失之矣。「欲求寧靜」，「欲念無生」，此正是「自私自利，將迎意必」之病，是以念愈生而愈不寧靜。良知只是一個良知，而善惡自辨，更有何善何惡可思！良知之體，本自「寧靜」，今却又添一個「求寧靜」；本自「生生」，今却又添一個「欲無生」。非獨聖門「致知」之功不如此，雖佛氏之學，亦未如此「將迎意必」也。只是一念良知，徹頭徹尾，無始無終，即是前念不滅，後念不生。今却欲前念易滅，而後念不生，是佛氏所謂「斷滅種性，入於槁木死灰」之謂矣。

來書云：佛氏又有「常提念頭」之說，其猶〔三〕孟子所謂「必有事」，夫子所謂「致良知」之說乎？其即常惺惺，常記得，常知得，常存得者乎？於是〔四〕念頭提在之時，而事至物來，應之必有其道。但恐此念頭提起時少，放下時多，則工夫間斷耳。且念頭放失，多因私欲客氣之動而始，忽然警〔五〕醒而後提，其放而未提之間，心之昏雜多不自覺。今欲日精日明，常提不放，以何道乎？只此常提不放，即全功乎？抑於常提不放之中，更宜加省克之功乎？雖曰常提不放，而不加戒懼克治之功，恐私欲不去；若加戒懼克治之功焉，又為思善之事，而於本來面目，又未達一間也。如之何則可？

「戒懼克治」，即是「常提不放」之功，即是「必有事」焉，豈有兩事邪！此節所問，前一段已自說得分曉，

〔一〕存稿 陽明文録無此字，編校者據郭刻本全書訂補。〔二〕存稿作「之」，編校者從陽明文録訂改。〔三〕存稿作「有」，陽明文録作「即」，編校者從郭刻本全書訂改。〔四〕郭刻本全書 謝刻本全書作「於此」。〔五〕郭刻本全書 謝刻本全書作「驚」。

末後却是自生迷惑，說得支離，乃〔一〕有「本來面目，未達一間」之疑，都是「自私自利，將迎意必」之為病。去此病根〔二〕，自無此疑矣。

來書云：質美者明得盡，渣滓〔三〕便渾化。如何謂之〔四〕「明得盡」？如何而能「便〔五〕渾化」？

良知本來自明。氣質不美者，渣滓〔六〕多，障蔽厚，不易開明。質美者渣滓〔七〕原少，無多障蔽，略加「致知」之功，此良知便自瑩徹，些少渣滓〔八〕，如湯中浮雪，如何能作障蔽！此本不甚難曉，原靜所以致疑於此，想是因一「明」字欠〔九〕明白，亦是稍有欲速之心。向曾面論「明善」之義，明則誠矣，非若後儒所謂明善之淺也。

來書云：聰明睿知果質乎？仁義禮智果性乎？喜怒哀樂果情乎？私欲客氣果一物乎？二物乎？古之英才，若子房仲舒叔度孔明文中〔一〇〕韓范諸公，德業表著，皆良知中所發也，而不得謂之「聞道」者，果何在乎？苟曰斯〔一一〕特生質之美耳，則「生知安行」者，不愈於「學知困勉」者乎？愚意竊云，謂諸公見道偏則可，謂全無聞則恐後儒崇尚記誦訓詁之過也。然乎？否乎？

性一而已。仁義禮智，性之性也；聰明睿知，性之質也；喜怒哀樂，性之情也；私欲客氣，性之蔽也。質有清濁，故情有過不及，而蔽有淺深也。私欲，客氣，一病兩痛，非二物也。張董諸葛文韓范諸公，皆天質之美，自多暗合道妙。雖未可盡謂之「知學」，盡謂之「聞道」，然亦自有其學，違道不遠者也。使其聞學知道，即伊傅周召矣。若文中子，則又不可謂之不知學者，其書雖多出於其徒，亦多有未是處，

〔一〕存稿 陽明文録作「及」，編校者從章炳麟題辭後序倪貽德標點支偉成校訂陽明全書（凡三十八卷，民國二十三年甲戌印本）訂改。〔二〕郭刻本全書 謝刻本全書無此字。〔三〕存稿 陽明文録作「查滓」，編校者從郭輝翰序宗績辰後序王陽明先生全集（凡十六卷，道光六年丙戌刻本）訂改。〔四〕郭刻本全書 謝刻本全書無此字。〔五〕謝刻本全書作「更」。〔六〕存稿 陽明文録作「查滓」，編校者從郭輝翰序宗績辰後序王陽明先生全集（凡十六卷，道光六年丙戌刻本）訂改。〔七〕存稿 陽明文録作「查滓」，編校者據郭輝翰序宗績辰後序王陽明先生全集（凡十六卷，道光六年丙戌刻本）訂改。〔八〕存稿 陽明文録作「查滓」，編校者從郭輝翰序宗績辰後序王陽明先生全集（凡十六卷，道光六年丙戌刻本）訂改。〔九〕郭刻本全書 謝刻本全書作「不」。〔一〇〕謝刻本全書作「文仲」。〔一一〕郭刻本全書 謝刻本全書作「此」。

然其大略則亦居然可見；但今相去遼遠，無有的然憑證，不可懸斷其所至矣。夫良知即是道。良知之在人心，不但聖賢，雖常人亦無不如此。若無有物欲牽蔽，但循着良知發用流行將去，即無不是道。但在常人，多為物欲牽蔽，不能循得良知。如數公者，天質既自清明，自少物欲為之牽蔽，則其良知之發用流行處，自然是多，自然違道不遠。學者，學循此良知而已，謂之學知〔一〕，只是知得專在學循良知。數公雖未知專在良知上用功，而或泛濫於多歧，疑迷於影響，是以或離或合而未純；若知得時，便是聖人矣。後儒嘗以數子者尚皆是氣質用事，未免於行不著，習不察，此亦未為過論。但後儒之所謂「著察」者，亦是狃於聞見之狹，蔽於沿習之非，而依擬倣象於影響行跡之間，尚非聖門之所謂「著察」者也。則亦安得以己之昏昏，而求人之昭昭也乎！所謂「生知安行」，「知行」二字，亦是就〔二〕用功上說；若是「知行」本體，即是良知良能，雖在困勉之人，亦皆可謂之「生知安行」矣。「知行」二字，更宜精察。

來書云：昔周茂叔每令伯淳尋仲尼顏子樂處。敢問：是樂也，與七情之樂同乎？否乎？若同，則常人之一遂所欲，皆能樂矣，何必聖賢！若別有真樂，則聖賢之遇大憂、大怒、大驚、大懼之事，此樂亦在否乎？且君子之心常存戒懼，是蓋終身之憂也，惡得樂？澄平生多悶，未嘗見真樂之趣，今切願尋之。

樂是心之本體，雖不同於七情之樂，而亦不外於七情之樂。雖則聖賢別有真樂，而亦常人之所同有。但常人有之而不自知，反自求許多憂苦，自加迷棄。雖在憂苦迷棄之中，而此樂又未嘗不存；但一念開明，反身而誠，則即此而在矣。每與原靜論，無非此意。而原靜尚有「何道可得」之問，是猶未免於騎驢覓驢之蔽也。

來書云：大學以心有好樂、忿懥、憂患、恐懼為「不得其正」；而程子亦謂「聖人情順萬事而無情」。所謂「有」者，傳習録中以「病瘧」譬之，極精切矣。若程子之言，則是聖人之情不生於心而生於物也。何謂耶？且事感而情應，則是是非非可以就格。事或未感時，謂之有，則未形也；謂之無，則病根在。

〔一〕郭刻本全書、謝刻本全書作「知學」。〔二〕存稿、陽明文録作「就是」，編校者從郭刻本全書訂改。

有無之間，何以致吾知乎？學務無情，累雖輕而出儒入佛矣，可乎？

聖人致知之功，至誠無息。其良知之體，皦如明鏡，略無纖翳，妍媸之來，隨物見形，而明鏡曾無留染，所謂「情順萬事而無情」也。「無所住而生其心」，佛氏曾有是言，未為非也。明鏡之應物，妍者妍，媸者媸，一照而皆真，即是生其心處。妍者妍，媸者媸，一過而不留，即是無所住處。「病瘧」之喻，誠〔一〕已見其精切，則此節所問，可以釋然。病瘧之人，瘧雖未發，而病根自在，則亦安可以其瘧之未發，而遂忘其服藥調理之功乎！若必待瘧發而後服藥調理，則既晚矣。致知之功，無間於有事無事，而豈論於病之已發未發邪！大抵原靜所疑，前後雖若不一，然皆起於「自私自利，將迎意必」之為祟。此根一去，則前後所疑，自將冰消霧釋，有不待於問辨者矣。〔二〕

答周道通〔三〕

吳曾兩生至，備道道通懇切為道之意，殊慰想〔四〕念！若道通，真可謂篤信好學者矣。憂病中，曾〔五〕不能與兩生細論，然兩生亦自〔六〕有志向肯用功者，每見輒覺有進，在區區誠不能無負於兩生之遠來，在兩生則亦庶幾無負其遠來之意矣。臨別以此冊致道通意，請書數語。荒憒無可言者，輒以道通來書中所問數節，略下轉語奉酬。草草殊不詳細，兩生當亦自能口悉也。

來書云：日用工夫，只是立志。近來於先生誨言，時時體驗〔七〕，愈益明白。然須〔八〕朋友不能一時相離。若得〔九〕朋友講習，則此意〔一〇〕纔精健闊大，纔有生意。若三五日不得朋友相講，便覺微弱，遇事便會困，亦時會忘。乃今無朋友相講之日，還只靜坐，或看書，或行動〔一一〕，凡寓目措身，悉取以

〔一〕郭刻本全書 謝刻本全書作「既」。〔二〕餘姚板文録本節單獨讀為一通，題作答陸原靜書，讀為正德十五年庚辰作，參見本書正編卷二。〔三〕本件録自存稿卷二書二，又見於陽明文録等。謝刻本全書本件題作啟問道通書。〔四〕郭刻本全書 謝刻本全書作「相」。〔五〕郭刻本全書 謝刻本全書作「會」。〔六〕存稿 陽明文録無此字，編校者據郭刻本全書訂補。〔七〕存稿 陽明文録無以上四字，編校者據郭刻本全書訂補。〔八〕郭刻本全書 謝刻本全書作「於」。〔九〕存稿 陽明文録無以上十字，編校者據郭刻本全書訂補。〔一〇〕郭刻本全書 謝刻本全書作「志」。〔一一〕郭刻本全書 謝刻本全書「行動」二字作「游衍徑行」。

培養此志，頗覺意思和適。然終不如講學時〔一〕，生意更多也。離羣索居之人，當更有何法以處之？

此段足驗道通「日用工夫」所得。工夫大略亦只是如此用，只要無間斷，到得純熟後，意思又自〔二〕不同矣。大抵吾人為學，緊要大頭腦只是立志，所謂「困忘」之病，亦只是志欠真切。今好色之人，未嘗病於「困忘」，只是一真切耳。自家痛癢，自家須會知得，自家須會搔摩得；既自知得痛癢，自家須不能不搔摩得。佛家謂之「方便法門」，須是自家調停斟酌，他人總難與力，亦更無別法可設也。

來書云：上蔡嘗〔三〕問：「天下何思何慮？」伊川云：「有此理，只是發得太早。」在學者工夫，固是「必有事焉而勿忘」，然亦須識得「何思何慮」底氣象，一并看為是。若不識得這氣象，便有正與「助長」之病。若認得「何思何慮」，而忘「必有事焉」工夫，恐又〔四〕墮於無也。須是不滯於有，不墮於無。然乎否也？

所論亦相去不遠矣，只是契悟未盡。「上蔡之問」與「伊川之答」，亦只是上蔡、伊川之意，與孔子繫辭原旨稍〔五〕有不同。繫言「何思何慮」，是言所思所慮只是一個天理，更無別思別慮耳，非謂無思無慮也。故曰「同歸而殊途，一致而百慮，天下何思何慮」。云「殊途」，云「百慮」，則豈謂無思無慮邪！心之本體，即是天理。天理〔六〕只是一個，更有何可思慮得！天理原自寂然不動，原自感而遂通。學者用功雖千思萬慮，只是要復他本來體用而已，不是以私意去安排思索出來。故明道云：「君子之學，莫若廓然而大公，物來而順應。」若以私意去安排思索，便是用智自私矣。「何思何慮」，正是工夫。在聖人分上，便是自然的。在學者分上，便是勉然的。伊川却是把作效驗看了，所以有「發得太早」之說。既而云「却好用功」，則已自覺其前言之有未盡矣。濂溪「主靜」之論，亦是此意。今道通之言，雖已不為無見，然亦未免尚有兩事也。

來書云：凡學者纔曉得做工夫，便要識認得聖人氣象。蓋認得聖人氣象，把做準的，乃就實地做工夫去，纔不會差，纔是作聖工夫。未知是否？

〔一〕郭刻本全書、謝刻本全書「講學時」作「朋友講聚，精神流動」。〔二〕存稿、陽明文録作「是」，編校者從郭刻本全書訂改。〔三〕存稿、陽明文録作「常」，編校者從郭刻本全書訂改。〔四〕存稿、陽明文録作「有」，編校者從郭刻本全書訂改。〔五〕謝刻本全書訛作「稱」。〔六〕存稿、陽明文録無以上二字，編校者據郭刻本全書訂補。

「先認聖人氣象」，昔人嘗有是言矣，然亦欠有頭腦。「聖人氣象」，自是聖人的，我從何處識認？若不就自己良知上真切體認，如以無星之稱而權輕重，未開之鏡而照妍媸，真所謂以小人之腹而度君子之心矣。「聖人氣象」，何由認得？自己良知，原與聖人一般，若體認得自己良知明白，即「聖人氣象」不在聖人而在我矣。程子嘗云：「覷着堯學他行事，無他許多聰明睿知，安能如彼之動容周旋中禮！」又云：「心通於道，然後能辨是非。」今且說，「通於道」在何處？「聰明睿知」從何處出來？

來書云：事上磨煉。一日之內，不管有事無事，只一意培養本原。若遇事來感，或自己有感，心上既有覺，安可謂無事？但因事凝心一會，大段覺得事理當如此，只如無事處之，盡吾心而已。然乃有處得善與未善，何也？又或事來得多，須要次第與處，每因才力不足，輒為所困，雖極力扶起，而精神已覺衰弱。遇此未免要十分退省，寧不了事，不可不加培養。如何？

所說工夫，就道通分上，也只是如此用，然未免有出入在。凡人為學，終身只為這一事，自少至老，自朝至暮，不論有事無事，只是做得這一件，所謂「必有事焉」者也。若說「寧不了事，不可不加培養」，却是尚為兩事也。「必有事焉而勿忘勿助」，事物之來，但盡吾心之良知以應之，所謂「忠恕違道不遠」矣。凡「處得有善有未善」，及有「困頓失次」之患者，皆是牽於毀譽得喪，不能實致其良知耳。若能實致其良知，然後見得平日所謂善者，未必是善；所謂未善者，却恐正是牽於毀譽〔一〕得喪，自賊其良知者也。

來書云：致知之說，春間再承誨益，已頗知用力，覺得比舊尤為簡易。但鄙心則謂，與初學焉言之？還須帶格物意思，使之知下手處。本來致知格物一并下，但在初學，未知下手用功，還說與格物，方曉得致知。云云。

格物是致知工夫，知得致知，便已知得格物。若是未知格物，則是致知工夫亦未嘗知也。近有一書與友人，論此頗悉。今往一通，細觀之當自見矣。

來書云：今之為朱陸之辨者尚未已，每對朋友言：正學不明已久，且不須枉費心力，為朱陸爭是非，

〔一〕存稿此字為黑釘，編校者據陽明文録訂補。

只依先生「立志」二字點化人。若其人果能辨〔一〕得此志來，決意要知此學，已是大段明白了。朱陸雖不辨，彼自能覺得。又嘗見朋友中見有人議先生之言者，輒為動氣。昔在朱陸二先生所以遺後世紛紛之議者，亦見二先生工夫有未純熟，分明亦有動氣之病。若明道則無此矣，觀其與吳涉禮論介甫之學云：「為我盡達諸介甫，不有益於彼〔二〕，必有益於我也。」氣象何等從容！嘗見先生與人書中亦引此言，願朋友皆如此。如何？

此節議論得極是極是。願道通遍以告於同志，各自且論自己是非，莫論朱陸是非也。以言語謗人，其謗淺。若自己不能身體實踐，而徒入耳出口，呶呶度日，是以身謗也，其謗深矣。凡今天下之論議我者，苟能取以為善，皆是砥礪切磋我也，則在我無非警惕脩省進德之地矣。昔人謂：「攻吾之短者，是吾師。」師又可惡乎！

來書云：有引程子「『人生而靜』以上不容說。才說性，便已不是性」。何故不容說？何故不是性？晦庵答云：「不容說者，未有性之可言；不是性者，已不能無氣質之雜矣。」二先生之言皆未能曉，每看書至此，輒為一惑。請問。

生之謂性。「生」字即是「氣」字，猶言「氣即是性」也。氣即是性。「『人生而靜』以上不容說」，才說「氣即是性」，即已落在一邊，不是性之本原矣。孟子「性善」，是從本原上說。然性善之端，須在氣上始見得。若無氣，亦無可見矣。惻隱、羞惡、辭讓、是非，即是氣。程子謂：「論性不論氣，不備；論氣不論性，不明。」亦是為學者各認一邊，只得如此說。若見得自性明白時，氣即是性，性即是氣，原無性氣之可分也。

答王亹庵中丞〔三〕

徃歲旌節臨越，猥蒙枉顧。其時憂病懞懞，不及少申欵曲。自後林居，懶僻成性，平生故舊不敢通音問，企慕之懷雖日以積，竟未能一奉起居，其為傾渴，如何可言！使來，遠辱問惠登拜，感怍！舍親宋孔瞻亦以書來，

〔一〕郭刻本全書 謝刻本全書作「辨」。〔二〕郭刻本全書 謝刻本全書作「他」。〔三〕本件録自存稿卷二書二，又見於陽明文録等。何福安編著寶晉齋碑帖集釋（黃山書社，二〇〇九年）著録陽明先生書信局部書跡拓本（圖五七）。

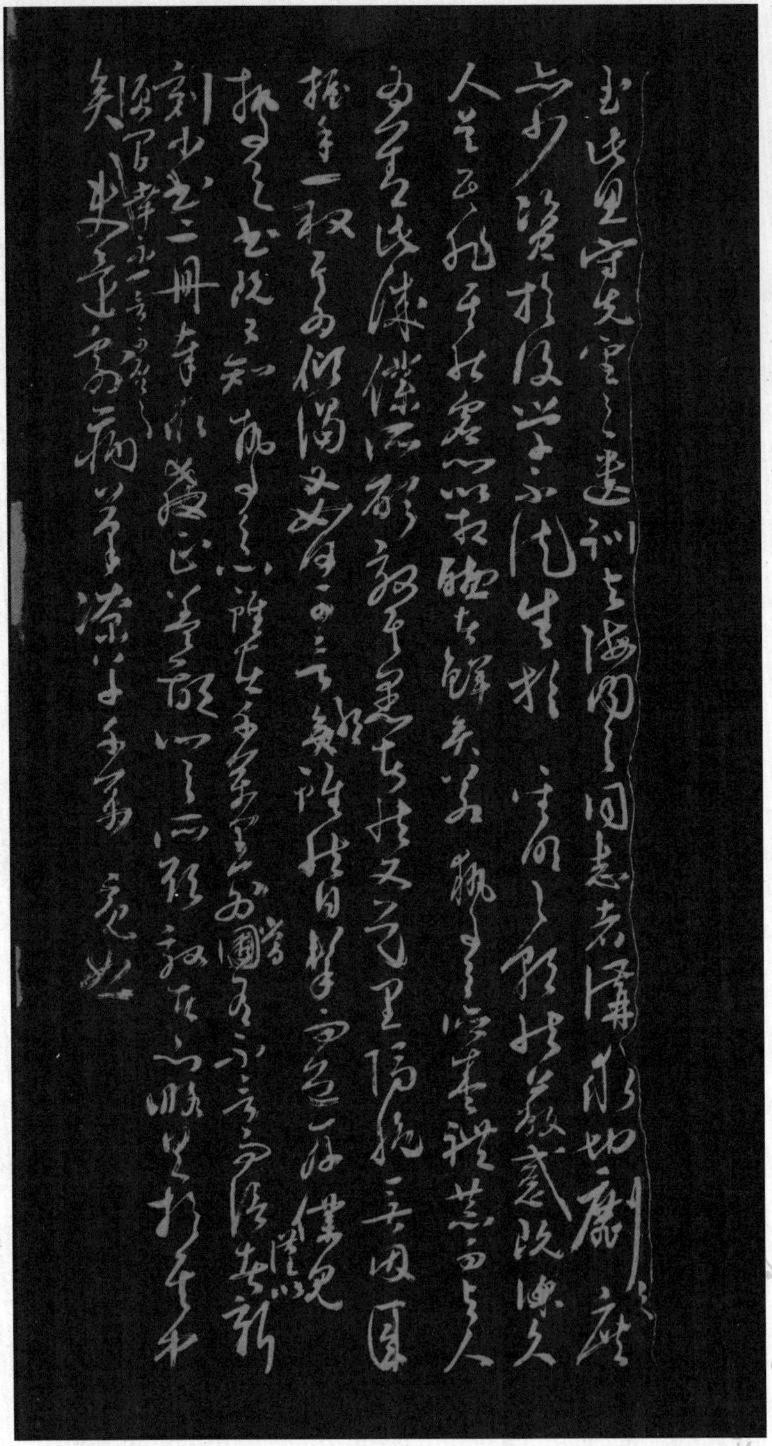

圖五七　答王璽庵中丞（局部）書跡（拓本）

備道執事勤勤下問之盛。不肖奚以得此！近世士夫之相與，類多虛文彌誑，而實意衰薄，外和中妬，徇私敗公，是以風俗日惡而世道愈降。執事忠信高明，克勤小物，長才偉識，翹然海內之望。而自視欲然，遠念不遺，若古之君子，有而若無，以能問於不能者也。僕誠喜聞而樂道，自顧何德以承之！僕已無所可用於世，顧其心痛聖學之不明，是以人心陷溺〔一〕至此。思守先聖之遺訓，與海內之同志者講求切劘之，庶亦少資於後學，不徒生於聖明之朝。然蔽惑既久，人是其非，其能虛心以相聽者鮮矣。若執事之德盛禮恭而與人為善，此誠僕所願效其愚者，然又道里隔絕，無因握手一敘，其為傾渴，又如何可言耶！雖然，目擊而道存，僕見執事之書，既已知執事之心。雖在千萬里外，當有不言而信者。謹以新刻小書二册奉求教正。蓋鄙心之所欲效者，亦略具於其中矣。便間幸示〔二〕一言，可否之？〔三〕使還劇，病筆潦草，千萬亮恕！

答方思道僉憲〔四〕

祝生來，辱書惠，勤勤愛念之厚，何可當也！又推許過情〔五〕，以為能倡明正學，則僕豈其人哉！顧自忘其愚不肖，而欲推人於聖賢之域，不顧己之未免於俗，而樂人之進於道，則此心耿耿，雖屢被詆笑非斥，終有所不能已。海內同志苟知趨向者，未嘗不往來於懷，況如思道之高明俊偉，可一日而千里也，其能已於情乎！子美太白有造道之資，而不能入於聖賢者，詞章綺麗之尚有以羈縻之也。如吾思道之高明俊偉，而詞章綺麗之尚終能羈縻之乎！終能羈縻之乎！

與黃勉之〔六〕

屢承書惠，兼示述作，足知才識之邁，向道懇切之難得也。何幸！何幸！〔七〕然未由一面，鄙心之所欲效者，尚爾鬱而未申〔八〕，有負盛情多矣〔九〕。君子學以為己。成己成物，雖本一事，而先後之序有不容紊。孟子

〔一〕本件以下文字編校者據陽明先生書跡拓本（圖五七）録出。〔二〕陽明文録無以下五字。〔三〕存稿 陽明文録無以下十一字。〔四〕本件録自存稿卷二書二，又見於全録等。〔五〕存稿作「性」，編校者從全録訂改。〔六〕本件録自存稿卷二書二，又見於陽明文録等；新刊續編本件題作與門人書。〔七〕新刊續編無以上四字。〔八〕新刊續編「鬱而未申」作「鬱鬱」。〔九〕新刊續編無以上二字。

云：「學問之道無他，求其放心而已矣。」〔一〕學問而不以放心為事者，皆非學也。誦習經史，本亦學問之事，不可廢者。而忘本逐末，明道尚〔二〕有「玩物喪志」之誡〔三〕，若〔四〕立言垂訓，則〔五〕尤非學者所宜汲汲矣。所示格物說脩道註，誠荷不鄙之盛，切深慚悚〔六〕，然非淺劣之〔七〕所敢望於足下者也。且其為說〔八〕「格物脩道」之義，亦於鄙見微有未盡〔九〕。何時〔一〇〕合并，當口〔一一〕悉其義，願且勿以示人。孔子云：「五十以學易，可以無大過矣。」充足下之才志，當一日千里，何所不可到！而不勝駿逸之氣，急於馳驟奔放〔一二〕，抵突〔一三〕若此，將恐自蹶其足，非任重致遠之道也。古本之釋〔一四〕，不得已也。然不敢多為辭說，正恐葛藤纏繞，則枝幹反為蒙翳耳。短序〔一五〕亦嘗三易稿，石刻其最後者〔一六〕。今各〔一七〕往一本，亦足以知初年之見，未可據以為定也。〔一八〕承相念之厚，不敢不盡。憂病中，言無倫次〔一九〕。千萬亮察，勉學自愛〔二〇〕！

又與黃勉之〔二一〕

勉之別去後，家人病益狼〔二二〕狽，賤軀亦咳逆泄瀉相仍，曾無間日，人事紛沓未論也。用是大學古本曾無下筆處，有辜〔二三〕勤勤之意，然此亦自可徐徐圖之。但古本白文之在吾心者，未能時時發明，却有可憂耳。來問數條，實亦無暇作答，締觀簡末懇懇之誠，又自不容已於言也。

〔一〕存稿 陽明文録無以下十四字，編校者據新刊續編訂補。〔二〕新刊續編無此字。〔三〕存稿 陽明文録作「戒」，編校者從新刊續編訂改。〔四〕新刊續編無此字。〔五〕存稿 陽明文録無此字，編校者據新刊續編訂補。〔六〕新刊續編無以上四字。〔七〕新刊續編無以上三字。〔八〕存稿 陽明文録無以下六字，編校者據新刊續編訂補。〔九〕新刊續編無以上八字。〔一〇〕新刊續編作「異時」。〔一一〕存稿 陽明文録無此字，編校者據新刊續編訂補。〔一二〕新刊續編作「奔投」。〔一三〕新刊續編作「抵觸」。〔一四〕新刊續編「古本之釋」作「古人立言」。〔一五〕新刊續編「短序」作「其大學序」。〔一六〕新刊續編無以上六字。〔一七〕新刊續編作「付」。〔一八〕新刊續編本通以下文字在「非任重致遠之道也」之後。〔一九〕新刊續編「言無倫次」作「言多無次」。〔二〇〕存稿無以上八字，編校者據新刊續編訂補。〔二一〕本件録自存稿卷二書二，又見於陽明文録等。〔二二〕存稿此字為黑釘，編校者據陽明文録訂補。〔二三〕存稿 陽明文録作「孤」，編校者從郭刻本全書訂改。

來書云：以良知之教涵泳之，覺其徹動徹靜，徹晝徹夜，徹古徹今，徹生徹死，無非此物。不假纖毫思索，不得纖毫助長，亭亭當當，靈靈明明，觸而應，感而通，無所不照，無所不覺，無所不達，千聖同途，萬賢合轍。無他如神，此即為神；無他希天，此即為天；無他順帝，此即為帝。本無不中，本無不公。終日酬酢，不見其有動；終日閑居，不見其有靜。真乾坤之靈體，吾人之妙用也。竊又以為，中庸誠者之明，即此良知為明；誠之者之戒慎恐懼，即此良知為戒慎恐懼。當與惻隱羞惡一般，俱是良知條件。知戒慎恐懼，知惻隱，知羞惡，通是良知，亦即是明。云云。

此節論得已甚分曉。知此，則知致知之外，無餘功矣。知此，則知所謂「建諸天地而不悖，質諸鬼神而無疑，百世以俟聖人而不惑」者，非虛語矣。誠明戒懼，效驗功夫，本非兩義。既知「徹動徹靜，徹死徹生，無非此物」，則「誠明戒懼」與「側影羞惡」，又安得別有一物為之歟！

來書云：陰陽之氣，訢合和暢而生萬物。物之有生，皆得此和暢之氣。故人之生理，本自和暢，本無不樂。觀之鳶飛魚躍，鳥鳴獸舞，草木欣欣向榮，皆同此樂。但為客氣物欲攪此和暢之氣，始有間斷不樂。孔子曰「學而時習之」，便立個無間斷功夫，悅則樂之萌矣。朋來則學誠，而吾性本體之樂復矣。故曰「不亦樂乎」。在人雖不我知，吾無一毫慍怒，以間斷吾性之樂。聖人恐學者樂之有息也，故又言此。所謂「不怨」「不尤」，與夫「樂在其中」「不改其樂」，皆是樂無間斷否？云云。

樂是心之本體。仁人之心，以天地萬物為一體，訢合和暢，原無間隔。來書謂「人之生理，本自和暢，本無不樂，但為客氣物欲攪此和暢之氣，始有間斷不樂」是也。時習者，求復此心之本體也。悅則本體漸復矣。朋來則本體之訢合和暢，充周無間。本體之訢合和暢，本來如是，初未嘗有所增也。就使無朋來而天下莫我知焉，亦未嘗有所減也。來書云「無間斷」意思亦是。聖人亦只是至誠無息而已，其工夫只是時習。時習之要，只是謹獨。謹獨即是致良知。良知即是樂之本體。此節論得大意亦皆是，但不宜便有所執着。

來書云：韓昌黎「博愛之謂仁」一句，看來大段不錯，不知宋儒何故非之？以為愛自是情，仁自是性，豈可以愛為仁！愚意則曰：性即未發之情，情即已發之性，仁即未發之愛，愛即已發之仁。如何喚愛作仁不得？言愛則仁在其中矣？孟子曰：「惻隱之心，仁也。」周子曰：「愛曰仁。」昌黎此言與孟周之旨，無甚差別，不可以以其文人而忽之也。云云。

「博愛」之說，本與孟周〔一〕之旨無大相遠。樊遲問「仁」，子曰「愛人」。「愛」字何嘗不可謂之「仁」歟！昔儒看古人言語，亦多有因人重輕之病，正是此等處耳。然愛之本體，固可謂之仁，但亦有愛得是與不是者。須愛得是，方是愛之本體，方可謂之仁。若只知博愛，而不論是與不是，亦便有差處。吾嘗謂「『博』字不若『公』字為盡」，大抵訓釋字義，亦只是得其大槩，若其精微奧蘊，在人思而自得，非言語所能喻。後人多有泥文著相，專在字眼上穿求，却是「心從法華轉」也。

來書云：大學云：「如好好色，如惡惡臭。」所謂惡之云者，凡見惡臭，無處不惡，固無妨礙。至於好色，無處不好，則將凡美色之經於目也，亦盡好之乎？大學之訓，當是借流俗好惡之常情，以喻聖賢好善惡惡之誠耳。抑將好色，亦為聖賢之所同好，經於目，雖知其姣，而思則無邪，未嘗少累其心體否乎？詩云「有女如雲」，言如雲〔二〕，未嘗不知其姣也；其姣也〔三〕，「匪我思存」，言匪我見〔四〕存，則思無邪而不累其心體矣。如見軒冕金玉，亦知其為軒冕金玉也，但無歆羨希覬之心，則可矣。如此看，不知通否？云云。

人於尋常好惡，或亦有不真切處。惟是好好色，惡惡臭，則皆是發於真心，自求快足，曾無纖假者。大學是就人人好惡真切易見處，指示人以好善惡惡之誠當如是耳；亦只是形容一「誠」字。今若又於「好色」字上生如許意見，却未免有執指為月之病。昔人多有為一字一句所牽蔽，遂致錯觧聖經者，正是此症候耳，不可不察也。中間云「無處不惡，固無妨礙」，亦便有受病處。更詳之。

來書云：有人因薛文清「過思亦是暴氣」之說，乃欲截然不思者。竊以孔子曰「吾嘗終日不食，終夜不寢以思」，亦將謂孔子過而暴其氣乎？以愚推之，惟思而外於良知，乃謂之過。若念念在良知上體認，即如孔子終日終夜以思，亦不為過。不外良知，即是「何思何慮」，尚何過哉！云云。

〔一〕郭刻本全書 謝刻本全書作「周子」。〔二〕郭刻本全書 謝刻本全書無以上三字。〔三〕存稿 陽明文録無以上三字，編校者據郭刻本全書訂補。〔四〕存稿 陽明文録作「思」，編校者從郭刻本全書訂改。

「過思亦是暴氣」，此語說得亦是。若遂欲截然不思，却是因噎而廢食者也。來書謂：「思而外於良知，乃謂之過。若念念在良知上體認，即終日終夜以思，亦不為過。不外良知，即是『何思何慮』。」此語甚得鄙意。孔子所謂「吾嘗終日不食，終夜不寢以思，無益，不如學也」者，聖人未必然，乃是指出徒思而不學之病，以誨人耳。若徒思而不學，安得不謂之過思與！

與黃誠甫〔一〕

近得宗賢寄示禮疏，明甚。誠甫之議，當無不同矣。古之君子，恭敬樽節退讓以明禮，僕之所望於二兄者，則在此而不在彼也。果若是，以為斯道之計，進於議禮矣。先妻不幸於前月奄逝，方在悲悼中。適陳子文往，草草布〔二〕間濶。

又與黃誠甫〔三〕

別久，極渴一語。子莘來，備道諸公進脩，亦殊慰。大抵吾人習染已久，須得朋友相夾持；離羣索居，即未免隳惰。諸公既同在留都，當時時講習為佳也。

嘉靖四年乙酉　在越，陽明先生五十四歲。

寄鄭邦瑞〔四〕

陽明字，與鄭寶一官賢姪：汝祖母所放帳目，可將文書逐一查出，與同去人照數討完，封送祖母收貯，不得輕易使費！此汝祖母再四叮囑之言，斷不可違！汝祖母因此帳目，必欲回家，是我苦苦強留在此。汝可體悉此意，勿使我有誤汝祖母之罪乃可。家中凡百，謹慎小心。女孫不久還，差人來取，到此同住也。先說與知之。四月初三日，陽明字，與列位賢弟姪同看。

〔一〕本件録自陽明文録外集卷五書，又見於鄒序本文録等。〔二〕謝刻本全書作「存」。〔三〕本件録自陽明文録外集卷五書，又見於鄒序本文録等。〔四〕本件手跡原件藏美國普林斯頓大學藝術博物館，編校者據書法全集著録陽明先生手跡（圖五八）録入。

圖五八 寄鄭邦瑞手跡（墨跡紙本）

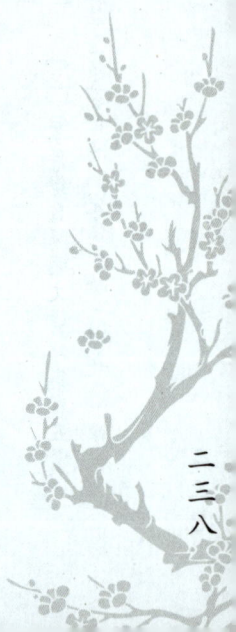

家是我善々唐当生山
以可神生迟意勿更我
音误山
祖母言能乃二宫家中凡
百汉㥭小以如孙不久远
差人来形於此同住
如先说生知久四月
和白纲织字上
於信吴市姐同在

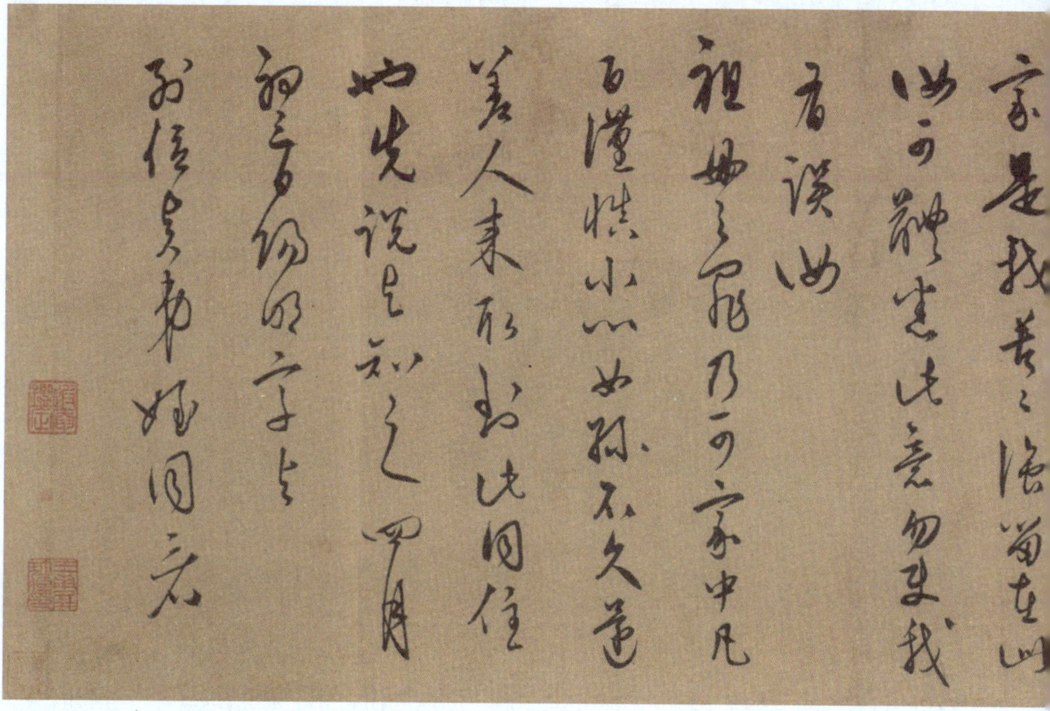

寄伯敬三弟〔一〕

前正思輩囘，此間事情想能口悉。我自月初到今，腹瀉不止，昨晚始得稍息，然精神甚是困頓，更須旬日或可平復也。此間雨水太多，田禾多半損壞，不知餘姚却如何耳？穴湖及竹山祖墳，雨晴後可往一視。竹山攔土，此時必已完，俟楚知縣囘日，當與說知多差夫役拽置河下，俟秋間我自親囘安放也。石山翁家事，不審近日已定帖否？子全所處，未必盡是；子良所處，未必盡非。然而遠近士夫乃皆歸罪於子良。正如我家，但有小小得罪於鄉里，便皆歸咎於我也。此等寃屈，亦何處分訴！此意可密與子良說知之，務須父子兄弟和好如常，庶可以息眼前謗者之言，而免日後忌者之口。石山於我有深愛，而子良又在道誼中，今渠家紛紛若此，我亦安忍坐視不一言之！吾弟須悉此意，亦勿多與人說也。八弟在家處事，凡百亦可時時規戒。俗諺所謂「好語不出門，惡言傳千里」也。六月十三日，陽明山人字，寄伯敬三弟收看。

與鄭邦瑞〔二〕

向曾遣人迎接二舅母，因病體未平復，遂不敢強。今聞已盡安好，故特差人奉迎。書到，即望將帶孫女來此同住。其王處親事，須到此商議停當，後然可許。一應事務，我自有處，不必勞心也。不一一。陽明書，致寶一姪收看。十月十六日。

致王邦相〔三〕

南京陳處親事，得在今冬送至杭城，就在邦相家裏住下，擇日取過江來，甚好。若今冬緩不及事，在明春正月半邊到杭，亦可。家下人多不停當，無可使者，須邦相處遣一的確人，到彼說知之。嫁裝之類，皆不必辦，到杭後自有處也。宗處人還，可多多上覆他。陽明字，致王邦相揮使宗契。

十二月十八日字。

〔一〕本件手跡原件藏中國國家博物館，編校者據書法全集著録陽明先生手跡（圖五九）録入。〔二〕本件手跡原件藏美國普林斯頓大學藝術博物館，編校者據書法全集著録陽明先生手跡（圖六〇）録入。〔三〕本件據王世傑 那志良 張萬里主編藝苑遺珍（香港開發股份有限公司，一九六七年）法書第二輯著録陽明先生手跡（圖六一）録入。

答尚謙書〔一〕

承喻「自咎罪疾，只緣『輕傲』二字累倒」，足知用力懇切。但知得輕傲處，便是良知。致此良知，除却輕傲，便是格物。「致知」二字，是千古聖學之秘。向在虔時，終日論此，同志中尚多有未徹。近於古本序中改數語，頗發此意，然見者往往亦不能察。今寄一紙，幸熟味之〔二〕！此是孔門正法眼藏，從前儒者多不曾悟到，故其說卒入於支離。仕鳴過虔，嘗〔三〕與細說，不審閒中曾論及否？喻及甘泉論仕德處，殆一時意有所向而云，蓋〔四〕亦未見其止之嘆耳！仕德之學，未敢便以為至，即其信道之篤，臨死不貳，眼前曾有幾人！所云「心心相持，如髠如鉗」，正恐同輩中亦未見有能如此者也！書來謂仕鳴、海崖大進此學，近得數友，皆有根力，處久當能發揮。幸甚！聞之喜而不寐也。海崖為誰氏？便中寄知之。

答劉内重〔五〕

書來，警發良多，知感！知感！腹疾，不欲作答。但内重為學工夫，尚有可商量者，不可以虛來意之辱，輒復書此耳。程子云：「所見所期，不可不遠且大。然而為之亦須量力有漸，志大心勞，力小任重，恐終敗事。」今〔六〕學者既立有必為聖人之志，只消就自己良知明覺處，樸實頭，致了去，自然循循日有所至，原無許多門面摺數也。外面是非毀譽，亦好資之以為警切砥礪之地，却不得以此稍動其心，便將流於心勞日拙，而不自知矣。内重剛強〔七〕篤實，自是任道之器，然於此等處，尚〔八〕須與謙之從容一商量，又當有見也。眼前路逕，須放開闊，才好容人來往；若太拘窄，恐自己亦無展足之地矣。聖人之行，初不遠於人情。魯人獵較，孔子亦獵較。鄉人儺，朝服而立於阼階；難言之互鄉，亦與進其童子；在當時固不能無惑之者矣。子見南子，子路且有不悅。夫子到此，如何更與子路說得是非？只好矢之而已。何也？若要說見南子是，得多少氣力來說。若且〔九〕依着子路，認個不是，則子路終身不識聖人之心，此學終將不明矣。此等苦心處，

〔一〕本件録自余姚板文録卷二，又見於存稿等。存稿 陽明文録本件題作寄薛尚謙，讀為嘉靖二年癸未作。〔二〕存稿 陽明文録無此字。〔三〕存稿 陽明文録作「常」。〔四〕謝刻本全書訛作「益」。〔五〕本件録自余姚板文録卷二，又見於存稿等。〔六〕存稿 陽明文録作「夫」，郭刻本全書 謝刻本全書無此字。〔七〕謝刻本全書作「強剛」。〔八〕郭刻本全書 謝刻本全書作「向」。〔九〕郭刻本全書 謝刻本全書作「且若」。

圖五九　寄伯敬三弟手跡（墨跡紙本）

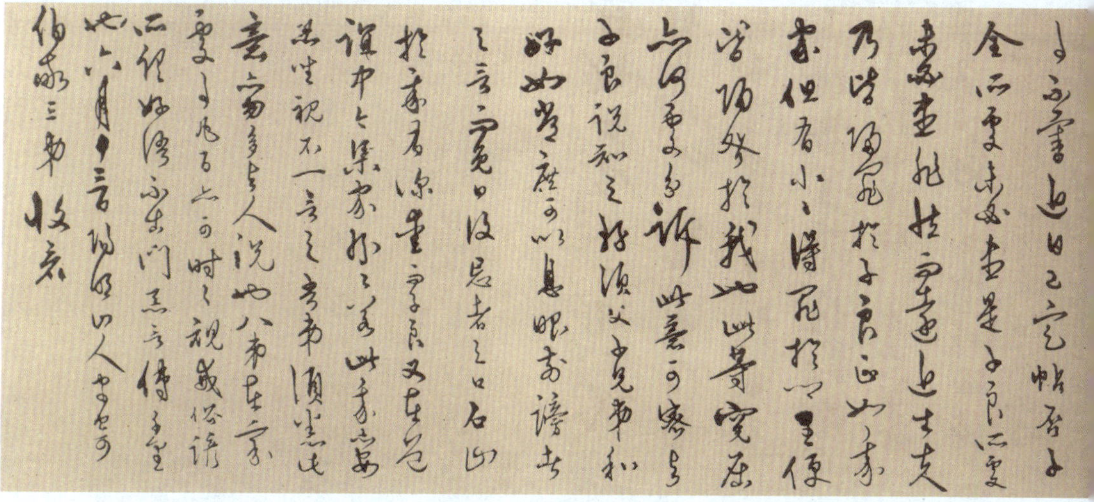

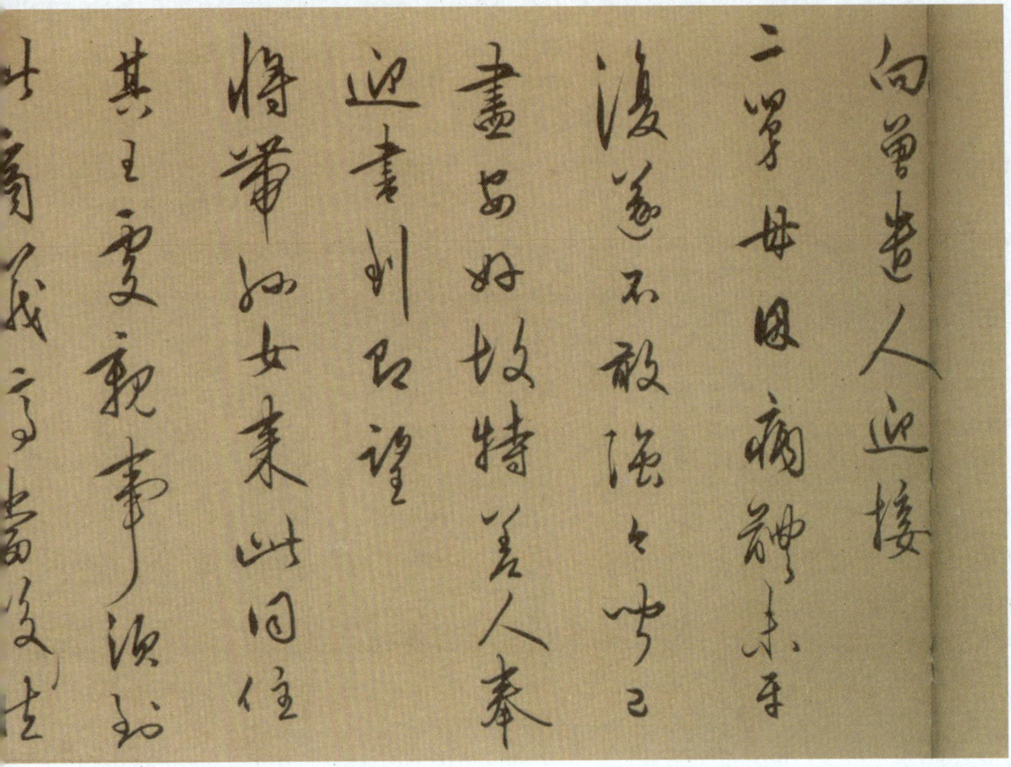

圖六〇　與鄭邦瑞手跡（墨跡紙本）

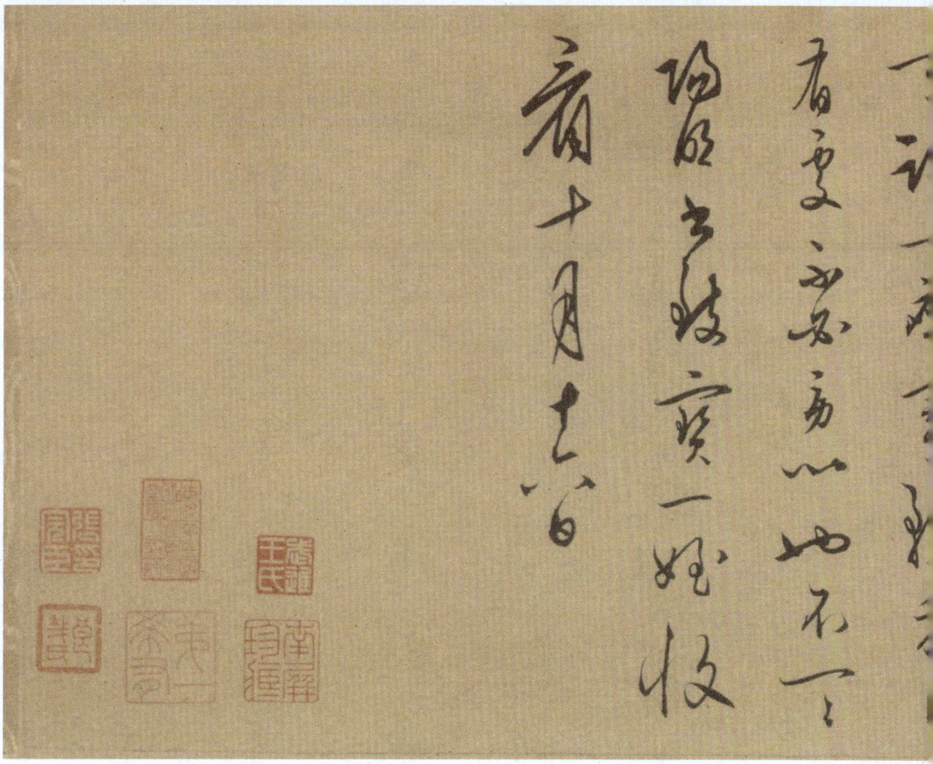

圖六一　致王邦相手跡（墨跡紙本）

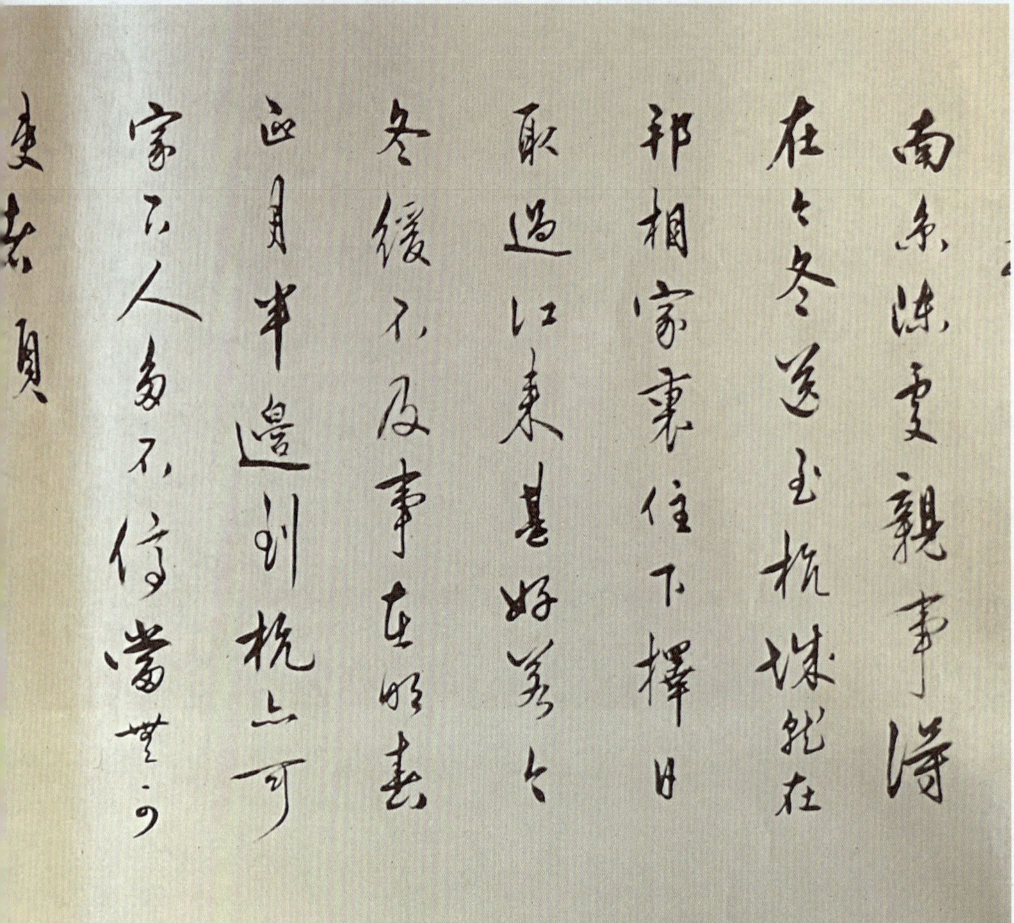

划破說知之嫁娶之
類皆不忍辦划杭汝
自者變地宗變人重
可匈之上霞似此此古枝
主非お即吏京襄
十二月十六日空

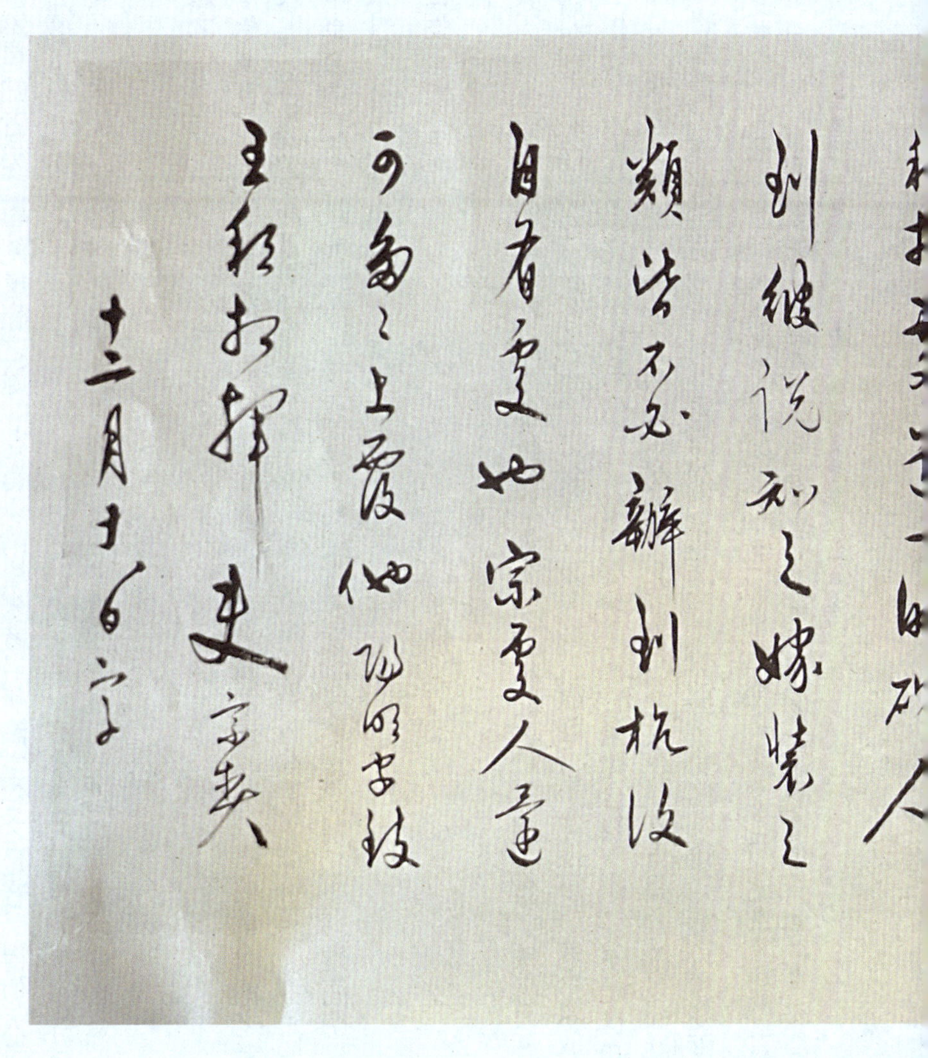

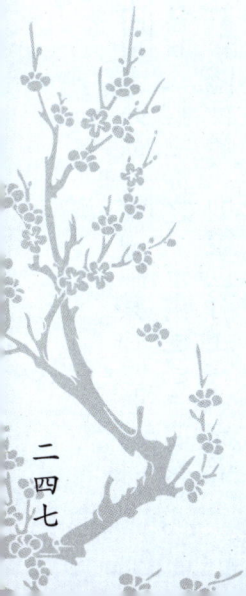

惟顔子便能識得，故曰「於吾言無所不悦」。此正是大頭腦處，區區舉似内重，亦欲内重謙虚其心，弘〔一〕大其量，去人我之見，絶意必之私〔二〕，則此大頭腦處，自將卓爾有見，當有「雖欲從之，末由也已」之嘆矣。大抵奇特斬絶之行，多後世希高慕大者之所喜，聖賢不以是為貴也。故索隱行怪，則後世有述焉。依乎中庸，固有遯世不見知者矣。學絶道喪之餘，苟有以講學來者，所謂空谷之足音，得似人者可矣。必如内重所云，則今之可講學者，止可如内重輩二三人而止矣！然如内重者，亦不能時時來講也，則法堂前草深一丈矣。内重有進道之資，而微失之於隘。吾固不敢避飾非自是之嫌，而叨叨至此，内重宜悉此意，弗徒求之言語之間可也。

與黄勉之書〔三〕

承欲刻王信伯遺言，中間極有獨得之見，非餘儒所及。惜其零落既久，後學莫有傳之者。因勉之寄此，又知程門有此人也。幸甚！幸甚！中間如論明道伊川處，似未免尚有執著，然就其所到，已甚高明特達〔四〕，不在游楊諸公下矣。中間可省略者，删去之為佳。凡刻古人文字，要在發明此學，惟簡明切實之為貴，若支辭蔓説，徒亂人耳目者，不傳可也。高明以為何如？

與王公弼三書〔五〕

第一書

前王汝止家人去，因在妻喪中，草草未能作書。人來，遠承問惠，得聞動履，殊慰！殊慰！書中所云：「斯道廣大，無處欠缺，動静窮達，無往非學。自到任以來，錢穀獄訟，事上接下，皆不敢放過。但反觀於獨，猶未是夭壽不二根基，毁譽得喪之間未能脱然」，足知用功之密。只此自知之明，便是良知。致此良知以求自慊，便是致知矣。殊慰！殊慰！師伊、師顔兄弟久居於此；黄正之來此，亦已兩月餘；何廷仁到亦數日。友朋〔六〕聚此，頗覺有益。惟齊文明〔七〕不得力而歸，此友性氣殊别，變化甚難，殊為可憂爾。間及之。

〔一〕存稿　陽明文録作「宏」。〔二〕存稿此字為黑釘。〔三〕本件録自存稿卷二書二，又見於陽明文録等。〔四〕郭刻本全書　謝刻本全書作「遠」。〔五〕本件三書録自存稿卷三書三，第一書又見於陽明文録等；第二書、第三書又見於全録等。

〔六〕郭刻本全書　謝刻本全書作「朋友」。〔七〕陽明文録無以上二字。

第二書

王汝止來，得備聞政化之善，殊慰傾想！昔人謂「做官奪人志」，若致知之功，能無間斷，寧有奪志之患耶！歐崇一久不聞問，不審近來消息何如？若無朋友規覺，恐亦未免摧墮，便中望為寄聲。此間朋友相聚，頗覺比前有益。欲共結廬山中，須汝止為之料理。而汝止以往歲救荒事繫心，必欲辭去；今乃強留於此，望公弼一為解紛。事若必不可為，然後放令汝止歸也。

第三書

汝止去後，即不聞消息，邇惟政學日新為慰。汝止頗為救荒一事所累，不能久居於此。不審此時回家作何料理？亦曾來相見否？倘其事稍就緒，須促之早來為佳。此間朋友望渠至者，甚切！甚切！兼恐渠亦久累其間，不若且來此一洗滌耳。入覲在何時？相見尚未有定。臨紙怏悒。

答顧東橋書〔一〕

來書云：近時學者務外遺內，博而寡要，故先生特倡「誠意」一義，針砭膏肓，誠大惠也。

吾子洞見時弊如此矣，亦將何以救之乎？然則鄙人之心，吾子固已一句說〔二〕盡。復何言哉！復何言哉！若「誠意」之說，自是聖門教人用功第一義。但近世學者乃作第二義看，故稍與提掇緊要出來，非鄙人所能特倡也。

來書云：但恐立說太高，用功太捷，後生師傳，影響謬誤，未免墜於佛氏明心見性、定慧頓悟之機，無怪聞者見疑。

區區「格致誠正」之說，是就學者本心、日用事為間，體究踐履，實地用功，是多少次第、多少積累在，正與「空虛頓悟」之說相反。聞者本無求為聖人之志，又未嘗講究其詳，遂以見疑，亦無足怪。若吾子之高明，自當一語之下，便瞭然矣。乃亦謂「立說太高，用功太捷」，何邪？

來書云：所喻「知行并進，不宜分別前後」，即中庸「尊德性而道問學」之功，交養互發，內外本末，

〔一〕本件録自存稿卷二書二，又見於陽明文録等。〔二〕郭刻本全書、謝刻本全書作「道」。

一以貫之之道。然工夫次第，不能無先後之差，如知食乃食，知湯乃飲，知衣乃服，知路乃行，未有不見是物，先有是事，此亦毫釐倏忽之間。非謂截然〔一〕有等，今日知之，而明日乃行也。

既云「交養互發，内外本末，一以貫之」，則「知行并進」之說無復可疑矣。又云「工夫次第，不能無先後之差」，無乃自相矛盾已乎！「知食乃食」等說，此尤明白易見，但吾子為近聞障蔽，不自〔二〕察耳。夫人必有欲食之心，然後知食。欲食之心，即是意，即是行之始矣。食味之美惡，必待入口而後知，豈有不待入口，而已先知食味之美惡者耶！必有欲行之心，然後知路。欲行之心，即是意，即是行之始矣。路岐之險夷，必待身親履歷而後知，豈有不待身親履歷，而已先知路岐之險夷者耶！「知湯乃飲」，「知衣乃服」，以此例之，皆無可疑。若如吾子之喻，是乃所謂「不見是物，而先有是事」者矣。吾子又謂「此亦毫釐倏忽之間，非謂截然有等，今日知之，而明日乃行也」，是亦察之尚有未精。然就如吾子之論〔三〕，則知行之為合一并進，亦自斷無可疑矣。

來書云：真知即所以為行，不行不足謂之知。此為學者喫緊立教，俾務躬行則可。若真謂行即是知，恐其專求本心，遂遺物理，必有闇而不達之處，抑豈聖門知行并進之成法哉？

知之真切篤實處，即是行；行之明覺精察處，即是知。知行工夫本不可離，只為後世學者分作兩截用工，失却知行本體，故有合一并進之說。「真知即所以為行，不行不足謂之知」，即如來書所云「知食乃食」等說，可見前已略言之矣。此雖喫緊救弊而發，然知行之體本來如是，非以己意抑揚其間，姑為是說，以苟一時之效者也。「專求本心，遂遺物理」，此蓋失其本心者也。夫物理不外於吾心，外吾心而求物理，無物理矣。遺物理而求吾心，吾心又何物耶！心之體，性也，性即理也。故有孝親之心，即有孝之理；無孝親之心，即無孝之理矣。有忠君之心，即有忠之理；無忠君之心，即無忠之理矣。理豈外於吾心耶！晦庵謂「人之所以為學者，心與理而已。心雖主乎一身，而實管乎天下之理。理雖散在萬事，而實不外乎一人之心」。是其一分一合之間，而未免已啟學者心理為二之弊。此後世所以有「專求本心，遂遺物理」之患，正由不知心即理耳。

〔一〕存稿陽明文録無以上二字，編校者據全録訂補。〔二〕郭刻本全書 謝刻本全書作「自不」。〔三〕存稿以上二字為黑釘，全録作「之說」，編校者據陽明文録訂補。

夫外心以求物理，是以有「闇而不達之處」，此告子「義外」之説，孟子所以謂之「不知義」也。心一而已。以其全體惻怛而言，謂之仁；以其得宜而言，謂之義；以其條理而言，謂之理。不可外心以求仁，不可外心以求義，獨可外心以求理乎！外心以求理，此知行之所以二也。求理於吾心，此聖門「知行合一」之教，吾子又何疑乎！

來書云：所釋大學古本，謂「致其本體之知」，此固孟子「盡心」之旨，朱子亦以虛靈知覺為此心之量，然盡心由於知性，致知在於格物。

「盡心由於知性，致知在於格物」，此語然矣。然而推本吾子之意，則其所以為是語者，尚有未明也。朱子以「盡心知性知天」為「物格知致」，以「存心養性事天」為「誠意正心脩身」，以「殀壽不貳，脩身以俟」為「知至仁盡聖人」之事。若鄙人之見，則與朱子正相反矣。夫「盡心知性知天」者，生知安行，聖人之事也；「存心養性事天」者，學知利行，賢人之事也；「殀壽不貳，脩身以俟」者，困知勉行，學者之事也。豈可專以盡心知性為知，存心養性為行乎！吾子驟聞此言〔一〕，必又以為大駭矣。然其間實無可疑者。一為吾子言之。夫心之體，性也；性之原，天也。能盡其心，是能盡其性矣。中庸云：「唯天下至誠，為能盡其性。」又云：「知天地之化育，質諸鬼神而無疑，知天也。」此惟聖人而後能然，故曰「此生知安行，聖人之事也」。存其心者，未能盡其心者也，故須加存之之功。必存之既久，不待於存而自無不存，然後可以進而言盡。蓋「知天」之「知」，如「知州」「知縣」之「知」，知州則一州之事皆己事也，知縣則一縣之事皆己事也，是與天為一者也。「事天」則如子之事父，臣之事君，猶與天為二也。天之所以命於我者，心也，性也。吾但存之而不敢失，養之而不敢害，如「父母全而生之，子全而歸之」者也。故曰「此學知利行，賢人之事也」。至於「殀壽不貳」，則與存其心者，又有間矣。存其心者，雖未能盡其心，固已一心於為善，時有不存，則存之而已。今使之「殀壽不貳」，是〔二〕猶以殀壽貳其心者也。猶以殀壽貳其心，是其為善之心，猶未能一也。存之尚有所未可，而何盡之可云乎！今且使之不以殀壽貳其為善之心，若曰「死生殀壽，皆有

〔一〕存稿此字為黑釘，編校者據陽明文録訂補。〔二〕存稿陽明文録無此字，編校者據郭刻本全書訂補。

命定」。吾但一心於為善，脩吾之身，以俟天命而已，是其平日尚未知有天命也。「事天」雖與天為二，然已真知天命之所在，但惟恭敬奉承之而已耳。若俟之云者，則尚未能真知天命之所在，猶有所俟者也。故曰「所以立命」。立者，創立之立，如「立德」「立言」「立功」「立名」之類。凡言立者，皆是昔未嘗〔一〕有而今〔二〕始建立之謂。孔子所謂「不知命，無以為君子」者也。故曰「此困知勉行，學者之事也」。今以「盡心知性知天」為「格物致知」，使初學之士尚未能不二〔三〕其心者，而遽責之以聖人「生知安行」之事，如捕風捉影，茫然莫知所措，其心幾何而不至於「率天下而路」也？今世「致知格物」之弊，亦居然可見矣。吾子所謂「務外遺內，博而寡要」者，無乃亦是過歟！此學問最緊要處，於此而差，將無往而不差矣！此鄙人之所以冒天下之非笑，忘其身之陷於罪戮，呶呶其言，有〔四〕不容已者也！

來書云：聞語學者乃謂「即物窮理」之說，亦是玩物喪志。又取其「厭繁就約」，「涵養本原」數說標示，學者指為「晚年定論」，此亦恐非。

朱子所謂「格物」云者，在「即物而窮其理」也〔五〕。即物窮理，是就事事物物上求其所謂定理者也。是以吾心而求理於事事物物之中，析心與理而為二矣。夫求理於事事物物者，如求孝之理於其親之謂也。求孝之理於其親，則孝之理，其果在於吾之心邪？抑果在於親之身邪？假而果在於親之身，則親沒之後，吾心遂無孝之理歟！見孺子之入井，必有惻隱之理。是惻隱之理，果在於孺子之身歟？抑在於吾心之良知歟？其或不可以從之於井歟？其或可以手而援之歟？是皆所謂理也。是果在於孺子之身歟？抑果出於吾心之良知歟？以是例之，萬事萬物之理，莫不皆然。是可以知析心與理為二之非矣。夫析心與理而為二，此告子「義外」之說，孟子之所深闢也。「務外遺內，博而寡要」，吾子既已知之矣。是果何謂而然哉？謂之玩物喪志，尚猶以為不可歟？若鄙人所謂「致知格物」者，致吾心之良知於事事物物也。吾心之良知，即所謂天理也。致吾心良知之天理於事事物物，則事事物物皆得其理矣。格物也，是合心與理而為一者也。合心與理而為一，則凡區區前之所云，與朱子晚年之論，皆可以不言而喻矣。

〔一〕存稿 陽明文録作「常」，編校者從全録訂改。〔二〕謝刻本全書作「本」。〔三〕郭刻本全書 謝刻本全書作「貳」。
〔四〕謝刻本全書作「其」。〔五〕存稿 陽明文録無此字，編校者據郭刻本全書訂補。

來書云：人之心體本無不明，而氣拘物蔽，鮮有不昏〔一〕。非學問思辨以明天下之理，則善惡之機，真妄之辨，不能自覺，任情恣意，其害有不可勝言者矣。

此段大略似是而非，蓋承沿舊說之弊，不可以不辨也。夫問思辨行，皆所以為學，未有學而不行者也。如言學孝，則必服勞奉養，躬行孝道，而〔二〕後謂之學；豈徒懸空口耳講說，而遂可以謂之學孝乎！學射則必張弓挾矢，引滿中的；學書則必伸紙執筆，操觚染翰。盡天下之學，無有不行而可以言學者；則學之始，固已即是行矣。篤者，敦實篤厚之意，已行矣；而敦篤其行，不息其功之謂爾。蓋學之不能以無疑則有問，問即學也，即行也。又不能無疑則有思，思即學也，即行也。又不能無疑則有辨，辨即學也，即行也。辨既明矣，思既慎矣，問既審矣，學既能矣，又從而不息其功焉，斯之謂「篤行」；非謂學問思辨之後，而始措之於行也。是故以求能其事而言，謂之學；以求解其惑而言，謂之問；以求通其理〔三〕而言，謂之思；以求精其察而言，謂之辨；以求履其實而言，謂之行。蓋析其功而言則有五，合其事而言則一而已。此區區心理合一之體，知行并進之功，所以異於後世之說者，正在於是。今吾子特舉「學問思辨以窮天下之理」，而不及「篤行」，是專以學問思辨為知，而謂窮理為無行也已。天下豈有不行而學者邪！豈有不行而遂可謂之窮理者耶！明道云：「只窮理，便盡性至命。」故必仁極仁，而後謂之能窮仁之理；義必義，而後謂之能窮義之理。仁極仁，則盡仁之性矣；義極義，則盡義之性矣。學至於窮理，至矣，而尚未措之於行，天下寧有是耶！是故知不行之不可以為學，則知不行之不可以為窮理矣。知不行之不可以為窮理，則知知行合一并進，而不可以分為兩節事矣。夫萬事萬物之理，不外於吾心，而必曰「窮天下之理」，是殆以吾心之良知為未足，而必外求於天下之廣，以裨補增益之，是猶析心與理而為二也。夫學問思辨，篤行之功，雖其困勉至於人一己百，而擴充之極，至於盡性知天，亦不過致吾心之良知而已。良知之外，豈復有加於毫末乎！今必曰「窮天下之理」，而不知反求諸其心，則凡所謂「善惡之機」「真妄之辨」者，舍吾心之良知，亦將何以〔四〕致其體察乎！

〔一〕存稿作「蔽」，陽明文録作「偏」，編校者據郭刻本全書訂改。〔二〕謝刻本全書作「則」。〔三〕郭刻本全書 謝刻本全書作「說」。〔四〕郭刻本全書 謝刻本全書作「何所」。

吾子所謂「氣拘物蔽」者，拘此蔽此而已。今欲去此之蔽，不知致力於此，而欲以外求，是猶目之不明者，不務服藥調理，以治其目，而徒倀倀然求明於其外，明豈可以自外而得哉！任情恣意之害，亦以不能精察天理於此心之良知而已。此誠毫釐千里之謬者，不容於不辨，吾子毋謂其論之太刻也。

來書云：教人以致知明德，而戒其即物窮理。誠使昏闇之士深居端坐，不聞教告，遂能至於致知而明德乎？縱令靜而有覺，稍悟本性，則亦定慧無用之見，果能知古今、達事變而致用於天下國家之實乎？其曰「知者意之體，物者意之用，格物如格君心之非」之「格」，語雖超悟獨得，不踵陳見，抑恐於道未相脗合。

區區論致知格物，正所以窮理。未常戒人窮理，使之深居端坐，而一無所事也。若謂「即物窮理」，如前所云「務外而遺內」者，則有所不可耳。昏闇之士，果能隨事隨物精察此心之天理，以致其本然之良知，則雖愚必明，雖柔必強，大本立而達道行，九經之屬可一以貫之而無遺矣。尚何患其無致用之實乎！彼頑空虛靜之徒，正惟不能隨事隨物精察此心之天理，以致其本然之良知，而遺棄倫理，寂滅虛無以為常，是以要之不可以治家國天下。孰謂聖人窮理盡性之學而亦有是弊哉！心者，身之主也；而心之虛靈明覺，即所謂本然之良知也。其虛靈明覺之良知，應感而動者謂之意。有知而後有意，無知則無意矣。知非意之體乎？意之所用，必有其物，物即事也。如意用於事親，即事親為一物；意用於治民，即治民為一物；意用於讀書，即讀書為一物；意用於聽訟，即聽訟為一物。凡意之所在〔一〕，無有無物者；有是意，即有是物；無是意，即無是物矣〔二〕。物非意之用乎？「格」字之義，有以「至」字訓者，如「格於文祖」「有苗來格」，是以「至」訓者也。然「格於文祖」，必純孝誠敬，幽明之間，無一不得其理，而後謂之「格」；有苗之頑，實以文德誕敷而後格，則亦兼有「正」字之義在其間，未可專以「至」字盡之也。如「格其非心」「大臣格君心之非」之類，是則一皆「正其不正，以歸於正」之義，而不可以「至」字為訓矣。且大學「格物」之訓，又安知其不以「正」字為訓，而必以「至」字為義乎！如以「至」字為義者，必曰「窮至事物之理」，

〔一〕存稿此字為黑釘，全録作「用」，編校者據陽明文録訂補。〔二〕存稿此字為黑釘，陽明文録闕一字，編校者據全録訂補。

而後其說始通。是其用功之要，全在一「窮」字，用力之地，全在一「理」字也。若上去一「窮」字〔一〕，下去一「理」字，而直曰「致知在至物」，其可通乎！夫「窮理盡性」，聖人之成訓，見於繫辭者也。苟「格物」之說而果即「窮理」之義，則聖人何不直曰「致知在窮理」，而必為此轉折不完之語，以啟後世之弊邪！蓋大學「格物」之說，自與繫辭「窮理」大旨雖同，而微有分辨。「窮理」者，兼「格致」「誠正」而為功也。故言「窮理」，則「格致誠正」之功皆在其中。言「格物」，則必兼舉「致知」「誠意」「正心」，而後其功始備而密。今偏舉「格物」而遂謂之「窮理」，此所以專以「窮理」屬知，而謂「格物」未嘗有行，非惟不得「格物」之旨，并「窮理」之義而失之矣。此後世之學，所以析「知行」為先後兩截，日以支離決裂，而聖學益亦殘晦者，其端實始於此。吾子蓋亦未免承沿積習，則見〔二〕以為「於道未相脗合」，不為過矣。

來書云：謂致知之功，將如何為溫凊？如何為奉養？即是誠意，非別有所謂「格物」。此亦恐非。

此乃吾子自以己意揣度鄙見而為是說，非鄙人之所以告吾子者矣。若果如吾子之言，寧復有可通乎！蓋鄙人之見，則謂意欲溫凊、意欲奉養者，所謂「意」也，而未可謂之「誠意」。必實行欲〔三〕溫凊奉養之意，務求自慊而無自欺，然後謂之「誠意」。知如何而為溫凊之節，知如何而為奉養之宜者，所謂「知」也，而未可謂之「致知」。必致其知如何為溫凊之節者之知，而實以之溫凊；致其知如何為奉養之宜者之知，而實以之奉養，然後謂之「致知」。溫凊之事，奉養之事，所謂「物」也，而未可謂之「格物」。必其於溫凊之事也，一如其良知之所知，當如何為溫凊之節者而為之，無一毫之不盡；於奉養之事也，一如其良知之所知，當如何為奉養之宜者而為之，無一毫之不盡，然後謂之「格物」。溫凊之物「格」，然後知溫凊之良知始「致」；奉養之物「格」，然後知奉養之良知始「致」。故曰「物格而後知至」。致其知溫凊之良知，而後溫凊之意始「誠」；致其知奉養之良知，而後奉養之意始「誠」。故曰「知至而後意誠」。此區區「誠意」「致知」「格物」之說蓋如此。吾子更熟思之，將亦無可疑者矣。

〔一〕郭刻本全書　謝刻本全書無此字。〔二〕郭刻本全書　謝刻本全書作「見則」。〔三〕存稿此字為黑釘，全録作「其」，編校者據陽明文録訂補。

來書云：道之大端，易於明白，所謂良知良能〔一〕，愚夫愚婦可與及者。至於節目時變之詳，毫釐千里之謬，必待學而後知。今語孝於溫清定省，孰不知之！至於舜之不告而娶，武之不葬而興師，養志養口，小杖大杖，割股廬墓等事，處常處變，過與不及之間，必須討論是非，以為制事之本，然後心體無蔽，臨事無失。

「道之大端，易於明白」，此語誠然。顧後之學者，忽其易於明白者而弗由，而求其難於明白者以為學，此其所以道在邇而求諸遠，事在易而求之〔二〕難也。孟子云：「夫道若大路然，豈難知哉？人病不由耳！」良知良能，愚夫愚婦與聖人同。但惟聖人能致其良知，而愚夫愚婦不能致，此聖愚之所由分也。節目時變，聖人夫豈不知？但不專以此為學。而其所謂學者，正惟致其良知，以精察此心之天理，而與後世之學不同耳。吾子未暇良知之致，而汲汲焉顧是之憂，此正「求其難於明白者以為學」之弊也。夫良知之於節目時變，猶規矩尺度之於方圓長短也。節目時變之不可預定，猶方圓長短之不可勝窮也。故規矩誠立，則不可欺以方圓，而天下之方圓不可勝用矣；尺度誠陳，則不可欺以長短，而天下之長短不可勝用矣；良知誠致，則不可欺以節目時變，而天下之節目時變不可勝應矣。毫釐千里之謬，不於吾心良知一念之微而察之，亦將何所用其學乎！是不以規矩而欲定天下之方圓，不以尺度而欲盡天下之長短。吾見其乖張謬戾，日勞而無成也已。吾子謂「語〔三〕孝於溫清定省，孰不知之」，然而能致其知者鮮矣。若謂粗知溫清定省之儀節，而遂謂之能致其知；則凡知君之當仁者，皆可謂之能致其仁之知；知臣之當忠者，皆可謂之能致其忠之知，則天下孰非致知者邪！以是而言，可以知「致知之必在於行，而不行之不可以為致知也」明矣。「知行合一」之體，不益較然矣乎！夫舜之「不告而娶」，豈舜之前已有「不告而娶」者為之準則，故舜得以考之何典，問諸何人而為此邪？抑亦求諸其心一念之良知，權輕重之宜，不得已而為此邪？武之「不葬而興師」，豈武之前已有「不葬而興師」者為之準則，故武得以考之何典，問諸何人而為此邪？抑亦求諸其心一念之良知，權輕重之宜，不得已而為此邪？使舜之心而非誠於為無後，武之心而非誠於為救民，則其「不告而娶」與「不葬而興師」，

〔一〕存稿作「良知」，編校者從陽明文録訂改。〔二〕郭刻本全書、謝刻本全書作「諸」。〔三〕存稿作「吾」，編校者從陽明文録訂改。

乃不孝不忠之大者。而後之人不務致其良知，以精察義理於此心感應酬酢之間，顧欲懸空討論此等變常之事，執之以為制事之本，以求臨事之無失，其亦遠矣！其餘數端，皆可類推，則古人致知之學，從可知矣。

來書云：謂大學「格物」之說專求本心，猶可牽合；至於六經四書所載「多聞多見」「前言往行」「好古敏求」「博學審問」「溫故知新」「博學詳說」「好問好察」，是皆明白求於事為之際，資於論說之間者，用功節目，固不容紊矣。

「格物」之義，前已詳悉；「牽合」之疑，想已不俟復解矣。至於「多聞多見」，乃孔子因子張之務外好高，徒欲以「多聞多見」為學，而不能求諸其心以闕疑殆，此其言行所以不免於尤悔〔一〕；而所謂見聞者，適以資其務外好高而已。蓋所以救子張「多聞多見」之病，而非以是教之為學也。夫子嘗曰：「蓋有不知而作之者，我無是也。」是猶孟子「是非之心，人皆有之」之義也。此言正所以明德性之良知，非由於聞見耳。若曰「多聞擇其善者而從之，多見而識之」，則是專求諸見聞之末，而已落在第二義矣，故曰「知之次也」。夫以見聞之知為次，則所謂知之上者，果安所指乎？是可以窺聖門致知用力之地矣。夫子謂子貢曰：「賜也，汝以予為多學而識之者歟？非也，予一以貫之。」使誠在於「多學而識」，則夫子胡乃繆為是說，以欺子貢者耶！「一以貫之」，非致其良知而何！易曰：「君子多識前言往行，以畜其德。」夫以「畜其德」為心，則凡「多識前言往行」者，孰非畜德之事！此正知行合一之功矣。「好古敏求」者，好古人之學而敏求此心之理耳。心即理也。學者，學此心也；求者，求此心也。孟子云：「學問之道無他，求其放心而已矣。」非若後世廣記博誦古人之言詞以為好古，而汲汲然惟以求功名利達之具於其外者也。「博學審問」，前言已盡。「溫故知新」，朱子亦以「溫故」屬之「尊德性」矣。德性豈可以外求哉！惟夫「知新」必由於「溫故」，而「溫故」乃可以〔二〕「知新」，則亦可以驗知行之非兩節矣。「博學而詳說之」者，將以反說「約」也。若無「反約」之云，則「博學詳說」者果何事耶？舜之「好問好察」，惟以用中而致其精一於道心耳。道心者，良知之謂也。君子之學，何嘗離去事為而廢論說！但其從事於事為論說者，要皆知行合一之功，正所以

〔一〕存稿作「海」，編校者從陽明文録訂改。〔二〕謝刻本全書作「所以」。

致其本心之良知，而非若世之徒事口耳談説以為知者，分知行為兩事，而果有節目先後之可言也。〔一〕

來書云：楊墨之為仁義，鄉愿之亂〔二〕忠信，堯舜子之之禪讓，湯武楚項之放伐，周公莽操之攝輔，謾無印正，又〔三〕焉適從？且於古今事變，禮樂〔四〕名物，未嘗考識。使國家欲興明堂，建辟雍，制曆律，草封禪，又將何所致其用乎？故論語曰「生而知之」者，義禮〔五〕耳。若夫禮樂名物，古今事變，亦必待學而後有以驗其行事之實。此則可謂定論矣。

所喻楊墨、鄉愿、堯舜子之湯武楚項周公莽操之辨，與前舜武之論，大略可以類推。古今事變之疑，前於「良知」之説，已有「規矩尺度」之喻，當亦無俟多贅矣。至於明堂、璧雍諸事，似尚未容於無言者。然其説甚長，姑就吾子之言而取正焉，則吾子之惑，將亦可以少釋矣。夫明堂、璧雍之制，始見於呂氏之月令，漢儒之訓疏；六經四書之中，未嘗詳及也。豈呂氏、漢儒之知，乃賢於三代之賢聖乎！齊宣之時，明堂尚有未毀，則幽厲之世，周之明堂皆無恙也。堯舜茅茨土階，明堂之制未必備，而不害其為治；幽厲之明堂，固猶文武成康之舊，而無救於其亂，何邪？豈能以不忍人之心而行不忍人之政！則雖茅茨土階，固亦明堂也；以幽厲之心而行幽厲之政，則雖明堂，亦暴政所自出之地邪。武帝肇講於漢，而武后盛作於唐，其治亂何如邪？天子之學曰「璧雍」，諸侯之學曰「泮宮」，皆象地形而為之名耳。然三代之學，其要皆所以明人倫，非以璧不璧、泮不泮為重輕也。孔子云：「人而不仁，如禮何？人而不仁，如樂何？」制禮作樂，必具中和之德，聲為律而身為度者，然後可以語此。若夫器數之末，樂工之事，祝史之守，故曾子曰：「君子所貴乎道者三，籩豆之事，則有司存也。」堯命羲和「欽若昊天，曆象日月星辰」，其重在於「敬授人時」也。舜〔六〕在璿璣玉衡，其重在於「以齊七政」也。是皆汲汲然以仁民之心，而行其養民之政，治曆明時之本，固在於此也。羲和曆數之學，皋契未必能之也，禹稷未必能之也。「堯舜之知而不偏〔七〕物」，雖堯舜亦未必能之也。然至於今，循羲和之法而世脩之，雖曲知小慧之人，星術淺陋之士，亦能推步占候而無所忒；則是後世曲知

〔一〕本通以下一問一答，餘姚板文録讀為一通，題作答人論學書，讀為正德十五年庚辰作，參見本書正編卷二。〔二〕謝刻本全書訛作「辭」。〔三〕餘姚板文録作「灭」。〔四〕存稿作「體樂」，編校者從陽明文録訂改。〔五〕存稿 陽明文録作「義理」，編校者從餘姚板文録訂改。〔六〕存稿作「曆」，編校者從陽明文録訂改。〔七〕存稿作「偏」，編校者從陽明文録訂改。

小慧之人，反賢於禹稷堯舜者邪？「封禪」之說，猶〔一〕為不經，是乃後世佞人諛士〔二〕，所以求媚於其上，倡為誇侈，以蕩君心，而靡國費〔三〕。蓋欺天罔人，無恥之大者，君子之所不道，司馬相如之所以見譏於天下後世也。吾〔四〕子乃以是為儒者所宜學，殆亦未之思邪！夫聖人之所以為聖者，以其「生而知之」也。而釋論語者曰：「生而知之者，義理耳。若夫禮樂名物，古今事變，亦必待學，而後有以驗其行事之實。」夫禮樂名物之類，果有關於作聖之功也；而聖人亦必待學，而後能知焉，則是聖人亦不可〔五〕以謂之「生知」矣。謂聖人為「生知」者，專指義理而言，而不以禮樂名〔六〕物之類；則是禮樂名〔七〕物之類，無關於作聖之功矣。聖人之所以謂之「生知」者，專指義理，而不以禮樂名物之類；則是「學而知之」者，亦惟當學知此義理而已；「困而知之」者，亦惟當困知此義理而已。今學者之學聖人，於聖人之所能知者，未能學而知之；而顧汲汲焉求知聖人之所不能知者以為學，無乃失其所以希聖之方歟！凡此皆就吾子之所惑者，而稍為之分釋，未及乎「拔本塞源」之論也。夫「拔本塞源」之論不明於天下，則天下之學聖人者將日繁日難，斯人淪於〔八〕禽獸夷狄，而猶自以為聖人之學。吾之說，雖或暫明於一時，終將凍解於西而冰堅於東，霧釋於前而雲滃於後，呶呶焉危困以死，而卒無救於天下之分毫也已〔九〕！夫聖人之心，以天地萬物為一體，其視天下之人，無外內遠近；凡有血氣，皆其昆弟赤子之親，莫不欲安全而教養之，以遂其萬物一體之念。天下之人心，其始亦非有異於聖人也；特其間於有我之私，隔於物欲之蔽，大者以小，通者以塞，人各有心，至有視其父子兄弟如仇讎者。聖人有憂之，是以推其天地萬物一體之仁以教天下，使之皆有以克其私，去其蔽，以復其心體之同然。其教之大端，則堯舜禹之相授受，所謂「道心惟微，惟精惟一，允執厥中」。而其節目，則舜之命契，所謂「父子有親，君臣有義，夫妻有別，長幼有序，朋友有信」五者而已。唐虞三代之世，教者惟以此為教，而學者惟以此為學。當是之時，人無異見，家無異習，安此者謂之聖，勉此者謂之賢，而

〔一〕存稿 陽明文録作「尤」，編校者從餘姚板文録訂改。〔二〕餘姚板文録此字為黑釘。〔三〕餘姚板文録此字為黑釘。〔四〕存稿作「居」，編校者從陽明文録訂改。〔五〕餘姚板文録作「知」。〔六〕存稿作「民」，編校者從陽明文録訂改。〔七〕存稿作「民」，編校者從陽明文録訂改。〔八〕存稿 陽明文録作「入於」，編校者從餘姚板文録訂改。〔九〕存稿 陽明文録無此字，編校者據餘姚板文録訂補。

背此者雖其啟明如朱，亦謂之不肖。下至閭井田野、農工商賈之賤，莫不皆有是學，而惟以成其德行為務。何者？無有聞見之雜，記誦之煩，辭章之靡濫，功利之馳逐，而但使之孝其親，弟其長，信其朋友，以復其心體之同然。是蓋性分之所固有，而非有假於外者，則人亦孰不能之乎！學校之中，惟以成德為事，而才能之異，或有長於禮樂，長於政教，長於水土播植者，則就其成德，而因使益精其能於學校之中。迨夫舉德而任，則使之終身居其職而不易，用之者惟知同心一德，以共安天下之民，視才之稱否，而不以崇卑為輕重，勞逸〔一〕為美惡。效用者亦惟知同心一德，以共安天下之民，苟當其能，則終身處於煩劇而不以為勞，安於卑瑣而不以為賤。當是之時，天下之人熙熙皞皞，皆相視如一家之親。其才質之下者，則安其農工商賈之分，各勤其業以相生相養，而無有乎希高慕外之心。其才能之異若臯夔稷契者，則出而各效其能，若一家之務，或營其衣食，或通其有無，或備其器用，集謀并力，以求遂其仰事俯育之願，惟恐當其事者之或怠，而重己之累也。故稷勤其稼，而不恥其不知教，視契之善教，即己之善教也。夔司其樂，而不恥於不明禮，視夷之通禮，即己之通禮也。蓋其心學純明，而有以全其萬物一體之仁；故其精神流貫，志氣通達，而無有乎人己之分，物我之間。譬之一人之身，目視耳聽，手持足行，以濟一身之用；目不恥其無聰，而耳之所涉，目必營焉；足不恥其無執，而手之所探，足必前焉。蓋其元氣充周，血脉條暢，是以痒疴呼吸，感觸神應，有不言而喻之妙。此聖人之學，所以至易至簡，易知易從，學易能而才易成者，正以大端惟在復心體之同然，而知識技能非所與論也。三代之衰，王道熄而霸術焻，孔孟既沒，聖學晦而邪說橫，教者不復以此為教，而學者不復以此為學。霸者之徒，竊取先王之近似者，假之於外，以內濟其私己之欲，天下靡然而〔二〕宗之，聖人之道遂以蕪塞；相倣相效，日求所以富強之說，傾詐之謀，攻伐之計。一切欺天罔人，苟一時之得，以獵取聲利之術，若管商〔三〕蘇張之屬者，至不可名數。既其久也，鬭爭劫奪，不勝其禍，斯人淪於禽獸夷狄，而霸術亦有所不能行矣。世之儒者，慨然悲傷，蒐獵先聖王之典章法制，而掇拾脩補於煨燼之餘。蓋其為心，良亦欲以挽回先王之道。聖學既遠，霸術之傳積漬已深，雖在賢知，皆不免於習染，其所以講明脩飾〔四〕，

〔一〕餘姚板文録作「逸勞」。〔二〕存稿 陽明文録無此字，編校者據餘姚板文録訂補。〔三〕餘姚板文録闕一字。〔四〕存稿作「侈飭」，陽明文録作「脩飭」，編校者從餘姚板文録訂改。

以求宣暢光復於世者，僅足〔一〕以增霸者之藩籬，而聖學之門墻遂不復可覩。於是乎有訓詁之學，而傳之以為名；有記誦之學，而言之以為博；有詞章之學，而侈之以為麗。若是者紛紛籍籍，羣起角立於天下，又不知其幾家！萬徑千蹊，莫知所適。世之學者，如入〔二〕百戲之場，讙謔跳踉〔三〕，騁奇鬬巧，獻笑爭妍者，四面而競出，前瞻後盼，應接不遑；而耳目眩瞀，精神怳惑，日夜遨遊淹息其間，如病狂〔四〕喪心之人，莫自知其家業之所歸！時君世主，亦皆昏迷顛倒於其說，而終身從事於無用之虚文，莫自知其所謂！間有覺其空疎謬妄，支離牽滯，而卓然自奮，欲以見諸行事之實者，極其所抵，亦不過為富強功利五霸之事業而止。聖人之學，日遠日晦，而功利之習，愈趨愈下。其間雖嘗瞽惑於佛、老，而佛、老之說，卒亦未能有以勝其功利之心。雖又嘗折衷於羣儒，而羣儒之論，終亦未能有以破其功利之見。蓋至於今，功利之毒，淪浹於人之心髓，而習以成性也幾千年矣！相矜以知，相軋以勢，相爭以利，相高以技能，相取以聲譽。其出而仕也，理錢穀者，則欲兼夫兵刑，典禮樂者，又欲與於銓軸；處郡縣，則思藩臬之高，居臺諫，則望宰執之要。故不能其事，則不得以兼其官；不通其說，則不可以要其譽。記誦之廣，適以長其敖也；知識之多，適以行其惡也；聞見之博，適以肆其辯〔五〕也；辭章之富，適以飾〔六〕其偽也。是以皋、夔、稷、契所不能兼之事，而今之初學小生皆欲通其說，究其術。其稱名借號，未嘗不曰「吾欲以共成天下之務」，而其誠心實意之所在，以為不如是，則無以濟其私而滿其欲也。嗚呼！以若是之積染，以若是之心志，而又講之以若是之學術，宜其聞吾聖人之教，而視之以為贅疣枘鑿〔七〕；則其以良知為未足，而謂〔八〕聖人之學為〔九〕無所用，亦其勢有所必至矣！嗚呼！士生斯世，而尚何以求聖人之學乎！尚何以論聖人之學乎！士生斯世，而欲以為學者，不亦勞苦而繁難乎！不亦拘滯而險艱乎！嗚呼！可悲也已！所幸天理之在人心，終有所不可泯；而良知之明，萬古一日，則其聞吾「拔本塞源」之論，必有惻然而悲，戚然而痛，憤然而起，

〔一〕存稿 陽明文録作「可」，編校者從餘姚板文録訂改。〔二〕存稿作「人」，編校者從陽明文録訂改。〔三〕存稿 陽明文録作「跳跟」，編校者從餘姚板文録訂改。〔四〕餘姚板文録作「狂病」。〔五〕餘姚板文録作「辨」。〔六〕存稿 陽明文録作「飭」，編校者從餘姚板文録訂改。〔七〕存稿作「柄鑿」，編校者從陽明文録訂改。〔八〕存稿作「為」，編校者從陽明文録訂改。〔九〕餘姚板文録無此字。

沛然若决江河而有所不可禦者矣。非夫豪傑之士，無所待而興起〔一〕者，吾誰與望乎！

答董澐蘿石〔二〕

問：某賦性平直守分，每遇能言之士，則以己之遲鈍為慚，恐是根器弱甚。

答曰〔三〕：此皆未免有外重内輕之患。若平日能「集義」，則浩然之氣，至大至剛〔四〕，充塞天地，自然「富貴不能淫，貧賤不能移，威武不能屈」；自然能知人之言，而凡詖淫邪遁之詞，皆無所施於前矣。況肯自以為慚乎！「集義」只是「致良知」。心得其宜為「義」，「致良知」則心得其宜矣。

問：某因親弟糧役，與之謀，敗，致累多人。因思皆「不老實」之過也。如何？

答曰〔五〕：謂之「老實」，須是實「致其良知」始得。不然，却恐所謂「老實」者，正是「老實」不好也。昔人亦有為手足之情受汚辱者，然不致如此等事〔六〕，此等事於「良知」亦自有不安。

問：某因海寧縣丞盧柯居官廉甚而極貧，饑寒餓死，遂走拜之，贈以詩襪，歸而胸次帖帖然，自以為得也。

只此「自以為得」也，恐亦不宜。

答曰〔七〕：知得「自以為得」之非宜，只此便是「良知」矣。民之秉彝也，故好是懿德。又多着一分意思不得，多着一分意思，便是私矣。

問：某見人有善行，每好録之，時以展閲。常見二醫，一姓韓，一姓郭者，以利相讓，亦必録之。

答曰〔八〕：録善人以自勉，此亦「多聞多見而識」，乃是「致良知」之功。此等人只是欠學問，恐不能到頭如此。吾輩中亦未易得也。

復董克剛書〔九〕

春初枉顧時，承以八策見示，鄙意甚不為然。既而思之，皆學術不明之故，姑且與克剛講學，未暇細論

〔一〕存稿 陽明文録無此字，編校者據郭刻本全書訂補。〔二〕本件録自存稿卷二書二，又見於陽明文録等。〔三〕陽明文録無以上二字。〔四〕謝刻本全書作「公」。〔五〕陽明文録無以上二字。〔六〕郭刻本全書 謝刻本全書「如此等事」作「知」。〔七〕陽明文録無以上二字。〔八〕陽明文録無以上二字。〔九〕本件録自存稿 外集卷五書，又見於陽明文録等。

策之是非。旬日之後，學術漸明，克剛知見，豁然如白日之開雲霧，遂翻然悔其初志，即欲焚棄八策，以為自此以後，誓不復萌此等好高務外之念矣。當時同志諸友，無不嘆服克剛，以為不憚改過，而勇於從善若此，人人皆自以為莫及也。盛价遠來，忽辱長箋巨册，諄諄懇懇，意求删改前策，將圖復上，與臨別丁寧意，大相矛盾。豈間濶之久，切磋無力，遂爾迷誤至此耶？易曰：「君子思不出其位。」若克剛斯舉，乃所謂「思出其位」矣。又曰：「不易乎世，不成乎名；遯世無悶，憂則違之。」若克剛斯舉，是易乎世而成乎名，非「遯世無悶，憂則違之」之謂矣。克剛向處山林，未嘗知有朝廷事體。今日羣司之中，縉紳士夫之列，其間高明剴切之論，經略康濟之謨，何所不有。如八策中所陳，蓋已不知幾十百人幾十百上矣，寧復有俟於克剛耶！克剛此舉〔一〕，雖亦仁人志士之心，然夜光之璧，無因而投，人亦且按劍而怒；況此八策者，特克剛之敝幕耳，亦何保嗇之深，而必以投人為哉！若此策遂上，亦非獨不見施行，且將有指摘非訾之者，其為克剛之累不小小也。克剛亦何苦而汲汲於為是哉！八策之中，類皆老生常談；惟第五策，於地方利害頗有相關，然亦不過訴狀之詞，一有司聽之足矣。而克剛乃以為致治垂統之一策，得無以身家之故，遂為利害所蔽，而未暇深思之耶？明者一覽，如見肺肝；但克剛不自知耳。昔者顏子在陋巷簞瓢，孔子賢之。夫陋巷簞瓢，豈遂至於人不堪憂？其間蓋亦必有患害屈抑，常情所不能當，如克剛今日之所遭際者矣。若其時遂以控之於時君世主，讕讕屑屑，求白於人，豈得復謂之賢乎！禹稷昌言於朝，過門不入，以有大臣之責也。今克剛居顏子陋巷之地，而乃冒任禹稷之憂，是宗祝而伐庖人之割，希不傷手矣。册末「授受」之說，似未端的，此則姑留於此，俟後日再講。至於八策，斷斷不宜復留，遂會同志諸友，共付丙丁，為克剛焚此魔障〔二〕。克剛自此但宜收斂精神，日以忠信進德為務，默而成之，不言而信，不見是而無悶可也。

與謙之書〔三〕

鄉人自廣德來，時常得聞動履，兼悉政教之善，殊慰傾想。遠使吊賻，尤感憂念之深！所喻「猝臨盤錯，

〔一〕存稿作「不」，編校者從陽明文録訂改。〔二〕存稿作「磨障」，編校者從陽明文録訂改。〔三〕本件録自陽明文録卷二書二，又見於鄒序本文録等。

蓋非獨以別利器，正以精吾格致之功耳」，又能以怠荒自懼，其進可知矣。近時四方來遊之士頗衆，其間雖甚魯鈍，但以「良知」之説略加點掇，無不即有開悟。以是益信，得此二字，真吾聖門正法眼藏。謙之近來所見，不審又如何矣？南元善益信此學，日覺有進，其見諸施設，亦大非其舊。便間更相獎掖之，固朋友切磋之心也。方治葬事，使還，草草疏謝。不盡！

復黄誠甫〔二〕

盛价來，領手札，知有貴恙，且喜漸平復矣。賤軀自六月暑病，然兩目蒙蒙，兩耳蓬蓬，幾成廢人，僅存微息。旬日前，元忠、宗賢過此，留數日北去。山廬卧病，期少謝人事，而應接亦多。今復歸卧小閣，省愆自訟而已。聞有鼓枻之興，果爾，良慰渴望。切磋砥礪之益，彼此誠不無也。

與許台仲〔三〕

吾子累然憂服之中，顧勞垂念至勤。賢郎以書幣遠及，其何以當！其何以當！道不可須臾而離，故學不須臾而間。居喪，亦學也。而喪者以荒迷自居，言不能無荒迷爾，學則不至於荒迷，故曰「喪事不敢不勉」。「寧戚」之説，為流俗忘本者言也。喜怒哀樂，發皆中節之謂和。哀亦有和焉，發於至誠，而無所乖戾之謂也。夫過情，非和也；動氣，非和也；有意必於其間，非和也。孺子終日啼而不嗌，和之至也。知此，則知居喪之學，固無所異於平居之學矣。聞吾子近日有過毁之憂，輒敢以是奉告，幸圖其所謂大孝者可也。〔三〕

與鄭邦瑞書〔四〕

脩理聖軀山廟時，我因外祖及三舅父分上，特捨梁木，聽社亨將我名字寫在梁上。此廟既係社亨香火所

〔一〕本件録自陽明文録外集卷五書，又見於鄒序本文録等。〔二〕本件録自文録續編卷二，又見於郭刻本全書等。〔三〕許三禮纂修海寧縣志（凡十三卷，康熙十六年丁巳刻本）卷十三藝文下著録慰唁疏與許杞山即本件，後有「賢郎氣質甚美，適當冗結，不及與之一言，殊負遠來。不久便還林麓，後會尚有可期。草草佈謝，不盡」三十八字。〔四〕本件手跡原件藏美國普林斯頓大學藝術博物館，編校者據書法全集著録陽明先生手跡（圖六二）録入。

閔，何不及早赴縣陳告？直待項家承買了，然後來說，此是亨人自失了事機。我自來不曾替人作書入府縣，此是人人所知，可多多上覆二舅母，切莫見恠！切莫見恠！此廟既不係廢毀之數，社亨自可具情告理。若亨人肯備些價錢取贖，縣中想亦未必不聽也。汝大母病勢如舊，服藥全不效。承二舅母掛念，遣人來看，多謝！多謝！陽明字。寄寶一姪收看。　社中亨人亦可上覆他。

與王邦相〔一〕

過往士夫及鄉里後輩自杭城來，皆能備道東瀛老先生休休樂善好德之誠，侃侃秉正斥讒之議，不勝敬服！不勝心感！後生浮薄狂噪、毀賢妬能者，聞東瀛之風，亦可以媿死矣，而尚略不知所慚沮，亦獨何心哉！家門不幸，區區罪惡深重。近日祖墓復被掘毀，墓上天生瑞柏亦被斫伐，割心剜骨，痛何可言！近方歸此脩治，闔邑論議紛紛，皆以為孫氏所為。區區亦未敢便以為信。孫氏父子，素所親厚，三子又嘗從學，此等窮兇極惡之事，我何忍遂以加於孫氏！姑告行府縣緝捕盜賊，賊徒七十餘人，踪跡難掩，不久必能緝獲。幸而與孫氏無干，非惟我家得申不世之寃，而孫氏亦得以洗無實之惡。不然，則誠衣冠道誼之大不幸也！痛心！痛心！東瀛老先生坐是未能致謝，進見時，煩道懇苦。廬次，草草不盡。陽明病夫拜手。

邦相揮□□□。

寄希淵〔二〕

鄙劣承不棄外，勤勤規教，感媿深矣！貴恙近如何？賤軀患暑痢已幾一月，小兒亦暑毒大作，不櫛沐者旬餘矣。下至奴僕羣小，無一不患病者，以是無可使問候，徒切懸懸耳，且須善自調攝。子莘亦急欲趨訪區區者，輒以此意力阻之，俟而後天氣稍涼，然後與振之輩同行也。孤守仁拜。

希淵司成大人有道。

孤因督工小第，連日頗病暑，未免囬此稍將息，一二日間且復徃矣。

〔一〕本件據王世傑　那志良　張萬里主編藝苑遺珍（香港開發股份有限公司，一九六七年）法書第二輯著録陽明先生手跡（圖六三）録入。〔二〕本件據王望霖集范聖傳鐫天香樓藏帖（凡八卷，嘉慶年間刻本）卷一著録陽明先生書跡拓本（圖六四）録入。

圖六二 與鄭邦瑞書手跡（墨跡紙本）

圖六三 與王邦相手跡（墨跡紙本）

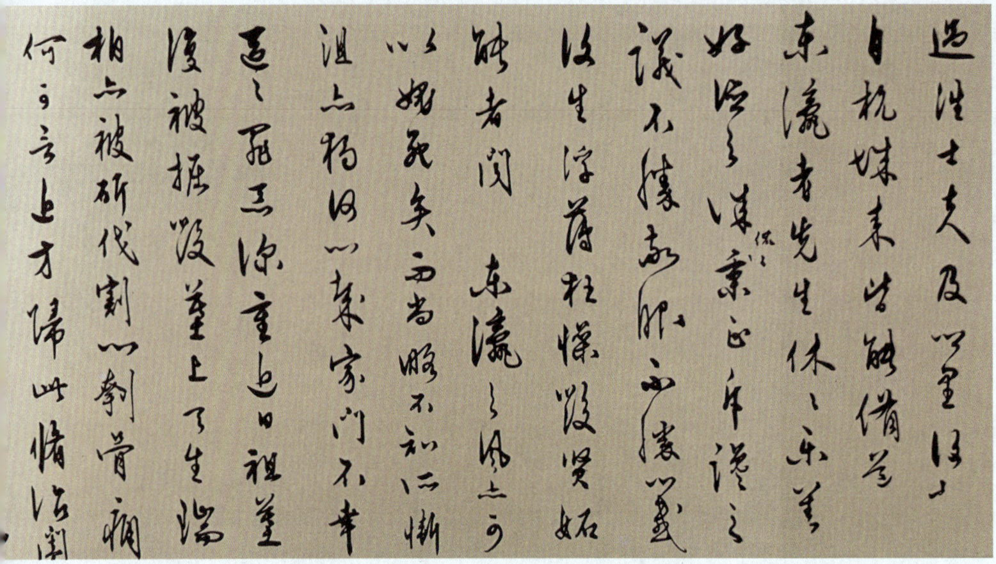

近進士夫及墨污上
自杭妹未必能備考
束脩者先生休休不言
好脩之谋秉正年谨之
諸不復高卿而後以
後生浮薄捽敗賞好石
随者閒　束脩之俱上弓
以姓死矣西尚昭不初二慚
湮上稿因以来家門不幸
适之屈马凉童已日祖荤
後被挺毀荤上了生端
相六被所代割以割骨痛
何可言上才歸此情怙割

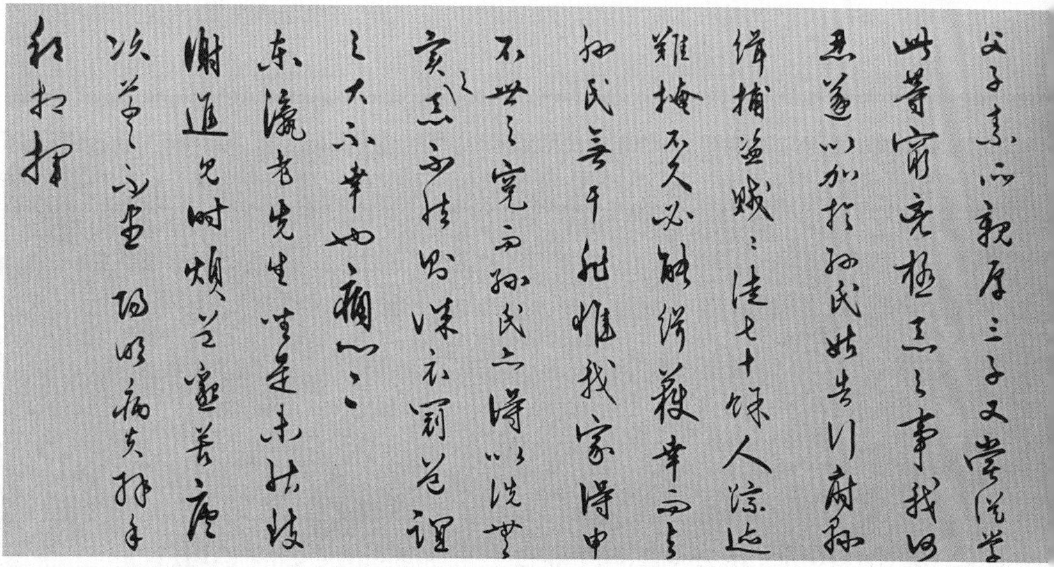

圖六四　寄希渊書跡（拓本）

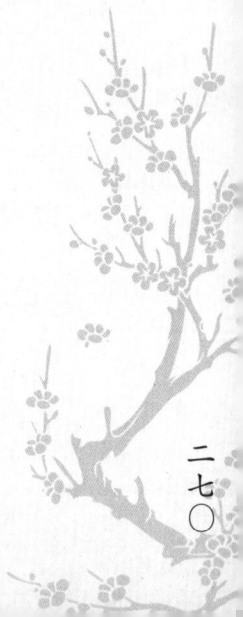

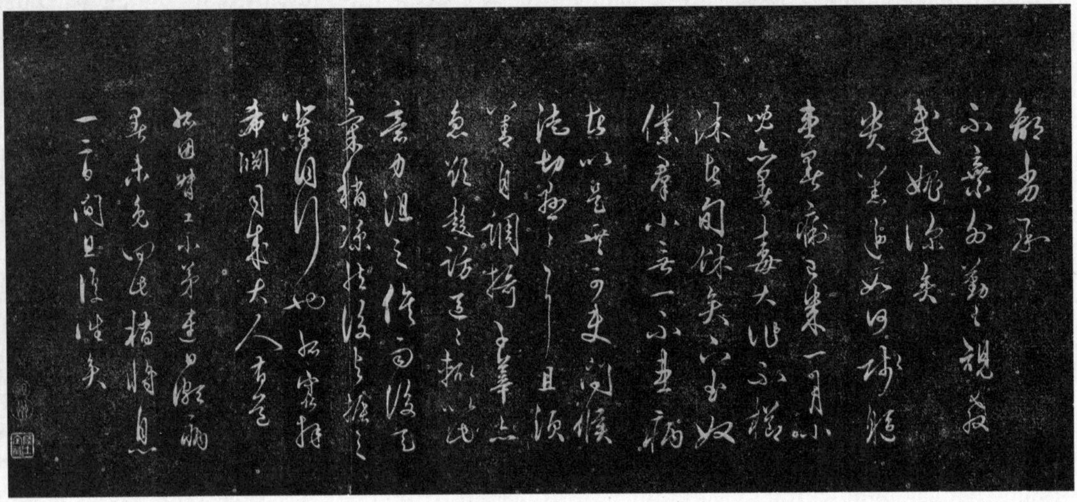

嘉靖五年丙戌　在越。陽明先生五十五歲。

復歐陽崇一〔一〕

友生王守仁拜復

崇一歐陽賢弟道契：

來書云〔二〕：師云「德性之良知，非由於聞見。若曰『多聞擇其善者而從之，多見而識之』，則是專求之見聞之末，而已落在第二義。」竊意「良知」雖不由見聞而有，然者〔三〕學者之知，未嘗不為〔四〕見聞而發。滯於見聞固非，而見聞亦良知之用也。今曰「落在第二義」，恐為專以見聞為學者而言；若致其良知而求之見聞，似亦「知行合一」之功矣。如何？

良知不由見聞而有，而見聞莫非良知之用。故良知不滯於見聞，而亦不離於見聞。孔子云：「吾有知乎哉？無知也。」良知之外，別無知矣。故「致良知」是學問大頭腦，是聖門〔五〕教人第一義。今云「專求之見聞之末」，則是失却頭腦，而已落在第二義矣。近時同志中，蓋已莫不知〔六〕有「致良知」之說，然其間工夫，尚多鶻突者，正是欠此一問。大抵學問工夫，只要主意頭腦是當。若主意頭腦專以致良知為事，則凡多聞多見，莫非「致良知」之功。蓋日用之聞見酬酢〔七〕，雖千頭萬緒，莫非良知之發用流行；除却見聞酬酢，亦無良知可致矣，故只是一事。若曰「致其良知而求之見聞」，則語意之間未免為二，此與「專求之見聞之末」者，雖稍不同，其為未得「精一」之旨則一而已。「多聞擇其善者而從之，多見

〔一〕本件據王世傑　那志良　張萬里主編藝苑遺珍（香港開發股份有限公司，一九六七年）法書第二輯著録陽明先生手跡（圖六五）録入，又見於存稿等；存稿　陽明文録本件題作答歐陽崇一。〔二〕存稿　陽明文録以上十八字作「崇一來書云」。〔三〕存稿　陽明文録無此字。〔四〕存稿　陽明文録作「因」，郭刻本全書　謝刻本全書作「由」。〔五〕郭刻本全書　謝刻本全書作「聖人」。〔六〕陽明先生手跡（圖六五）無此字，編校者據存稿訂補。〔七〕存稿　陽明文録「日用之聞見酬酢」作「日用之間，見聞酬酢」。

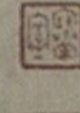

圖六五　復歐陽崇一手跡（墨跡紙本）

而識之」，既云「擇」，又云「識」，其良知亦未嘗〔一〕不行於其間。但其立意〔二〕，乃專在多聞多見上去擇識，則已失却頭腦矣。崇一於此等處見得，當已分曉。今日之問，正為發明此學，於同志中極為〔三〕有益，但語意未明〔四〕，則毫釐千里，亦不容不精察之也。

來書云：師云：「繫言『何思何慮』，是言所思所慮，只是天理，更無別思別慮耳，非謂無思無慮也。」心之本体，即是天理，即〔五〕何可思慮得？學者用工，雖千思萬慮，只是要復他本體，不是以私意去安排思索出來。若安排思索，便是自私用智矣。學〔六〕之弊〔七〕，大率非沉空守寂，則安排思索。德〔八〕辛壬之歲，着前一病，近又着後〔九〕一病，但思索亦是良知發用，其與私意安排者，何所取別？恐認賊作子，惑而不知也。

「思曰睿，睿作聖」，「心之官則思，思則得之」。思其可少乎！「沉空守寂」與「安排思索」，正是「自私用智」，其為喪失良知一也。良知是天理之昭明靈覺處，故良知即是天理。思是〔一〇〕良知之發用。若是良知發用之思，則所思莫非天理矣。良知發用之思，自然明白簡易，良知亦自能知得。若是私意安排之思，自是紛紜勞擾，良知亦自會分別得。蓋思之是非邪正，良知無有不自知者。所以「認賊作子」，正為致知之學不明，不知在良知上體認之耳。

來書又云：師云：「為學終身，只是一事，不論有事無事，只是〔一一〕一件。若說『寧不了事，不可不加〔一二〕培養』，却是分為兩事也。」竊意覺精力衰弱，不足以終事者，良知也。寧不了事，且加休養，致知也。如何却為兩事？若事變之來，有〔一三〕事勢不容不了，而精力雖衰，稍鼓舞亦能支持，則持志以帥氣可矣。然言動終無氣力，畢事則困憊已甚，不幾於暴其氣已乎！此其輕重緩急，良知

〔一〕存稿 陽明文録作「常」。〔二〕郭刻本全書 謝刻本全書作「用意」。〔三〕存稿 陽明文録無此字。〔四〕存稿 陽明文録作「瑩」。〔五〕存稿 陽明文録作「有」。〔六〕郭刻本全書 謝刻本全書作「學者」。〔七〕郭刻本全書 謝刻本全書作「敝」。〔八〕陽明先生手跡（圖六五）無此字，編校者據存稿訂補。〔九〕存稿 陽明文録作「着後」。〔一〇〕陽明先生手跡（圖六五）此處闕一字，編校者據存稿訂補。〔一一〕存稿 陽明文録「只是」作「只是這」。〔一二〕陽明先生手跡（圖六五）作「知」，編校者從存稿訂改。〔一三〕陽明先生手跡（圖六五）此處闕一字，編校者據存稿訂補。

固未嘗不知，然或迫於事勢，安能顧精力？或困於精力，安能顧事勢？如之何則可？

「寧不了事，不可不加培養」之意，且與初學如此說，亦不為無益。但作兩事看了，便有病痛在。孟子言「必有事焉」，則君子之學，終身只是「集義」一事。義者，宜也，心得其宜之謂「義」。能「致良知」，則心得其宜矣。故「集義」亦只是「致良知」。君子之酬酢萬變，當行則行，當止則止，當生則生，當死〔一〕則戲〔二〕，斟酌調停，無非是致其良知，以求自謙而已。故「君子素其位而行」，「思不出其位」，凡謀其力之所不及，而強其知之所不能者，皆不得為「致良知」。而凡「勞其筋骨，餓其體膚，空乏其身，行拂亂其所為，動心忍性，以增益其所不能」者，皆所以致其良知也。若云「寧不了事，不可不加培養」者，亦是先有功利之心，較計成敗利鈍，而愛憎取舍於其間，是以將「了事」自作一事，而「培養」又別作一事，此便有「是內非外」之意，便是「自私用智」，便是「義外」，便有「不得於心，勿求於氣」之病，便不是「致良知以求自謙」之功矣。所云「鼓舞支持，畢事則困憊已甚」，又云「迫於事勢，困於精力」，皆是把作兩事做了，所以有此。凡學問之功，一則誠，二則僞，凡此皆是「致良知」之意欠誠一真切之故。大學言「誠其意者，如惡惡臭，如好好色，此之謂自謙。」曾見有惡惡臭、好好色，而湏鼓舞支持者乎！曾有〔三〕畢事則困憊已甚者乎！曾有迫於事勢，困於精力者乎！此事〔四〕以知其受病之所從來矣。

來書又有云：人情機詐百出，御之以〔五〕不疑，往往為所欺，覺則自入於逆億。夫逆詐，即詐也；億不信，即非信也。為人欺，即〔六〕非覺也。不逆不億而常先覺，其惟良知瑩徹〔七〕乎！然而出入毫忽之間，皆覺合詐者多矣。

「不逆不億而先覺」，此孔子因當時人專以逆詐億不信為心，而自陷於詐與不信，又有不逆不億者，然不知致良知之功，而往往〔八〕為人所欺詐，故有是言。非教人以是存心，而專欲先覺人之詐與不信也。

〔一〕陽明先生手跡（圖六五）此處闕一字，編校者據存稿訂補。〔二〕存稿 陽明文録作「死」。〔三〕謝刻本全書作「見」。
〔四〕存稿 陽明文録作「可」。〔五〕陽明先生手跡（圖六五）無此字，編校者據存稿訂補。〔六〕存稿 陽明文録作「又」。
〔七〕存稿 陽明文録作「瑩徹」。〔八〕存稿 陽明文録「往往」作「往往又」。

以是存心〔一〕，即是後世猜忌險薄者之事；而只此一念，已不可與入堯舜之道矣。不逆不億而為人所欺者，尚亦不失為善，但不如能致其良知而自然先覺者之尤為賢耳。

崇一謂「其惟良知瑩澈〔二〕」者，蓋已得其旨矣。然亦穎悟所致〔三〕，恐未實際也。蓋良知之在人心，亘萬古，塞宇宙，而無不同。「不慮而知」，「恒易以知險」，「不學而能」，「恒簡以知阻」，「先天而天不違」，「天且不違，而況於人乎！況於鬼神乎！」夫謂「背覺合詐」者，是雖不逆人，而或未能無自欺也；雖不億人，而或未能果自信也。或〔四〕常有求先覺之心，而未能常有自覺也；常有求先覺之心〔五〕，即已流於逆億，而足以自蔽其良知矣。此「背覺合詐」之所以未免也。君子學以為己，未嘗虞人之欺己也，恒不自欺其良知而已；未免〔六〕虞人之不信己也，恒自信其良知而已；未嘗求先覺人之詐與不〔七〕信也，恒務自覺其良知而已。是故不欺，則良知無所偽而誠，誠則明矣；自信則良知無所惑而明，明則誠矣。明誠相生，是故良知常覺常照。常〔八〕覺常照，則如明鏡之懸，而物之來者，自不能遁其妍媸矣。何者？不欺而誠，則無所容其欺。苟有欺焉，而覺矣。自信而誠〔九〕，則無所容其不信。苟不信焉，而覺矣。是謂「易以知險，簡以知阻」，子思所謂「至誠如神，可以前知」者也。然子思謂「如神」，謂「可以前知」，猶二而言之，是蓋推言思誠者之功效，是猶不能為〔一〇〕先覺者說也。若就至誠而言，則至誠之功用〔一一〕，即謂之「神」，不必言「如神」。至誠則「無知而無不知」，不必言「可以前知」矣。

二月三日，陽明生再拜。餘空。〔一二〕

寄施聘之〔一三〕

別久，雖音問闊疏，然每思海内任道者之難得，千百之中而未能一二見，則如吾聘之者，能無時時往來

〔一〕陽明先生手跡（圖六五）無以上十六字，編校者據存稿訂補。〔二〕存稿 陽明文録作「瑩徹」。〔三〕存稿 陽明文録作「及」。〔四〕存稿 陽明文録「或」作「是或」。〔五〕陽明先生手跡（圖六五）無以上十四字，編校者據存稿訂補。〔六〕存稿 陽明文録作「嘗」。〔七〕陽明先生手跡（圖六五）此處劃去一「者」字，改為「與不」。〔八〕陽明先生手跡（圖六五）此處劃去一「照」字。〔九〕郭刻本全書作「明」。〔一〇〕存稿 陽明文録作「為不能」。〔一一〕存稿 陽明文録作「妙用」。〔一二〕存稿 陽明文録無以上十一字。〔一三〕本件據茅一相寶翰齋國朝書法（凡十六卷，萬曆十三年乙酉刻本）卷八著録陽明先生書跡拓本（圖六六）録入。

於懷乎！忽辱書問，惠然有枉顧之興，喜幸如何可言！稽山之下，鑑水之濱，敬當掃榻以俟也。承喻「情欲之際，未能脫然無累，向往之志，甚為所牽制。人苦不自知，亦或知之，而甘於自欺自棄耳，是以懵然終其身」。吾兄吐露心事，明白洞達若此，真可謂任道之器，千百之中而未能一二見者也。苟一振其向往之志，可一日千里矣，孰得而禦之！幸甚！幸甚！俞仁夫偶便，略布謝私。來春果能乘興一枉，鄙懷當得而盡也。病筆不一一。七月十日，陽明病夫守仁頓首。

聘之憲長大人道契兄文侍。

答南元善書〔一〕

別去忽踰三月，居嘗思念，輒與諸生私相慨嘆。計歸程之所及，此時當到家久矣。太夫人康強，貴眷無恙。渭南風景當與柴桑無異，而元善之識見興趣，則又出於元亮之上者矣。近得中途寄來書，讀之恍然如接顏色。勤勤懇懇，惟以得聞道為喜，急問學為事，恐卒不得為聖人為憂。亹亹千數百言，略無一字及於得喪榮辱之間，此非真有朝聞夕死之志者，未易以涉斯境也。浣慰何如！諸生遞觀傳誦，相與嘆仰歆服，因而興起者多矣。世之高抗通脫之士，捐富貴，輕利害，棄爵祿，快然〔二〕長往而不顧者，亦皆有之。彼其或從好於外道詭異之說，投情於詩酒山水技藝之樂，又或奮發於意氣，感激於憤悱，牽溺於嗜好，有待於物以相勝，是以去彼取此而後能。及其所之既倦，意衡心鬱，情逐〔三〕事移，則憂愁悲苦，隨之而作。果能捐富貴，輕利害，棄爵祿，快然終身，無入而不自得已乎！夫惟有道之士，真有以見其良知之昭明靈覺，圓融洞徹，廓然與太虛而同體。太虛之中，何物不有！而無一物能為太虛之障礙。蓋吾良知之體，本自聰明睿知，本自寬裕溫柔，本自發強剛毅，本自齋莊中正，文理密察，本自溥博淵泉，而時出之；本無富貴之可慕，本無貧賤之可憂，本無得喪之可欣戚，愛憎之可取舍。蓋吾之耳而非良知，則不能以聽矣，又何有於聰！目而非良知，則不能以視矣，又何有於明！心而非良知，則不能以思與覺矣，又何有於睿知！然則又何有於寬裕溫柔乎！又何有於發強剛毅乎！又何有於齋莊中正，文理密察乎！又何有於溥博淵泉，而時出之乎！故凡慕富貴，憂

〔一〕本件録自餘姚板文録卷二，又見於存稿等。〔二〕存稿、陽明文録作「决然」。〔三〕存稿作「遂」，陽明文録作「隨」。

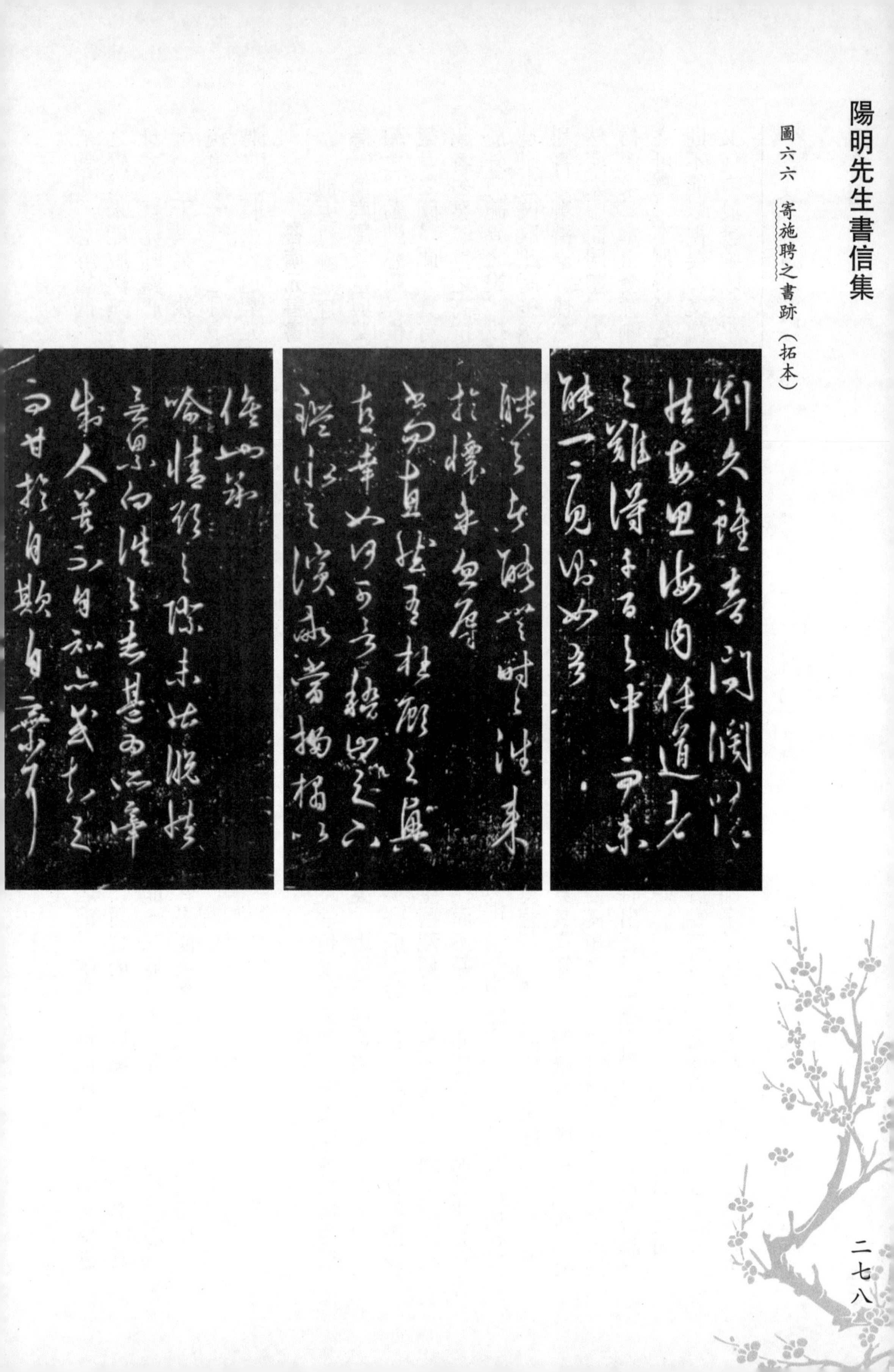

圖六六　寄施聘之書跡（拓本）

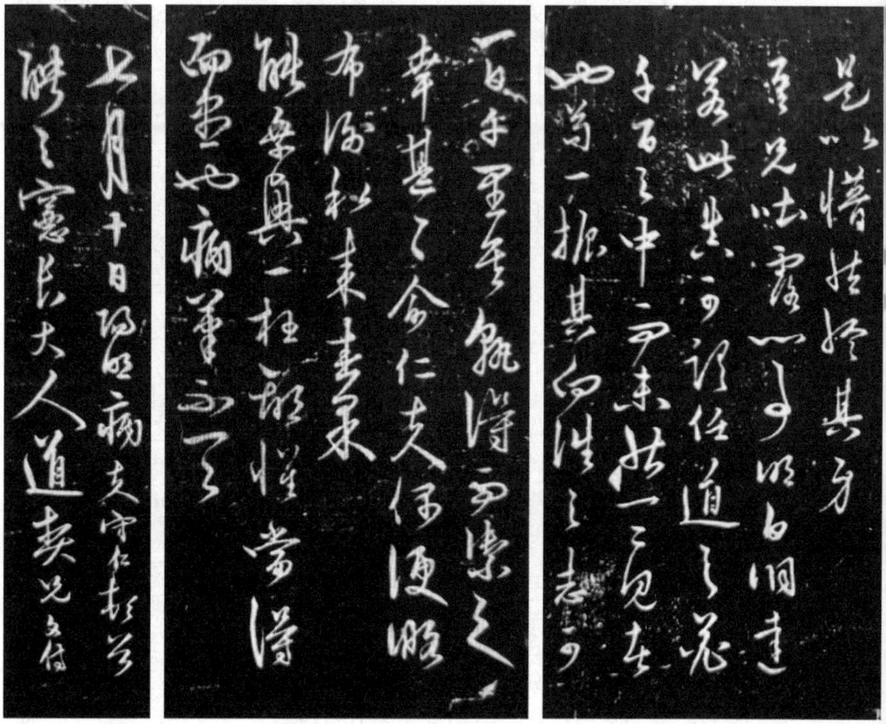

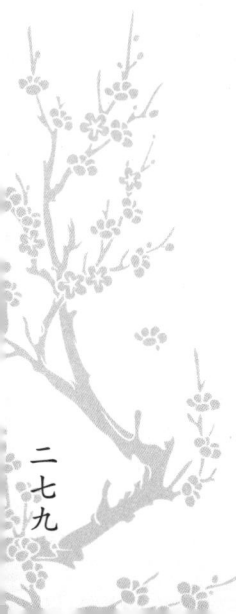

貧賤，欣戚得喪，愛憎取舍之類，皆足以蔽吾聰明睿知之體，而窒吾淵泉時出之用。若此者，如明目之中而翳之以塵沙，聰耳之中而塞之以木楔也，其疾痛鬱逆，將必速去之為快，而何能忍於時刻乎！故凡有道之士，其於慕富貴，憂貧賤，欣戚得喪，而取舍愛憎也，若洗目中之塵，而拔耳中之楔。其於富貴、貧賤、得喪、愛憎之相值，若飄風浮靄之往來變化於太虛，而太虛之體，固常廓然其無礙也。元善今日之所造，其殆庶幾於是矣乎！是豈有待於物以相勝而去彼取此，激昂於一時之意氣者，所能強而聲音笑貌以為之乎！元善自愛！元善自愛！〔一〕關中自古多豪傑。其忠信沈毅之質，明達英偉之器，四方之士，吾見亦多矣，未有如關中之盛者也。然自橫渠之後，此學不講，或亦與四方無異矣。自此關中之士有所振發興起，進其文藝於道德之歸，變其氣節為聖賢之學，將必自吾元善昆季始也。今日之歸，謂天為無意乎？謂天為無意乎！元貞以病不及別簡，蓋心同道同而學同；吾所以告之，亦不能有他說也。亮之！亮之！

又答南元善書〔二〕

五月初，得蘇州書。後月適遇王驛丞去，草草曾附短啟，其時私計行旆〔三〕到家，必已久矣。是月三日，門人余廷振回〔四〕，復領手教，始知六月尚留汴城。世途之險澁難料，每每若此也。賤軀入夏咳作，兼以毒暑大旱，舟楫無所往，日與二三子講息池傍小閣中。每及賢昆玉，則喟然興嘆而已。郡中今歲之旱，比往年尤甚，河渠曾蒙開浚者，百姓皆得資灌溉之利，相與嘖嘖追頌功德，然已控籲無及矣。彼奸妬憸人，號稱士類者，乃獨讒嫉排搆，無所不至，曾細民之不若！亦獨何哉！亦獨何哉！色養之暇，塤篪協奏，切磋講習，當日益深造矣。里中英俊相從論學者幾人否〔五〕？學絕道喪，且幾百年。居今之時，而苟知趨向於是，正所謂「空谷之足音」，皆今之豪傑矣。便中示知〔六〕之。竊嘗喜晦翁「涵育熏陶」之説，以為今時朋友相與，必有此意，而後彼此交益。近來一二同志，與人講學，乃有規礪太刻，遂相憤戾而去者，大抵皆不免於「以

〔一〕餘姚板文録作「元善元善，自愛自愛」，編校者從存稿訂改。〔二〕本件録自存稿卷三書三，又見於陽明文録等；新刊續編本件題作寄南元善。〔三〕新刊續編「行旆」作「行旆為」。〔四〕存稿、陽明文録作「余門子回」，編校者從新刊續編訂改。〔五〕存稿、陽明文録無此字，編校者據新刊續編訂補。〔六〕存稿、陽明文録闕一字，編校者據鄒序本文録訂補。

善服人」之病耳。楚國寶又爾憂去，子京諸友亦不能亟相會。一齊衆楚，道之不明也。我知之矣。雖然，風雨如晦，雞鳴不已，至誠而不動者，未之有也。非賢昆玉疇足以語於斯乎！其餘世情，真若浮虛之變態，亮非元善之所屑聞者也，遂不一一及。

答季明德書〔一〕

書惠遠及，以咳恙未平，憂念備至，感媿良深！食藁太多，非東南所宜。誠然，此亦不過暫時刼劑耳。近有一友，為易貝母丸服之，頗亦有效，乃終不若來喻「用養生之法，拔去病根」者，為得本源之論。然此又不但治病為然，學問之功，亦當如是矣。承示「立志益堅，謂聖人必可以學而至，兢兢焉常磨鍊於事，為朋友之間而厭煩之心，比前差少」，喜幸殊極！又謂「聖人之學，不能無積累之漸」，意亦切實。中間以堯舜文王孔老諸說，發明「志學」一章之意，足知近來進脩不懈。居有司之煩，而能精思力究若此，非朋輩所及。然此在吾明德，自以此意奮起其精神，砥切其志意，則可矣。必欲如此節節分疏引證，以為聖人進道一定之階級，又連掇數聖人紙上之陳跡，而入之以此一欵條例之中，如以堯之試鯀，為未能不惑；子夏之啟予，為未能耳順之類，則是尚有比擬牽〔二〕滯之累。以此論聖人之亦必由學而至，則雖有所發明，然其階級懸難，反覺高遠深奧，而未見其為人皆可學。乃不如末後一節，謂「至其極而矩之不踰，亦不過自此志之不已所積，而『不踰』之上，亦必有學可進。聖人豈絕然與人異哉」！又云「善者，聖之體也。害此善者，人欲而已。人欲，吾之所本無，去其本無之人欲，則善在我而聖體全。聖無有餘，我無不足，此以知聖人之必可學也。然非有求為聖人之志，則亦不能以有成」。只如此論，自是親切簡易，以此開喻來學，足以興起之矣。若如前說，未免使柔怯者畏縮而不敢當，高明者希高而外逐，不能無弊也。聖賢垂訓，固有書不盡言，言不盡意者。凡看經書，要在致吾之良知，取其有益於學而已。則千經萬典，顛倒縱橫，皆為我之所用。一涉拘執比擬，則反為所縛。雖或特見妙詣，開發之益，一時不無；而意必之見，流注潛伏。蓋有反為良知之障蔽，而不自知覺者矣。其云「善者，聖之體」，意固已好。善即良知，言良知，則使人尤為易曉。故區區近有「心之良

〔一〕本件録自餘姚板文録卷二，又見於存稿等。〔二〕存稿以上二字為黑釘。

知是謂聖」之說。其間又云「人之為學，求盡乎天而已」，此明德之意，本欲合天人而為一，而未免反離而二之也。人者，天地萬物之心也；心者，天地萬物之主也。心即天，言心則天地萬物皆舉之矣，而又親切簡易。故不若言「人之為學，求盡乎心而已」。「知行」之答，大段切實明白，詞氣亦平和，有足啟發人者。惟賢一書，識見甚進，間有語疵，則前所謂「意必之見，流注潛伏」者之為病。今既照破，久當自融釋矣。「以效訓學」之說，凡字義之難通者，則以一字之相類而易曉者釋之。若今「學」字之義，本是〔一〕明白，不必訓釋。今遂「以效訓學」，「以學訓效」，皆無不可，不必有所拘執；但「效」字終不若「學」字之混成耳。率性而行，則性謂之道；脩道而學，則道謂之教。謂脩道之為教可也，謂脩道之為學亦可也。自其道之示人無隱者而言，則道謂之教；自其功夫之脩習無違者而言，則道謂之學。教也，學也，皆道也，非人之所能為也。知此，則又何訓釋之有！所須學記，因病未能着筆，俟後便為之。

答鄒謙之書〔二〕

承示諭俗禮要，大抵一宗文公家禮而簡約之，切近人情。甚善！甚善！非吾謙之誠有意於化民成俗，未肯汲汲為此也。古禮之存於世者，老師宿儒當年不能窮其說，世之人苦其煩且難，遂皆廢置而不行。故今之為人上而欲道民於禮者，非詳且備之為難，惟簡切明白，而使人易行之為貴耳。中間如四代位次，及附祭之類，固區區向時欲稍改以從俗者，今〔三〕皆斟酌為之，於人情甚協。蓋天下古今之人，其情一而已矣。先王制禮，皆因人情而為之節文，是以行之萬世而皆準。其或反之吾心而有所未安者，非其傳記之訛闕，則必古今風氣習俗之異宜者矣。此雖先王未之有，亦可以義起，三王之所以不相襲禮也。若徒拘泥〔四〕於古，不得於心，而冥行焉，是乃非禮之禮，行不著而習不察者矣。後世心學不講，人失其情，難乎與之言禮。然良知之在人心，則萬古如一日。苟順吾心之良知以致之，則所謂「不知足而為屨，我知其不為蕢」矣。非天子不議禮制度。今之為此，非以議禮為也，徒以末世廢禮之極，聊為之兆，以興起之。故特為此簡易之說，欲使之易知易從

〔一〕郭刻本全書、謝刻本全書作「自」。〔二〕本件録自餘姚板文録卷二，又見於存稿等；存稿、陽明文録本件題作寄鄒謙之，本題共五通，本件係其第二通。〔三〕餘姚板文録無此字，編校者據存稿訂補。〔四〕存稿訛作「拘沇」。

焉耳。冠婚〔一〕喪祭之外，附以鄉約，其與民俗亦甚有補。至於射禮，似宜別為一書，以教學者，而非所以求諭於俗。今以附於其間，却恐民間以非所常行，視為不切；又見其說之難曉，遂并其冠婚〔二〕喪祭之易曉者而棄之也。文公家禮所以不及於射，或亦此意也歟。幸更裁之！令先公墓表，決不敢〔三〕負約，但向在紛冗憂病中，近復咳患盛作，更求假以日月耳。施濮兩生知解甚利，但已經爐鞲，則煅煉為易，自此益淬礪之，吾見其成之速也。書院新成，欲為諸生擇師，此誠盛德之事。但劉伯光以家事促〔四〕歸；魏師伊乃兄適有官務，倉卒往視；何廷仁近亦歸省；惟黃正之〔五〕尚留彼。意以登壇說法〔六〕，非吾謙之身自任之不可。須事定後，却與一二同志造訪，因而連留旬月，相與砥礪開發，效匡翼之勞，亦所不辭也。祠堂位次及〔七〕祔祭之義，往年曾與徐曰仁備論，曰仁嘗記其略。今使録一通奉覽，以備採擇。

或問：「文公家禮高、曾、祖、禰之位，皆西向〔八〕以次而東，於心切有未安。」陽明子曰：「古者廟門皆南向，主皆東向。合祭之時，昭之遷主列於北牖，穆之遷主列於南牖，皆統於太祖東向之尊，是故西向〔九〕以次而東。今祠堂之制，既異於古，而又無太祖東向之統，則西向〔一〇〕之說誠有所未安。」曰：「然則今當何如？」曰：「禮以時為大。若事死如事生，則宜以高祖南向，而曾、祖、禰東西分列，席皆稍降而弗正對，似於人心為安。曾見浦江鄭氏之祭，四代考妣皆異席，高考妣南向，曾、祖、禰考皆西向，妣皆東向，各依世次稍退半席，其於男女之別〔一一〕，尊卑之等，兩得其宜。今吾家亦如此行，但恐民間廳事多淺隘，而器物亦有所不備，則不能以通行耳。」又問：「無後者之祔於己之子姪，固可下列矣。若在祖宗之行，宜何如祔？」陽明子曰：「古者大夫三廟，不及其高矣；適士二廟，不及曾矣。今民間得祀高曾〔一二〕，蓋亦體順人情之至，例以古制，則既為僭，況其行之無後者乎！古者士大夫無子，則為之置後，無後者鮮矣。

〔一〕餘姚板文録作「昏」，編校者從存稿訂改。〔二〕餘姚板文録作「昏」，編校者從存稿訂改。〔三〕存稿 陽明文録無此字。〔四〕謝刻本全書訛作「捉」。〔五〕餘姚板文録作「黃振之」，編校者從存稿訂改。〔六〕餘姚板文録作「設法」，編校者從存稿訂改。〔七〕存稿 陽明文録無此字。〔八〕郭刻本全書 謝刻本全書作「西上」。〔九〕郭刻本全書 謝刻本全書作「西上」。〔一〇〕郭刻本全書 謝刻本全書作「西上」。〔一一〕郭刻本全書 謝刻本全書作「列」。〔一二〕餘姚板文録作「曾高」，編校者從存稿訂改。

後世人情偷薄，始有棄貧賤而不嗣〔一〕者。古所謂無後，皆殤子之類耳。祭法『王下祭殤五：適子，適孫，適曾孫，適玄孫，適來孫。諸侯下祭三，大夫二，適士及庶人祭子而止』。則無後之祔，皆子孫屬也。今民間既得假四代之祀，以義起之，雖及弟姪可矣。」往年湖湘一〔二〕士人家，有曾伯祖與堂叔祖皆賢而無後者，欲為立嗣，則族衆不可；欲弗祀，則思其賢，有所不忍也。以問於某，某曰：「不祀二三十年矣，而追為之嗣，勢有所不行矣。若在士大夫家，自可依古族厲〔三〕之義，於春秋二社之次，特設一祭，凡族之無後而親者，各以昭穆之次配祔之，於義亦可也。」

又答鄒謙之書〔四〕

教札時及，足慰離索。兼示論語講章，明白痛快，足以發朱註之所未及。諸生聽之，當有油然而興者矣。後世人心陷溺，禍亂相尋，皆由此學不明之故。只將此「學」字頭腦處，指掇得透徹，使人洞然知得是自己生身立命之原，不假外求，如木之有根，暢茂條達，自有所不容已。則所謂「悅樂不慍」者，皆不待言而喻。書院記文，整嚴精確，迥爾不羣，皆是直寫胸中實見，一洗近儒影響雕飾之習，不徒作矣。某近來却見得「良知」兩字，日益真切簡易，朝夕與朋輩講習，只是發揮此兩字不出。緣此兩字，人人所自有，故雖至愚下品，一提便省覺。若致其極，雖聖人天地，不能無憾。故說此兩字，窮刼不能盡。世儒尚有致疑於此，謂未足以盡道者，只是未嘗實見得耳。近有鄉士夫〔五〕謂〔六〕某講學者云：「除却『良知』，還有甚麼說得？」某答云：「除却『良知』，還有甚麼說得！」不審邇來謙之於此兩字，見得比舊又如何矣？無因一面扣之，以快傾渴。正之〔七〕去，當能略盡鄙懷。不〔八〕一一。

後世大患，全是士夫以虛文相誑，略不知有誠心實意。流積成風，雖有忠信之質，亦且迷溺其間，不自知覺。

〔一〕謝刻本全書作「問」。〔二〕餘姚板文録作「二」，編校者從存稿訂改。〔三〕郭刻本全書 謝刻本全書訛作「族屬」。〔四〕本件録自餘姚板文録卷二，又見於存稿等。存稿 陽明文録本件題作寄鄒謙之，共五通，其第三通即本件。〔五〕存稿 陽明文録作「大夫」。〔六〕郭刻本全書 謝刻本全書訛作「請」。〔七〕餘姚板文録作「振之」，編校者從存稿訂改。〔八〕謝刻本全書「不」作「不能」。

是故，以之為子則非孝，以之為臣則非忠，流毒扇禍，生民之亂，尚未知所抵極。今欲救之，惟有返樸還淳，是對症之劑。故吾儕今日用功〔一〕，務在鞭辟近裏，刪削繁文始得。然欲〔二〕鞭辟近裏，刪削繁文，亦非草率可能，必須講明「致良知」之學。每以言於同志，不識謙之亦以為何如也？講學之後，望時及之。

寄鄒謙之三書〔三〕

第一書

比〔四〕遭家多難，工夫極是〔五〕費力，然因此〔六〕見得「良知」兩字比舊日〔七〕愈加真切〔八〕。真所謂「大本達道」，舍此更無學問可講矣。「隨處〔九〕體認天理」之說，大約未嘗不是。只要根究下落，即未免捕風捉影。縱令鞭辟向裏，亦與聖門「致良知」之功，尚隔一塵。若復失之毫釐，便有千里之謬矣。四方同志之至此者，但以此意提掇之，無不即有省發。只是着實能透徹者，甚亦不易得也。世間無志之人，既已見驅〔一〇〕於聲利詞章之習，間有知得自己性分當求者，又被一種似是而非之學，兜絆羈縻，終身不得出頭。緣人未有真為聖人之志，未免挾有見小欲速之私，則此種學問，極是〔一一〕支吾眼前得過。是以雖在豪傑之士，而任重道遠，志稍不力，即且安頓其中者多矣。謙之之學，既已得其大原；近想涉歷彌久，則功夫當益精明矣。無因接席一論，以資切劘，傾企如何！范祠之建，實亦有裨風教〔一二〕。僕於大字，本非所長，況已久不作，所須祠扁，必大筆自揮之乃佳也。使還，值歲冗，不盡欲言〔一三〕。

第二書

〔一〕存稿 陽明文録作「用工」。〔二〕郭刻本全書 謝刻本全書無此字。〔三〕本件三通録自存稿卷三書三，又見於陽明文録等；存稿本題共五通，其第一通即本件第一通，其第四通即本件第二通，其第五通即本件第三通；其第二通即答鄒謙之書，其第三通即又答鄒謙之書。〔四〕新刊續編「比」作「比因」。〔五〕存稿 陽明文録無此字，編校者據新刊續編訂補。〔六〕存稿 陽明文録「然因此」作「因」，編校者據新刊續編訂補。〔七〕存稿 陽明文録無此字，編校者據新刊續編訂補。〔八〕存稿 陽明文録作「真切」，編校者從新刊續編訂改。〔九〕新刊續編作「隨事」。〔一〇〕新刊續編作「絕」。〔一一〕陽明文録作「極足」。〔一二〕新刊續編作「風化」。〔一三〕郭刻本全書 謝刻本全書作「不欲盡言」。

正之歸，備談政教之善，勤勤懇懇，開誘來學，毅然以斯道為己任，其為喜幸，如何可言！前書「虛文相誑」之說，獨以慨夫後儒之没溺詞章，雕鏤文字，以希世盗名，雖賢知有所不免。而其流毒之深，非得德器〔一〕力量如吾謙之者，莫能挽而回之也。而謙之顧猶歉然〔二〕，欲以猛省寡過，此正吾謙之之所以為不可及也。欣嘆！欣嘆！學絕道喪之餘，苟有興起向慕於是學者，皆可以為同志，不必銖稱寸度而求其盡合於此，以之待人可也。若在我之所以為造端立命者，則亦〔三〕容有毫髮之或爽矣。道一而已，仁者見之謂之仁，知者見之謂之知。釋氏之所以為釋，老氏之所以為老，百姓日用而不知，皆是道也，寧有二乎！今古學術之誠偽邪正，何啻碔砆美玉！然有眩惑終身而不能辯者，正以此道之無二，而其變動不拘，充塞無間，縱橫顛倒，皆可推之而通。世之儒者，各就一偏之見，而又飾之以比擬倣像〔四〕之功，文之以章句假借〔五〕之訓，其為習熟既足以自信，而條目又足以自安，此其所以誑己誑人，終身没溺而不悟焉耳。然其毫釐之差，而乃致千里之謬，非誠有求為聖人之志，而從事於「惟精惟一」之學者，莫能得其受病之源，而發其神奸之所由伏也。若某之不肖，蓋亦嘗陷溺於其間者幾年，倀倀然既自以為是矣。賴天之靈，偶有悟於「良知」之學，然後悔其向之所為者，固包藏禍機，作偽於外，而心勞日拙者也。十餘年來，雖痛自洗剔創艾，而病根深痼，萌蘖時生。所幸良知在我，操得其要，譬猶舟之得舵，雖驚風巨浪，顛沛不無，尚猶得免於傾覆者也。夫舊習〔六〕之溺人，雖已覺悔悟，創〔七〕其克治之功，尚且其難若此；又况溺而不悟，日益以深者，亦將何所抵極乎！以謙之精神力量，又以有覺於良知，自當如江河之注海，沛然無復能有為之障礙者矣。默成深造之餘，必有日新之得，可以警發昏惰者。便間不惜欵欵示及之。

第三書

張陳二生來，適歸餘姚祭掃，遂不及相見，殊負深情也。「隨事體認天理」，即「戒慎恐懼」工夫，

〔一〕存稿 陽明文録作「根器」，編校者從新刊續編訂改。〔二〕存稿作「謙然」，編校者從陽明文録訂改。〔三〕存稿 陽明文録作「不」，編校者從新刊續編訂改。〔四〕新刊續編作「倣像」。〔五〕新刊續編作「張合假借」。〔六〕新刊續編作「舊流」。〔七〕陽明文録作「而」。

以為尚隔一塵；為世之所謂「事事物物皆有定理，而求之於外」者言之耳。若「致良知」之功明，則此語亦自無害。不然，即猶未免於毫釐千里也。來〔一〕喻以為「恐主於事」者，蓋已深燭其弊矣。寄示甘泉尊經閣記，甚善！甚善！其間大意，亦與區區稽山書院之作相同。稽山之作，向嘗以寄甘泉，自謂於此學頗有分毫發明。今甘泉乃謂「今之謂聰明知覺，不必外求諸經者，不必呼而能覺」之類，則似急於立言，而未暇細察鄙人之意矣。後世學術之不明，非為後人聰明識見之不及古人，大抵多由勝心為患，不能取善相下，明知其說之已是矣，而又務為一說以高之。是以其說愈多，而惑人愈甚。凡今學術之不明，使後學無所適從，徒以致人之多言者，皆吾黨自相求勝之罪也。今「良知」之說，已將學問頭腦說得十分下落，只是各去勝心，務在共明此學，隨人分限，以此循循善誘之，自當〔二〕各有所至。若只要自立門戶，外假衛道之名，而內行求勝之實，不顧正學之因此而益荒，人心之因此而愈惑，黨同伐異，覆短爭長，而惟以成其自私自利之謀，仁者之心有所不忍也。甘泉之意，未必出〔三〕此；因事感觸，輒漫及之。蓋今時講學者，大抵多犯此症，在鄙人亦或有所未免，然不敢不痛自克治也。如何？如何？〔四〕

答友人〔五〕

君子之學，務求在己而已。毀譽榮辱之來，非獨不以動其心，且資之以為砥礪切磋之地。故君子無入而自得，正以其無入而非學也。若夫聞譽而喜，聞毀〔六〕而戚，則將惶惶於外，惟日之不足矣，其何以為君子！往年駕在留都，左右交讒某於武廟。當時禍且不測，僚屬咸危懼，謂羣疑若此，宜圖所以自解者。某曰：「君子不求天下之信己也，自信而已。吾方求以自信之不暇，而暇於求人之信己乎！」某與執事為世交，執事之心，某素能信之。而顧以相訕若此，豈亦猶有未能自信也乎？雖然，執事之心，又焉有所不自信者！至於防範〔七〕之外，意料所不及，若校人〔八〕之於子產者，亦安能保其必無！則執事之懇懇以訕於僕，固

〔一〕存稿作「東」，編校者從陽明文録訂改。〔二〕存稿作「常」，編校者從陽明文録訂改。〔三〕謝刻本全書作「由」。〔四〕存稿 陽明文録作「如如和何」，編校者從鄒序本文録訂改。〔五〕本件録自存稿卷三書三，又見於陽明文録等。〔六〕存稿 陽明文録作「悔」，編校者從新刊續編訂改。〔七〕謝刻本全書作「洪範」。〔八〕新刊續編作「圉人」。

君子之嚴於自治，宜如[一]此也。昔楚人有宿於其友之家者，其僕竊友人之履以歸，楚人不知也。適使其僕市履於肆，僕私其值[二]，而以竊履進，楚人不知也。他日友人來過，見其履在楚人之足，大駭曰：「吾固疑之，果然竊吾履。」遂與之絕。逾年而事暴，友人踵楚人之門，而悔謝曰：「吾不能知子，而繆以疑子，吾之罪也。請為友如初。」如今執事之見疑於人，其有其無，某皆不得而知。縱或有之，亦何傷於執事之自信乎！不俟逾年，吾見有踵執事之門而悔謝者矣。執事其益自信無怠，固將無入而非學，亦無入而不自得也矣！

答友人問[三]

問：自來儒先，皆以學問思辯屬知，而以篤行為行，分明是兩截事。今先生獨謂「知行合一」，不能無疑。

曰：此事吾已言之屢屢。凡謂之行者，只是着實去做這件事。若着實做學問思辯的工夫，則學問思辯亦便是行矣。學是學做這件事，問是問做這件事，思辯是思辯做這件事，則行亦便是學問思辯矣。若謂學問思辯之，然後去行，却如何懸空先去學問思辯得？行時又如何去得個學問思辯的事？行之明覺精察處，便是知，知之真切篤實處，便是行。若行而不能精察明覺，便是冥行，便是「學而不思則罔」，所以必須說個知。知而不能真切篤實，便是妄想，便是「思而不學則殆」，所以必須說個行。元來只是一個工夫。凡古人說知行，皆是就一個工夫上補偏救弊說；不似今人，截然分作兩件事做。某今說「知行合一」，雖亦是就今時補偏救弊說，然知行體段，亦本來如是。吾契但着實就身心上體履，當下便自知得。今却只從言語文義上窺測，所以牽制支離，轉說轉糊塗，正是不能「知行合一」之弊耳！

象山論學，與晦庵大有同異。先生嘗稱：「象山於學問頭腦處，見得直截分明。」今觀象山之論，却有謂「學有講明，有踐履」，及「以致知格物為講明之事」，乃與晦庵之說無異，而與先生「知行合一」之說反有不同，何也？

曰：君子之學，豈有心於同異！惟其是而已。吾於象山之說有同者，非是苟同；其異者，自不掩其為異

〔一〕存稿此字為黑釘，新刊續編作「若」，編校者據陽明文録訂補。〔二〕存稿 陽明文録作「直」，編校者從新刊續編訂改。

〔三〕本件録自存稿卷三書三，又見於陽明文録等。

也。吾於晦庵之論有異者，非是求異，其同者，自不害其為同也。假使伯夷、柳下惠與孔、孟同處一堂之上，就其所見之偏全，其議論斷亦不能皆合，然要之不害其同為聖賢也。若後世論學之士，則全是黨同伐異，私心浮氣所使，將聖賢事業，作一場兒戲看了也。

又問：「知行合一」之說，是先生論學最要緊處。今既與象山之說異矣，敢問其所以同？

曰：「知行」原是兩個字說一個工夫。這一個工夫須著此兩個字，方說得完全無弊病。若頭腦處見得分明，見得原是一個頭腦，則雖把「知行」分作兩個說，畢竟將來做那一個工夫，則始或未便融會，終所謂百慮而一致矣。若頭腦處見得不分明，原看做兩個了，則雖把「知行」合作一個說，亦恐終未有湊泊處，況又分作兩截去做！則是從頭至尾更沒討下落處也。

又問：「致良知」之說，真是百世以俟聖人而不惑者。象山已於頭腦上見得分明，如何於此尚有不同？

曰：「致知格物」，自來儒者皆相沿如此說，故象山亦遂相沿得來，不復致疑耳。然此畢竟亦是象山見得〔一〕未「精一」處，不可掩也。

又曰：知之真切篤實處，便是行；行之明覺精察處，便是知。若知時，其心不能真切篤實，則其知便不能明覺精察；不是知之時，只要明覺精察，更不要真切篤實也。行之時，其心不能明覺精察，則其行便不能真切篤實；不是行之時，只要真切篤實，更不要明覺精察也。知天地之化育，心體原是如此。乾知大始，心體亦原是如此。

與王公弼書〔二〕

來書比舊所見益進，可喜！可喜！中間謂「棄置富貴與輕於方父兄之命」，只是一事。當棄富貴，即棄富貴，只是「致良知」；當從父兄之命，即從父兄之命，亦只是「致良知」。其間權量輕重，稍有私意於良知，便自不安。凡「認賊作子」者，緣不知在良知上用工，是以有此。若只在良知上體認，所謂「雖不中，不遠矣」。

〔一〕存稿作「是得」，編校者從陽明文録訂改。〔二〕本件録自存稿卷三書三，又見於陽明文録等。

與歐陽崇一〔一〕

正之諸友下第歸，備談在京相與之詳，知近年雖在〔二〕仕途紛擾中，而功力略無退轉。甚難！甚難！孫倉官來〔三〕，得書〔四〕，自咎真切；別紙〔五〕論學數條，皆〔六〕卓有定見。非獨無退轉，且又〔七〕大有所進矣。喜幸何如〔八〕！文蔚所疑，良不為過。孟子謂「有諸己，之謂信」。今吾未能「有諸已」，是未能自信也。宜乎文蔚之未能信我矣！乃勞崇一逐一為我觧嘲〔九〕如此。負愧！負愧！然又不敢盡謂崇一觧嘲之言為口給，但在區區，則亦〔一〇〕未能一一盡如崇一之所觧者，為不能無媿耳。固不敢不自〔一一〕勉力也。〔一二〕文蔚天資甚厚，其平日學問功夫，未敢謂其盡是，然却是朴實頭有志學古者，比之近時徒尚口說，色取行違，而居之不疑者，相去遠矣。前者承渠過訪，惜以公務不能久留，只就文義間草草一說；鄙心之所願致者，略未能少效，去後殊為怏怏。「良知」之說，近時朋友，多有相講一二年，尚眩惑未定者；文蔚則開口便能相信。此其資質，誠有度越於人；只是見得尚淺，未能洞徹，到得如有所立卓爾，是以未免尚為舊見舊聞所障。然其胸中渣累絕少，而又已識此頭腦，加之篤信好學如是，終不慮其不洞徹也。因咳嗽正作，兼以人事紛沓，不暇寫書，故遲孫倉官久候。

答聶文蔚〔一三〕

春〔一四〕間遠勞迂途枉顧，問證惓惓〔一五〕，此情何可當也！已期二三同志更處靜地〔一六〕，扳留旬日，

〔一〕本件録自存稿卷三書三，又見於陽明文録等；存稿本題共四通，本件為其第二通。〔二〕郭刻本全書 謝刻本全書「知近年雖在」作「近雖」。〔三〕郭刻本全書 謝刻本全書無以上四字。〔四〕郭刻本全書 謝刻本全書「得書」作「得來書」。〔五〕郭刻本全書 謝刻本全書無以上二字。〔六〕郭刻本全書 謝刻本全書無此字。〔七〕郭刻本全書 謝刻本全書無此字。〔八〕郭刻本全書 謝刻本全書無以上四字。〔九〕郭刻本全書 謝刻本全書無以下六字。〔一〇〕存稿作「一」，編校者從陽明文録訂改。〔一一〕郭刻本全書 謝刻本全書無此字。〔一二〕郭刻本全書 謝刻本全書無本通以下文字。〔一三〕本件録自存稿卷三書三，又見於陽明文録等。〔一四〕陽明文録作「夏」。〔一五〕存稿 陽明文録無以上四字，編校者據郭刻本全書訂補。〔一六〕存稿 陽明文録「已期二三同志更處靜地」作「其欲」，編校者據郭刻本全書訂補。

少效其鄙見，以求切劘之益；而公期俗絆，勢有不能，別去極怏怏，如有所失。忽承箋惠，〔一〕反復千餘言，讀之浣慰可知〔二〕！中間推許太過，蓋亦獎掖之盛心；而規礪真切，思欲納之於賢聖之域；又托諸崇一，以致其勤勤懇懇之懷，此非深交篤愛，何以及是！知感知媿，且懼其無以堪之也。雖然，僕亦何敢不自鞭勉，而徒以感媿辭讓為乎哉！其謂「思孟周程，無意相遭於千載之下，與其盡信於天下，不若真信於一人。道固自在，學亦自在。天下信之不為多，一人信之不為少」者，斯固君子「不見是而無悶」之心，豈世之譾譾屑屑者知足以及之乎！乃僕之情，則有大不得已者存乎其間，而非以計人之信與不信也。夫人者，天地之心。天地萬物，本吾一體者也。生民之困苦荼毒，孰非疾痛之切於吾身者乎！不知吾身之疾痛，無是非之心者也。是非之心，不慮而知，不學而能，所謂良知也。良知之在人心，無間於聖愚，天下古今之所同也。世之君子，惟務致其良知，則自能公是非，同好惡，視人猶己，視國猶家，而以天地萬物為一體，求天下無治，不可得矣。古之人所以能見善不啻若己出，見惡不啻若己入，視民之飢溺猶己之飢溺，而一夫不獲，若己推而納諸溝中者，非故為是，而以蘄天下之信己也，務致其良知求自謙而已矣。堯舜三王之聖，言而民莫不信者，致其良知而言之也；行而民莫不說者，致其良知而行之也。是以其民熙熙皞皞，殺之不怨，利之不庸，施及蠻貊；而凡有血氣者，莫不尊親，為其良知之同也。嗚呼！聖人之治天下，何其簡且易哉！後世良知之學不明，天下之人，用其私智以相比軋，是以人各有心。而偏瑣僻陋之見，狡偽陰邪之術，至於不可勝說。外假仁義之名，而內以行其自私自利之實；詭辭以阿俗，矯行以干譽；揜人之善，而襲以為己長；訐人之私，而竊以為己直；忿以相勝，而猶謂之徇義；險以相傾，而猶謂之疾惡；妬賢忌能，而猶自以為公是非；恣情縱欲，而猶自以為同好惡。相陵相賊，自其一家骨肉之親，已不能無爾我勝負之意，彼此藩籬之形，而況於天下之大，民物之衆，又何能一體而視之！則亦〔三〕無怪於紛紛籍籍，而禍亂相尋於無窮矣！僕誠賴天之靈，偶有見於良知之學，以為必由此而後，天下可得而治。是以每念斯民之陷溺，則為之戚然痛心，忘其身之不肖；

〔一〕存稿、陽明文録無以下七字，編校者據郭刻本全書訂補。〔二〕郭刻本全書、謝刻本全書作「無甚浣慰」。〔三〕郭刻本全書、謝刻本全書無此字。

而思以此救之，亦不自知其量者。天下之人見其若是，遂相與非笑而詆斥之，以為是病狂喪心之人耳。嗚呼！是奚足恤哉！吾方疾痛之切體，而暇計人之非笑乎！人固有見其父子兄弟之墜於深淵者，呼號匍匐〔一〕，踝跣顛頓，扳懸崖壁而下拯之。士之見者，方相與揖讓談笑於其傍，以為是棄其禮貌衣冠而呼號顛頓若此，是病狂喪心者也。故夫揖讓談笑於溺人之傍而不知救，此惟行路之人，無親戚骨肉之情者能之，然已謂之「無惻隱之心，非人矣」。若夫在父子兄弟之愛者，則固未有不痛心疾首，狂奔盡氣，匍匐而拯之。彼將陷溺之禍有不顧，而況於病狂喪心之譏乎！而又況於蘄人之信與不信乎！嗚呼！今之人雖謂僕為病狂喪心之人，亦無不可矣。天下之人心，皆吾之心也。天下之人，猶有病狂者矣，吾安得而非病狂乎！猶有喪心者矣，吾安得而非喪心乎！昔者孔子之在當時，有議其為諂者，有譏其為佞者，有毀其未賢，詆其為不知禮，而侮之以為東家丘者，有嫉而沮之者，有惡而欲殺之者。晨門荷蕢之徒，皆當時之賢士，且曰：〔二〕「是知其不可而為之者歟？」「鄙哉！硜硜乎！莫己知也，斯已而已矣。」雖子路在升堂之列，尚不能無疑於其所見，不悅於其所欲往，而且以之為迂；則當時之不信夫子者，豈特十之一二〔三〕而已乎！然而夫子汲汲遑遑，若求亡子於道路，而不暇於煖席者，寧以蘄人之知我信我而已哉！蓋其天地萬物一體之仁，疾痛迫切，雖欲已之而自有所不容已。故其言曰：「吾非斯人之徒與，而誰與！」「欲潔其身而亂大倫。」「果哉，末之難矣。」嗚呼！此非誠以天地萬物為一體者，孰能以知夫子之心乎！若其「遯世無悶」「樂天知命」者，則固「無入而不自得」，「道并行而不相悖」也。僕之不肖，何敢以夫子之道為己任，顧其心，亦已稍知疾痛之在身，是以彷徨四顧，相〔四〕求其有助於我者，相與講去其病耳！今誠得豪傑同志之士扶持匡翼，共明良知之學於天下，使天下之人，皆知自致其良知，以相安相養，去其自私自利之蔽，一洗讒妒勝忿之習，以濟於大同。則僕之狂病，固將脫然以愈，而終免於喪心之患矣。豈不快哉！嗟乎！今誠欲求豪傑同志之士於天下，非如吾文蔚者，而誰望之乎！如吾文蔚之才與志，誠足以援天下之溺者。今又既知其具之在我，而無假於外求矣。

〔一〕存稿作「葡萄」，編校者從陽明文録訂改。〔二〕存稿闕一頁，本通以下自「是知其不可而為之者歟」至「而無假於外求矣循」，編校者據陽明文録訂補。〔三〕郭刻本全書、謝刻本全書作「二三」。〔四〕郭刻本全書、謝刻本全書作「將」。

循是以徃〔一〕，若決河注海，孰得而禦哉！文蔚所謂「一人信之不為少」，其又能遜以委之何人乎！會稽素號山水之區，深林長谷，信步皆是；寒暑晦明，無時不宜；安居飽食，塵囂無擾；良朋四集，道義日新；優哉游哉，天地之間，寧復有樂於是者！孔子云：「不怨天，不尤〔二〕人，下學而上達。」僕與二三同志，方將請事斯語，奚暇外慕！獨其切膚之痛，乃有未能恝然者，輒復云云爾。咳疾暑毒，書札絕懶。盛使遠來，遲留經月〔三〕，臨期〔四〕執筆，又不覺累紙。蓋於相知之深，雖已縷縷至此，殊覺〔五〕有所未能盡也。

寄陸原靜〔六〕

原靜雖在憂苦中，其學問功夫，所謂「顛沛必於是」者，不言可知矣。奚必論說講究而後可以為學乎！南元善曾將原靜後來論學數條，刊入後〔七〕録中，初心甚不欲渠如此。近日朋輩見之，却因此多有省悟，始知古人相與辯論窮詰，亦不獨要自己明白，直欲共明此學於天下耳。蓋此數條者〔八〕，同志中肯用功者，亦時有疑及之。然非原靜，則亦莫肯如此披豁吐露；就欲如此披豁吐露，亦不能如此曲折詳盡。故此原靜一問，其有益於同志，良不淺淺也。自後但有可相啟發者，不惜時寄及之。幸甚！幸甚！近得施聘之書，意向卓然，出於流輩，徃年嘗竊異其人，今果與俗不同也。閒中曾相徃復否？大事今冬能舉得，便可無他絆繫，如聘之者，不妨時時一會。窮居獨處，無朋友相砥切，最是一大患〔九〕也。貴鄉有韋友名商臣者，聞其用工篤實，尤為難得，亦曾一相講否？

答湛甘泉〔一〇〕

音問雖疎，道德之聲，無日不聞於耳，所以啟瞶消鄙者多矣。向承「狂生」之諭，初聞極駭，彼雖愚悖

〔一〕存稿作「以克」，郭刻本全書作「而克」，謝刻本全書作「而充」，編校者從陽明文録訂改。〔二〕存稿此字為黑釘，編校者據陽明文録訂補。〔三〕陽明文録作「日」。〔四〕郭刻本全書 謝刻本全書作「歧」。〔五〕存稿 陽明文録無此字，編校者從郭刻本全書訂補。〔六〕本件録自存稿卷三書三，又見於陽明文録等。〔七〕新刊續編無此字。〔八〕存稿 陽明文録無此字，編校者據新刊續編訂補。〔九〕存稿 陽明文録作「大一患」，編校者從新刊續編訂改。〔一〇〕本件録自存稿卷三書三，又見於陽明文録等。

之甚，不應遽至於爾。既而細詢其故，良亦有因。近復來此，始得其實。蓋此生素有老佛之溺，為朋輩所攻激，遂高自矜大，以誇愚泄憤。蓋亦不過恠誕妖妄，如近世方士呼雷斬蛟之說之類，而聞者不察，又從而增飾之耳。近已與之痛絕，而此生深自悔責，若無所措其躬。賴其資性頗可，或自此遂能改創，未可知也。學絕道喪之餘，苟以是心至，斯受之矣。忠信明敏之資，絕不可得。如生者，良亦千百中之一二，而又復不免於陷溺若此，可如何哉？可如何哉！龔生來訪，自言素沐教極深，其資性甚純謹，惜無可進之者。今復遠求陶鑄，自此當見其有成也。

與季明德書〔一〕

得書久矣。因在病中，又南元善去官，情思作惡，一向不及作答。元善之去，其奸惡小人讒謗劑排，皆不足論。獨惜士夫之中素稱好人者，亦從而為之媒孽，是非顛倒，人心險惡，一至於此。寧不有痛乎！明德雖在遠地，聞之當亦同此惱恨也。子宿近因與巡撫公有言，歸避於家。子宿美質，誠吾鄉之聰明特達者矣，而獨於此學，終未之能信。佛家謂之「緣分」，豈其然乎！然每與相見，此心終不敢不盡，想亦終有轉悟之日也。便間亦好誘掖興起之。近讀論語末篇，子張問政，孔子告以「尊五美，屏四惡」。因思「五美四惡」之說，今之為政者，皆可大書一通，揭之座右，當亦日有省發處。輒以奉告，明德且以為何如？子邕亦已到家，其意思又自與子宿不同，異日所到，皆未可量也，閒及之。□章太守去，□宅必自書寄。不一。守仁拜手。

明德侍御道契兄文侍。

又答書一帋附上，楊仕鳴因病留南都，歸時過此，又有書寄。

嘉靖六年丁亥　在越，五月命兼都察院左都御史，征廣西思恩田州，十一月至肇慶，十二月，命暫兼理巡撫兩廣。陽明先生五十六歲。

〔一〕本件手跡原件藏中國國家博物館，編校者據文稿尺牘著録陽明先生手跡（圖六七）録入。

復施聘之〔一〕

極知惓惓愛念之深，時時亦切瞻候。但世事相絆，出門甚是不易，人家大抵如是，不獨吾兄為然也。喜聞弄璋消息，若弥月之後，不忘禹穴雲門之期，乘興一來，固亦非晚。殘軀自冬入春，咳發殊惡。使還，草草為謝，不及一一。惟心亮！二月晦日。守仁頓首復。

聘之憲副大人道契兄文侍。

致張羅峰閣老書〔二〕

兩承手教，深荷不遺。僕迂疎之才，口耳講説之學耳。薄書案牘，已非其能，而況軍旅之重乎！往歲江西之役，蓋僥倖偶集。近年以來，益病益衰，惟養拙山間〔三〕，為里中〔四〕子弟就正句讀，使知〔五〕向方；或〔六〕於保身及物，亦稍效其心力，不致為天地間一蠹物。若必責之使出，自擇其宜，惟留都之散部或南北太常國學，猶可勉効其襪線，外是非〔七〕所能矣。近日之舉，雖過承謬愛，然投之以其所不能，則亦適所以壞之也。乞免〔八〕之情，疏内亦有所不敢盡言者，奏下望相扶持曲成之。時事方亟，惟竭誠盡道，以膺天眷。不具。〔九〕六月八日，王守仁頓首上

太師羅峰張先生大人執事。有餘。

致施聘之〔一〇〕

匆匆別，竟不能盡所言，奈何？奈何！俞秀卿好義而貧，已曾面及，此去，幸垂照！九月六日，守仁頓首。

聘之大人道契文侍。

〔一〕本件據茅一相寶翰齋國朝書法（凡十六卷，萬曆十三年乙酉刻本）卷八著録陽明先生書跡拓本（圖六八）録入。〔二〕本件手跡原件藏北京故宮博物院，編校者據北京故宮博物院官網陽明先生手跡（圖六九）録入，又見於存稿等。〔三〕存稿作「養痾丘園」。〔四〕存稿作「鄉里」。〔五〕存稿作「趍」。〔六〕存稿作「庶」。〔七〕存稿作「非」作「舉非」。〔八〕存稿作「懇辭」。〔九〕存稿無以下二十三字。〔一〇〕本件手跡原件藏上海圖書館，編校者據録自上海圖書館編上海圖書館藏明代尺牘（凡八冊，上海科學技術出版社，二〇〇二年）第二冊著録陽明先生手跡（圖七〇）録入。

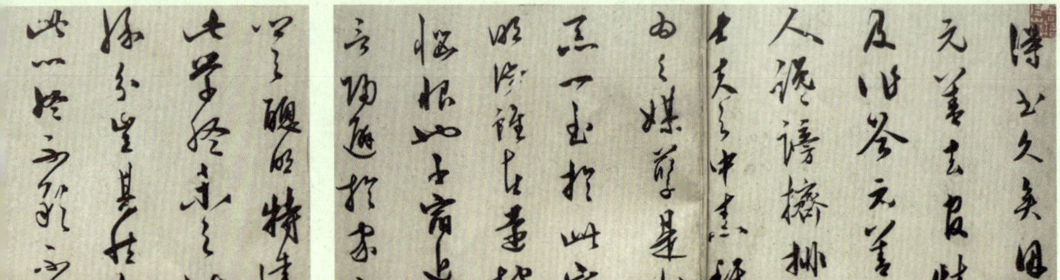

圖六七 與季明德書手跡（墨跡紙本）

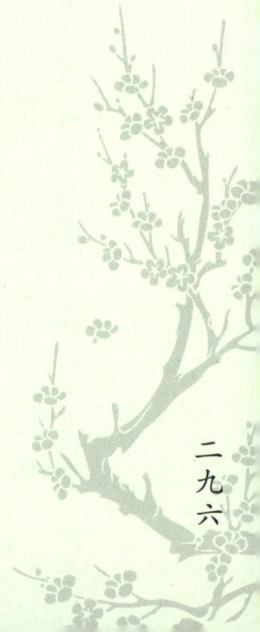

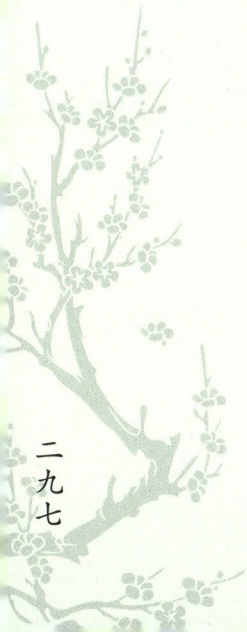

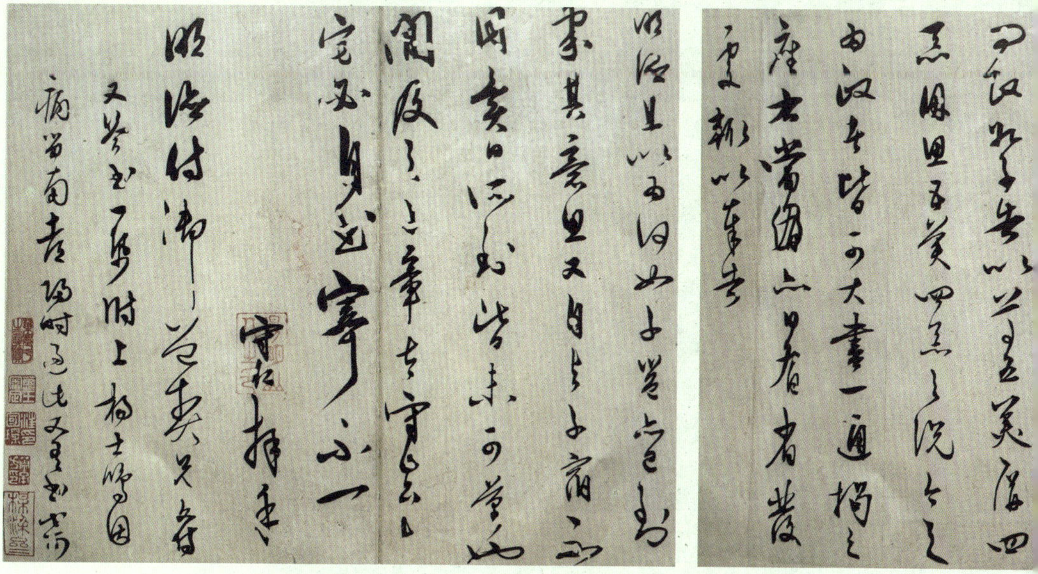

圖六八　復施聘之書跡（拓本）

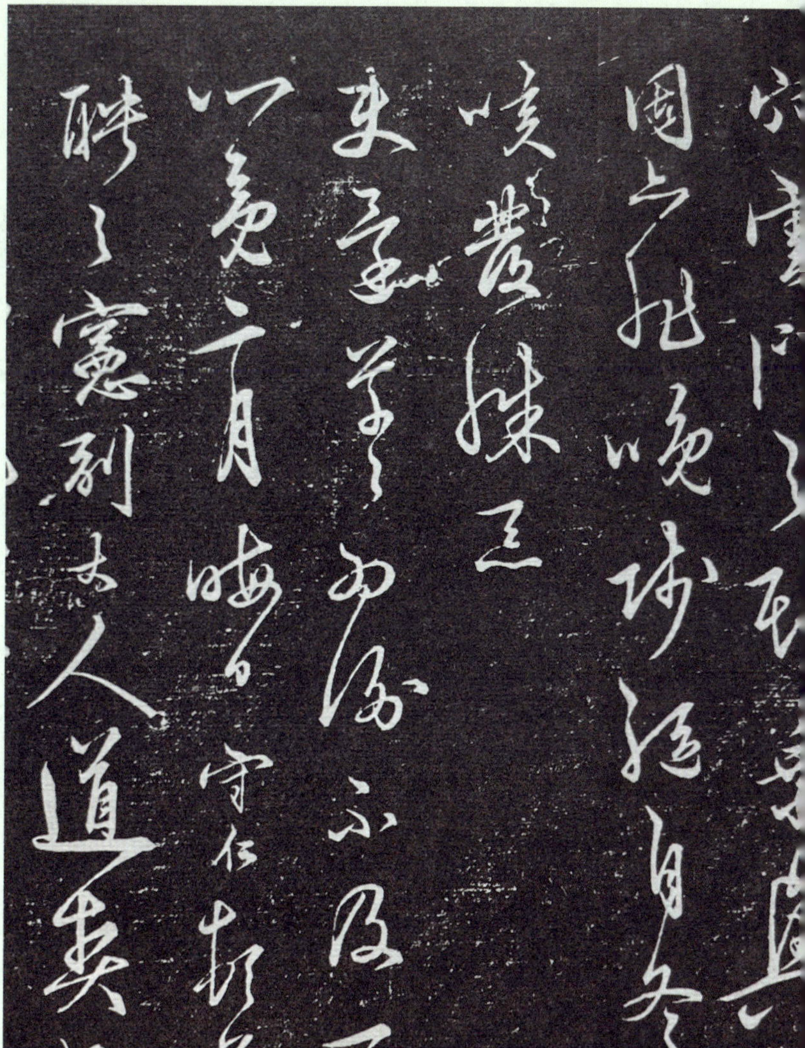

圖六九　致張羅峰閣老書手跡（墨跡紙本）

兩洋

辱教深荷不遺獎迓跛之不可再

讀记之學頁薄言案族之必宗

然而况軍孫之言半以某江西

之後蓋後漳偶集此半以某蓋

病蓋真将素挿山澗為里中子

更就正的讀使出向方或古保其

及物之精致专以力不致為天地

澗一豪物為凡寿之使出月擇

专宜修為秀之散部或南以太常

三〇〇

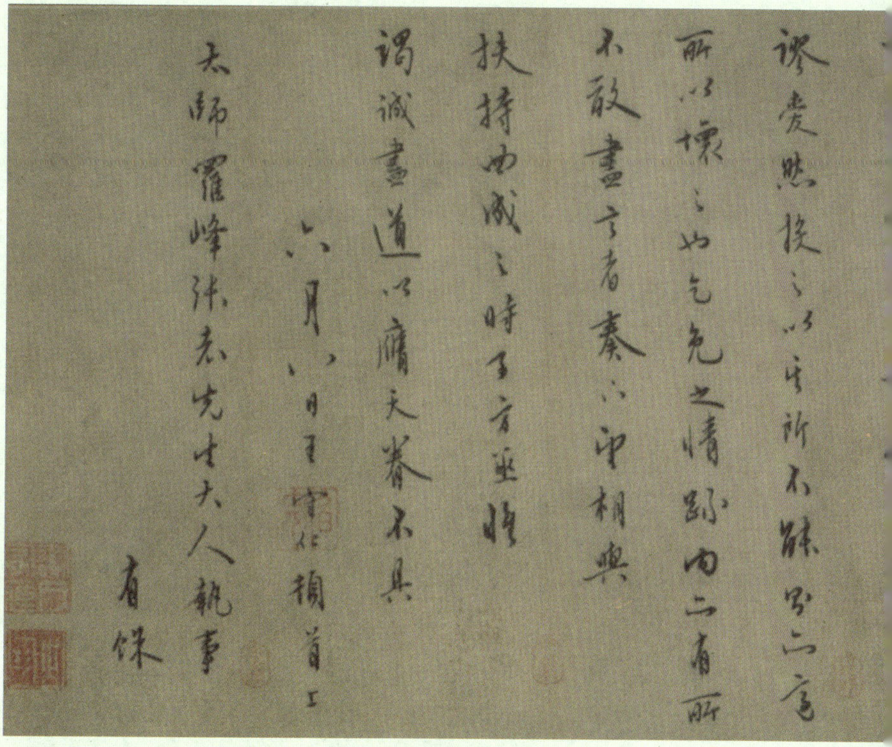

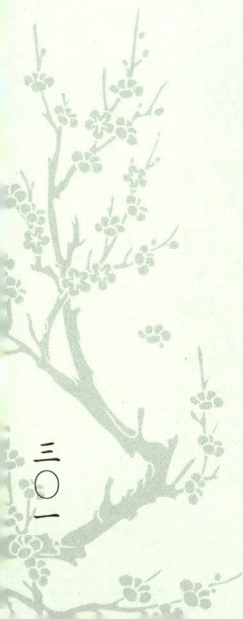

圖七〇　致施聘之手跡（墨跡紙本）

寄正憲男五書 〔一〕

第一書 〔二〕

即日舟已過嚴灘，足瘡尚未愈，然亦漸輕減矣。家中事，凡百與魏廷豹相計議而行。讀書敦行，是所至囑！内外之防，須嚴門禁，一應賓客來往及諸童僕出入，悉依所留告示，不得少有更改。四官尤要戒飲博，專心理家事。保一謹實可託，不得聽人哄誘，有所改動。我至前途，更有書報也。九月廿三日，嚴州舟次，父字，付正憲收。

老奶奶及二老奶奶處，可多多拜上，説一路平安。

第二書 〔三〕

即日已抵常山兩日，明早過玉山矣。咳嗽尚未盡除，脚瘡則已漸好。家中凡百，只要斂束下人，謹慎門戶火燭，不許一應閑人往來出入。大小家衆，早晚照依定規，查點分付。須要魏廷豹先生一一訓戒，稍有違慢者，即行責治。不聽責治者，痛打一百，即時驅出。四官務戒飲博，盡心家事。保一、王禎、王祥等同心協力。王禎毋得遠出，債負上緊討完。張本利息，前日不曾筭明，可將帳簿開出。新買徐邵房屋，即須召人賃住，不可虛閑，致有損壞。二門常日鎖閉，腰門不許放人出入。正憲與廿二官讀書尤要上緊，

〔一〕本件五通手跡原件藏日本京都國立博物館，題作王文成公家書真跡，王文成公家書真跡卷内有陽明先生寄正憲男五通，其中第一通、第三通、第五通又見於文録續編等。文録續編卷一著録寄正憲男手墨二卷，第一卷著録嘉靖六年丁亥書三通，其第一通即王文成公家書真跡第一通，其第二通未見於王文成公家書真跡，其第三通係王文成公家書真跡第三通與第五通之合。寄正憲男手墨二卷有編者按：「正憲，字仲肅，師繼子也。嘉靖丁亥，師起征思田，正億方二齡，托家政於魏廷豹，使飭家衆以字胤子，托正憲於洪與汝中，使切磨學問，以飭内外。延途所寄音問，當軍旅倥偬之時，猶字畫猶逕，訓戒明切。至今讀之，宛然若示嚴範。師沒後，越庚申，鄒子謙之、陳子惟濬來自懷玉，奠師墓於蘭亭，正憲攜卷請題其後。噫！今二子與正憲俱為泉下人矣，而斯卷獨存。正憲年十四襲師錦衣廕，喜正億生，遂辭職，出就科試。即其平生，鄒子所謂『授簡不忘』，『夫子於昭之靈實寵嘉之』。其無媿於斯言矣夫！」。〔二〕本件據日本京都國立博物館官網王文成公家書真跡第一通陽明先生手跡（圖七一）録入，又見於文録續編等。〔三〕本件據日本京都國立博物館官網王文成公家書真跡第二通陽明先生手跡（圖七一）録入。

圖七一　寄正憲男五書第一書、第二書手跡（墨跡紙本）

德洪汝中時時親近，以求教益。王汝止若來，只留書院，互相夾持接引來學，江西兩廣却不必到。書至，正憲可報平安與老奶奶、二奶奶知之。因王邦相家人回，燈下草草。後便再報汝知，凡百汝宜體悉。父字，寄正憲收看。九月卅日。

第三書〔一〕

字示正憲。

父字，付正憲收看。近兩得汝書，知家中大小平安，且汝自言能守吾訓戒，不敢違越。果如所言，吾無憂矣。凡百家事及大小童僕，皆須聽魏廷豹斷決而行。近聞守度頗不遵信，致抵牾廷豹，未論其間是非曲直，只是抵牾廷豹，便已大不是矣。況聞其遊蕩奢縱如故，想亦終難化導。試問他畢竟如何乃可？宜自思之。守悌叔書來，云「有人欲尔應試」。但汝本領未備，恐成虛頭。汝近來學業所進，吾不能知，汝自量度而行。吾不阻汝，亦不強汝也。德弘汝中及諸直諒高明，凡肯勉汝以德義，規汝以過失者，汝宜時時親就。汝若能如魚之於水，自不能須臾而離，則「不及人，不為憂矣」。吾平生講學，只是「致良知」三字。仁，人心也。良知之誠愛惻怛處，便是仁。無誠愛惻怛之心，亦無良知可致矣。汝於此處，宜加猛省。家中凡事，不暇一一細及；汝果能敬守訓戒，吾亦不必一一細及也。餘姚諸叔父昆弟，皆以吾言告之。

十日續書。

第四書〔二〕

聰兒近來撫育如何？一應襁抱乳哺等項，俱要聽憑魏先生指教節度，不得苟為姑息，輕信嫗婦之言，過於飽煖。門禁出入，謹守戒諭，不得容召賣婆之屬特來走動。近聞賣婆、早晚客從西偏傍門往來，此不知出於何人之意。我歸，決要防竄。錢國士爹多勞他看顧，我歸，自謝他，可為致意。守度勉令痛自悔省。保一勉令公心幹理，毋見小利，自討薄福。松長等人債負，守度與王禎上緊了絕。若肯切心，安□拖延直

〔一〕本件據日本京都國立博物館官綱王文成公家書真跡第三通陽明先生手跡（圖七二）録入，又見於文録續編等。〔二〕本件據日本京都國立博物館官綱王文成公家書真跡第四通陽明先生手跡（圖七二）録入。

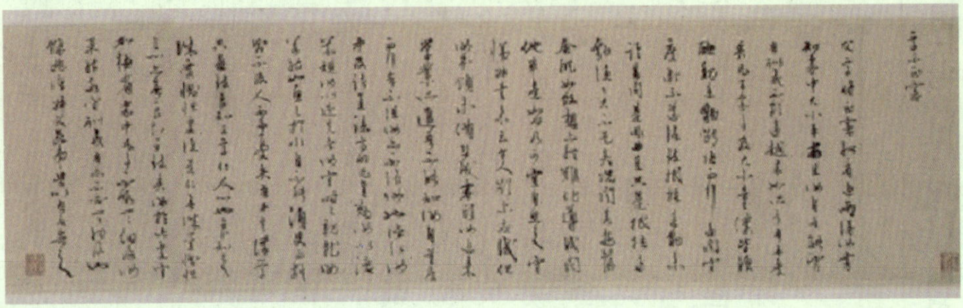

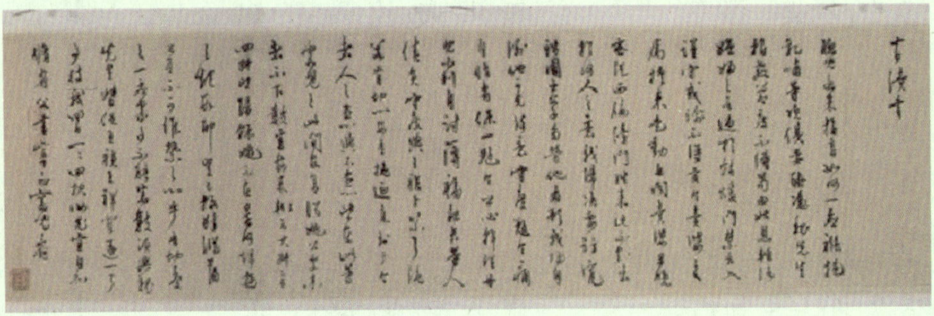

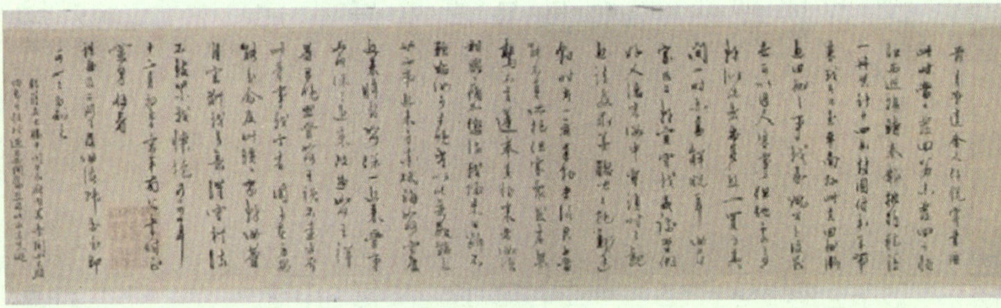

圖七二　寄正憲男五書第三書、第四書、第五書手跡（墨跡紙本）

到于今者。人之盡心與不盡心，皆在此等處見之。此間官舍從姚公處來者，不下數番。每來輙云，大叔欲四叔皆歸餘姚。不在，是何歸遊之期數耶！豈其放肆縱蕩，已有不可維繫之心乎！吾切憂之。一應家事，不能悉數，須與魏先生督任千禎 王祥輩，逐一了事，待我回日，一一回報。汝尤宜自知脩省。父書，寄正憲兒看。

第五書〔一〕

字書。

前月曾遣舍人任銳寄書曆，此時當已發回。若未發回，可將江西巡撫時奏報批件稿簿一冊，共計十四本，封固付本舍帶來。我今已至平南縣，此去田州漸近。田州之事，我承姚公之後，或者可以因人成事。但他處事務似此者尚多，恐一置身其間，一時未易解脫耳。汝在家，凡百務宜守我戒諭，學做好人。德宏汝中輩須時時親近，請教求益。聰兒已托魏廷豹，時常一看。廷豹忠信君子，當能不負所托，但家衆或有桀驁，不肯遵奉其約束者，汝須相與痛加懲治。我歸來日，斷不輕恕。汝可早晚常以此意戒飭之。廿二弟近來身承砥誨如何？守度近來脩省如何？保一近來管事如何？保三近來改過如何？王祥等早晚照管如何？王禎不遠出否？此等事，我方有國事在身，安能分念及此！瑣瑣家務，汝等自宜體我之意，謹守禮法，不致累我懷抱乃可耳。〔二〕十二月初五日，寓平南，父書，付正憲男收看。

祖母及二奶奶及汝諸叔，書至即可一一白知之。

紀簿在右樓中間白木廚内，若旁間北大廚内者□□□□□□□□□□□□□□□。

〔一〕本件據日本京都國立博物館官網王文成公家書真跡第五通陽明先生手跡（圖七二）録入。〔二〕文録續編無以下四十七字，王文成公家書真跡本通後有鄒守益跋：「東廓鄒守益曰：先師陽明夫子家書二卷，嗣子正憲仲肅甫什襲藏之。益趨天真，奠蘭亭，獲睹也。喜曰：『是能授簡不忘矣。』書中『讀書敦行，日進高明』，『鈐束下人，謹守禮法』及『切磋道義，請益求教』，『相互夾持，接引來學』，真是一善一藥。至吾平日講學，只是『致良知』三字。仁，人心也。良知之誠愛惻怛處，便是仁。無誠愛惻怛，亦無良知可致。是以繼志述事，望吾仲肅也。仲肅日孳孳焉，進而書紳，退而服膺，則大慰吾黨愛助之懷，而夫子於昭之靈，實寵嘉之。」

答魏師說〔一〕

師伊至，備聞日新之功，兼得來書，志意懇切，喜慰無盡！所云「任情任意，認作良知」，及「作意為之，不依本來良知，而自謂良知」者，既已察識其病矣。「意」與「良知」，當分別明白。凡應物起念處，皆謂之意；意則有是有非，能知得意之是與非者，則謂之良知。依得良知，即無有不是矣。所疑「拘於體面」「格於事勢」等患，皆是「致良知」之心未能誠切專一。若能誠切專一，自無此也。凡作事，不能謀始與有輕忽苟且之弊者，亦皆致知之心未能誠一，亦是見得良知未透徹。若見得透徹，即體面事勢中，莫非良知之妙用。除却體面事勢之外，亦別無良知矣。豈得又為體面所局、事勢所格！即已動於私意，非復良知之本然矣。今時同志中，雖皆知得良知無所不在，一涉酬應，便又將人情物理與良知看作兩事。此誠不可以不察也！

復王公弼〔二〕

老年得子，實出望外。承相知愛念勤倦〔三〕若此，又重之以厚儀，感媿何可當也！兩廣之役，積衰久病之餘，何能堪此！已具本辭免，但未知遂能得允否耳。來書提醒「良知」之說，甚善！甚善！所云「困勉」之功，亦只〔四〕是提醒，工夫未能純熟，須加人一己百之力，然後能無間斷。非是提醒之外，別有一段困勉之事也。〔五〕王汝止久候不至，得渠家事稍間，即須速之一來，此間亦有一二事欲與商量，不可更遲遲也。

答歐陽崇一〔六〕

去冬十二月十二日未時得一子，今已踰百日，或可望長成也。北上之說信有之。聖主天高地厚之恩，粉身無以為報。今即位六年矣，徒以干進之嫌，不得一稽首，門廷臣子之心，誠跼蹐不安。近日又有召命，豈有謝恩之禮，待君父促之而后行者！但賤軀咳患方甚，揆之人情，恐病勢稍間，終當一行。來書所謂「如此人情，如此世道，何處着脚？凡在吾黨，所見略同」。千里拳拳之念，何敢忘也！何敢忘也！道之

〔一〕本件録自餘姚板文録卷二，又見於存稿等。　〔二〕本件録自存稿卷三書三，又見於陽明文録等。　〔三〕陽明文録作「惓」。　〔四〕存稿作「且」，編校者從陽明文録訂改。　〔五〕郭刻本全書、謝刻本全書無以下三十六字。　〔六〕本件録自存稿卷三書三，又見於陽明文録等。

不行，已知之矣。區區之心，固不敢先有意必，然亦自有不容已者耳！

又答歐陽崇一〔一〕

遠勞問惠，甚愧。兩廣之任，豈病廢所堪！但事勢又若難避，俟懇辭疏下，更圖〔二〕進止耳。喻及「持志養氣」，甚善。暴其氣，亦只是不能持其志耳。釋氏「輪迴變現」之論，亦不必求之窈冥。今人不能常見自己良知，一日之間，此心倏焉而夷狄，倏焉而禽獸，倏焉而趨入悖逆之徒，倏焉而流浪貪淫之海，不知幾番輪迴，多少變現！但人不自覺耳。釋氏言語，多有簸弄精神者，大槩當求之遊方之外，得其意而已矣。「淫聲美色」之喻，亦是吾儒作好作惡處，正須勘破此等病痛，方見廓然大公之本體也。

與馬子莘〔三〕

連得所寄書，誠慰傾渴。締觀來書，其字畫文彩皆有加於疇昔，根本盛而枝葉茂，理固宜然。然草木之花，千葉者，無實；其花繁者，其實鮮矣。邇來子莘之志，得無微有所溺乎？是亦不可以不省也。良知之說，往時亦嘗備講，不審邇來能益瑩透徹否？明道云：「吾學雖有所受，然『天理』二字，却是自家體認出來。」良知即是天理，體認者，實有諸己之謂耳，非若世之想像講說者之為也。近時同志，莫不知以良知為說，然亦未見有能實體認之者，是以尚未免於疑惑。蓋有謂良知，不足以盡天下之理，而必假於窮索，以增益之者。又以為徒致良知，未必能合於天理；須以良知講求其所謂天理者，而執之以為一定之則，然後可以率由而無弊。是其為說，非加體認之功，而真有以見夫良知者，則亦莫能辯其言之似是而非也。莆中故多賢，國英及志道二三同志之外，相與切磋砥礪者，亦復幾人！良知之外更無知，致知之外更無學。外良知以求知者，邪妄之知矣；外致知以為學者，異端之學矣。道喪千載，良知之學久為贅疣，今之友朋知以此事日相講求者，殆空谷之足音歟！想念雖切，無因面會，一罄此懷。臨書，惘惘不盡。

〔一〕本件録自存稿卷三書三，又見於全録等。〔二〕存稿作「固」，編校者從全録訂改。〔三〕本件録自存稿卷三書三，又見於陽明文録等。

與鄭啟範侍御〔一〕

守仁〔二〕愚不自量，痛此學之不講，而竊又志於發明之。自以劣弱，思得天下之豪傑，相與扶持砥礪，庶幾其能有成。故每聞海內之高明、特達、忠信而剛毅者，即欣慕愛樂，不啻骨肉之親。以是於吾啟範，雖未及一面之識，而心乎神契，已如白首之交者，亦數年矣。每得封事讀之，其間迺有齒及不肖者，則又為之赧顏汗背，促蹐不安。古之君子，恥有其名而無其實。吾於啟範，惟切磋之是望，乃不考其實而過情以譽於朝，異時苟有不懈，將使啟範為失言矣。如之何而可！不肖志雖切求學，而質本迂狂疎繆，招尤速謗，自其所宜。近者復聞二三君子，以不肖之故，相與憤爭力辯於爍金消骨之地，至於衝鋒冒刃而弗顧，僕何以當此哉！二三君子之心，豈不如晴天白日，誰得而瑕滓之者！顧僕自反，亦何敢自謂無愧！則不肖之軀，將不免為輕雲薄霧於二三君子者矣。如之何而可！病軀懶放日久，已成廢人，尚可勉強者，惟宜山林之下，讀書講學而已。兩廣之任，斷非所〔三〕堪，已具疏懇辭，必不得請，恐異日終為知己之憂也。言不能謝，惟自鞭策，以期無負相知，庶以為報耳。

與毛古庵憲副〔四〕

亟承書惠，既荷不遺，中間歉然下問之意，尤足以仰見賢者進脩之功，勤勤不懈。喜幸何可言也！無因促膝，一陳鄙見，以求是正，可勝瞻馳。凡鄙人所謂「致良知」之說，與今之所謂「體認天理」之說，本亦無大相遠，但微有直截迂曲之差耳。譬之種植，「致良知」，是培其根本生意，而達之枝葉者也；「體認天理」者，是茂其枝葉之生意，而求以復之根本者也。然培其根本之生意，固自有以達之枝葉矣；欲茂其枝葉之生意，亦安能舍根本而別有生意可以茂之枝葉之間者乎！吾兄忠信近道之資，既自出於儕輩之上，近見胡正之〔五〕備談吾兄平日工夫，又皆〔六〕篤實懇切，非若世之狥名逐〔七〕跡，而徒以支離於其外者。只如此用

〔一〕本件録自存稿卷三書三，又見於陽明文録等。〔二〕存稿 陽明文録作「某」，編校者從新刊續編訂改。〔三〕新刊續編作「可」。〔四〕本件録自存稿卷三書三，又見於陽明文録等；新刊續編本件題作與古庵書。〔五〕存稿 陽明文録作「胡正人」，編校者從新刊續編訂改。〔六〕新刊續編作「見」。〔七〕存稿 陽明文録作「遠」，編校者從新刊續編訂改。

力不已，自當循循有至，所謂「殊途而同歸」者也。亦奚必改途易業，而别求所謂「為學之方」乎！惟吾兄益就平日用工得力處，進步不息，譬之適京都者，始在偏州僻壤，未免經歷於傍蹊曲逕之中；苟志往不懈，未有不達於通衢大路者也。病軀咳作，不能多及。寄去鄙録，末後論學一書，亦頗發明鄙見，暇中幸示及之。

寄黄宗賢〔一〕

所委文字，以通家之情，重以吾兄道義骨肉之愛，更復何辭！向日之約，誠有不得已者。近來人事，日益紛擾，每每自晨發至更餘，無須臾稍閒，精神驟衰，往往終日自不得食。吾兄若見之，將亦自有不忍以此相責者矣。比來消息，昨晚始聞。承喻「信然所謂甚難行止」者，恐亦毁譽之心猶在。今且只論纂脩一事，為可耶？為不可耶？若纂脩未為盡非，則北起未為不可。陞官之與差委事體，亦自不同，况議禮本是諸君始終其事，中間萬一猶有未盡者，正可因此潤色調停。以今事勢觀之，元山既以目疾未能躬事，方霍恐未即出，二君若復不往，則朝廷之意益孤，而元山之志荒矣。務潔其身者，楊氏「為我」之義，君子之心，未肯硜硜若此也。凡人出處，如人飲水，冷煖自知，非他人所能與，高明自裁度之。北行過越，尚須一面。不一一。

又寄黄宗賢〔二〕

人在仕途，比之退處山林時，其工夫之難十倍。非得良友時時警發砥礪，則其平日之所志向，鮮有不潛移默奪，弛然日就頽靡者。近與誠甫言，在京師相與者少，二君必須預先相約定，彼此但見微有動氣處，即須提起「致良知」話頭，互相規切。凡人言語正到快意時，便截然能忍默得；意氣正到發揚時，便翕然能收斂得；憤怒嗜欲正到騰沸時，便廓然能消化得，此非天下之大勇者不能也。然見得良知親切時，其工夫又自不難。緣此數病，良知之所本無，只因良知昏昧蔽塞而後有。若良知一提醒時，即如白日一出，而魍魎自消失矣。中庸謂「知耻，近乎勇」，所謂知耻，只是耻其不能致得自己良知耳。今人多以言語不能屈服得人為耻，意氣不能陵軋得人為耻，憤怒嗜欲不能直意任情得為耻。殊不知此數病者，皆是蔽塞自己良知之事，正

〔一〕本件録自存稿卷三書三，又見於全録等。

〔二〕本件録自存稿卷三書三，又見於陽明文録等。

君子之所宜深耻者。今乃反以不能蔽塞自己良知為耻，正是耻其非所當耻，而不知耻其所當耻也。可不大哀乎！諸君皆平日所知厚者，區區之心，愛莫為助，只願諸君都做個古之大臣。古之所謂大臣者，更不稱他有甚知謀才略，只是一個「斷斷無他技，休休如有容」而已。諸君知謀才略，自是超然出於衆人之上，所未能自信者，只是未能致得自己良知，未全得斷斷休休體段耳！今天下事勢如沉痾積痿，所望以起死回生者，實有在於諸君。若自己病痛未能除得，何以能療得天下之病！此區區一念之誠，所以不能不為諸君一竭盡者也。諸君每相見時，幸默以此意相規切之，須是克去己私，真能以天地萬物為一體，實康濟得天下，挽回三代之治，方是不負如此聖明之君，方能報得如此知遇，不枉了因此一大事來出世一遭也。病卧山林，只好脩藥餌苟延喘息；但於諸君出處，亦有痛癢相關者，不覺縷縷至此。幸亮此情也！

與黃宗賢三書〔一〕

第一書

僕多病積衰，潮熱痰嗽，日甚一日，皆吾兄所自知，豈復能堪戎馬之役者！況讒搆未息，而往年江西從義將士，至今查勘未已，往往廢業傾家，身死牢獄。言之實為痛心，又何面目見之！今若不量可否，冒昧輕出，非獨精力決不能支，極其事勢，正如無舵之舟，乘飄風而泛海，終將何所止泊乎！在諸公，亦不得不為多病之人一慮此也。懇辭疏下〔二〕，望相扶持，終得養痾林下是幸！席元山喪已還蜀否？前者奠辭想已轉達。天不慭遺，此痛何極！數日間，唐生自黃巖歸，知宅上安好；世恭書來，備道佳子弟悉知向方，可喜，間附知之。

第二書

得書，知別後動定，且知世事之難為，人情之難測，有若此者，徒增慨嘆而已！朽才病廢，百念俱息，忽承重寄，豈復能堪！若懇辭不獲，自此將為知己之憂矣。柰何？柰何！江西功次，固不足道，但已八年餘矣，尚爾查勘未息，致使效忠赴義之士廢產失業，身死道途。縱使江西之功盡出冒濫，獨不可比於留都、

〔一〕本件三書録自存稿外集卷五書，又見於陽明文録等。〔二〕存稿陽明文録作「千」，讀屬下句，編校者從全録訂改。

湖浙之賞乎！此事〔一〕終湏一白，但今日言之，又若有挾而要者。柰何？柰〔二〕何！〔三〕木翁不旬日間，亦且啟行矣，此老慎默簡重，當出流輩，但精力則益〔四〕衰。〔五〕若如兀崖之論，欲使之破常格以用才，不顧天下之毀譽榮辱，以力主國議，則恐未可以是望之也。因論偶及，幸自知之。東南小蠢，特瘡疥之疾；羣僚百司，各懷讒嫉黨比之心，此則腹心之禍，大為可憂者。近見二三士夫之論，始知前此諸公之心，尚未平貼，姑待釁耳。一二當事之老，亦未見有同寅協恭之誠，間聞有口從面諛者，退省其私〔六〕，多若讎仇。病廢之人，愛莫為助；竊為諸公危之，不知若何而可以善其後？此亦不可不早慮也。兵部差官還，病筆草草附此，西樵兀崖皆不及別簡，望同致意。近聞諸公似有德色傲容者，果爾，將重失天下善類之心矣。相見間，可隱言及之。

第三書

近得邸報及親友書，聞知石龍之於區區，乃無所不用其極若此。而西樵兀崖諸公，愛厚勤拳，亦復有加無已，深用悚懼。嗟乎！今求朝廷之上，信〔七〕其有事君之忠，憂世之切，當事之勇，用心之公，若諸公者，復何人哉！若之何而不足悲也！諸公既為此一大事出世，則其事亦不得不然；但於不肖，則似猶有溺愛過情〔八〕者，異日恐〔九〕終不免為諸公知人之累耳。悚懼！悚懼！思田之事，本亦無大緊要，只為從前張皇太過，後來遂不可輕易收拾，〔一〇〕所謂「天下本無事，在人自擾之」耳。其略已具奏詞。今往一通，必得朝廷如奏中所請，則地方庶可以圖久安。不然，反覆未可知也。賤軀患咳，原自南贛燕暑中得來；今地益南，氣類感觸，咳發益甚，恐竟〔一一〕成痼疾，不復可藥。地方之事，苟幸塞責，山林田野，則惟其宜矣，他尚何說哉！西樵兀崖家事，極為時輩所擠排，殊可駭嘆！此亦皆由學術不明。近來士夫，專以客氣相尚，

〔一〕存稿作「是」，編校者從陽明文録訂改。〔二〕存稿作「來」，編校者從陽明文録訂改。〔三〕存稿以下十三字不可識讀，陽明文録作「木翁旬日間，亦且啟行矣，此老」，校者據全録訂補。〔四〕存稿 陽明文録作「益」，編校者從全録訂改。〔五〕存稿以下八字不可識讀，編校者據陽明文録訂補。〔六〕存稿此字為黑釘，編校者據陽明文録訂補。〔七〕存稿作「有」，編校者從陽明文録訂改。〔八〕存稿作「清」，編校者從陽明文録訂改。〔九〕存稿作「忌」，編校者從陽明文録訂補。〔一〇〕存稿以下十二字不可認讀，編校者據陽明文録訂補。〔一一〕存稿此字為黑釘，編校者據陽明文録訂補。

凡所毀譽，不惟其是，惟其多且勝者，是附是和，是以至此。近日來接見者，略已一講，已覺豁然有省發處。自後此等意思，亦當漸消除。京師近來事體如何？君子道長，則小人道消；疾病既除，則元氣亦當自復。但欲除疾病，而攻治太厲，則亦足以耗其元氣；藥石之施，亦不可不以漸也。木翁邃老相與，如何能不孤海內之望否！亦在諸公相與調和。此如行舟，若把舵不定，而東撐西曳，亦何以致遠涉險！今日之事，正須同舟共濟耳。齎本人去，凡百望指示。

答以乘憲副〔一〕

此學不明於世久矣，而舊聞舊習障蔽纏繞，一旦驟聞吾說，未有不非詆疑議者。然此心之良知，昭然不昧，萬古一日。但肯平心易氣，而以吾說反之於心，亦未有不洞然明白者。然不能即此奮志進步，勇脫窠臼，而猶依違觀望於其間，則舊聞舊習，又從而牽滯蔽塞之矣。此近時同志中，往往皆有是病，不識以乘別後意思却如何耳？昔有十家之村，皆荒其百畝，而日惟轉糴於市，取其贏餘，以贍朝夕者。隣村之農勸之曰：「爾朝夕轉糴，勞費無期。曷若三年耕，則餘一年之食，數年耕，可積而富矣。」其二人聽之，舍糴而田，八家之人，競相非沮遏，室人老幼，亦交徧歸讁，曰：「我朝不糴，則無以為饔，暮不糴，則無以為餐；朝夕不保，安能待秋而食乎！」其一人力田不顧，卒成富家；其一人不得已，復棄田而糴，竟貧餒終身焉。今天下之人，方皆轉糴於市，忽有舍糴而田者，寧能免於非讁乎！要在深信弗疑，力田而不顧，乃克有成耳。兩承書來，皆有邁往直進，相信不疑之志，殊為浣慰。人還附此〔二〕，少致切劘之誠，當不以為迂也。〔三〕儲侍御曾枉書問，伏枕不及具簡，相見時多為致意。

答伍汝真僉憲〔四〕

書來，見相念之厚，感媿！感媿！彼此情事，何俟於今日之言乎！士潔之怨，蓋有不度於事理矣。數年憂居，身在井中，下石者紛然不已；已身且不敢一昂首視，況能為人辯是非乎！昔人有言：「何以止謗？曰『無

〔一〕本件録自存稿卷三書三，又見於陽明文録等。〔二〕存稿 陽明文録作「知」，編校者從新刊續編訂改。〔三〕存稿 陽明文録無以下二十字，編校者據新刊續編訂補。〔四〕本件録自存稿卷三書三，又見於全録等。

辯』」。人之是非毀譽，如水之濕，如火之熱，久之必見，豈能終掩其實者！故有其事，不可辯也；無其事，不必辯也。無其事而辯之，是自謗也；有其事而辯之，是益增己之惡，而甚人之怒也；皆非所以自修而平物也。今主上聖明無比，洞察隱微，在位諸公，皆兢兢守正奉法，京師事體，與往時大有不同。故二君今日之事，惟宜安靜自處，以聽其來順受之而已耳！天下事，往往多有求榮而反辱，求得而反失者。在傍人視之甚明，及身當其事，則冥行而罔覺。何也？榮辱得失之患，交戰於其中，是以迷惑而不能自定耳。區區非徒為此迂闊之言，而苟以寬二君之心者。二君但看數年來，區區所以自處者如何；當時若不自修自耐，但一開口與人辯，則其擠排戮辱之禍，將必四面而立至，寧獨數倍於今日而已乎！當時諸君從傍靜觀其事勢，豈不洞見！諸君之事，自與區區休戚相關。故今日之言，非獨以致惻怛之愛於二君，實亦所以自愛也。幸以此意致之士潔！北行且勿往為是，往必有悔矣。迫切之言，不罪！不罪！

與陳惟濬〔一〕

江西之會極草草。尚意得同舟旬日，從容一談。不謂既入省城，人事紛沓，及登舟時，惟濬已行矣。沿途甚怏怏。抵梧〔二〕後，即赴南寧，日不暇給，亦欲遣人相期來此，早晚略暇時可閑話。而此中風土絕異，炎瘴尤不可當，家人輩到此，無不病者。區區咳患亦因熱大作，痰痢腫毒交攻，度惟濬斷亦不可以居此，又復已之。近得聶文蔚書，知已入漳。患難困苦之餘，所以「動心忍性，增益其所不能」者，宜必日有所進。養之以福，正在此時，不得空放過也。聖賢論學，無不可用之工；只是「致良知」三字，尤簡易明白，有實下手處，更無走失。近時同志，亦已無不知有「致良知」之說，然能於此實用工者絕少，皆緣見得「良知」未真，又將「致」字看得太易了，是以多未有得力處。雖比往時支離之說，稍有頭緒，然亦只是五十步百步之間耳。就中亦有肯精心體究者，不覺又轉入舊時窠臼中，反為文義所牽滯，工夫不得洒脫精一，此君子之道所以鮮也。此事必須得師友時時相講習切劘，自然意思日新。自出山來，不覺便是一年。山中同志，結廬相待者，尚數十人，時有書來，儘令人感動。而地方重務，勢難輕脫，病軀又日狼狽若此，不知天意竟如何也？

〔一〕本件録自存稿卷三書三，又見於陽明文録等。〔二〕郭刻本全書、謝刻本全書訛作「抵梧」。

文蔚書中所論，迥然大進，真有一日千里之勢。可喜！可喜！頗有所詢，病中草草答大略，見時可取視之，亦有所發也。

寄安福諸同志〔一〕

諸友始為惜陰之會，當時惟恐只成虚語。邇來乃聞，遠近豪傑聞風而至者以百數，此可以見良知之同然，而斯道大明之幾，於此亦可以卜之矣。喜慰可勝言耶！得虞卿及諸同志寄來書，所見比舊又加親切，足驗功夫之進。可喜！可喜！只如此用工去，當不能有他歧之惑矣。明道有云：「寧學聖人而不至，不以一善而成名。」此為有志聖人，而未能真得聖人之學者，則可如此說。若今日所講「良知」之説，乃真是聖學之的傳，但從此學聖人，却無有不至；惟恐吾儕尚有「一善成名」之意，未肯專心致志於此耳。在會諸同志，雖未及一一面見，固已神交於千里之外，相見時，幸出此共勉之。王子茂寄問數條，亦皆明切，中間所疑，在子茂亦是更須誠切用功，到融化時，并其所疑，亦皆釋然，沛然不復有相阻礙，然後為真得也。凡工夫，只是要簡易真切。愈真切，愈簡易；愈簡易，愈真切。病咳中，不能多及，亦不能一一備列姓字，幸以意亮之而已！

與德弘汝中〔二〕

家事賴廷豹糾正；而德弘汝中又相與熏陶切劘於其間，吾可以無内顧矣。紹興書院中同志，不審近來意向如何？德弘汝中既任其責，當能振作接引，有所興起。會講之約，但得不廢，其間縱有一二懈弛，亦可因此挾持，不致遂有傾倒。餘姚又得應元諸友作興鼓舞，想益日異而月不同。老夫雖出山林，亦每以自慰，諸賢皆一日千里之足，豈俟區區有所警策！聊亦以此示鞭影耳。即日已抵肇慶，去梧不三四日可到。方入冗塲，未能多及，千萬心亮！紹興書院及餘姚各會同志諸賢，不能一一列名字，幸亮！

致楊邃庵閣老〔三〕

某素辱愛下，然久不敢奉狀者，非敢自外於門墻，實以地位懸絶，不欲以寒暄無益之談，塵瀆左右。蓋

〔一〕本件録自存稿卷三書三，又見於陽明文録等。〔二〕本件録自存稿外集卷五書，又見於陽明文録等。陽明文録本件題作與錢德洪王汝中。〔三〕本件録自存稿外集卷五書，又見於陽明文録等。

避嫌之事，賢者不為；然自嘆其非賢也。菲才〔一〕多病，待罪閑散，猶懼不堪。乃今復蒙顯擢，此固明公不遺下體之盛，某亦寧不知感激！但量能度分，自計已審，貪冒苟得，異時僨事，將為明公知人之累。此所以聞命驚惶而不敢當耳。謹具奏辭免，祈以原職致仕。伏惟明公因材而篤於所不能，特賜曲成，俾得歸延病喘於林下，則未死餘年，皆明公之賜，其為感激，寧有窮已乎！懇切至情，不覺瀆冒，伏冀宥恕！不具。

又致楊邃庵閣老〔二〕

竊惟大臣報國之忠，莫大於進賢去讒。故前者兩奉起居，皆嘗僭及此意。亦其自信山林之志已堅，而又素受知己之愛，不當復避嫌疑，故率意言之若此。迺者忽蒙兩廣之命，則是前日之言，適以為己地也，悚懼何以自容乎！某以迂踈之才，口耳講說之學〔三〕耳；簿書案牘，已非其能，而況軍旅之重乎！往歲江西之役，實亦僥倖偶成。近年以來，憂病積集，尫羸日甚，惟養痾丘園，為鄉里子弟考訂句讀，使知向方，庶於保身及物，亦稍得效其心力，不致為天地間一蠹，此其自處，亦既審矣。聖天子方勵精求治，而又有老先生主張國是於上，苟有襪線之長者，不於此時出而自效，則亦無其所矣。老先生往歲方秉銓軸，時有以邊警薦用彭司馬者，老先生不可，曰：「彭始成功，今或少挫，非所以完之矣。」老先生之愛惜人才，而欲成就之也如此，至今相傳以為美談。今獨不能以此意而推之某乎！懇辭疏上，望賜曲成，使得苟延喘息；俟病痊之後，老先生不忍終廢，必欲強使一出，則如留都之散部，或南北太常國子之任，量其力之可能者，使之自效，則圖報當有日也。不勝恃愛〔四〕懇瀆，幸賜矜察！

答方叔賢〔五〕

久不奉狀，非敢自外，實以憂疾頻仍，平生故舊〔六〕，類不敢通問。在吾兄誠不當以此例視，然廣士之來遊者相踵，山中起處〔七〕，時時聞之，簡札虛文似有不必然者。吾兄當能亮之也。聖主聰明不世出，諸公

〔一〕謝刻本全書作「非才」。〔二〕本件録自存稿外集卷五書，又見於陽明文録等。〔三〕存稿此字為黑釘，編校者據陽明文録訂補。〔四〕存稿、陽明文録作「侍愛」，編校者從郭刻本全書訂改。〔五〕本件録自存稿外集卷五書，又見於陽明文録等。〔六〕存稿作「如舊」，編校者從陽明文録訂改。〔七〕陽明文録作「啟處」。

既蒙知遇若此，安可不一出圖報！今日所急，惟在培養君德，端其志向，於此有立，政不足閒，人不足謫，是謂一正君而國定。然此非有忠君報國之誠，其心「斷斷休休」者，亦只好議論粉飾於其外而已矣。僕積衰之餘，病廢日甚，豈復更堪兵甲驅馳之勞！況讒搆未息，又可復出而冒為之乎！懇辭疏下，望與扶持，得且養疴林下；稍俟痊復，出而圖報，非晚也。

又答方叔賢〔一〕

昨見抵報，知西樵、兀崖皆有舉賢之疏，此誠士君子立朝之盛節，若千年無此事矣。深用嘆服！但與名其間，却有一二未曉者，此恐鄙人淺陋，未能知人之故。然此乃天下治亂盛衰所繫，君子小人進退存亡之機，不可以不慎也。此事譬之養蠶，但雜一爛蠶於其中，則一筐好蠶盡為所壞矣。凡薦賢於朝，與自己用人，又自不同。自己用人，權度在我，故雖小人而有才者，亦可以器使。若以賢才薦之於朝，則評品一定，便如白黑，其間舍短録長之意，若非明言，誰復知之！小人之才，豈無可用？如砒硫芒硝，皆有攻毒破壅之功，但混於參苓耆木之間，而進之養生之人，萬一用之不精，鮮有不誤者矣。僕非不樂二公有此盛舉，正恐異日或為此舉之累，故輒叨叨，當不以為罪也。思田事，貴鄉往來人當能道其詳，俗諺所謂「生事事生」，此類是矣。今其事體既已壞盡，欲以無事處之，要已不能，只求減省一分，則地方亦可減省一分勞擾耳。鄙見略具奏內，深知大拂喜事者之心，然欲殺數千無罪之人，以求成一己之功，仁者之所不忍也。齎奏人去，凡百望指示之。舟次草草，未盡鄙懷。千萬鑒恕！

致張羅峰閣老〔二〕

奏本人去，曾附小札。腐劣多病，已成廢人，豈能堪此重任！若懇辭不獲，終不免為相知愛者之累矣。柰何！柰何！東南小蠢，特皮膚瘡疥之病；若朝廷之上，人各有心，無忠君愛國之誠，讒嫉險伺，黨比不已，此則心腹之病，大為可憂者耳。諸公方有湯藥之任，蓋天下莫不聞。不及今圖所以療治之，異時能辭其責乎！

〔一〕本件録自存稿外集卷五書，又見於陽明文録等。

〔二〕本件録自存稿外集卷五書，又見於全録等。

不旬日間，木齋翁且啟行，此老重望，其慎默鎮定，終當與流輩不同，惜其精力則益衰矣。差來官守催甚懇迫，力遣許時始肯還。病筆草草，未盡欲言。千萬心亮！

答見山冢宰〔一〕

向齋本人去，曾奉短札，計已達左右矣。朽才病廢，寧堪重托！懇辭之疏，必須朝廷憐准，與其他日蒙顛覆之戮，孰若今日以是獲罪乎！東南小夷，何足以動煩朝廷若此！致有今日，皆由憤激所成，以主上聖明，德威所被，指日自將平定。但廟堂之上，至今未有同寅協恭之風，此則殊為可憂者耳。不知諸公竟何以感化而斡旋之？大抵讒邪不遠，則賢士君子斷不能安其位，以有為於時。自昔當事諸公，亦豈盡不知進賢而去不屑之為美！顧其平日，本無忠君愛國之誠，不免阿時附俗，以苟目前之譽，卒之悅諛信讒，終於蔽賢病國而已矣。來官守催，力遣數四始肯還。病筆草草，未盡傾企。

與霍兀厓宮端〔二〕

往歲曾辱大禮儀見示，時方在哀疚，心善其說而不敢奉復。既而元山亦有示，使者必求復書，草草作答，意以所論良是，而典禮已成，當事者未必能改，言之徒益紛爭，不若姑相與講明於下，俟信從者眾，然後圖之其後。議論既興，身居有言不信之地，不敢公言於朝。然士夫之問及者，亦時時為之辯析，期在委曲調停，漸求挽復，卒亦不能有益也。後來賴〔三〕諸公明目張膽，已申其義，然如倒倉滌胃，積於宿痰，雖亦快然一去，而病勢亦甚危矣。今日急務，惟在扶養元氣，諸公必有回陽奪化之妙矣。僕衰病陋劣，何足以與於斯耶！數年來，頻罹疾搆，痰嗽潮熱，日益尫羸，僅存喘息，無復人間意矣。乃者忽承兩廣之推，豈獨任非其才！是蓋責以及力之所必不能支，將以用之，而實以斃之也。懇辭疏下，望相與扶持曲成，使得就醫林下；幸而痊復，量力圖報，尚有時也。

〔一〕本件録自存稿外集卷五書，又見於陽明文録等。〔二〕本件録自存稿外集卷五書，又見於陽明文録等。〔三〕存稿作「頓」，編校者從陽明文録訂改。

又與霍兀厓宫端〔一〕

每讀章奏，見磊落奇偉之志，挺持奮發之勇，卓然非儕輩可望，深用嘆服！果得盡如所志，天下之治，誠可煥然一新。然其事勢，自有不能盡如人意者，要在寛以居之，仁以行之而已。高明既有定見，顧無俟於鄙劣者之喋喋。西樵書中亦致芹曝之獻，倘覽及之，幸有一言示其可否也？田州事，實無緊要，徒勞師費財，紛紛兩年，重為地方之患。今於謝恩疏中，略陳愚見，須得朝廷俯從其議，庶可以圖久安〔二〕，不然起伏之變，未有已也。齎奏人去，草草附問。地方之事，有可見教者，人還不惜示及。

答潘直卿〔三〕

遠承遣問，情意藹切，兼復奬與過分，僕何以得此哉！僕何以當此哉！媿悚！媿悚！病廢日久，習成懶放。雖問水尋山，漸亦倦興，况兹軍旅之役，豈其精力所復能堪！已具疏懇辭，必須得請，始可免於後悔，不然將不免為知〔四〕已之憂矣。柰何？柰何！寧藩之役，湖浙及留都之有功者，皆已陞賞，獨江西功次，今已六七年矣，尚爾查勘未息。今復欲使之荷戈從役，僕將何辭以出號令！亦何面目見之！賞罰，國之大典，今乃用之以快恩仇若此，僕一人不足恤，其如國事何！連年久分廢棄，此等事不復掛之齒牙；今疼痛切身，不覺呻吟之發，不知畢竟如何而可耳！知子文道長尚未至，且不作書，見時望致意。

與戚秀夫〔五〕

德洪諸友，時時談及盛德深情，追憶留都之會，恍若夢寐中矣。盛使遠辱，兼以書儀，感怍何既！此道之在人心，皎如白日，雖陰晴晦明，千態萬狀，而白日之光，未嘗增減變動。足下以邁特之資，而能篤志問學，勤勤若是，其於此道，真如掃雲霧而覩白日耳。奚假於區區之為問乎！病癈既久，偶承兩廣之命，方具辭疏。使還，正當紛沓，草草不盡鄙懷。

〔一〕本件録自存稿外集卷五書，又見於全録等。〔二〕存稿作「要」，編校者從全録訂改。〔三〕本件録自存稿外集卷五書，又見於陽明文録等。〔四〕存稿無此字，編校者據陽明文録訂補。〔五〕本件録自陽明文録卷三書三，又見於鄒序本文録等。

寄正憲男〔一〕

舟過臨江，五鼓，與叔謙遇於途次。燈下草此，報汝知之。沿途皆平安，咳嗽尚未已，然亦不大作。廣中事頗急，只得連夜速進，南贛亦不能久留矣。汝在家中，凡宜從戒諭而行，讀書執禮，日進高明，乃吾之望。魏廷豹此時想在家，家衆悉宜遵廷豹教訓，汝宜躬率身先之。書至，汝即可報祖母諸叔，况我沿途平安。凡百想能體悉我意，鈐束下人，謹守禮法，皆不俟吾喋喋也。廷豹、德洪、汝中及諸同志親友，皆可致此意。

嶺南寄正憲男〔二〕

初到江西，因聞姚公已在賓州進兵，恐我到彼，則三司及各領兵官，未免出來迎接，反致阻撓其事；是以遲遲其行，意欲俟彼成功，然後徃彼公同與之一處。十一月初七，始過梅嶺，乃聞姚公在彼，以少兵之故，尚未敢發哨。以是只得晝夜兼程而行，今日已度三水，去梧州已不遠，再四五日可到矣。途中皆平安，只是咳嗽尚未全愈，然亦不為大患。書到可即告祖母汝諸叔知之，皆不必掛念。家中凡百〔三〕，皆只依我戒諭而行。魏廷豹、錢德洪、王汝中當不負所托，汝宜親近敬信，如就芝蘭可也。廿二叔忠信好學，攜汝讀書，必能切勵汝。不審近日亦有少進益否？聰兒邇來眠食如何？凡百只宜謹聽魏廷豹指教，不可輕信奶婆之類。至囑！至囑！一應租稅帳目，自宜上緊，湏不俟我丁寧。我今國事在身，豈復能記念家事！汝輩自宜體悉勉勵，方是佳子弟爾。十一月望。〔四〕

〔一〕本件録自文録續編卷一寄正憲男手墨二卷，又見於郭刻本全書等。寄正憲男手墨二卷第一卷著録三書，本件為其第二書。

〔二〕本件録自文録續編卷一家書墨跡四首，又見於郭刻本全書等。本件為家書墨跡四首第四書。

〔三〕文録續編作「煩百」，編校者從郭刻本全書訂改。

〔四〕文録續編書後有錢德洪跋：「正億初名聰，師之命名也。嘉靖壬辰秋，依其舅氏黃久庵寓留都。值時相更名朝，責洪為文告師，請更今名，當時問眠食如何，今正億壯且立男女森列矣。噫！吾何以不負師托乎？方今四方講會日殷，相與出求同志研究師旨，以成師門未盡之志，庶乎可以慰遺靈於地下爾。是在二子。嘉靖丁巳端陽日，門人錢德洪跋於天真精舍之傳經樓。」

與蕭子雍〔一〕

繆妄迂疎，多招物議，乃其宜然。每勞知己為之憂念不平，徒增悚赧耳。荼毒未死之人，此身已非己有，況其外之毀譽得喪，又敢與之乎！哀痛稍蘇，時與希淵一二友，喘息於荒榛叢草間，惴惴焉惟免於戮辱是幸，他更無復願矣。近惟教化大行，已不負平時祝望，知者不慮其不明，而慮其過察；果者不慮其無斷，而慮其過嚴。若夫尊德樂義，激濁揚清，以丕變陋習，吾與昔人可無間然矣。盛价還，草草無次。

嘉靖七年戊子　在梧州，二月思恩田州平，七月襲八寨斷藤峽破之，十一月丁卯卒於南安。陽明先生五十七歲。

與純甫書〔二〕

兵冗中，久缺裁候。乃數承使問，兼辱佳〔三〕儀，重之以珍集，其為感愧，何可言也！僕病卧且餘四月，咳痢日甚，淹淹牀席間。耳聾目眩，視聽皆廢。故珍集之頒，雖喜其〔四〕踰珙璧之獲，而精光透射，尚未得〔五〕遽一瞬目其間。候病疏得允，苟還餘喘於田野。幸而平復，精神稍完，然後敢納足玄圃之中，盡觀天下之至寶，以一快平生。其時當別有請也。伏枕，不盡謝私，伏冀照亮！〔六〕不宣。三月二日。王守仁頓首。

純甫道契兄文侍。　　餘空。

與王汝中〔七〕

昨得宗範書，雖讒嫉之多口，不足為吾儕輕重。但細思之，作之具未免多事，有妨講習，則亦莫若不為之安靜也。諸友到彼，可較量事勢，若道路艱難，人夫舟楫勞費浩繁，則且已之為佳。果隘陋不足以容車，姑就此間近便處，木小屋數間，似亦易辦。吾黨但慮無講學之心，不慮無講學之地也。五月初一日。

〔一〕本件録自文録續編卷一，又見於郭刻本全書等。〔二〕本件手跡原件藏上海博物館，編校者據法書集著録陽明先生手跡（圖七三）録入；又見於存稿。存稿本件題作寄何燕泉書。〔三〕存稿作「嘉」。〔四〕存稿無此字。〔五〕存稿作「未敢」。〔六〕存稿無以下二十一字。〔七〕本件據北京保利國際拍賣有限公司二〇〇八春季拍賣會中國古代書畫二（作品編號：一八一一五）王守仁王畿手札册陽明先生手跡（圖七四）録入。

圖七三　與純甫書手跡（墨跡紙本）

兵丹中久缺裁候 乃數承
使附還辱手佳淺五之以珍集之為
感恧何可言也僕病外甚候四月
咳剩日甚海·休廢闕耳龍率
目昏視聽皆廢故珍集之領
誰夏云諭珠鎮之荻而精光進
封當末得達·瞬内其河候病
疎僻·凡為遷保端方四野幸而
平渡精神稍完然後敢納之
玄圃之中書觀天下之至寶以一
快平生·其時當別有清此火杭
不盡謝松戊英
照亮不宣
　　　三月二十七
　　　　　　　頼首
純甫道契先文什
林逋

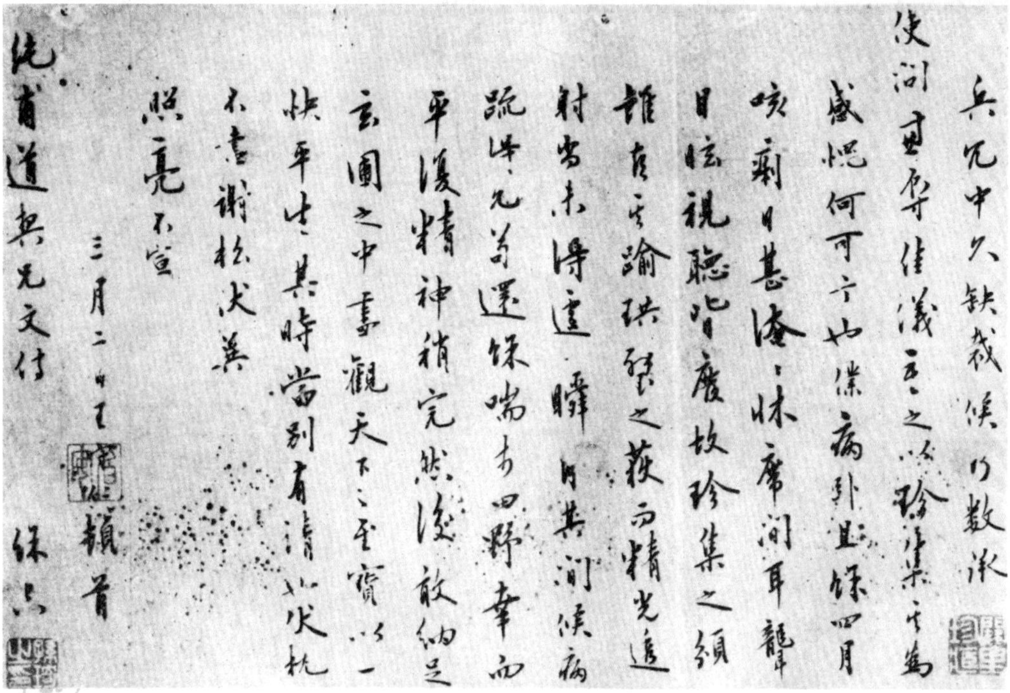

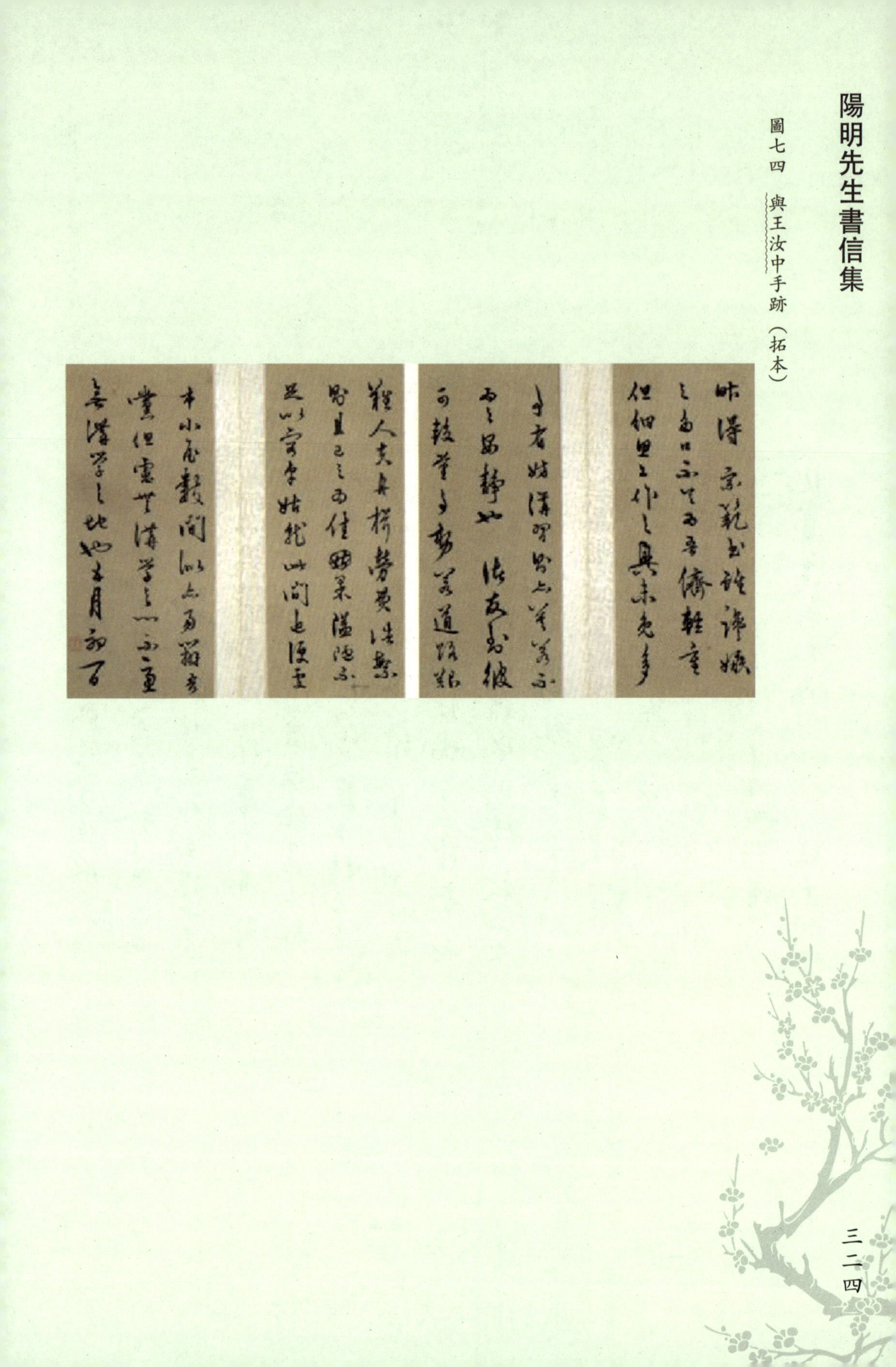

圖七四　與王汝中手跡（拓本）

寄何燕泉〔一〕

守仁〔二〕久卧山中，習成懶癖〔三〕。平生故舊，音問皆疎。遥聞執事養高歸郴，越東楚西，何因一話！煙水之涯，徒切瞻望而已。去歲復以兵革之役，扶病強出，殊乖始願，正如野麋入市，投足摇首，皆成駭觸。忽枉箋教，兼辱佳章，捧誦洒然。蓋安石東山之高，靖節柴桑之興，執事兼而有之矣。仰嘆可知！地方事苟幸平靖。伏枕已踰月，旬日後亦且具疏乞還。果遂所圖，雖不獲握手林泉，然郴嶺之下，稽山之麓，聊復同此悠悠之懷也。使來，值湖兵正還，兼有計處地方之奏，冗冗乃尔，久稽又未能細請。臨紙惘然，伏冀照亮！不具。〔四〕六月四日，王守仁頓首。

□泉何先生大人執事。　餘空。

答聶文蔚〔五〕

得書，見近來所學之驟進，喜慰不可言！諦視數過，其間雖亦有一二未瑩徹處，却是「致良知」之功尚未純熟；到純熟時，自無此矣。譬之驅車，既已由於康莊大道之中，或時横斜迂曲者，乃馬性未調，銜勒不齊之故，然已只在康莊大道中，决不賺入傍蹊曲徑矣。近時海内同志，到此地位者曾未多見，喜慰不可言！斯道之幸也！賤軀〔六〕舊有咳嗽畏熱之病，近入炎方，輒復大作。主上聖明洞察，責付甚重，不敢遽辭。地方軍務冗沓，皆輿疾從事。今却幸已平定，具本乞回養病，得在林下稍就清涼，或可瘳耳。人還，伏枕草草，不盡傾企。外惟濬一簡，幸達致之。

來書所詢，草草奉復一二。〔七〕近歲來，山中講學者，往往多〔八〕說「勿〔九〕忘勿助」工夫甚難；問之則云：「才著〔一〇〕意便是助，才不著意便是忘，所以甚難。」區區因問之云：「忘是忘個甚麼？助是助個

〔一〕本件手跡原件藏上海博物館，編校者據法書集著録陽明先生手跡（圖七五）録入，又見於存稿等。〔二〕存稿 陽明文録作「某」。〔三〕陽明文録作「懶僻」。〔四〕存稿 陽明文録無以下二十字。〔五〕本件録自存稿卷三書三，又見於陽明文録等。〔六〕存稿作「驅」，編校者從陽明文録訂改。〔七〕明代名臣墨寶（凡八册，民國十五年丙寅有正書局石印本）第六册王文成公楷書册著録陽明先生復鄒謙之書書跡（圖七七），與本節以下文字主體相同，參閱本書正編卷四復鄒謙之書。〔八〕復鄒謙之書書跡（圖七七）闕一字。〔九〕復鄒謙之書書跡（圖七七）闕一字。〔一〇〕復鄒謙之書書跡（圖七七）闕一字。

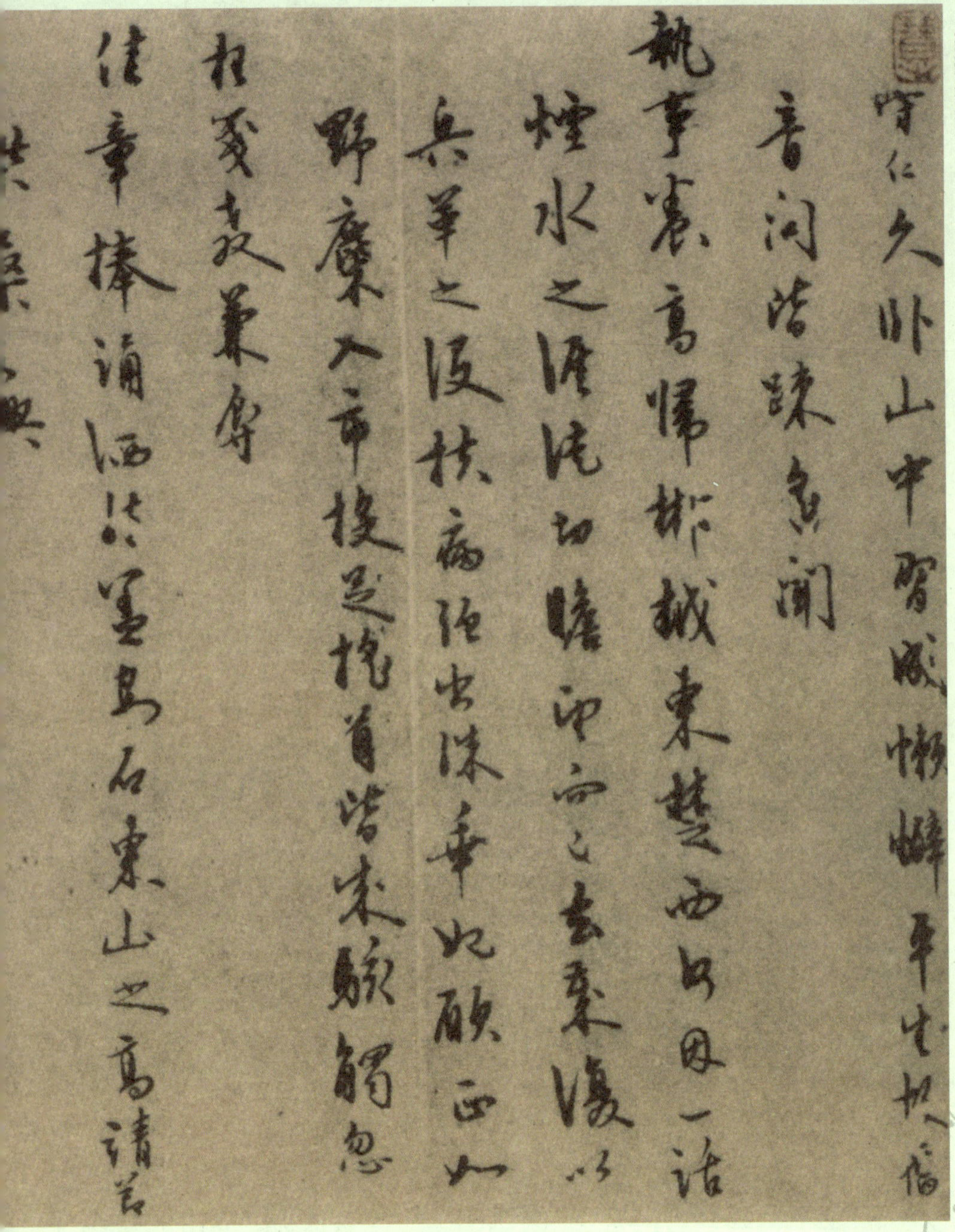

圖七五　寄何燕泉手跡（墨跡紙本）

平請伏枕之踰月前日後六月六孫
气還果遂所圖親不獲握手於
泉於鄉嶺以六請山之林麓阻渡同此
恨々之懷也不足以往湖兵西還冀
有計更地々之秦兄々乃來久請又
東能細請路紙綢路伏冀
照亮不具　六月　日　王守仁　頓首
叔先生大人執事　餘具

甚麼？」其人默然無對，始請問。區區因與〔一〕說：「我此間講學，却只說個必有事焉，不說勿忘勿助。」必有事焉者，只是時時去集義。若時時去用必有事的工夫，而或有時間斷，此便是忘了，即須勿忘。時時去用必有事的工夫，而或有時欲速求效，此便是助了，即是勿助。其工夫全在必有事焉上用。勿忘〔二〕勿助，只就其間提撕警覺而已。若是工夫原不間斷，即不須更說勿忘；原不欲速求效，即不須更說勿助。此其工夫何等明白簡易！何等灑脫自在！今却不去必有事上用工，而乃懸空守著一個「勿忘勿助」。此正如燒鍋煮飯，鍋內不曾漬水〔三〕下米，而乃專去添柴放火，不知畢竟煮出個甚麼物來。吾恐火候未及調停，而鍋已先破裂矣。近日一種專在勿忘勿助上用工者，其病正是如此。終日懸空去做個勿忘，又懸空去做個勿助，渀渀蕩蕩，全無實落下手處。究竟工夫只做得個沉空守寂，學成一個癡騃漢，才遇些子事來，即便牽滯紛擾，不復能經綸宰制。此皆有志之士而乃使之勞苦纏縛，擔閣一生，皆由學術誤人之故，甚可憫矣。夫「必有事焉」，只是集義；集義，只是「致良知」。說集義，則一時未見頭腦；說「致良知」，即當下便有實地步可用工。故區區專說「致良知」。隨時就事上致其良知，便是格物；着實去「致良知」，便是誠意；着實致其良知，而無一毫意必固我，便是正心。着實「致良知」，則自無忘之病；無一毫意必固我，則自無助之病。故說「格致誠正」，則不必更說個忘助。孟子說「忘助」，亦就告子得病處立方。告子強制其心，是助的病痛，故孟子專說助長之害。告子助長，亦是他以義為外，不知就自心上集義，在必有事焉上用工，是以如此。若時時刻刻就自心上集義，則良知之體洞然明白，自然是是非非纖毫莫遁，又焉有「不得於言，勿求於心；不得於心，勿求於氣」之弊乎！孟子「集義養氣」之說，固大有助於後學，然亦是因病立方，說得大段；不若大學「格致誠正」之功，尤極精一簡易，為徹上徹下，萬世無弊者也。〔四〕聖賢論學，多是隨時就事，雖言若人殊，要其工夫頭腦，若合符節。緣天地之間，原只有此性，只有此理，只有此良知，只有此一件事耳！故凡就古人論學處說工夫，更不必攙和兼搭而說，自然無不脗合貫通者；才須攙和兼搭而說，即是自己工夫未明

〔一〕復鄒謙之書書跡（圖七七）無以上二字。〔二〕存稿以下闕一行二十字，編校者據陽明文録訂補。〔三〕存稿作「漫水」，編校者從陽明文録訂改。〔四〕復鄒謙之書書跡（圖七七）無以上五十三字。

徹也。〔一〕近時有謂「集義」之功，必須兼搭個「致良知」而後備者，則是「集義」之功尚未了徹，適足以為「致良知」之累而已矣。謂「致良知」之功，必須兼搭一個勿忘勿助而後明者，則是「致良知」之功尚未了徹也。「致良知」之功尚未了徹，適足以為勿忘勿助之累而已矣。若此者，皆是就文義上解釋牽附，以求混融湊泊，而不曾就自己實工夫上體驗，是以論之愈精，而去之愈遠。文蔚之論，其於大本達道，既已沛然無疑；至於致知窮理及忘助等說，時亦有攙和兼搭處。却是區區所謂「康莊大道之中，或時橫斜迂曲」者，到得工夫熟後，自將釋然矣。文蔚謂「致知之說，求之事親從兄之間，便覺有所持循者」，此段最見近來真切篤實之功；但以此自為，不妨自有得力處。以此遂為定說，教人却未免又有因藥發病之患，亦不可以不一講也。〔二〕蓋良知只是一個天理自然明覺發見處，只是一個真誠惻怛，便是他本體。故致此良知之真誠惻怛以事親，便是孝；致此良知之真誠惻怛以從兄，便是弟；致此良知之真誠惻怛以事君，便是忠。只是一個良知，一個真誠惻怛。若是從兄的良知不能致其真誠惻怛，即是事親的良知不能致其真誠惻怛矣。事君的良知不能致其真誠惻怛，即是從兄的良知不能致其真誠惻怛矣。〔三〕故致得事君的良知，便是致却從兄的良知；致得從兄的良知，便是致却事親的良知。不是事君的良知不能致却，須又從事親的良知上去擴充將來，如此又是脫却本原，著在支節上求了。〔四〕良知只是一個，隨他發見流行處，當下具足，更無去來，不須假借；然其發見流行處，却自〔五〕有輕重厚薄，毫髮不容增減者，所謂「天然自有之中」也。雖〔六〕則輕重厚薄，毫髮不容增減，而原只是一個。雖則只是一個，而其間輕重厚薄，又毫髮不容增減。若得可增減，若須假借，即已非其真誠惻怛之本體矣。〔七〕此良知之妙用，所以無方體，無窮盡；語大天下莫能載，語小天下莫能破者也。孟氏「堯舜之道，孝弟而已」者，是就人之良知發見得最真切篤厚，不容蔽昧處提省人，使人於事君、處友、仁民、愛物與凡動靜語默〔八〕間，皆只是致他那一念事親從兄真誠惻怛的良知，即自然

〔一〕復鄒謙之書書跡（圖七七）無以上七十三字。〔二〕復鄒謙之書書跡（圖七七）無以上一百三十九字。〔三〕復鄒謙之書書跡（圖七七）無以上六十字。〔四〕復鄒謙之書書跡（圖七七）無以上四十字。〔五〕復鄒謙之書書跡（圖七七）「却自」作「却是自然」。〔六〕存稿以下闕一行二十字，編校者據陽明文録訂補。〔七〕復鄒謙之書書跡（圖七七）無以上五十九字。〔八〕復鄒謙之書書跡（圖七七）作「語嘿」。

無不是道。蓋天下之事，雖千變萬化，至於不可窮詰，而但惟致此事親從兄一念真誠惻怛之良知以應之，則更無有遺缺滲漏者。正謂其只有此一個良知故也。事親從兄一念良知之外，更無有良知可致得者。故曰「堯舜之道，孝弟而已矣」。此所以為「惟精惟一」之學，放之四海而皆準，施諸後世而無朝夕者也。

文蔚云：「欲於事親從兄之間，而求所謂良知之學。」就自己用工得力處如此說，亦無不可；若曰「致其良知之真誠惻怛，以求盡夫事親從兄之道焉」，亦無不可也。明道云：「行仁自孝悌始，孝悌是仁之一事。謂之『行仁之本』則可，謂『是仁之本』則不可。」其說是矣。「億逆先覺」之說，文蔚謂「誠則旁行曲防，皆良知之用。」甚善！甚善！間有攙搭處，則前已言之矣。惟濬之言，亦未為不是。在文蔚，須有取於惟濬之言而後盡；在惟濬，又須有取於文蔚之言而後明。不然，則亦未免各有倚著之病也。舜察邇言而詢蒭蕘，非是以邇言當察，蒭蕘當詢而後如此，乃良知之發見流行，光明圓瑩，更無罣礙遮隔處，此所以謂之大知。才有執著意必，其知便小矣。講學中自有去取分辯，然就心地上着實用工夫，却須如此方是。盡心三節，區區曾有「生知」「學知」「困知」之說，頗已明白，無可疑者。蓋「盡心知性知天」者，不必說「存心養性事天」，不必說「殀壽不貳，脩身以俟」，而「存心養性」與「脩身以俟」之功，已在其中矣。「存心養性事天」者，雖未到得「盡心知天」的地位，然已是在那裏做箇求到「盡心知天」的功夫，更不必說「殀壽不貳，脩身以俟」；而「殀壽不貳，脩身以俟」之功，已在其中矣。譬之行路，「盡心知天」者，如年力壯健之人，既能奔走往來於數千百里之間者也；「存心事天」者，如童穉之年，使之學習步趨於庭除之間者也；「殀壽不貳，脩身以俟」者，如襁抱之孩，方使之扶墻傍壁〔一〕而漸學起立移步者也。既已能奔走往來於數千百里之間者，則不必更使之於庭除之間而學步趨，而步趨於庭除之間自無弗能矣。既已能步趨於庭除之間，則不必更使之扶墻傍壁而學起立移步，而起立移步自無弗能矣。然學起立移步，便是學步趨庭除之始；學步趨庭除，便是學奔走往來於數千百里之基。固非有二事，但其工夫之難易，則相去懸絕矣。心也，性也，天也，一也。故及其知之成功則一，然而三者人品力量，自有階級，不可躐〔二〕等而能也。細觀文蔚之論，其意似恐「盡

〔一〕存稿作「壁」，編校者從鄒序本文録訂改。〔二〕存稿作「蠟」，編校者從陽明文録訂改。

心知天」者，廢却「存心脩身」之功，而反為「盡心知天」之病。是蓋為聖人憂工夫之或間斷，而不知為自己憂工夫之未真切也。吾儕用工，却須專心致志在「殀壽不貳，脩身以俟」上做，只此便是做「盡心知天」功夫之始，正如學起立移步，便是學奔走千里之始。吾方自慮其不能起立移步，而豈遽慮其不能奔走千里！又況為奔走千里者而慮其或遺忘於起立移步之習哉！文蔚識見本自超絕邁往，而所論云然者，亦是未能脫去舊時解說文義之習。是為此三段書分疏比合，以求融會貫通，而自添許多意見纏繞，反使用工不專一也。近時懸空去做「勿忘勿助」者，其意見正由此病，最能擔誤人，不可不滌除耳。所論「尊德性而道學問」一節，至當歸一，更無可疑。此便是文蔚曾着實〔一〕用工，然後能為此言。此本不是險僻難見的道理，人或意見不同者，還是良知尚有纖翳潛伏；若除去此纖翳，即自無不洞然矣。已作書後，移卧簷間，偶遇無事，遂復答此。文蔚之學既已得其大者，此等處久當釋然自解，本不必屑屑如此分疏；但承相愛之厚，千里差人遠及，諄諄下問，而竟虛來意，又自不能已於言也。然直戇煩縷已甚，恃在信愛〔二〕，當不為罪〔三〕。惟濬處〔四〕及謙之崇一處各得轉録一通寄視之，尤〔五〕承一體之好也。

答何廷仁〔六〕

區區病勢日狼狽。自至廣城，又增水瀉，日夜數行不得止，今遂兩足不能坐立。須稍定，即踰嶺而東矣。諸友皆不必相候。果有山陰之興，即須早鼓錢塘之舵，得與德宏汝中輩一會聚，彼此當必有益。區區養病本去已三月，旬日後必得旨，亦遂發舟而東。縱未能遂歸田之願，亦必得〔七〕一還陽明，與諸友亦必得一面而別，且後會又有可期也。千萬勿復遲疑，徒擔誤日月，摠及随舟而行。沿途官吏送迎請謁，斷亦不能有須臾之暇，宜悉此意。書至即撥冗。德宏汝中輩亦可促之早為北上之圖。伏枕潦草。〔八〕九月十六日。

〔一〕存稿以下闕一行二十字，編校者據陽明文録訂補。〔二〕存稿　陽明文録無以上四字，編校者據郭刻本全書訂補。〔三〕存稿　陽明文録以上四字作「不罪！不罪！」，編校者從郭刻本全書訂改。〔四〕存稿　陽明文録無以下七字，編校者據郭刻本全書訂補。〔五〕存稿　陽明文録無以下四字，編校者據郭刻本全書訂補。〔六〕本件録自存稿卷三書三，又見於陽明文録等。〔七〕郭刻本全書　謝刻本全書無以上三字。〔八〕陽明文録無以下五字字。

與德弘汝中〔一〕

地方事幸遂平息，相見漸可期矣。近來不審同志叙會如何？得無法堂前今已草深一丈否？想卧龍之會，雖不能大有所益，亦不宜遂爾〔二〕荒落；且存餼羊，後或興起，亦未可知。餘姚得應元諸友相與倡率，為益不小。近有人自家鄉來，聞龍山之講至今不廢，亦殊可喜。書到，望為寄聲，益相與勉之！九、十弟與正憲輩不審早晚能來親近否？彼或〔三〕自絶望，且誘掖接引之，諒與人為善之心，當不俟多喋也。汝佩、良輔、蘇松之行如何？胡惟一今歲在舍弟處設帳如何？〔四〕魏廷豹決能不負所托。兒輩或不能率教，亦望相與挾持之。人行匆匆，百不及一。諸同志不能盡列姓字，均致此意。〔五〕

又與德弘汝中〔六〕

德弘、汝中書來，見近日工夫之有進，足為喜慰！而餘姚、紹興諸同志，又能相聚會講切，奮發興起，日勤不懈。吾道之昌，其真有火然泉達之機矣。喜幸當何如哉！喜幸當何如哉！此間地方，悉已平靖。只因二三大賊巢，為兩省盜賊之根株淵藪，積為民患者，心亦不忍不為一除翦。又復遲留二三月，今亦了事矣，旬月間便當就歸途也。守儉、守文二弟，近承夾持啟迪，想亦漸有所進。正憲尤極懶惰，若不痛加針砭，其病未易能去。父子兄弟之間，情既迫切，責善反難，其任乃在師友之間。想平日骨肉道義之愛，當不俟於多囑也。書院規制，近聞頗加脩葺，是亦可喜。寄去銀二十兩，稍助工費。墻垣之未堅完，及一應合整備者，酌量為之。餘情面話不久。

寄翟石門閣老〔七〕

思田之議，悉蒙裁允，遂活一方數萬之生靈。近者八寨、斷藤之役，實以生民塗炭既極，不得已而

〔一〕本件録自存稿卷三書三，又見於陽明文録等。〔二〕謝刻本全書訛作「遂遂」。〔三〕郭刻本全書、謝刻本全書作「或彼」。〔四〕陽明文録無以上二十三字。〔五〕本件録自存稿卷三書三，又見於陽明文録等。〔六〕本件録自存稿、外集卷五書，又見於陽明文録等。〔七〕裴景福編壯陶閣書畫録（凡二十二卷，中華書局，民國二十六年丙子印本）卷十明王陽明手簡三通第一通即本通，後有「四月十一日，陽明山人王守仁致德弘、汝中二道弟文侍。餘空」三十四字。

為之救焚之舉。乃不意遂獲平靖，此非有魏公力主於朝，則金城之議無因而定；非有裴公贊決於內，則淮蔡之績何由而成！今日之事，敢忘其所由來乎！賫奏人去，輒申感謝之誠，并附起居之敬。但惟六月徂征，衝冒瘴疫，將士危險，頗異他時，稍得沾濡，亦少慰其勤苦耳。處置地方數事附進，得蒙贊允，尤為萬幸！舟中伏枕，莫既下懷，伏祈鑒亮！

與薛尚謙〔一〕

得書，知日孚停舟鬱孤，遲遲未發，此誠出於意望之外。日孚好學如此，豪傑之士必有聞風而起者矣。何喜如之！何喜如之！昨見太和報效人，知歐、王二生者至，不識曾與一言否？歐生有一書，可謂有志，中間述子晦語，頗失真，恐亦子晦一時言之未瑩耳〔二〕。大抵工夫，須實落做去，始能有見；料想臆度，未有不自誤誤人者矣。此間賊巢，乃與廣東山後諸賊相連，餘黨往往有從遁者，若非斬絶根株，恐日後必相聯而起，重為兩省之患。故須更遲旬日，與之剪除。兵難遙度不可預料，大抵如此。小兒勞諸公勤勤開誨，多感！多感！昔人謂教小兒有四益，驗之，果何如耶？正之聞已到，何因復歸？區區久頓於外，徒勞諸友往返念之，極切懸懸。今後但有至者，須諸君為我盡意吐露，縱彼不久留，亦無負其來可也。

又與薛尚謙〔三〕

日來因兵事紛擾，賤軀怯弱，以此益見得工夫有得力處。只是從前大段，未曾實落用力，虚度虚說過了。自今當與諸君努力鞭策，誓死進步，庶亦收之桑榆耳。日孚停舘鬱孤，恐風氣太高，數日之留則可，倘更稍久，終恐早晚寒煖欠適。區區初擬日下即囬，因從前征勦徹兵太速，致遺今日之患。故且示以久屯之形，正恐後之罪今，亦猶今之罪昔耳。但從征官屬已萌歸心，更相倡和，已有「不必久屯」之說。天下事不能盡如人意，大抵皆坐此輩。可嘆！可嘆！聞仕德失調，意思何如？大抵心病愈，則身病亦自易去；縱血氣衰弱，未便即除，

〔一〕本件録自存稿外集卷五書，又見於黄綰序范慶跋張良才重校陽明先生文録（凡十七卷，嘉靖二十六年丁未刻本）等。

〔二〕存稿作「時」，編校者從黄綰序范慶跋張良才重校陽明先生文録（凡十七卷，嘉靖二十六年丁未刻本）訂改。〔三〕本件録自存稿外集卷五書，又見於黄綰序范慶跋張良才重校陽明先生文録（凡十七卷，嘉靖二十六年丁未刻本）等。

亦自不能為心患也。小兒勞開教，駑駘之質，無復望其千里，但得帖然於皂櫪之間斯已矣。門戶勤早晚，得無亦厭瑣屑否？不一。

寄黃宗賢書〔一〕

兩廣大勢，罷敝已極，非得誠於為國為民，強力有為者，為〔二〕之數年，未可以責效也。思田之患，則幸已平靖；其間三五大巢，久為廣西諸賊之根株淵藪者，亦已用計剿平。就今日久困積寃之民言之，亦可謂之太平無事矣。病軀咳患日增，平生極畏炎暑，今又深入炎毒之鄉，遍身皆發腫毒，旦夕動履，且有不能，若巡撫官再候旬月不至，亦只得且為歸休之圖，待罪於南贛之間耳。聖天子在上，賢公卿在朝，真所謂明良相遇，千載一時。鄙人世受國恩，從大臣之末，固非果於忘世者，平生亦不喜為尚節求名之事，何忍遽言歸乎！自度病勢，非還故土就舊醫，決將日甚一日，難復療治，不得不然耳。靜庵、東羅、見山、西樵、兀崖諸公，聞京中方嚴書禁，故不敢奉啟。諸公既當事，且須持之以鎮定久遠；今一旦名位俱極，固非諸公之得已，是迺聖天子崇德任賢，更化善治非常之舉，諸公當之，亦誠無媿。但貴不期驕，滿不期溢，賢者充養有素，何俟人言！更須警惕朝夕，謙虛自居，其所以感恩報德者，不必務速效，求近功，要在誠心實意，為久遠之圖，庶不負聖天子今日之舉，而亦不負諸公今日之出矣。僕於諸公，誠有道義骨肉之愛，故不覺及此，會間幸轉致之！

又寄黃宗賢書〔三〕

前賫奏去，曾具白區區心事，不審已能遂所願否？自入廣來，精神頓衰，雖因病患侵淩，水土不服，要亦中年以後之人，其勢亦自然至此。以是懷歸之念日切，誠恐坐廢日月，上無益於國家，下無以發明此學，竟成虛度此生耳。柰何！柰何！春初思田之議，悉蒙朝廷裁允，遂活數萬生靈。近者八寨、斷藤之役，實以一方塗炭既極，不得已而為救焚之舉。乃不意遂獲平靖，此非有諸公相與協贊，力主於內，何由而致是乎！

〔一〕本件録自陽明文録外集卷五書，又見於鄒序本文録等。〔二〕陽明文録無此字，編校者據鄒序本文録訂補。〔三〕本件録自陽明文録外集卷五書，又見於鄒序本文録等。

書去，各致此感謝之私。相見時，更望一申其懇懇。巡撫官久未見推，傑非厭外而希内者，實欲早還鄉里耳。恐病勢日深，歸之不及，一生未了心事，石龍其能為我恝然乎！身在而後道可弘。皮之不存，毛將焉附！諸公不敢輙以此意奉告，至於西樵，當亦能諒於是矣，曷亦相與曲成之！地方處置數事附進，自度已不能了此。倘遂允行，亦所謂盡心焉耳已。舟次，伏枕草草，不盡所懷！

寄正憲男四書〔一〕

第一書

去歲十二月廿六日，始抵南寧。因見各夷皆有向化之誠，乃盡散甲兵，示以生路。至正月廿六日，各夷果皆投戈釋甲，自縛歸降，凡七萬餘衆，地方幸已平定。是皆朝廷好生之德，感格上下神武不殺之威，潛孚默運，以能致此。在我一家，則亦祖宗德澤陰庇，得無殺戮之慘，以免覆敗之患。俟處置略定，便當上疏乞歸。相見之期，漸可卜矣。家中自老奶奶以下，想皆平安。今聞此信，益可以免勞掛念。我有地方重寄，豈能復顧家事！弟輩與正憲，只照依我所留戒諭之言，時時與德洪、汝中輩切磋道義，吾復何慮！餘姚諸弟姪，書到咸報知之。

第二書

八月廿七日，南寧起程，九月初七日，已抵廣城。病勢今亦漸平復，但咳嗽終未能脱體耳。養病本北上已二月餘，不久當得報，即踰嶺東下，則抵家漸可計日矣。書至，即可上白祖母知之。近聞汝從汝諸叔諸兄，皆在杭城就試，科第之事，吾豈敢必於汝得！汝立志向上，則亦有足喜也。汝叔汝兄今年利鈍何如？想旬月後，此間可以得報，其時吾亦可以發舟矣。因山陰林掌教歸便，冗冗中，寫此與汝知之。

第三書

我至廣城已踰半月。因咳嗽兼水瀉，未免再將息旬月，候養病疏命下，即發舟歸矣。家事亦不暇言，只要戒飭家人大小，俱要謙虚小心。餘姚八弟等事，近日不知如何耳？在京有進本者，議論甚傳播，徒取快讒

〔一〕本件四書録自文録續編卷一寄正憲男手墨二卷，又見於郭刻本全書等。寄正憲男手墨二卷第二卷共四通，即本件四書。

賊之口，此何等時節，而可如此！兄弟子姪中，不肯略體息，正所謂操戈入室，助仇為寇者也。可恨！可痛！兼因謝姨夫回便，草草報平安。書至，即可奉白老奶奶及汝叔輩知之。錢德洪、王汝中及書院諸同志，皆可上覆。德洪、汝中亦須上緊進京，不宜太遲滯！

第四書

近因地方事已平靖，遂動思歸之懷。念及家事，乃有許多不滿人意處。守度奢淫如舊，非但不當重托，兼亦自取敗壞，戒之！戒之！尚期速改可也。寶一勤勞，亦有可取，只是見小欲速，想福分淺薄之故，但能改創，亦可。寶三長惡不悛，斷已難留，須急急遣回餘姚，別求生理。有容留者，即是同惡相濟之人，宜并逐之。來貴姦惰，略無改悔，終須逐出。來隆、來价不知近来幹辦何如？須痛自改省。但看同輩中有能真心替我管事者，我亦何嘗不知！添福、添定、王三等輩，只是終日營營，不知為誰經理，試自思之！添保尚不改過，歸來仍須痛治。只有書童一人，實心為家，不顧毀譽利害，真可愛念。使我家有十箇書童，我事皆有托矣。來瑣亦老實可托，只是太執戇，又聽婦言，不長進。王祥、王禎務要替我盡心管事，但有闕失，皆汝二人之罪。俱要拱聽魏先生教戒，不聽者責之！〔一〕

與德洪〔二〕

大學或問數條，非不願共學之士盡聞斯義，顧恐藉寇兵而賫盜糧，是以未欲輕出。且願諸公與海內同志口相授受，俟其有風機之動，然後刻之非晚也。此意嘗與謙之面論，當能相悉也。江、廣兩途，須至杭城始決，若從西道，又得與謙之一語於金焦之間。冗甚，不及寫書，幸轉致其略！

〔一〕文録續編卷一寄正憲男手墨二卷書後有陳九川跋：「明水陳九川曰：此先師廣西家書，付正憲仲肅者也。中間無非戒諭家人，謹守素訓。至『致良知』三字，乃先師平素教人不倦者，云『誠愛惻怛之心，即是知良知』。此晚年所以告門人者，儘見一二於全集中，至為緊要，乃於家書中及之。可見先師之所以丁寧告戒者，無異於得力之門人矣。仲肅宜世襲之。」。〔二〕本件録自文録續編卷二，又見於郭刻本全書等。

致夏德潤朱克明書〔一〕

舍人王勳來，嘗辱手札，匆匆中，未暇裁答為愧。今此子已襲指揮使，頭角頓尔崢然，而克明德潤未免淹滯於草壄。此固高人傑士之所不足論，然世事之顛倒，大率類此，亦可發一笑也。因此子告還，潦草布問，不一一。守仁頓首。

德潤夏先生克明朱先生二契家。凡相識處，均望致意！

復鄒謙之書〔二〕

近歲來，山中講學者往往多〔三〕說勿〔四〕忘勿助工夫甚難。問之則云：「才着〔五〕意便是助，才不着意便是忘，所以甚難。」區區因問之云：「忘是忘箇甚麼？助是助箇甚麼？」其人默然無對，始請問。區區說：「我此間講學，却只說箇『必有事焉』，不說『勿忘勿助』。」「必有事焉」者，只是時時去集義。若時時去用必有事的工夫，而或有時間斷，此便是忘了，即須勿忘。時時去用必有事的工夫，而或有時欲速求效，此便是助了，即是勿助，其工夫全在「必有事焉」上，用「勿忘勿助」，只就其間提撕警覺而已。若是工夫原不間斷，即不須更說勿忘；原不欲速求效，即不須更說勿助。此其工夫，何等明白簡易！何等灑脫自在！今却不去必有事上用工，而乃懸空守著一箇勿忘勿助，此正如燒鍋煮飯，鍋內不曾漬水下米，而乃專去添柴放火，不知畢竟煮出箇甚麼物來。吾恐火候未及調停，而鍋已先破裂矣。近日，一種專在勿忘勿助上用工者，其病正是如此。終日懸空去做箇勿忘，又懸空去做箇勿助，漭漭蕩蕩，全無實落下手處，究竟工夫只做得箇沉空守寂，學成一箇癡騃漢。才遇些了事来，即便牽滯紛擾，不復能經綸宰制。此皆有志之士而乃使之勞苦纏縛，擔閣一生，皆由學術誤人之故，甚可憫矣。夫「必有事焉」只是集義，集義只是致良知。說集義，則

〔一〕本件據葉元封撰集湖海閣藏帖（凡八冊，道光十五年乙未刻本）第二冊著録陽明先生書跡拓本（圖七六）録入。〔二〕本件據明代名臣墨寶（凡八冊，有正書局，民國十五年丙寅印本）第六冊王文成公楷書冊著録陽明先生復鄒謙之書書跡（圖七七）録入，存稿卷三書三答聶文蔚書第二節，與本通内容主體相同，部分文字有出入，參閲本書正編卷四答聶文蔚書。〔三〕復鄒謙之書書跡（圖七七）闕一字，編校者據存稿訂補。〔四〕復鄒謙之書書跡（圖七七）闕一字，編校者據存稿訂補。〔五〕復鄒謙之書書跡（圖七七）闕一字，編校者據存稿訂補。

圖七六　致夏德潤朱克明書書跡（拓本）

一時未見頭腦；說致良知，即當下便有實地步可用工。故區區專說致良知，隨事就事上致其良知，便是格物；著實去致良知，便是誠意；著實致其良知，而無一毫意必固我，便是正心。著實致良知，則自無忘之病；無一毫意必固我，則自無助之病。故說格致誠正，則不必更說箇忘助。孟子說「忘助」，亦就告子得病處立方。告子強制其心，是助的病痛，故孟子專就助長之害。告子助長，亦是他以義為外，不知就自心上集義，在必有事焉上用工，是以如此。若時時刻刻就自心上集義，則良知之體洞然明白，自然是是非非纖毫莫遁，又焉有「不得於言，勿求於心，不得於心，勿求於氣」之弊乎！聖賢論學，多是隨時就事，雖言若人殊，要其工夫頭腦，若合符節。近時有謂集義之功，必須兼搭箇致良知而後備者，則是集義之功尚未了徹也。集義之功尚未了徹，適足以為致良知之累而已矣。謂致良知之功，必須兼搭一箇勿忘勿助而後明者，則是致良知之功尚未了徹也。致良知之功尚未了徹，適足以為勿忘勿助之累而已矣。若此者，皆是就文義上解釋牽附，以求混融湊泊，而不曾就自已實工大上體驗，是以論之愈精，而去之愈遠。蓋良知只是一箇天理自然明覺發見處，只是一箇真誠惻怛，便是他本體。故致此良知之真誠惻怛以事親，便是孝；致此良知之真誠惻怛以從兄，便是弟；致此良知之真誠惻怛以事君，便是忠。只是一箇良知，一箇真誠惻怛。故致得事君的良知，便是致却從兄的良知；致得從兄的良知，便是致却事親的良知。良知只是一箇，隨他發見流行處，當下具足，更無去來，不須假借。然其發見流行處，却是自然有輕重厚薄，毫髮不容增減者，所謂天然自有之中也。此良知之妙用，所以無方體，無窮盡，語大天下莫能載，語小天下莫能破者也。孟氏「堯舜之道，孝弟而已」者，是就人之良知發見得最真切篤厚，不容蔽昧處提省人，使人於事君、處友、仁民、愛物與凡動靜語嘿間，皆只是致他那一念事親從兄真誠惻怛的良知，即自然無不是道。蓋天下之事，雖千變萬化，至於不可窮詰，而但惟致此事親從兄一念真誠惻怛之良知以應之，則更無有遺缺滲漏者，正謂其只有一箇良知故也。事親從兄一念良知之外，更無有良知可致得者。故曰「堯舜之道，孝弟而已」矣。此所以為「惟精惟一」之學，放之四海而皆準，施諸後世而無朝夕者也。人或有意見不同者，還是良知尚有纖翳潛伏，若除去此纖翳，即是無不洞然矣。

侍生王守仁頓首書復

謙之先生。

圖七七　復鄒謙之書書跡（印刷紙本）

說近歲來山中講學者往往說勿忘勿助工夫甚難問之則云才著意便是助才不著意便是忘所以甚難區區因問之云忘是忘箇甚麼助是助箇甚麼其人默然無對始請問區區說我此間講學却只說箇必有事焉不說勿忘勿助必有事焉者只是時時去集義若時時去用必有事的工夫而或有時間斷此便是忘了即須勿忘時時去用必有事的工夫而或有時欲速求效此便是助了即是勿助其工夫全在必有事焉上用勿忘勿助只就其間提撕警覺而已若是工夫原不間斷即不須更說勿忘原不欲速求效即不須更說勿助此其工夫何等明白簡易何等灑脫自在今却不去必有事上用工而乃懸空守着一箇勿忘勿助此正如燒鍋煮飯鍋內不曾清水下米而乃專去添柴放火不知畢竟煮出箇甚麼物來吾恐火候未及調停

是是非非纖毫莫遁又焉有不得於言勿求於心不得於心勿求於氣之弊乎聖賢論學多是隨時就事雖言若人殊要其工夫頭腦若合符節近時有謂集義之功必須兼搭箇致良知而後備者則是集義之功尚未了徹也集義之功尚未了徹適足以為致良知之累而已矣謂致良知之功必須兼搭一箇勿忘勿助而後明者則是致良知之功尚未了徹也致良知之功尚未了徹適足以為勿忘勿助之累而已矣若此者皆是就文義上解釋牽附以求混融湊泊而不曾就自己實工夫上體驗是以論之愈精而去之愈遠蓋良知只是一箇天理自然明覺發見處只是一箇真誠惻怛便是他本體故致此良知之真誠惻怛以事親便是孝致此良知之真誠惻怛以從兄便是弟致此良知之真誠惻怛以事君便是忠只是一箇良知一箇真誠惻怛故致得事君的良知便是致却從兄的良知致得從兄的良知便是致却事親的良知良知只是一箇隨他發見流行處當下具足更無去來不須

日懸空去做箇勿忘又懸空去做箇勿助漭々蕩々全無實落下手處究竟工夫只做得箇沉空守寂學成一箇痴騃漢才遇些子事來即便牽滞紛擾不復能經綸宰制此皆有志之士而乃使之勞苦纏縛擔閣一生皆由學術誤人之故甚可憫矣夫必有事焉只是集義集義只是致良知說集義則一時未見頭腦說致良知即當下便有實地步可用工故區區專說致良知隨事就事上致其良知便是格物着實去致良知便是誠意着實致其良知而無一毫意必固我便是正心着實致良知則自無忘之病無一毫意必固我則自無助之病故說格致誠正則不必更說箇忘助孟子說忘助亦就告子得病處立方告子強制其心是助的病痛故孟子專就助長之害告子助長亦是他以義為外不知就自心上集義在必有事焉上用工是以如此若時々刻々就自心上集義則良知之體洞然明白自然

謂天然自有之中也此良知之妙用所以無方體無窮盡語大天下莫能載語小天下莫能破者也孟氏堯舜之道孝弟而已者是就人之良知發見得最真切篤厚不容蔽昧處提省人使人於事君處友仁民愛物與凡動靜語嘿間皆只是致他那一念事親從兄真誠惻怛的良知即自然無不是道蓋天下之事雖千變萬化至於不可窮詰而但惟致此事親從兄一念真誠惻怛之良知以應之則更無有遺缺滲漏者正謂其只有一箇良知故也事親從兄一念良知之外更無有良知可致得者故曰堯舜之道孝弟而已矣此所以為惟精惟一之學放之四海而皆準施諸後世而無朝夕者也人或有意見不同者還是良知尚有纖翳潛伏若除去此纖翳即是無不洞然矣

侍生王守仁頓首書復

謙之先生

光緒丁未五月屺之閱元出示陽明墨蹟

致某人六札〔一〕

第一書

改衛稿奉正，軍政稿當已裁定，望擲去人。守仁頓首。

第二書

適聞貴恙，殊切懸懸。先遣問候，稍間當躬詣也。守仁頓首拜問。

第三書

即日雖雨，不可以虛前約。未刻拱俟，想能惠然也。守仁頓首。

第四書

咨文已發差人，明日行矣，幸知之。守仁頓首。

第五書

尊稿後參語似略有未滿處，恐亦事體當如是耶！然大勢扶持多矣，漫即之。

第六書

改衛稿望斧正，擲去人。折糧奏疏并見示，尤荷。守仁頓首。

〔一〕本件六書手跡原件藏臺灣何創時書法藝術文教基金會，編校者據石守謙、楊儒賓主編明代名賢尺牘集（凡三册，臺灣何創時書法藝術文教基金會，二〇一三年）第一册著録陽明先生手跡（圖七八至圖八三））録入。

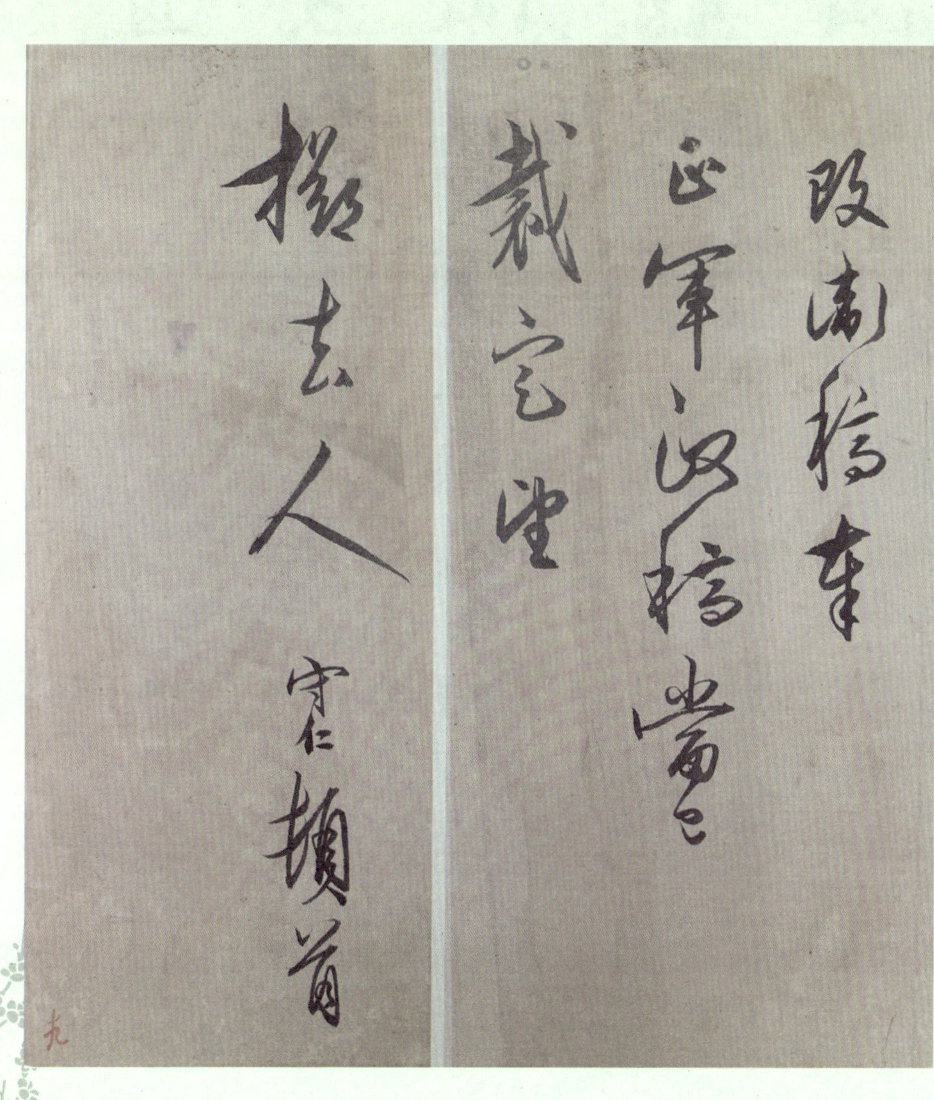

圖七八　致某人六札第一書手跡（墨跡紙本）

圖七九　致某人六札第二書手跡（墨跡紙本）

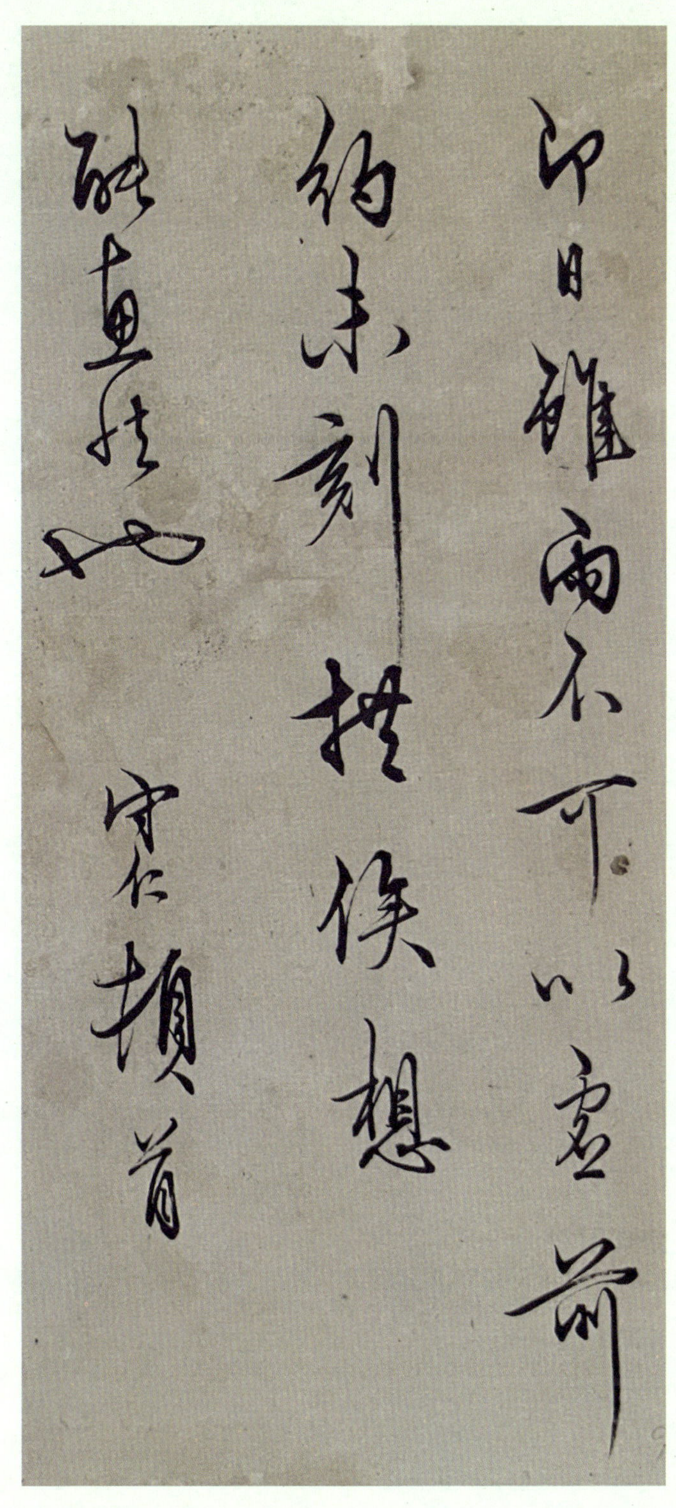

圖八〇　致某人六札第三書手跡（墨跡紙本）

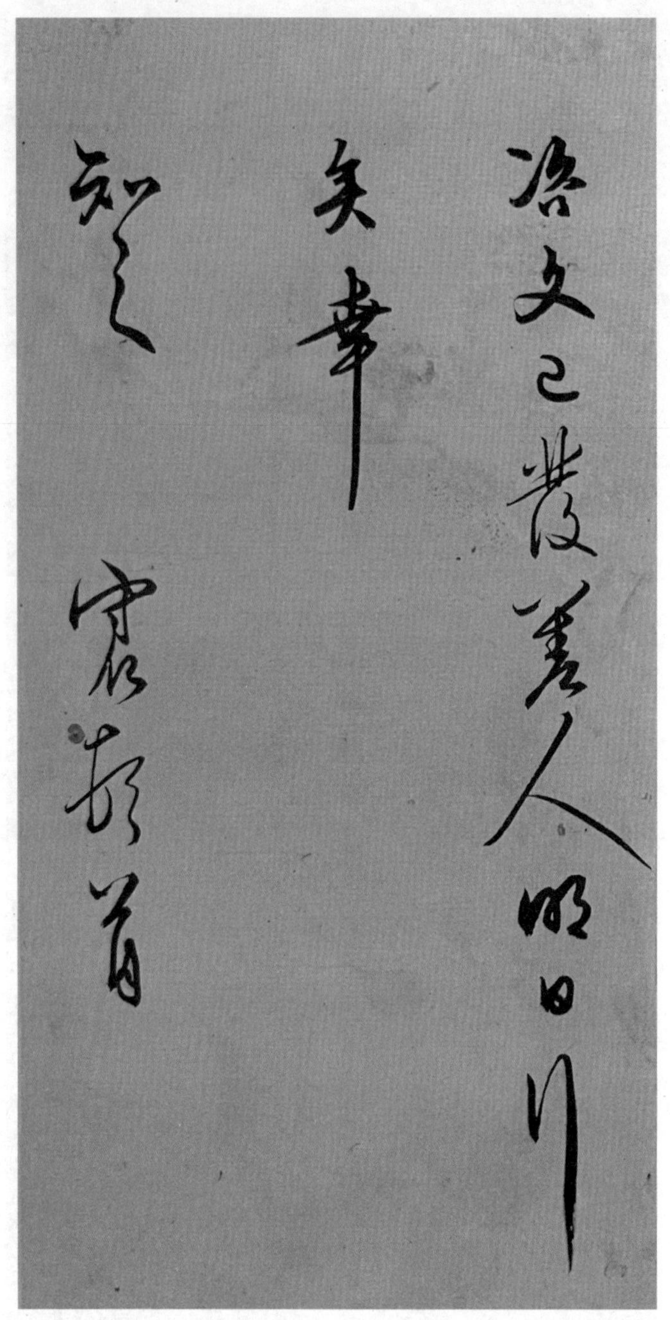

圖八一 致某人六札第四書手跡（墨跡紙本）

圖八二　致某人六札第五書手跡（墨跡紙本）

圖八三　致某人六札第六書手跡（墨跡紙本）

答慈雲老師書〔一〕弘治十六年癸亥

鄙人久於塵中，緬想世界，頓成勞渴。乃荷不遺失，頒以霜螯，召客開尊，烹以薦酒，陶然得其真，當知遠公引禪定境也感行耳。方有便入域，肯過小園少坐否？風翼和南，慈雲老師座下。

答子臺秋元書〔二〕弘治十六年癸亥

病軀復為人事所困，今早遂不能興。聞返棹及門，兼聞貴體欠調，為之惕然慚負。柰何？柰何！先公文字，得稍暇，即遣人呈稿；或須高德元再至，斷不敢更遲遲矣。歸見令兄，望悉此懇。粗餚物奉餉從者，不能出送，伏枕惶悚！惶悚！守仁頓首。子臺秋元世契兄文侍。餘。

與某人書〔三〕正德五年庚午

余與惟乾自武陵抵廬陵，舟中興到時亦有所述，但不求工耳。惟乾行，聊書此。

與湛甘泉書〔四〕正德七年壬申

別後，屢得途中書，皆足為慰。此時計往增城已久，衝冒險阻之餘，憫時憂世，何能忘懷！然回視鄙人，則已出世間矣。純甫得應天教授，別去亦復三月；所與處惟宗賢一人。却喜宗賢工夫驟進，論議多所發明，

〔一〕本件原載顧思義題書名王文成公真跡（民國年間印本），編校者據新編全集轉録。〔二〕本件録自陳焯輯湘管齋寓賞編（凡六卷，乾隆四十七年壬寅刻本）卷二明人書一王陽明先生手翰三則；本件為其第一書。〔三〕本件録自葛金烺鑒藏葛嗣浵續纂愛日吟廬書畫別録（凡四卷，民國二年癸丑印本）卷二明名人尺牘彙册王守仁行書一通。〔四〕本件録自張文海纂增城縣志（凡十九卷，嘉靖十七年戊戌刻本）卷十七藝文志外編雜文類。

亦不甚落寞也。往時朝夕多相處，觀感之益良多，然亦未免悠悠度日。至於我字，亦欠體貼。近來始覺稍親切，未知異時回看今日，當復何如耳？習氣未除，此非細故，種種病原，皆從此發。究竟習氣未除之源，却又只消責志。近與宗賢論此，極為痛切，兄以為何如耶？太夫人起居萬福，慶甚！聞潮廣亦頗有盜警。西湖卜居之興，雖未能決，然扁舟往還之約，却亦終不可忘也。養病之舉，竟為楊公所抑。在告已踰三月，南都之説，忍未能與，計亦終必得之。而拘械束縛，眼前頗不可耐耳。如何？如何！沈河泊去，燈下草率，言莫能既，但遇風毋惜！

又與湛甘泉書〔一〕正德七年壬申

別後，無可交接，百事灰懶。雖部中亦多不去，惟日閉門靜坐，或時與純甫、宗賢閒話，有興則入寺一行而已。因思吾兩人者平日講學，亦大拘隘。凡人資禀有純駁，則其用力亦自有難易。難者不可必之使易，猶易者不可必之使難。孔門諸子問「仁」，夫子告之言人人殊，烏可立一定之説，而必天下之同己！或且又自己用功悠游，而求之人者太急迫無敘，此亦非細故也。又思平日自謂得力處，亦多尚雜於氣，是以聞人毀謗輒動，却幸其間已有根芽，每遇懲創，則又警勵奮迅一番，不為無益。然終亦體認天理欠精明，涵養功夫斷續耳。元忠於言語尚不能無疑，然已好商量。子華極美質，於吾兩人却未能深信。舟次講學，不厭切近，就事實上説。孔子云：「言忠信，行篤敬，雖蠻貊之邦，行矣。」一要之，至理不能外是，而問者亦自有益。盖卓爾之地，必既竭吾才，而後見養深者自得之耳。良心易喪，習氣難除，牛羊斧斤，日以相尋，而知己又益漸遠，言之心驚氣咽。但得來人便，即湏頻惠教言，庶有所警發也。

上父親大人〔二〕正德七年壬申

男守仁百拜

〔一〕本件録自張文海纂增城縣志（凡十九卷，嘉靖十七年戊戌刻本）卷十七藝文志外編雜文類。〔二〕本件録自卞永誉纂輯式古堂書畫彙考（凡六十卷，書三十卷，畫三十卷，康熙二十一年壬戌刻本）書卷二十五明王陽明上父親二札；本件為其第一書。

父親大人膝下：會稽易主簿來，得書，備審起居萬福為慰。男與妹壻等俱平安，但北來邊報甚急，昨兵部得移文，調發鳳陽諸處人馬入援，遠近人心未免倉黃。男與妹壻只待期滿，即發舟而東矣。行李湏人照管，禎兒輩久不見到，令渠買畫絹，亦不見寄來。長孫之夭，骨肉至痛，老年懷抱，湏自寬釋。幸祖母康強，弟輩年富，將來之福尚可積累。道弟近復如何？湏好調攝，毋貽父母兄弟之憂念。錢清陳倫之回，草草報安。小録一册奉覽，未能多寄。梁太守一册，續附山陰任主簿。廿八日，男守仁百拜。

又上父親大人（一）正德七年壬申

父親大人膝下：毛推官來，□大人早晚起居出入之詳。不勝欣□。弟恙尚未平，而祖母桑榆暮□，不能□為楊公所留。養病致仕，皆未能遂，殆亦命之所遭也。人臣以身許國，見難而退，甚所不可。但於時位出處中較量輕重，則亦尚有可退之義，是以未能忘情。不然則亦竭忠盡道，極吾心力之可為者，死之而已，又何依違觀望於此，以求必去之路哉！昨有一儒生，素不相識，以書抵男，責以「既不能直言切諫，而又不能去，坐視亂亡。不知執事今日之仕，為貧乎？為道乎？不早自決，將舉平生而盡棄。異日雖悔，亦何所及」等語，讀之良自愧嘆。交遊之中，往往有以此意相諷者，皆由平日不務積德，而徒竊虛名，遂致今日。士大夫不考其實，而謬相指目，適又當此進退兩難之地，終將何以答之？反己自度，此殆欺世盜名者之報，易所謂「負且乘，致寇至」者也。近甸及山東盜賊奔突，往來不常。河南新失大將，賊勢愈張。邊軍久居內地，疲頓懈弛，皆無鬬志，且有怨言；邊將亦無如之何！兼多疾疫，又乏糧餉，府庫內外空竭。朝廷費出日新月盛，養子、番僧、伶人、優婦居禁中，以千數計，皆錦衣玉食。近又為養子葢造王府，番僧崇飾塔寺，資費不給，則索之勳臣之家，索之戚里之家，索之中貴之家。又帥養子之屬，遍搜各監內臣所蓄積，又索之皇太后。皇太后又使人請太后出飲，與諸優雜劇求賞；或使人給太后出遊，而密遣人入太后宮，檢所有，盡取之。太后欲還宮，令宮門毋納，固索錢若干，然後放入。太后悲咽不自勝，復不得哭。

（一）本件録自卞永誉纂輯式古堂書畫彙考（凡六十卷，書三十卷，畫三十卷，康熙二十一年壬戌刻本）書卷二十五明王陽明上父親二札；本件為其第二書。

又數數遣人請太后，為左右所持，不敢不至。至即求厚賞不已，或時賂左右，間得免請為幸。宮苑內外，鼓噪火砲之聲，晝夜不絕；惟大風雨或疾病，乃稍息一日二日。臣民視聽習熟，今亦不甚駭異。永齋用事，勢漸難測，一門二伯、兩都督，都指揮、指揮十數，千百戶數十，甲第、墳園、店舍，京城之外，連亘數里，城中卅餘處，處處門面動以百計。谷馬諸家，亦皆稱是，榱角相望，宮室土木之盛，古未有也。大臣趨承奔走，漸復如劉瑾時，事其深奸老滑，甚於賊瑾，而歸怨於上，市恩於下，尚未知其志之所存，終將何如？春間，黃河忽清者三日，霸州諸處，一日動地十二次。各省來奏山崩地動、星隕災變者，日日而有。十三省，惟吾浙與南直隸無盜。近聞□中諸□頗黠桀，按兵不動，似有乘弊之謀，而各邊謀將，又將頓留內地，不得歸守疆埸，是皆有非人謀所能及者。七妹已到此，初見，悲咽者久之，數日來喜極，病亦頓減，顏色遂平復。大抵皆因思念鄉土，欲見父母兄弟而不可得，遂致如此。本身却無他疾，兼聞男有南圖，不久當得同歸，又甚喜，其恙想可勿藥而愈矣。又喜近復懷姙，當在八月間。曰仁考滿在六月間。曰仁以盜賊難為之故，深思脫離州事。但欲改正京職，則又可惜虛却三年歷俸；欲遷陞，則又覺年資尚淺。待渠考滿後，徐圖之。曰仁決意求南，此見亦誠是。男若得歸改南都，當遂以與之同行矣。邃庵近日亦若求退，事勢亦有不得不然。蓋張已盛極，決無不敗之理。而邃之始進，實由張引。覆轍可鑒，能無寒心乎？中間男亦有難言者，如啞子見鬼，不能為傍人道得，但自疑怖耳。西涯諸老，向為瑾賊立碑，槌磨未了，今又頌張德功，略無愧耻，雖邃老亦不免。禁中養子，及小近習與大近習交搆，已成禍變之興，旦夕叵測。但得渡江而南，始復是自家首領耳。時事到此，亦是氣數。家中凡百，皆宜預為退藏之計。弟輩可使讀書學道，親農圃樸實之事，一應市囂虛詐之徒，勿使與接。親近忠信恬淡之賢，變化氣習，專以積善養福為務，退步讓人為心。未知三四十年間，天下事又當何如也？凡男所言，皆是實落見得如此，異時分毫走作不得，不比書生據紙上陳跡騰口漫說。今時人亦見得及，但信不及耳。餘姚事亦須早區畫，大人決不須避嫌，但信自己惻怛心、平直心、退步心，當時了却，此最脫洒。牽纏不果，中間亦生病痛。歸侍雖漸可期，而歸途尚爾難必。翹首天南，不勝瞻戀。男守仁拜書。外山巾及包頭二封。

致舫齋書 （一） 正德九年甲戌

侍生王守仁頓首啟

舫齋先生尊丈執事：去冬承教後，隨作一書，申數年閒闊之懷。盛价行，促不及奉。自是俗冗相仍，其書留至今夏；脩緝敝寓，始失之。心雖懸懸，而求諸形跡之閒，則失禮實甚。惶懼！惶懼！令尊久寓寺中，亦不之知。偶逢僧人道及，將往訪，適又趨庭自通，還辱過布盛情，知尚未棄絶，不任喜愧！隨又承教墨，重以雄筆，益增悚荷！公素厚德長者，寧復以此責人！顧自不能為情，聊言之耳。雄作熟翫數過，極典重潤密，真金石之文，非諳歷久，涵蓄厚，不能有此。別有聲光照人耳目者，不得論。至於精微所造，於此亦復少窺一二，受教多矣。守仁南竄後，流離道途，舊業廢盡，然亦自知無補於身心，不復念惜。一二年來，稍有分寸改圖之志，廼無因請正於有道，徒耿耿也。人還，先謝簡潤之罪，所欲求正，願得繼是以請。伏惟尊照。侍生守仁載拜，九月廿八日。餘空。

復王天宇 （二） 正德九年甲戌

天地之心。天地萬物，本吾一體者也。生民之困苦荼毒，孰非疾痛之切於吾身者乎！不知吾身之疾痛，無是非之心者也。是非之心，不慮而知，不學而能，所謂良知也。良知之在人心，無間於聖愚，天下古今之所同也。世之君子惟務致其良知，則自能公是非，同好惡，視人猶己，視國猶家，而以天地萬物為一體，求天下無治，不可得也。古之人所以能見善不啻若己出，見惡不啻若己入，視民之饑溺猶己之饑溺，而一夫不獲，若己推而納諸溝中者，非故為是而以蘄天下之信己也，務致其良知，求自慊而已矣。堯舜三王之聖，言而民莫不信者，致其良知而言之也；行而民莫不説者，致其良知而行之也。是以其民熙熙皡皡，殺之不怨，利之不庸，施及蠻貊，而凡有血氣者莫不尊親，為其良知之同也。嗚呼！聖人之治天下，何其簡且易哉！後世良知之學不明，天下之人用其私智以相比軋，是以人各有心，而偏瑣譬陋之見，狡偽陰邪之

（一）本件録自葛金烺藏葛嗣浵纂愛日吟廬書畫續録（凡八卷，民國二年癸丑印本）卷二明王守仁張璁行書尺牘合册。（二）本件録自裴景福編壯陶閣書畫録（凡二十二卷，中華書局，民國二十六年丙子印本）卷十明王陽明論良知書卷，編校者擬改今題。

術，至於不可勝說。外假仁義之名，而内以行其自私自利之實，詭辭以阿俗，矯行以干譽，掩人之善而襲以為己長，訐人之私而竊以為己直，忿以相勝而猶謂之徇義，險以相傾而猶謂之疾惡，妒賢嫉能而猶自以為公是非，恣情縱欲而猶自以為同好惡，相陵相賊，自其一家骨肉之親，已不能無爾我勝負之意，彼此藩籬之形，而况於天下之大，民物之衆，又何能一體而視之？則無怪於紛紛籍籍，而禍亂相尋於無窮矣！僕誠賴天之靈，偶有見於良知之學，以為必由此而後天下可得而治。是以每念斯民之陷溺，則為戚然痛心，忘其身之不肖，而思以此救之，亦不自知其量者。天下之人見其若是，遂相與非笑而詆斥之，以為是病狂喪心之人耳。嗚呼！是奚足恤哉！吾方疾痛之切體，而暇計人之非笑乎！人固有見其父子兄弟之墜溺於深淵者，呼號匍匐，裸跣顛頓，扳懸崖壁而下拯之。士之見者，方相與揖讓談笑於其傍，以為是棄其禮貌衣冠而呼號顛頓若此，是病狂喪心者也。故夫揖讓談笑於溺人之傍而不知救，此惟行路之人，無親戚骨肉之情者能之，然已謂之無惻隱之心，非人矣。若夫在父子兄弟之愛者，固未有不痛心疾首，狂奔盡氣，匍匐而拯之。彼將陷溺之禍有不顧，而况於病狂喪心之譏乎！而又况於蘄人之信與不信乎！嗚呼！今之人雖謂守仁為病狂喪心之人，亦無不可矣。

侍生王守仁頓首。復

太史定齋先生執事。左餘。

復王邦相書〔一〕正德十年乙亥

人來，承書惠。徐曰仁公差出未回，回時當致意也。所須諸公處書，盛价春間已付去，想此時尚未到耶？茲因人還匆匆，又齋有客，不及一一，千萬心照！守仁頓首。

邦相宗弟賢契。舍弟在分水者，曾相見否？七月廿二日。空。

答汪進之書〔二〕正德十一年丙子

仰德滋久，未由奉狀；首春令弟節夫徃，又適以事不果，竟為長者所先。拜帑之辱，已極惶悚，長箋

〔一〕本件録自明代名人尺牘選萃（凡十二册，國家圖書館出版社，二〇〇八年）第四册黄定蘭編明人尺牘。〔二〕本件録自汪循撰汪仁峰先生文集（凡二十九卷，外集三卷，康熙三十二年癸酉刻本）外集卷三。

開喻，推引過分，鄙劣益有所不敢當也。中間敘述學要，究極末流之弊，可謂明白痛快，無復容贅，執事平日之學從可知矣。未獲面承，受教已博。何幸！何幸！不有洪鐘，豈息瓦缶？發蒙警聵，以倡絕學，使善類得有所附麗，非吾仁峰，孰與任之！珍重！珍重！所須鄙作，深懼無益之談，不足以求正有道；方欲歸圖，異時芒鞋竹杖，直造精廬，冀有以面請，願且徐之，如何？暮夜拾楮，未悉，然鄙懷節夫當能道。伏惟照察！陽明生王守仁頓首拜。

與弟伯顯書〔一〕正德十一年丙子

此間事汝九兄能道，不欲瑣瑣。所深念者，為汝資質雖美而習氣未消除，趨向雖端而德性未堅定。故每得汝書，既為之喜，而復為之憂。蓋喜其識見之明敏，真若珠之走盤；而憂其舊染之習熟，或如水之赴壑也。汝念及此，自當日嚴日畏，決能不負師友屬望之厚矣。此間新添三四友，皆質性不凡。每見尚謙談汝輒嘖嘖稱嘆，汝將何以副之乎？勉之！勉之！聞汝身甚羸弱。養德養身，只是一事；但能清心寡欲，則心氣自當和平，精神自當完固矣。餘非筆所能悉。陽明山人書，寄十弟伯顯收看。印官與正憲讀書，早晚須加誘掖奬勸，庶有所興起耳。

致秦國聲〔二〕正德十二年丁丑

昨者貴省士兵以郴桂不靖之故，千里遠涉。生與有地方之責，而不獲少致慰勞之意，缺然若有歉焉。故薄具牛酒之犒，聊以輸此心焉。爾乃蒙厚賜遠頒，并及從征官屬。登拜之餘，感愧何已！喜聞大兵之出，所向克捷，渠魁授首，黨類無遺。茲實地方之慶，生亦自此得免於覆餗之戮矣。欣幸！欣幸！旬日後，敬當專人往謝，并申賀私。使還，冗中草草，先布下悃，伏惟尊照！不具。

〔一〕本件録自卞永譽纂輯式古堂書畫彙考（凡六十卷，書三十卷，畫三十卷，康熙二十一年壬戌刻本）書卷二十七明王文成公與弟伯顯二書，本件為其第二書。〔二〕本件録自秦金撰安楚録（凡十卷，萬曆四年丙子刻本）卷九啟劄。

寄朱守忠書 〔一〕 正德十四年己卯

屢以乞休事相瀆，諒在知愛之深，必能為我委曲致力。然久而未效，何耶？昔人謂「進難而退易」，豈在今日，退亦有所不易耶！近日復聞祖母病已危甚，方寸益亂。將遂棄印長往，恐得罪名教，姑復再請。再請不獲，亦無如之何矣！棄官與覆敗之罪孰重？潛逃與俘戮之恥孰深？守忠且為我計之，當如何而可？賫本人去，因便告領俸資。凡百望指示，得早還為幸。故舊之在京邸者，憂疑中不能作書，相見亦希道意。京中消息，人還悉寫知之。守仁頓首。

報李世實書 〔二〕 正德十四年己卯

承手教，足見老先生報國本心。始知近日之事，迫於不得已，身雖陷於羅網，乃心罔不在王室也。所喻密謀，非老先生斷不能及此。又得子吉同心協力，當萬萬無一失矣。然幾事不密則害成，務須待機而發。不然，恐無益於國，而徒為老先生與子吉之累，又區區心所不忍也。況今兵勢，四路已合，只待此公一出，便可下手。昨淩閔諸將遣人密傳消息，亦皆出於老先生與子吉開導激發而然。但恐此三四人皆是粗漢，易有漏泄，須戒令慎密，又曲為之防可也。目畢即付丙丁。知名不具。

與劉仲賢書 〔三〕 正德十四年己卯

東征之役，執事贊襄之力居多，而絕不肯言功，豈常人所能！

復唐虞佐 〔四〕 正德十五年庚辰

吾真見得良知人人所同，特學者未得啟悟，故甘隨俗習非。今苟以是心，至吾又為一身疑謗，拒不與言，與心忍乎！求真才者，譬之淘沙而得金，非不知沙之汰者十去八九，然未能舍沙以求金為也。

〔一〕本件録自裴景福編壯陶閣書畫録（凡二十二卷，中華書局，民國二十六年丙子印本）卷十明王陽明手札冊。〔二〕本件録自陳龍正序言陽明先生要書（凡八卷，附録五卷，崇禎五年壬申刻本）附録卷四遺言逸事 征藩一。〔三〕本件録自廬陵縣志（凡四十五卷，卷首一卷，乾隆四十三年辛丑刻本）卷二十九人物志四 劉昭傳。〔四〕本件録自陽明年譜卷中「正德十六年辛巳」條。

答胡時振書 （一） 正德十六年辛巳

珍菓遠及，勞人多矣，登受殊愧。羊酒儀則不敢當，附來人還納。荷諸公深情，未能一一書謝。冗次草草，統希心照！寓洪都守仁拜手。

大提學時振鄉兄大人有道執事。

貴僚諸公，同此致意。小書奉覽。正月二日。餘。

與鄒謙之 （二） 正德十六年辛巳

近來信得「致良知」三字，真聖門正法眼藏。往年尚疑「良知」恐有未盡，今自多事以來，只此「良知」，無不具足。譬之操舟得舵，平瀾淺瀨，無不如意；雖遇顛風逆浪，舵柄在手，可免沒溺之患耳。

致友書 （三） 嘉靖元年壬午

先君初諱，號慟摧割，適承哀□，崩毒彌深，未能匍匐走謝。倘蒙賜之惠臨，幸得望見顏色，庶幾復親老親之遺容，孤之願也。荒□□□□無次。孤守仁稽顙。

與友人 （四） 嘉靖元年壬午

人間毒暑正自無地可避，湖山中別有清涼世界，固宜賢者盤桓而不能捨矣。孤在憂病中，既不能往，兒輩又以塵俗之絆，復不能遣之往從，徒有悵望耳！還駕遲速，惟尊意所裁，不敢致期必也。守仁稽顙。

（一） 本件録自陸心源撰《穰梨館過眼録續録》（凡十六卷，光緒十八年壬辰印本）卷五《元明名人尺牘册》。（二） 本件録自《陽明年譜》卷中「正德十六年辛巳」條。（三） 本件原載莫繩孫跋《勝朝越郡忠節名賢尺牘》（凡二册，光緒三年丁丑印本）上册，編校者據《貴州大學學報（社會科學版）》第三十三卷第一期（二〇一五年）方俞明《汪柏江〈勝朝越郡忠節名賢尺牘著録陽明信札考釋〉》轉録。

（四） 本件原載莫繩孫跋《勝朝越郡忠節名賢尺牘》（凡二册，光緒三年丁丑印本）上册，編校者據《貴州大學學報（社會科學版）》第三十三卷第一期（二〇一五年）方俞明《汪柏江〈勝朝越郡忠節名賢尺牘著録陽明信札考釋〉》轉録。

即日具小酌，聊敘間濶。昨已奉短簡，浼舍親轉達，隸人進速歸報，若未有聞者，豈舍親處遺忘之耶？慚懼！慚懼！終蒙不罪，望賜惠臨。坐邀之誅，尚容面請。侍生守仁頓首。

憲副祖老先生執事。即刻柬。

致祖老先生書〔一〕嘉靖元年壬午

寄薛尚謙書〔二〕嘉靖二年癸未

兒輩來，聞貴恙，即欲往候，顧几筵不得少離，馳念何可言！山間幽寂蕭散，於學力不為無助。論者以雨後濕暑，草木鬱蒸之氣亦能中人，不若暫且移卧城中傍山小庵院，俟暑退復往，如何？為學功夫，難得力處，惟患難疾病中。患難中意氣感發，尚自振勵，小病薄痿，猶可支持；若病勢稍重，又處羈旅，精神既憊，積累易牽，即意思惝恍無聊，鮮不弛然就靡者。此皆區區所嘗經涉，不識賢者如何耳？越人去，不克偕，悵怏！悵怏！汝山偶過杭，今晚若到，明日更遣兒曹同候。千萬珍攝自愛！守仁拜手。

尚謙察院道契文侍。

答歐陽崇一問學書〔三〕嘉靖二年癸未

良知非離見聞；惟以致知為主，則多聞多見，皆致知之力。良知非斷思慮；良知發用之思，自是明白，簡易，無憧憧紛擾之患。致知非絕事；應實致良知，則行止生死，惟求自慊，而不為困。致知非為逆億；致良知，則知險知阻，自然明覺，而人不能罔。

〔一〕本件原載莫繩孫跋勝朝越郡忠節名賢尺牘（凡二册，光緒三年丁丑印本）上册，編校者據貴州大學學報（社會科學版）第三十三卷第一期（二〇一五年）方俞明汪柏江勝朝越郡忠節名賢尺牘著録陽明信札考釋轉録。〔二〕本件録自裴景福編壯陶閣書畫録（凡二十二卷，中華書局，民國二十六年丙子印本）卷十明王陽明手簡三通，本件為其第三通，題目係編校者擬改。香港近墨堂書法研究基金會編近墨堂法書叢刊（上海書畫出版社，二〇一八年）第二輯著録王守仁致薛侃札之一陽明先生手跡（圖五三）與本件内容基本相似，文字多有異同，參見本書正編卷三。〔三〕本件録自焦竑輯國朝獻徵録（凡一百二十卷，萬曆四十四年丙辰刻本）卷九伯一世封伯王新建伯王文成公傳。

囬董山老先生〔一〕嘉靖二年癸未

孤子王守仁稽顙，疏復

司空董山老先生大人鄉丈執事：守仁罪逆深至，去歲已卜葬先考矣。不意乃有水患，今冬復改卜。方茲舉事，忽承手教，與奬過矣。寵然委使敘所著述，感怍惶悚，莫知所措！懞懞未死之人，且不知天地日月，又足以辦此乎！雖然，雅頌之音，韶英之奏，固其平生所傾渴者。喪復之後，耳目苟不廢，尚得請與樂章而共習之。其時固不敢當首序之僭，或綴數語於簡末，以自附於吳季子之末論，萬一其可也。寠人之室，虞有闕落，不可以居重寶，佳集且附使者奉納，冀卜日更請，千萬鑒恕！荒迷無次。嘉靖二年十二月初三日，孤子守仁稽顙上。

厚幣决不敢當，敬返璧，幸恕不恭。倘不蒙見亮，復有所賜，雖簡末數語，亦且不敢呈醜矣。方擬作答，忽頭眩嘔仆，不能手書，輒口占，令門人代筆，尤祈鑒恕！

答既白先生書〔二〕嘉靖二年癸未

侍生王守仁頓首拜

既白賢先生宗望：向者有事江西，久知賢橋梓親賢樂善有年。茲承手札，所須拙筆，冗冗未暇為也。幸恕，幸恕！尚容寄奉，不備。守仁再頓首。

寄楊廷和書〔三〕嘉靖二年癸未

明公進秉機密，天下士大夫忻忻然相慶，皆為太平可立致矣。門下鄙生獨切至憂，以為猶甚難也。亨也傾否，當今之時，舍明公無可以望者。夫惟身任天下之禍，然後能操天下之權；天下之權，然後能濟天

〔一〕本件録自李堂撰堇山文集（凡十五卷，嘉靖初年刻本）附録陽明先生回劄。〔二〕本件録自朱多禎輯麗澤集（凡二十四卷，嘉靖三十六年丁巳刻本）卷十七。〔三〕本件録自張萱撰西園聞見録（凡一百七卷，其中内編二十五卷，外編七十七卷，雜編五卷，哈佛燕京學社，民国二十九年己卯印本）卷二十六外編宰相上。

下之難。然當其權之未得也，致之甚難；而其歸之也，則操之甚易。夫權者，天下之大利大害也，小人之不可一日有者也。欲濟天下之難，而不操之以權，是猶倒操太阿而授人以柄，希不割矣！故君子之致權也有道，太之至誠，以立其德，植之善類，以多其輔；示之以無不可容之量，以安其情，擴之以無所競之心，以平其氣，昭之以不可奪之節，以端其向。神之以造〔一〕羣臣，雖劉基之智，宋濂之博，通俛伏受成。嗣主蒞政，咨詢是急，六部分隸，各勝厥掌，故皇祖廢左右相，設六部；成祖建内閣，參機務。豈非相時通變之道乎！永樂初，以翰林史官直閣，後必俟其尊顯而方登簡平章之寄，儼若周宰國卿。是故削相之號，收相之益，任愈於前，用慎於今，養望於素，堅操於詘，表能於誠，顯拔於萃，特崇於禮，流品非可限，歷考不足稽矣。英皇復辟，親擢三賢：薛瑄岳正李賢。正德中，逆瑾竊政，因戍元老，奴僕端揆，猶尊内閣。劉文靖謝文正之怨，止於褫秩。故近世之選者，惟曰「淳厚寬詳，守故習常」。是特婦女之狎躬鄉氓之寡，豈勝大受者哉！是故，約己讓善如唐懷慎，是之謂德；忘死殉國如宋君實，是之謂忠；防細圖大如漢張良，是之謂才。不然鄙於人主，賤於六曹，隳國綱，廓士風。昔文帝故寵鄧通，必展申屠之直，錢若水感昌言之見薄，即辟位而去。夫有君之篤託，有臣之自重，胡患於不治耶！

又寄楊廷和書〔二〕嘉靖二年癸未

古之大臣不薦士人，皆責之。文侯之擇相，以係天人之去留，非他宰輔小臣百執事，可以出入進退其間者。求之古人，如稷契伊周，為天下萬世之第一流，始克當之，今不可得而見矣。就以一代之才供一代之用，亦必掄選難任，求如漢平勃之重厚，唐房杜之謀斷，宋韓范之救時，庶克顛躋，不徒執簿呼名，窠坐資級備員數而已。然不知今日内閣為宰相第一人者，果稷契伊周之佐歟？抑平勃房杜韓范之佐歟？臣見其直不如平，厚不如勃，謀斷不如房杜，而救時不如韓范遠甚，徒以奸佞伴食恬寵，上激天變，下

〔一〕張萱撰西園聞見録（凡一百七卷，其中内編二十五卷，外編七十七卷，雜編五卷，哈佛燕京學社，民国二十九年己卯印本）此字後註有「有闕文」。〔二〕本件録自張萱撰西園聞見録（凡一百七卷，其中内編二十五卷，外編七十七卷，雜編五卷，哈佛燕京學社，民国二十九年己卯印本）卷二十六外編 宰相上。

鼓民怨，中失物望，臣固以逆知其情，非天下之第一流人矣！夫居天下第一等之位，而非天下第一流之人，正古所謂「有聖君，無賢佐」，時不相值，功不可成，曾貞觀慶曆之不若，則將焉用彼相矣！

與尚謙誠甫世寧書（二） 嘉靖三年甲申

前日賤恙。深不欲諸君出，顧正恐神骨亦非久耐寒暑者。乃今果有所冒辛，而不至於甚，亦足以警也。自此千萬珍重！珍重！賤軀悉如舊，但積弱之餘，兼此毒暑，人事紛沓，因是更須將息旬月，然後敢出應酬耳。「味養」之喻，已領盛意。守身為大，豈敢過為毀瘠！若疾平之後，則不肖者亦不敢不及也。所云私抄，且付之公論，未須深講。「山靜若太古，日長如小年。」前日已當面語，今更為諸君誦之。守仁白。

尚謙誠甫世寧三位道契文侍。

與周道通四書（三）

第一書 嘉靖三年甲申

所謂「良知」，即孟子所謂「是非之心，知也」。「是非之心」，人孰無有！但不能致此知耳。能致此知，即所謂「充其是非之心，而知不可勝用矣」。來書既云「良心發見」，而復云「不能辨理欲於疑似之間」，則所謂「良心發見」者，果何物耶？「知行合一」之說，專為近世學者分知行為兩事，必欲先用知之之功而後行，遂致終身不行，故不得已而為此補偏救弊之言。學者不能著體履，而又牽制纏繞於言語之間，愈失而愈遠矣。行之明覺精察處即是知，知之真切篤實處即是行。足下但以此語細思之，當自見，無徒為此紛紛也。所寄答明公語，頗亦無失。若見未瑩澈，而輒有論議，反以晦道；不若此說之渾成，不失為真實語也。令弟歸，草草不另。意惟勉學不怠，以慰所期。無次。守仁拜手。

道通秋元道契文侍。

（一）本件録自裴景福編壯陶閣書畫録（凡二十二卷，中華書局，民國二十六年丙子印本）卷十明王陽明手簡三通，本件為其第二通。

（二）本件四書手跡原件藏日本天理圖書館，原載中國哲學第一輯（北京三聯書店，一九七八年），整理楊天石，編校者據新編全集卷三十九補録一轉録。

第二書 嘉靖三年甲申

古易近時已有刻者，雖與道通所留微有不同，□□無大不相遠。中間盡有合商量處，憂病中，情思未能及，且請勿遽刊刻，俟二三年後，道益加進，乃徐議之，如何？易者，吾心之陰陽動靜也；動靜不失其時，易在我矣。自強不息，所以致其功也。孔子云：「五十以學易，可以無大過矣。」今以道通之年計之，正在學易之時，恐未宜汲汲於是也。道通在諸友中最為溫雅近實，乃亦馳騖於此等不急之事，疑未之思歟。盛价去，昏憒草草，莫既所懷，千萬心亮！守仁拜手。

道通郡博道契文侍。

第三書 嘉靖三年甲申

得書，知養病之圖，闔門母子兄弟之真誠，有足樂也。所論為學工夫，大略皆是，亦是道通平日用工得力處。但於「良知」二字，見得尚未透徹。今且只如所論工夫着實去做，時時於「良知」上理會，久之自當豁然有見，又與近日所論不同矣。承令兄遠寄藥，人危處草冗中，不亟別作書，并致此意。陽明山人守仁拜手。

道通郡博道契文侍。

第四書 嘉靖五年丙戌

所示祭田記，意思甚好，只是太著意，要說許多道理，便覺有補綴枝蔓處。此是近來吾黨作文之弊，亦不可不察也。欲慰吾生者，即日亦已告歸。渠以尊堂壽圖，索區區寫數語，甚堅。因腹疾大作，遂疏其意，幸亮之！記稿改除數字，奉還。新録一册，寄覽。六月朔日。

柬友人[一] 嘉靖五年丙戌

一個「塵」字，昏了諸多人，吾輩最忌此「塵」字不去。社名「掃塵」，已後心上塵、眼前塵、筆墨塵、世路塵，都要掃却。

[一] 本件録自徐渭纂輯古今振雅雲箋（凡十卷，明末刻本）卷四掃塵。

與聶文蔚書（一）嘉靖六年丁亥

遠承手教，推許過情，悚怍何可當！兼承懇懇衛道之誠，向學之篤，其為相愛，豈有既耶！感幸！感幸！道之不明，幾百年矣，賴天之靈，偶有所見，不自量力，冒非其任，誠不忍此學昧昧於世；苟可盡其心焉，雖輕身舍生，亦所不避，況於非笑詆毀之微乎！夫非笑詆毀，君子非獨不之避，因人之非笑詆毀，而益以自省自勵焉，則固莫非進德之資也。承愛念之深，莫可為報，輒以是為謝。聞北上有日，無因一晤語，可勝懸懸。足下行有耳目之寄矣，千萬為此道此學珍攝，以慰交遊之望。二月十日，守仁頓首。

與周道通書（二）嘉靖六年丁亥

今時同志中，往往多以仰事俯育為進道之累，此亦只是進道之志不專一，不勇猛耳。若是進道之志果能勇猛專一，則仰事俯育之事，莫非進道之資。顏子當時在陋巷，不改其樂，亦正是簞食瓢飲之時。當時顏路尚在，安得無仰事俯育！固有人不堪其憂者矣！近聞道通處事殊落莫，然愛莫為助，聊以此言相警發也耳。病筆不足。守仁拜手。

道通長史道契文侍。

答周道通問學書（三）嘉靖六年丁亥

問：為今日之學者，須務變化氣習，而達之夫婦、父子、兄弟之間，以身脩家齊為極，則庶有巴攬以驗其進，且為實學。不然，則恐存心稍寬，茫無涯岸，未易成立。況聖賢體用之學，不由齊家，雖於治國平天下，或有得力處，畢竟於天德王道未盡。但齊家一關，盤詰甚大。苟非内有至健之志，而外有至順之容，恐未可以一而言也。如何？如何？

〔一〕本件録自劉釋總纂張獻廷編纂永豐縣志（凡四十卷，同治十三年甲戌刻本）卷三十五藝文志書。〔二〕本件手跡原件藏日本天理圖書館，原載中國哲學第一輯（北京三聯書店，一九七八年），整理楊天石，編校者據新編全集卷三十九補録一轉録。〔三〕本件手跡原件藏日本天理圖書館，編校者據浙江學刊（一九九六年第五期）張立文王陽明與周道通答問書轉録。天理大學附屬天理圖書館編集天理圖書館稀觀書圖録（二〇〇六年）著録本件陽明先生書信局部手跡（圖八二）。

此段亦是好說話，只是欠下落。

問：先生嘗答問性云：「氣即是性，性即是氣。」則聞命矣。此言是解說「生之謂性」一句。然其間亦有難言者焉。佛氏「明心見性」之說，謂佛氏之所謂「心性」，非心性也，恐亦不可。然而所見疑，有犯於程子「論氣不論性」之戒。為吾儒之言者，往往又若專泥。夫意之動為心，而以知覺運動屬氣，必欲於心氣之外，別求見夫所謂「理與性」者，不又犯於程子「論性不論氣」之戒乎！二者疑皆失之，不能無問。

此段不消如此說得。

竊□□受天地之中以生，而是中之屬於人身言乎？其初稟此□□性言乎？其主於身，則謂之心；就心之條理而言，則謂之理。忘理與心，忘心與性，忘性與身，渾淪而言之，則通謂之氣；抑就氣而論其根源之地，靈明知覺吾其體，神妙不測吾其用。先民以其本來如是，此性之所由命名也。以一身之動，萬感之應，必樞機於是，此心之所由命名也。又就其心性自然明覺，無所不知者，名之為智；就其本然自有權度，無所不宜者，名□□□；就其凡皆有節有文，粲然條理者，名之為禮；就其□□生生不息，無物不體，無息不存者，名之為仁，此又理之所由命名也。而其實均是一氣而已爾。

佛氏但窺見吾心吾性，靈明知覺之旁燭者，而失究於本原之地，則不知有生生不息之體矣。故其為道樞機不屬於己，又安知有應變無窮，神妙不測之用乎！正如日月有明，佛氏止認夫容光之照，無微不□，□以謂是日月也，而其墮於空寂之境也，又何疑□□□□！□足以周萬物，而道實不足以濟天下，豈知者過之之徒歟！故吾聖人之學，曰「執中」，曰「建極」，曰「不逾矩」，皆指是樞機而言也。其所以恆是道者，曰「思」，曰「兢兢業業」，曰「小心翼翼」。而其示人求之之地，則曰「獨」，曰「良知」，曰「不睹不聞」。其工夫，則曰誠」，曰「敬」，曰「戒慎恐懼」，曰「不愧於屋漏」，皆就今本原體認，以求自得□，無所容私於其間。然則在今日，正不必論性，亦□□□□，□須得樞機在手，而不失其中正焉，自可弗畔於道矣。□否？然否？

只消說此兩句，即前面許多話說，皆□□說。

致良知便是。

此段所論，大略多有是處，只因致知工夫未得精明，是以多有夾雜。

儒者有言：「聖人之學，乾道也；賢人之學，坤道也。」衡疑之。易曰「乾知大始，坤作成物」；又曰「知至至之，知終終之」。乾道坤道，恐不可析。但聖人工夫用得熟，便覺自然，無所容心。若賢人工夫，尚須勉強，有類「坤作成物」耳。然非知為之主，則□□□□□事。故乾道坤道，雖就賢人之學看，亦不可缺一。是否？

此說亦是，正不必如此分疏。

閒居中靜觀，時物生息流行之意，以融會吾志趣，最有益於良知。昔今康節白沙二先生，故皆留情於此。但二先生又似躭著，有不欲舍之意，故卒成隱逸，恐於孔子「用行舍藏」之道，有未盡合。

靜觀物理，莫非良知發見流行處。不可又作兩事看。

白沙先生云：「學以自然為宗。」又云：「為學須從靜中養□□□□，有商量處。」此蓋就「涵養」說，固是有理。但恐初學，未從□□用功來，輒令如此涵養，譬諸行路之人，未嘗涉歷險阻，一旦遇險便怯，能保其不回道乎？竊記明道先生有言：「造詣得極，更說甚涵養！」云「造詣」，則克己在其中矣。須嘗克己造詣上用工過來，然後志意堅忍，久而不變。此意如何？

知得致良知工夫，此等議論，自然見得他有未盡處。

古聖相傳心法之要，不過曰「執中」。然「中」無定體，難以□□□□，憑吾「良知」點檢日用工夫，頗亦覺得穩當處，多□□□□□，非過即又不及，不能得常常恰好，誠欲擇乎中庸而固執之，如之何則可？

致良知便是擇乎中庸的工夫，倏忽之間有過不及，即是不致良知。

世儒論學，纔見人說就心性上用功，輒拒而不聽，以其流為禪也。故其為學，必須尋幾句書來襯貼此心，庶有依靠。此殆不能自立而然耳！先儒言「心中不可有一物」，若依靠□□□□有物矣，安得此心虛明而應物無滯耶？蓋能□□□□□□書，一一憑我驅使，不能自立。雖讀聖人之書，終身只服事得書。

此等意思，只曉得便了。

儒者論佛，往往不詠其立心之差，而反咎其用功之錯，以謂不宜專求本心，而遂遺棄物理也。不知遺棄物理，正由其初立心上生起此病，不干其專求於心也。夫吾孔子□□□□，為得其宗，傳之思孟而止。然曾子之學，專用□□□□□尾，只說得「慎獨」。至孟子云：「學問之道無他，求其放心而已。」故其論「王道」，一則曰心，二則曰心。佛氏之求心，夫何過哉！若吾儒之志於學，不於其初嚴審夫善利之間，徒欲矯佛而重於求物，輕於信心，則恐得罪於聖人之門，與佛氏公案雖不同，而同歸於律。惡得以五十步笑百步也！

佛氏不累於物，與吾儒同；但吾儒不離於物，而能不累於物。若使佛氏不離於物，則不能不累於物矣。吾儒知所容心，而又知無所容其心；佛氏則欲盡歸於無所容心而已矣。佛氏之明，如生銅開鏡，乃用私智鑿出；吾儒則如日月有明，一本其自然。故鏡怕物障，日月不怕物障。

曾作山陰縣學記，其間頗論儒釋之同異，只孰其中細細□□□□□。

嘗讀濂溪傳，至以名節自砥礪。妄疑其容心□□□□□，所繫亦甚大，真吾□之藩籬也。衡自得五月十二日手教，遂自書「慎行惜名為今日第一義」數字，貼之坐處。自是志向漸覺專一，工夫漸覺勇猛，戒謹恐懼之意，常若不離於心目之間，而胸中亦自灑落，則是向裏之學，亦有資於外者然也。只孤立無助，恐中道作輟靡常，不能進步，以達天德，更□老先生一接引之。

致良知是今日第一□，□□□□□，則所謂「慎行惜名」□□□□□。

凡事有感斯應，其感自外至者，不必論也。澄心靜慮之□無思無為，而有突然之感者，何歟？夫正感正應，邪感亦正應之，宜也。然有時乎正感而應之，忽入於邪者，豈其有所感而然耶？抑或涉於氣歟？必欲吾心之神，常為萬感之主，無動靜而能定焉，當有何道？

其道只是致良知，感應皆起於無□，無有自外至者，心無□□□□□□。

良知真無待於一字加添，已自信得及。衡非□□□□□□得如此，只如今一會客之間，惟盡吾心之誠，當揖而揖，當言而言，當嚷而嚷，已是多少便利，多少自在。若入以一毫打點安排意思，便覺勞擾多事，反不自在，反而錯繆，失東忘西，安能動容周旋中禮！又如凡作文字，才起思議，便走筆不動，每事體驗得如此，信不容纖毫□□□□□□□用智之病，尚未能沙汰得盡，欲專留神於此沙汰。如何？

□心一了百當，□有何疑！

今日「致知」之學，更無可疑。但這件工夫，固宜自力，還須常親師友，講得圓活通遍，到那耳順處，方能觸處洞然，周流無滯。不然，則恐固執太早，未免有滯心。以有滯之心，而欲應無窮之變，其能事皆當理乎？

良知即是天理，致良知即是當理。親師友，講貫□□□□□□，可別作一事□□□□。

衡今日用工夫，大率要在滌磨心病。使□□□□□□□□江漢，暴之以秋陽，乾乾淨淨，一似秋空明月，方始快樂。但恨體弱多病，精神不足，正好用功之候，而四體又覺疲倦思臥矣。雖事親從兄之事，亦竟不能盡如其願，奈何？奈何！今必不得已，只憑良知愛養精神。既養得精神，都只將來供應良知之用，是或處病之一道歟？

良知自能分別調停，只要□□□□□良知。知得當愛養精神，即愛養精神便是致知；知得當滌磨心病，即滌磨心病便是致知。養德養身，只是一道，不可分作兩事。

大抵道通所問，良知信得及處，更自說得分曉，於良知信未及，□□□□得支離。良知一也，有信得及處，信未及處，皆由致知之功未能精純之故。今請只於此處用力，不必多設方略。別尋道路，枉費心力，終無益也。冗次，言不能盡。八月卅一日，守仁上。

道通國相道契。

問：古者宗子之法，有百世不遷之宗，是為大宗。其□祖□祭也，不嫌於禘歟！大宗子死，族人雖已服盡，猶為服齊衰三月，其禮不已重歟！夫謂宗法宜若是重也，記何以孔子曰：「宗子為殤而死，

圖八四　答周道通問學書（局部）手跡（墨跡紙本）

庶子弗為後也。」聽宗法之廢歟？若謂庶子弗後，小宗言也。大宗而在，猶之可也；使大宗有絕，□□□□□，可繼以為後否歟？否則疏遠之族，誰其為□□□□□之法，後世士庶人亦有可以義比附而立歟？如或以為僭也，君子而有重本尊祖之心者，得無有未盡歟？

問：古者立廟之制，天子七，諸侯五，大夫三，適士二，官師一。誠以廟宇之多寡為制歟？抑祖考之祭，視廟宇而殺歟？如祖考之祭，視廟而殺，說禮者何以謂官師？得祭祖□□□□□，是則適士亦得祭曾祖。同是二廟，大夫亦得□□□，同是三廟矣，然歟？說者又謂庶人祭禰於寢，然則漢以後，庶人得祭三代，而今或祭及高祖者，僭而當革歟？昔人有祭先祖者，以為似祫而不敢祭，則古者大宗子之祭始祖，似祫亦在所廢歟？父母之喪，達於天子，無貴賤一也。尊祖報本，亦□天理民彝之不可泯滅者，而獨於貴賤拘焉。無□□□□□義，固有可推者歟？君子無意於尊祖報本則已，使其有尊祖報本之心，則是恐不可以不之講也。

宗法廟制，其說甚長，後世亦自有難行處。學者只是致其良知，以行其尊祖報本之誠，則所謂「雖不中，不遠矣」。忙中不及細講說，亦空談無益。右衝病耳，艱於聽教。且承老先生遠別，恐路阻，日脩就正益難來途，謹述所□□事，録□批斥是否，并求警發之言，以闢升堂入室之□□，得以循級而進。感恩何既！

致某人二札(一) 嘉靖七年戊子

第一書

賤恙怯風，數日不出，未能即拜，極怏怏！先人問候，幸心寬！即日，守仁頓首。

第二書

及躬詣，幸心照！守仁頓首。

(一)本件二書手跡原件藏臺灣何創時書法藝術文教基金會，編校者據楊儒賓 馬淵昌也主編中日陽明學者墨跡（臺灣大學出版中心，二〇〇八年）録入。

與蕭鳴鳳書〔一〕嘉靖七年戊子

予祖綱，洪武初為廣東參議，往平潮亂。至增江，遇海寇，卒為所害。其子赴難，死之。舊嘗有祠，想已久毀，可復建也。然詢諸邑耆，皆無知者。乃檄知縣朱道瀾，即天妃廟址鼎建，祀綱及其子彦達。既竣事，守仁往詣。祀事畢，駐節數日，不忍去，召集諸生，講論不輟。曰：「吾祖寓此，而甘泉又平生交義兄弟，吾視增城即故鄉也。」乃題詩祠壁曰：「海上孤忠歲月深，舊墳荒落杳難尋。風聲再樹逢賢令，廟貌重新見古心。香火千年傷旅寄，烝嘗兩地嘆商參。鄰祠父老皆仁里，從此增城是故林。」

〔一〕本件原載黄佐纂廣東通志（凡七十卷，嘉靖四十年辛酉刻本）卷四十二藝文，編校者據佚文輯考編年下册轉録。